U0948872

白 | 色 | 鸟

WHITE BIRD

何立伟 - 著

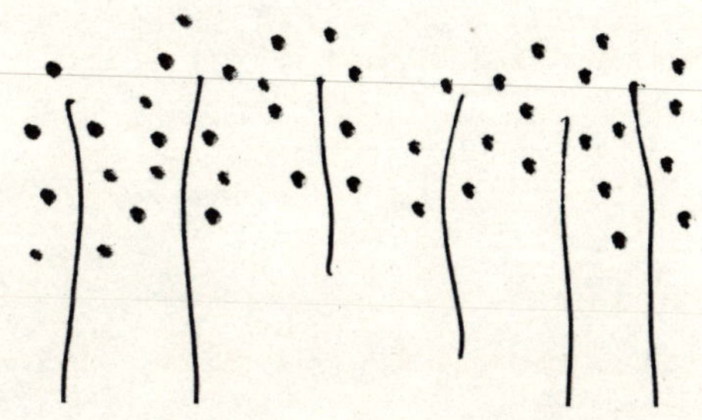

新 星 出 版 社　NEW STAR PRESS

自序

若从1983年我在《人民文学》上发表小说处女作《石匠留下的歌》算起，我写作年龄已有三十四载。又若从我1981年在《星星诗刊》发表组诗处女作《希望》算起，则我的写作年龄三十又六。总之，绵绵久矣。我从当年的文学青年，转眼间便成了文学老人，常常地，就给人写序了。

如今我要出一本自选集，笼而统之地检视一回自己的文学足迹，这序便不由别人来写，还是我自己来，所谓“甘苦寸心知”，就是这个道理。

这集子选的是小说同散文随笔，并未选诗，原因只一个，就是我觉得我的诗歌尚在及格线以下，我不能拿它来唬弄读者。

如今，诗歌我仍在写，只是丢在抽屉里，多半并不拿出来示人。写诗对我来说唯一的好处，便是保持精神的活力同语言的自觉，以及对人世细微变化的敏感。这好比武家的经常蹲马步、击沙袋，要的是一种从业人时刻应当有的状态。

三十余年里，我主要发表的，是小说同散文。我林林总总得过一些文学奖，得奖的作品几乎皆是小说。这或许意味着，小说，是我最受重视的文学体裁。事实也是，二十世纪八十年代初，我受到文坛普遍关注的，正是小说，尤其是短篇小说。

受关注的原因，现在回想起来，恐怕在它的实验性上。二十世纪八十年代，文学兴起，百无禁忌。在思想解放的大的社会背景下，文坛空前活跃，各种题材、各种文体、各种风格，竞相怒放。我初出道，亦知要崭露头角，须得有自家面目，遂努力在文体同语言上与别人拉开距离。汪曾祺先生在他给我的第一本小说集《小城无故事》写的序里说，我的小说受唐人绝句的影响；李陀先生亦说我的小说是“绝句式”的小说。皆是解人语也。我是喜欢唐诗，尤喜绝句，五绝二十个字，七绝二十八个字，短得不能再短，但每每是一幅历史的图卷，浩浩沧桑，尽寓其中，意蕴深长。譬如元稹的《行宫》：“寥落古行宫，宫花寂寞红。白头宫女在，闲坐说玄宗。”把个唐朝天宝年间经历“安史之乱”的惊天巨变，从全盛到衰落的历史图景，通过几位白头宫女闲聊往昔的日常场景，便轻巧地勾勒了出来。这种以小场景写大历史，以日常生活见白云苍狗的唐人绝句，给了我莫大的启发。当其时，文坛大多的作家的叙事范式，是受西方文学的影响，而我是选择受祖宗的影响。祖宗的好方法，我要拿到今天来用一用。于是我试着用唐人写绝句的方法写下了《小城无故事》《淘金人》《白色鸟》等一系列短篇小说。1984年，《白色鸟》获全国优秀短篇小说奖，至此，肯定了我的有着诗的含蓄意韵的文体面目。又其次，我在小说语言上亦受祖宗的影响。汉语言的美同好，是需要重新认识同发掘的。当其时，大多的小说受西方翻译小说的影响，语言上亦基本是欧化的翻译体，这让我很不满意。在这样的语言中，汉语之美完全被漂白，失去了应有的表现力同语言质量。我不能这样，我要来做贾岛，要来推敲语言，要让每一个文字皆能释放具体的感觉，文字不只是对所描述事物的表述，而更是语言艺术的表现。所以那一时，我哪怕写个三五千字的短篇小说，耗时却比人家要多上三五倍，为的就是使文字更具汉语的神韵，蕴着更多的潜台词同审美信息。这样的努力我以为是有价值的——这便是对汉语文学的继承与发扬。

我写小说不多，低产，但写小说于我来说是一桩令人神往的事。只是一个人的一生中，神往的时刻未必多见。一个作家，你愿意写，又喜欢写的题材，其实亦是不多的。这便是当作家的局限。我倒是佩服什么都能拿起来就写的作家，但同时又疑心，样样题材里，皆有生命的真血么？

我反而时常写点散文，没什么负担，想起来什么就写上几段，如苏东坡所言："常行于所当行，常止于所不可不止。"这样的不拘，反倒是放松、随意，每有小美，于是大乐。散文，我还是喜欢中国的。外国的散文，因受翻译的影响，除了思想性，语言的文学韵味是几乎看不到的。而中国的散文，唐宋八大家的不必说，明清的归有光、张岱，近人的胡兰成、汪曾祺，那种文章之美、语言之胜，实在令我痴迷。他们的文章，不端起，不装腔，时作平常语，又情真意切，每每感人。这亦是好传统，后生不可不学。我得其皮毛，亦欣欣然焉。

此集是我的第一本自选集，算是对自己三十余年写作生涯的一个交代。但总之是汗颜。我并不是一个谦虚的人，但对写作我有虔敬，便深知离自己的写作目标同心目中的文学审美高度，尚有遥遥的距离。但好在我还有时间，汪曾祺先生六十岁才复出文坛，近期一幅画卖出三个多亿的黄宾虹亦是六十岁才确立风格，更莫说我湘人中的齐白石，到衰年方才变法，所谓大器晚成。刘禹锡有诗云：“莫道桑榆晚，为霞尚满天。”我是桑榆已近，却也看到霞光满天。或许十年二十年后我再编一本自选集，会是别一种模样呢？

我于是对自己说，“庾信文章老更成”，试试看。

是为序。

目　录

散　文

（419—503）

一白色鸟一

短篇小说

白色鸟

夏天到来，

令我回忆。

——外国民歌《夏天的回忆》

设若七月的太阳并非如此热辣，那片河滩就不会这么苍凉这么空旷。唯嗞嗞的蝉鸣充实那天空，因此就有了晴朗的寂寞。又何况还是正午，云和风，统不知踅到哪个角弯里去了。

然而长长河滩上，不久即有了小小两个黑点，又慢慢晃动慢慢放大。在那黑点移动过的地方，迤逦了两行深深浅浅歪歪趔趔的足印，酒盅似的，盈满了阳光，盈满了从堤上飘逸过来的野花的芳香。

还咯咯咯咯盈满清亮如葡萄的笑音。

却是两个少年！一个白皙，一个黝黑，疯疯癫癫走拢来。那白皙的，瘦，着了西装的短裤，和短袖海魂衫，皮带上斜斜插得有一把树丫做好的弹弓。那黝黑的呢，缺了一颗门牙，偏生却喜欢咧开嘴巴打哈哈；而且赤膊。夏天的太阳，连他脚趾缝都晒黑了，独晒不黑他那剩下的一颗门牙。同时脑壳上还长了一包疖子，红肿如柿子的疖子。

少年边走边弯腰，汗粒晶晶莹莹种在了河滩上。

“哎呀，累。晒死人呐！”

“那就歇歇憩。城里人没得用。”

在高高的河堤旁，少年坐下来歇憩，鼻翅一扇一扇。河堤上或红或黄野花开遍了，一盏一盏如歌的灿烂！就把两只竹篮懒懒扔在了脚旁。紫色的马齿苋，各各有了大半篮。这马齿苋，乡下人拿来摊在门板上晾晒干了，就炒通红通红的辣椒，嫩得很，爽口得很，城里人大约是难得一尝的。故而那白皙的少年，也就极喜欢外婆喷喷香香炒的马齿苋干菜，咽绿豆稀饭。外婆呢自然淡淡一笑：“这伢崽！”

“扯霸王草不？”黝黑的少年提议道。

“要得。要得！”

“输了打手板心？”

“打手板心就打手板心。”

便一来一去扯霸王草。输赢并不要紧的，所要的是快活。蝉声吆吆吆吆叫得紧。太阳好大。

待这游戏玩得腻了，又采马齿苋。满满的一篮子了，再也盛不下一点点了。就又坐下来歇憩。那白皙的少年解下弹弓，捡了颗石子努力一射，咚的在那河心地方，就起了小小一朵洁白水花。

“哎呀好远！”

“我要射过河去。”

“吹牛皮。”

“我才不吹呐。”

而那河水，似乎有了伤痛，就很匆遽地流，粼粼闪闪。这是南方有名的一条河，日夜的流去流来无数美丽抑或忧伤的故事，古老而新鲜。间常一叶白帆，日历一样翻过去了，在陡然剩下的寂寥里，细浪于是轻轻腾起，湿津津地舔着天空舔着岸。有小鱼小虾蹦蹦跳跳，卵石好洁净。

“我现在要考一考你。”白皙的少年说。

“考么子？最不喜欢考试！”

“你看出来左边的岸和右边的岸，有哪样不同？”

“左边有苞谷地。右边没有。”

“不是问这个呐！”

“左边……有个排灌站。右边没有。”

“不是问这个呐！”

到后来那黝黑少年终于摇脑壳了。

“哎呀你，看呐，左岸要平一些，右岸要高一些。还没看出来？”

“吔，吔，真的咧！”

“这里头有道理。你晓得啵？”

又把那生了疖子的脑壳摇来摇去：

“讲吵，晓得就讲吵。”

“我表哥，他讲这是地球自己转动造成的！”

“啧，啧，你晓得好多道理。”

白皙的少年于是笑了，乌黑眼瞳熠熠地亮。然而他忘记了，采马齿苋却是那乡下少年教会了他的；还教会了他如何烧苞谷吃，如何钓麻拐（田鸡）……人各有自己的聪明与骄傲，奈何不得的。

蝉声稍稍有了歇止。

“好安静。”

“是咧。”

“采了这样多马齿苋，回去外婆会高兴咧！”

“当然啰。表扬你做得事啰。”

那白皙少年，于默想中便望到外婆高兴的样子了，银发在眼前一闪一闪。怪不得，他是外婆带大的。童年浪漫如月船，泊在了外婆的臂湾里。臂湾是宁静又温暖。

却忽然一天，外婆就打起包袱到乡下来了，竟不晓得为什么。

方才吃午饭时候，有人隔了田塍喊外婆，声音好大。待外婆回来，就带了这黝黑的少年——他的朋友，叫他们一起去玩，远远地到河边上去玩。采马齿苋，划水，随便，总之要痛快玩它一下午。“听话，莫出事，没断黑不要回来。”一人给了一只大竹篮。其时头上太阳，正如烧红的一柄烙铁。白皙的少年好高兴，同时又讶异。因为平日的下午，外婆一定逼他睡午觉，一定不许他出来玩。然而今日全变了。外婆你几多好！

蝉声又抑扬了起来。一只两只野蜂在头上转，嗡嗡嘤嘤。

黝黑的少年于是说：“划水好啵？划到对岸去。”

“好的。”眯了眼睛望对面绿色的岸，和远远淡青的山。

“好的，好的。”

“比赛？”

“比赛。”

“输了是狗变的？”

“狗变的就狗变的。”

黝黑的少年便笑了。缺了门牙的笑很羞涩很动人。

因此扑通地一齐扎到河里头去。河水清凉又温柔，轻轻托起一黑一白赤条条两个少年；轻轻忽开忽谢着一朵一朵漂亮水花。那城里来的少年，几乎呛水了。因为他想要笑，因为他看到他的朋友，游泳的姿势应当叫作“狗爬式”，几多滑稽。又还从那缺了牙的口里，噗噗地朝他喷水。远处一叶白帆，正慢慢慢慢移过来。真好玩，真快活。

并且这边的岸，景致又不同，是泱泱的一片水草咧。水草好葳蕤。后面呢则是芦苇林，汪汪的绿着，无涯的绿着，恰如了少年的梦想。

“哎呀！这地方，几多好看。”

“城里人就是稀奇。”

赤条条的少年站在岸上，一个白皙，一个黝黑，头发湿漉漉的，情绪倒比天空还要晴朗。

然而那白皙的少年，陡然闷声一喊，就朝后面倒退数步，踉踉跄跄。

——水草里头有条蛇！

“莫怕，”黝黑少年说，“莫怕，水蛇。”

同时猫腰下去，极快地捉住蛇尾随手一扬，那蛇便如闪电，倏忽落在了河里头。好吓人。白皙的少年出了大半身汗，立即对他的朋友生出了景仰。

朋友就又问他：“你眼睛好不好？”

“左边一点五，右边是一点二。”

“莫怕。明日我捉了金环蛇银环蛇，取了胆来给你吃，包你眼睛就好！”

自然又平添了若干的景仰。看到那缺了的门牙像小小一眼鼠洞，便觉得又亲切，又好笑。

刚刚的还要讲几句话，朋友忽然竖起食指止住了，耳语道：“莫作声。快看。”

“什么？”

“那边。”

“——咦呀！”

在那边，白皙的少年看见了两只水鸟。雪白雪白的两只水鸟，在绿生生的水草边，轻轻梳理那晃眼耀目的羽毛。美丽，安详，而且自由自在。

什么时候落下来的呢？

白皙的少年想：唉呢，要是把弹弓带过河来，几多好！然而立即又自行取消了这法西斯主义。因为那美丽和平自由生命，实在整个地征服了他，便连气也不敢大声地喘了。

四野好静。唯河水与岸呢呢喃喃。软泥上有硬壳的甲虫在爬动，闪闪的亮。水草的绿与水鸟的白，于是叫人感动。

“要捉住就好咧。养起它来天天看个饱。”黝黑的少年悄声道。

“嗯——”

“你不喜欢？”

“比你喜欢得多咧！”

黝黑的一笑，也就哑默无语了。疖子隐隐地痛。

那鸟恩恩爱爱，在浅水里照自己影子。而且交喙，而且相互地摩擦着长长的颈子。便同这天同这水，同这汪汪一片静静的绿，浑然的简直如一画图了。

赤条条的少年，于是伏到草里头觑。草好痒人，却不敢动，不敢稍稍对这画图有破坏。天蓝蓝地贴在光脊的背。

空气呢在燃烧。无声无息，无边无际。

忽然传来了锣声，哐哐哐哐，从河那边。

“做什么敲锣？”

“呵呀，忘呐，”黝黑的少年，立即皮球似的弹起来，满肚皮都是泥巴。“开斗争会！今天下午开斗争会！”

啪啦啪啦，这锣声这喊声，惊飞了那两只水鸟。从那绿汪汪里，雪白地滑起来，悠悠然悠悠然远逝了。

天好空阔。夏日的太阳陡然一片辉煌。

1984年7月

小城无故事

护城河绕那棋盘似的小小古城一周，静静蜿蜒。即或是夜黑风紧，也不惊乍一叠浪响，因此就同古城中人的日子一样，平平淡淡流逝，没有故事。

好多年前，天一断黑，就要把那无数座青山，关在城门外头。夜里隐隐听得有狗吠，有更鼓；与那月色融在一起，沿青青石板路四处流。梦呢？或有或无，可有可无。某年，守城门兼打更鼓的老人死了，孑遗下不足岁的一个细孙女。

如果硬说有故事，这就是唯一的一个。

城中人有许多贩小吃为生计的，那冷的热的硬的软的酸的辣的各样各类，怕是居在都市里的人，难得一尝的吧;若尝了，又怕是都要称颂到好的吧。

城门口吴婆婆，毕生专做一种荷叶粑粑。将糯米黄豆与苞谷，磨成粉，和在一起又加些糖，拿荷叶扁扁地包成三角形放在笼里蒸，荷叶的绿香又浸到里面去，因此那粑粑极好吃。又便宜，五分钱即可买得两个。就在门口搭一个凉棚，凉棚里有一木桶凉茶，吃了荷叶粑粑任意喝茶，并不加钱。

“荷叶粑粑吃热的呐——”

能这样尖声锐气喊，自然是年轻时节的事情。如今老了不能喊，兀自弓曲在一张蛤蟆凳上作太公垂钓状，生意难免不有几分冷清。

导致这冷清，还因为街对面，也有一个凉棚。凉棚里，也有同价的荷叶粑粑，茶也不另收钱，且还兼卖葱花米豆腐。这凉棚主人，因为背驼如锅，人就称他萧七罗锅。刨一个精光脑壳同日头比亮，又坐竹围椅；做生意的学问上，点子来得比吴婆婆快，来得比吴婆婆足。

对门对户竟不大打讲。晓事的人练达地说，“同行生妒嫉。”因此这边买两个荷叶粑粑吃，再到对面喝碗葱花米豆腐，饱了肚子，又皆大欢喜。

除红白喜事凑拢去或喜或悲热闹片刻外，小城中人，尽安安稳稳守住自己的本分。正应得一句老话：黄牛角，水牛角，角（各）管角（各）。

唯一不守本分的是那癫子。

癫子是一个女人，三十多岁，并不披头散发。又晓得唱无数新旧歌子，唱到好处时，形容极美丽。且愿意唱就唱，愿意止就止，在这小小世界里，完完全全是一个自由人。

那癫子手捏一枝栀子花满城里晃晃摇摇走。间常要停住足，痴痴闻花香好久好久。抬头随意看见一白脸后生，就走拢去柔声细语招手：

“你来。你莫走。你答应了我你不走。”

后生并不将白脸乍成红脸。只认真摇头道：“唉！”

“你莫叹气呐，今晚上你约我到城门外头护城河去，听我唱歌子你听呐——”

“唉，走吧，走吧！”

走的倒是他自己。

“答应我你不走啊。啊？‘鸳鸯戏水在河中央’……嘿嘿嘿嘿嘿……”

低头闻那花香，低头落泪湿一片衣衫。那栀子花，香得并不酽，只淡淡有些幽远。

“送你，好香咧！今夜到护城河边上等我。”

又看见了一个白脸后生。又重演出方才的那一幕。满街满巷，到底走得有好多白脸后生?

“唉，前世造了孽！”

吴婆婆每看到那癫子，想起她那已过去的前半世同将要来的后半世，免不了要叹息再三，摸两个冷了的荷叶粑粑走出凉棚喊拢来那癫子。

“莫发癫！快快同我吃了！”

声音好严厉。那癫子全不晓得有什么客气与害怕，极快地抓过来扯散荷叶三两口吞下去，并不细细嚼。复又哈哈脆笑，朝城门口走。头发黑乌乌的梳得好熨帖。栀子花一路地香过去。

萧七罗锅侧边喊：

“癫子，你拢来！”

癫子拢来，收住一脸笑。

“癫子，把碗葱花米豆腐你吃！”

霍霍霍霍喝下肚，将那蓝花瓷碗往地上一摺，啪的碗碎了。

“你回来。你剃半边脑壳，坐班房，吃炮子七七四十九粒！啊哈哈哈哈……”

吴婆婆朝癫子背影望去，重重叹息。萧七罗锅呢也不发火，只摇着那精光的脑壳蹲身下去一片一片拣碎瓷。还有用，回去拿它做得瓿片子，刨得芋头同南瓜。

“今天生意不好，怕要赚只碗钱不回来。”

吴婆婆对门搭腔："我呢，一笼粑粑都没卖得完，整个一早晨。"

大家龇牙笑一回，算是什么事情也没得，复坐下来静静候生意。

远远地来了三个年轻陌生男人，从装扮上，一看就晓得是大地方上人。到了这小小县城，发现到处摆得有小吃，几多有味道，拣热的吃罢又喝冷的，且酸的辣的一并来。白净额头上看看吐出了一些晶莹汗粒，一边抹又一边叹惋：

"唉唉，只可惜肚子不能再装了！"

恨不得变一只骆驼一头牛。就坐在一爿酒家歇憩，天上一句地上一句探讨都市固然有都市的意味，小地方也自有小地方的妙处。窃以为这结论好深刻，又好无聊，就哑默下来。

忽然感觉背后站得有人，同时惊闻一股花香；转脑壳即看到极妩媚极灿烂一朵微笑，那上下牙齿又白又细如珍珠。

"到底回来了啊。他们不敢用炮子打你吧？玉皇大帝要你来约我到护城河边去听我唱歌吧？……"

三个陌生客情绪上顿时有些振作，又细细将她看来看去，佩服她居然生得美丽，猜这地方上水土必定好，就高声问：

"她为什么得了神经病啊？啊！"

内中一人悄声正名："精神病。"

酒家李二爹猛可一惊，并不因为这喊声高且又打的官腔，是因为他正欲背过身偷偷将一杯白开水羼到新搬出的一坛苞谷酒中去。

"啊，啊？造孽。造孽。"

结嘴结舌时，神经始有些松弛。

"鸳鸯戏水在河中央，两个龙王——"忽然止住，柔声问，

“说，我唱得好么？”

“好！好！一二三——”

“再来一个！”

鼓几片掌声噼里啪啦。陌生客心想，与她玩笑玩笑必定能助消化。就同她逗乐，要她唱完那“鸳鸯”，复又鼓掌要她再跳一段舞。街上人远远注目并不拢来。

癫子舞毕将乱发抚熨帖，促声促气道：“我好高兴咧。到底回来了。没吃炮子七七四十九粒？答应我你莫走！啊？啊？”

“不走。不走。今晚上到护城河边上去等你。”

陌生客畅心畅意笑着离开那癫子，就往城里头游去。李二爹说：“造孽。”把那杯白开水泼到青青石板街面上去了。街上人哑默不语。癫子呢，满街满巷同人说，到底回来了呐，约我晚上到老地方去等呐。

满街满巷都是那栀子花淡淡的香，然而用力一闻，竟又并没有。

三个陌生客，交口赞美这小城的古风同土产，用了完完全全诗一般的语言同十二分诚实的夸张，又探讨无论如何明天还是要搭清早那班汽车走。大事议毕各各买了一个鸳鸯织锦袋，带回去礼赠未婚妻。

又回顾各类各样小吃，一致结论到，还是城门口那个婆婆的荷叶粑粑，以及那个驼背的老爹的葱花米豆腐，好吃得很，就提议每人必带几个那荷叶粑粑回去给未婚妻们尝新，正好又可以将那鸳鸯织锦袋利用一回，挂在肩上有彩丝穗子摆动必定风雅。葱花米豆腐呢，自然带不得，那就再去喝它一碗两碗过足瘾吧。

走过那爿小酒家，看见李二爹在门前摆一局棋同一个后生对弈。忽然摆手道：

“不下了不下了。凤儿，凤儿，过来帮爹关板子！”

后生惊讶得很！“吔，二爹，这是搞么子呐？”

二爹早拱到里屋去了，“我输了，我输了，好么？凤儿凤儿喊你你不动？”

三个陌生客并没有意思要再到里头去歇憩，不深不浅一笑，沿青石街面朝前走。看见那个婆婆子了。

“一人再买你十个荷叶粑粑。”

抬头，慢慢认出这三个陌生客，吴婆婆从蛤蟆凳上弓起来，伸手去拿篾笼罩。

“不卖了。”

“咦，怎么不卖了呢？还有这么多！”

“回去自己吃。”

真是好笑的事情，有钱还不晓得赚呢！那好吧，对门喝葱花米豆腐去。

“啊，啊，这豆腐，万万吃不得呐。”

“又怎么不能吃了呢？”

“刚才，跌了一条毛毛虫，在里头，邋里邋遢吃了要泻肚子呐。”

好吓人！自然那黄嫩嫩切成四方小块的米豆腐，那青青的细脆香葱，以及那陶罐里的萝卜丁辣椒粉，就只能馋馋地望几眼了。遗憾。

“到别的摊子上去吃吧，要卫生咧。”

萧七罗锅用细长指甲小心挖耳屎。那脑壳正油油映着黄昏的天光。

而在别的摊子上他们什么也没尝到。

远山淡淡如青烟，月亮正浮起，护城河粼粼闪闪绕城流。

三个陌生客，有几多迷惑，有几多疑云，又有几多怅惘同归思，在河边散步不说话。明天一早即要离别这小小古城了，难得再来。小小古城似乎不是小小谜语。不远不近有虫鸣，有水响，有萤火灯笼在草里头移，找寻那已流逝的岁月同故事。

忽然看到河边蓝幽幽地坐得一个人影如雕塑，有一种幽香迤逦过来。

啊！在什么地方闻到过呢？……

1983年7月

淘金人

莫以为是真的

也莫以为是假的

——一个个没有年代的传说

如今哪个都不晓得。

只晓得那地方曾经有单独一间茅屋，住过娘崽两人。

而那些铁一样蛮硬的汉子，后来到哪里去了呢？那片莽莽苍苍，且有鸷兽猛禽奔踅的大山，叫什么名字呢？那座为金子所垒就的长长的坟冢，以及那在山谷中凄凄飘荡的呼喊，在哪里呢？……

茅屋后头即是那不晓得名字的大山。

到底好大？也不晓得。只在夜晚，只在月白风清时节，松涛起起伏伏，间常一声两声虎啸，应着山脚下那股昼夜不得将息的溪流的喧腾，使人感到雄壮，感到苍茫，感到于峰峰壑壑间必定藏得有好多好多不为人知晓的故事，神秘而古老，美丽又悲凉。就要慨叹良久，抑或落下泪珠子来。

茅屋的下面，即那溪水的上头，一排寮棚傍山而竖，为淘金人所居。

不晓得何年何月始，传说有人在山谷中，在溪边，拣得了金子。

故来了淘金人。

都是些蛮野的汉子，有着铁似的体格与铁似的心；有着斗杀赌盗的不同常人的既往；故额角上颈根上有几寸长的刀疤，断了鼻梁或缺了耳朵，也就算不得什么非常的败相。到这山中来，自然第一是为逃离官府的缉拿，第二即为那生存所激刺起来的生财的欲望。唉，也是茅茨尽空不果饥肠的人，才能如此横生斗胆，铤而走险的。故那欲望就在那些粗大的脉管里汩汩泛滥。为这欲望所驱策，常常为争夺一颗金子而毒毒骂娘，而捋手勒脚，而把刀尖斧刃弄到湿而发红的事，就断乎不会少。这时节必定就不讲情分、仁义与悯心。凡一切为官府法律所不逮的地方，凡一切为道德伦理所莫羁的地方，力与强蛮，即铸成鼎威。哪个奈何得了？故金子罗得最多的人，也就是最强悍、一颗心最为那金黄梦时时所蛊惑的人。唉，也怪他不得，人存在这世上，总归要做一些灿烂至极的梦。

也不晓得有好多淘金人，在黄金之梦的诱引下直目走入永恒；冥冥之中，尚不能悟及人的本分，人之为人的若干信义。这山中散散落落拱一些坟冢，为野草与野花所覆盖。那活着的，即从记性中，将这死者的脸目言语一并永远忘却。唯云把日头遮住时，山风吹来，坟头茂茂的荒草，凄凄作响。鸱鸮厉厉叫它一声，仓皇就要飞去。

同时还不晓得，什么时候起，这山里竟住下了一个女人，及她的崽。

女人三十出头，从如今尚十分姣好秀韵这一点考察，想必在娘屋里做妹子时节，是相貌极出众的。声音又十分好听，若绽然一笑，立刻要感动一颗顽强的心。只是要听这一笑，也不易得。毕竟她姓甚名谁，缘何避到此山中来，其男人之有无存殁，一概的不晓得。有人曾麻起胆子且抹角拐弯问及她，不见回答，但见秀眼一垂，淙淙淌出泪来，沿腮及颈，湿了好一片衣衫。故一切问题，尽成秘密。但晓得她唤崽，作秀秀；但晓得汉子们唤她，作大姐。

难就难在，一个无依无傍的女人，与一群蛮野汉子之间，竟就没有横生一些意外枝丫，竟就没有干下为生命之火烈烈烧着时，必定就要干下的那些个事情。在这不为人知晓的山中打发长日，他们倒也十分相容，十分相安。女人日日帮那些汉子补衣浆衫，兑得自己一分生活。秀秀怕有五六岁了？可以到山中抱得枯柴回。娘说：“秀秀，那山里有大虫，时刻要小心！”崽道：“不怕！”抱柴回来即沸沸地烧开一壶茶，让秀秀提着送到汉子们的那里。汉子正焦渴。

抑或叫秀秀捧一衣兜酸梅甜果过去。汉子却不吃那个，只逗乐：“秀秀，明日你长大了，要做爷子了，送与你婆娘吃，生得一个小秀秀。”秀秀捧了衣兜问娘，婆娘是什么。娘笑一笑：“莫听。莫听。”

女人早早就搂起那些散发着男人气味的邋遢衣衫，走到山下溪畔，兀自用棒棰杵捣。溪里浮得有大圆石，好杵衣，好蹲在上头照自己的影子。影子极清丽，女人也不时常赏顾。只匆忙洗就，将柳腰斜斜抵住竹篮，急步走上山去，将一些水珠儿滴在乱石间，自去晶莹；将一条好急好长的溪水扔在身后，任它蜿蜒。在溪水的响声里，是否她已经预先感到，一些日后必得流传的故事，当从这里寻到发源呢，不晓得。女人的脸目是端庄的，安谧而沉静。

这时节汉子们才披衣从寮棚里懒懒走出。

“大姐好早哦。”

“你们也早。”

低头走回自己的家，呼秀秀拿竹竿来，要长的。

待夕阳将汉子们额头镀得发亮，将悍实的影子拖得极长，走回寮棚时，远远看见女人在屋前屋后忙碌，抑或在怀中逗那秀秀哧哧笑，心下兀自就生出些朦朦胧胧的想念来。想什么呢？想从女人眼睛里领到一份情意。

如此实属一种慕渴。为哪样而必需它呢？自己也不甚明白。总之除了需要黄金，需要刀子及膂力，还需要一股绵长的，柔和如清风的情意是了。怪就怪在，谁都不敢存得有这样的奢望，要独吞了那女人情分的全部。同时也怪在，纤纤弱弱一个女人，若亘在为金子纠纷成一结的红了眼珠子的汉子之间，那纠纷也就立即解除。各各松了拳头，抑或扔下种种可以击得敌手脑浆横流的利器，如无事人一般散去。哪里看得出他们是些生了恨心，什么手段都做得出来的铁血人？女人也不说话，只拿眼看那些为日光炙成古铜色的宽厚的背。有道是美丽与温柔，即是一种力，为女人所拥。她是否应验了那句箴言呢？蛮野汉子凭什么要对她这般软依，她又因哪样要实心为他们尽女人的用心呢？也是人生一个谜。

女人与秀秀，便以看得出的勤勉与看不出的热忱，滋润着那些人的长日。而汉子们的心船，间常就系住在那茅屋上头了。

“大姐，帮忙补这衣衫。”

旧了，融了，衣衫时刻要补纳。茅屋主人将一颗针从胸襟上抽出，于乌发间荡一两个来回，低眉道：“就只一件衣衫？”

“劳为。就只一件衣衫。”

“看看这鞋。”

"吔——吔。嗬哟！"

阔大鞋头正为趾尖所破，坼成蚌嘴。女人就说："快快同我脱下。"飞针走线时，姿式极优美。屋后有好鸟相鸣，嘤嘤成韵；屋前有好树相生，酽酽成荫。日光细细斑斑，无声撒一脚底。

这情境谐和如一画图，恬淡清静而成永久。只那一回——仅仅那一回，遭到小小一个破坏，也是独眼龙活该遭孽。

七月里一个夜，汉子中一绰号曰独眼龙的，拱出寮棚小解。月钩似镰，正割断缕缕清风，即是山中也显得有几分燠热。所有树木，凝成剪影一动不动。这时节听得有碎碎的足步，迤逦下山去了。看时正是那茅屋主人往溪边浴洗。也是好奇，独眼龙即尾随相下，藏于一巨树后探头窥去。

那溪流潺潺响动，将月镰揉成散碎，复将它拥送而至遥远。女人并不识水性，只蹲在一块卵石上洗头，洗颈，洗身子。想这情境也必定极美，就难怪独眼龙在一边发痴发木。那女人只如原始山林之女神：丝丝黑发夜一般深长，袅袅裸体月一般耀人。遂使此时此刻此山林，圆满成一瑰丽梦境。

然后，挽了湿湿长发，挽了湿湿衣衫，自去茅屋安睡。月正照她的小窗，亦泊在秀秀那好长的梦里。

说独眼龙活该出事，也并非宿命。这偶一的造次，原本不为那女人与其他汉子晓得，只可秘藏在心底，于回顾时兀自去咂嘴叹绝就是。哪里能够声声色色地吐出去，作一个男人的骄傲与福缘呢？

说毕。那些汉子只如铜人默坐良久，然后，有一种什么热力灼心灼肺，然后，即一个一个无声耸立起来，眼珠子凸凸燃起凶焰。那凶焰唯打赌输了金子及亡命时节所独有。又一步一步围拢来如刀尖逼他至壁脚。虽独眼龙素是鸷猛非常，如今也就明白了自己所犯是何，同时晓得大限已到，无可旋避。只道："弟兄，莫要绑我在山中任鹰啄蛇咬。让我死得痛快！"即将那只独完的眼睛闭上，且将胸脯放高，不曾有半分赴死的怯弱。

也不答什么话，汉子们就叉开粗硬的虎口，钳住咽喉处，生生将他扼死，没得半点哀音。遂又将他连夜扔进溪流。湍湍急水竟不晓得将尸身冲到哪里。

那一夜，从叶缝间看天上，没得一个星子。

这是淘金人的手段，极索利，亦极残忍，不为那茅屋主人所晓得。第二日捧一叠浆洗好又补纳好的衣衫送到寮棚里来，内中即有独眼龙的一领。只不见他来取，女人奇怪，问。没得回答。穷问，汉子才答道：

"走了。"

"什么时刻？"

"昨夜里。"

"为什么？"

"不晓得。"

女人也就不好逼问，也就真不晓得。匆匆又拣起换下的邋遢衣衫去洗、去晾、去补。若是晓得了，还有心在溪里头照自己的影子么？还有心在树下哼那极动听的歌子么？

从箩盘里扯出线，穿上针，又在秀发间荡几回，低头补衣，忽然想起在娘屋里做妹子时所学过的歌子，抑或想起某一夜自己不再是黄花女子，伏在某一如山起伏的胸脯上时所伤心哼的歌子，轻轻就唱了起来：

"郎呀，你好不晓得妹子的心，

……”

若因记性而语塞，那秀眼眨动间即又记起，记起即又唱下去了。无非是男人负了女子的心，无非是女子生成即苦命的人。万象生生息息，唯这歌子不变。这样怨诉，这样哀婉，的的确确也是动人。

这时节必定月亮就圈了，山山壑壑间积着静寂，又气朗天清，猿虎尽偃；这时节汉子们必定就站在寮棚外头，把脑壳仰起装作看云看星，目光就渐渐柔和起来；这时节强蛮的心必定静静浮起几段沉没的记忆：某一时某一会儿唱同一歌子的人，有着今夜月一样圈一样明的眸子，靠在自己肩膀上无端哭过抑或无端笑过；顿时一股细细情意，即在胸中粼粼淌过，忘却世上许多絮烦，许多凶险。

他们是最喜欢听茅屋主人唱歌子了。其实她并不是唱给别个听的，只轻轻唱给自己听，是这一个月夜同另一个月夜的悄悄对话；是这一片生活同另一片生活的悄悄融和。声音极细，然则只如一缕烟，一缕晨霞及暮云，在树与树之间，石与石之间，心与心之间，静静卷绕，静静萦回。

有汉子即刻将脸目深深埋在茧掌之中，为的不让人看见，有一颗清清亮亮的东西在眼眶子里滚动。其实哪个又留意哪个呢？各各揣了满满一怀心事，若一荡动，即刻就要溢出来。

哎，月亮亮汪汪……

老林深山里，与草莽兽禽为伍，与巉石响泉为伍，与星云雪雨为伍，不知有汉，且无论魏晋，长日打发下去，也自在，也自乐。只于春秋代序寒暑易节时，多多少少感到有些单调及重复。汉子们自去淘金，骂娘抑或赌斗；女人与秀秀自去浆洗、烧煮抑或唱歌子，习性终不得改。看看秀秀又长到七八岁，晓得将木叶放在口中作凤鸣，群鸟也大胆落满脚边岩坎侧头相和，教汉子们好喜欢。

但是人生如草木，生生灭灭即成古今。流连也罢，嗟叹也罢，并不由人意差强。好在生命万古时新，也算得一个不小的安慰。故当发生的即不可旋避，不当发生的有时节亦横生陡落，是为不测。

某一年夏天急雨连绵数日，那条山溪陡然涨大，夹一些泥石落木咆哮奔走。立在峰巅上也可听它哗然喧嚣，兼及虎吼风卷，就生出几分惶惑几分胆颤。

那个止雨的时节，汉子中有的尚在枕边，有的业已起床，正是灿烂一日的开端，也正是一个旧梦之终与一个新梦之始。那新梦，无非为黄金之焰所泱泱照耀。

忽然听得山脚下秀秀喊娘，那声音极凄楚，极尖厉，惨惨地撕一片宁静成破碎。又听得有足步零乱踏来。

但看那秀秀，两目恐怖，到寮棚前已不能说话，只将那小手指住溪边不住抖颤。溪流激石，正訇訇纵响。

汉子们即刻就冲下山去，有的尚赤身露体，也就顾不得许多。在溪边，看见了茅屋主人。

她是被那日日在其中浆吐洗浴的溪水淹死的。若不是为水中一大石所截拦，汉子们必定不能再看到她半眼。那急流匆匆解散她的乌辫，水草一般倒伏飘扬，只如风中一面黑色大旗。卧倒在溪面上，有一只鞋被冲走，有一只手直直伸着。那食指正弯成一勾，将一件欲挣脱逃逸的衣衫勾住。勾得及时，且用力。为这一赴，即付出整个性命。那是岸边竹篮里，众多邋遢衣衫中的一件。

一件邋遢衣衫同一个美丽生命，到底有没有两样不同呢？抑或女人竟不晓得；抑或晓得，则又不及思虑，即于结论前有此果敢一举了。故当汉子将她捞起，抬回谷中仰过来看时，女人的脸目只如睡去。且睡得极香极酣。黑发与睫毛，覆盖有许多永不为人知晓的秘密……

日头从古铜色肩膀后的峰峦间缓慢升起，照着那些蛮野汉子的脸目，是这般沉重，是这般悲戚，或许死亡之云笼在自己头上也不能至此。其中那衣衫勾在女人指头的，竟哀哀欲泣了，只是为隐忍所止，故仰头看苍天，看苍天上一只翻飞的岩鹰……

不晓得过了好久，有人于恍惚间记起了秀秀。低低问：“秀秀？秀秀？”没有哪个看见，没有哪个晓得。于是发起急来，预感这灾厄即有了连续。就满山满谷去找。山里是有许多大虫的，有豹及狼。

“秀秀——”

“秀秀——秀秀——秀秀——秀……秀……”

辨不出是哪一个的声音。到处都在喊，亦即包括每一石罅每一树，每一草虫每一云。

双足双手及脸目，为荆棘所划破，为蚊蚋所叮啄，走一步即喊一声。没有听到那个会吹木叶了的小嘴的回应。到哪里寻得到呢？这大山是这般原始，没有路径；参天之树比比相肩，且为藤葛所纠，为粉苔所染；刺蓬石隙落满了果子，正渐渐腐烂成泥。将有无数萤虫从这里飞出，打灯笼寻找轶失的传说么？

“秀秀——秀秀——”

“秀——秀——秀——秀——秀——”

……

群峰轰响。远远近近叫着一个名字。但那已不是一个名字了，抑或说那名字已不代表一个小小生命，而是代表一群蛮野淘金汉子的痛苦与悲怆，代表此时此刻他们作为人的全部。

莽莽山林中，这凄厉的呼喊，这绝望的呼喊，这叫英雄与岩石也必定落泪的嘶哑的呼喊，恐是永远永远也不会消散了吧？……

日头也支持不了它自己的伤恸，血红地滑落下去；暮霞业已燃成灰烬。这时节汉子才各各从榛莽中拖着受伤的身子及无望的心，缓缓走回到谷中。溪水任自流去，秀秀终不归来。抑或永将寻他不到了吧。这山中是有大虫的，有豹及狼。

低低山风，催得一切尽在战栗。

女人静静躺着。那些呼喊，也没有唤她醒来。夜色只如一领青纱，轻轻笼住她从头至足。你还有没有记性呢？有没有瞻顾及等待呢？不晓得。哪个都不晓得。

给她掘一个坟吧！给他筑一个亘久的眠床！

坟也掘得怪。不是圆洞是直沿。因为女人那一只僵直的手，哪个也不忍心拗它过来，同时还怪在那坟也不是为一切利器所掘就，而是汉子用那捏紧过刀把与金子，拳头及骰子的茧手，一指一指抠的。抠得指甲松动与脱落，抠得流血。那点点热血，即是日后灿烂一片的无名的小红花吧？

女人就默息在里面。过往的一切，即为这山这夜这静寂，完全所属与。

也没有用土埋她。

汉子们沉沉走回寮棚，各自悉数捧出所藏金子，复至谷中围住那坟。然后单腿跪下，然后缓缓地将金子一颗一颗放进坟洞。唉，为了这些黄灿灿的东西呵！……

轻轻的风拂着粗硬的发，与那哀伤。

月亮又升了起来，且又圆了。凡有生命的与凡无生命的，尽是哑默。唯溪水呜咽远逝。林子里吐出凉气来。每一叶片正酿出如泪的珠露，数不清！往日这时节，女人抑或就轻轻哼那歌子了；往日这时节，汉子们即装成看云看星了。唉，这才有好久呢？如今竟为她垒一座长长的坟冢了！

垒得这般艰难这般累，时不时要停下，无声歇息。而月正在那一双双发木的黑瞳里凝固，且慢慢慢慢有些模糊……

也没有限令文牒，也没有相约相期，第二日一早，汉子们终于诀别守候了整整一夜的女人，走回寮棚即打点行装，兀自离开了这好一片藏金之地。

那走在末尾的一个，到了谷口，忽又停下，从怀中慢慢摸出最后一块金子来。这是所淘金子中最大最重的一块。为攫得它，无犹疑地偿付了血与力。退回到那坟前，他默默凝视那金子良久，然后轻轻叹一回气，然后轻轻押它在坟顶上；转过那古铜色的宽厚的背，即头也不回阔步离去。这时节日头业已升起，长长的影子在他身后晃来错去。

这一去竟没有再回来。

1983年4月—5月

明月明月

1975年4月一天，断黑时分，工作队员小马，一个日头怎么也晒他不黑的青年，夜饭后正蹲在腊子山脚下一条愉快的溪流旁从头到脚洗他白白净净的身子。水很清，当然也很冷。小马听得自己牙齿磕碰着牙齿仿佛害怕着什么一样的声音。但是，小马他晓得，除却冷，他实在什么都懒得怕。反而由于这冷的刺激，小马变得兴奋，变得快活，甚而至于就想唱歌。想唱于是便唱，这正是他这样年轻人一个特点。就轻轻唱了《山楂树》（唱完以后不由地看了看四周），又放喉咙唱了一段《平原作战》："披星、戴——月——下太——行——"（听得回声如鸟影一般飞去飞来）他觉得自己真是很不错一个人物，就自我欣赏响亮地咳一声嗽。仰头一望，望到高高腊子寨头上升起来一轮明月（他想起一句词：明月明月，胡笳一声愁绝），望到夜天是幼儿园玻璃一样幽秘的蓝（他想起幼儿园里那个满荷着慈爱的胖老师）。这时候他把衣服上上下下早穿好了，就一脚高一脚低踏着石板路朝寨子走去，迎面又是家书一样有着悠远亲切的四月夜风。这正是油菜花怒放的时节，小马觉得自己笨重的足音无意间溅起周遭油菜花一派惊恐的芬芳了。

到了山愈走愈矮，月愈走愈大，小马便听得低低一句狗吠。倏忽一条大黄狗尿一样射到他脚边来。小马叫了这狗的名字，狗立即起了感动，努力摇自己尾巴，随了小马进寨子。在歪歪一棵老树下，光头赤脚一山里孩子，牵一条黄牛懒懒踏着月色走近来。这孩子站住了（小马望见他两目如星），仰头问：

“马同志，今夜里教京歌[①]啵？”

“教咧。”

“新的啵？”

“新的咧。”

孩子得了高兴，汹汹喝牛一声，嘚嘚嘚嘚便走，回头又喊一声：

“就开始啵？”

“嗯呐！”

孩子与牛就不见了。近山远山寂默，千里万里月明。

吱呀推开门，小马望到房东妇人正坐在火塘边烧开水（小马晓得这是给自己烧的），披着家织布的一件蓝衣。堂屋里没有点亮，火光跳荡在妇人赤裸胸脯上。小马望到妇人的两只干瘪奶子，望到妇人眼窝里深深的阴影。然而妇人并不遮掩，只倦倦着问：

“洗呐？”

小马答：“洗呐。”

“冷不？”

“不冷。”

妇人就说：“哄鬼哟。”

小马藏住笑意，也在火塘边坐了下来，把手下意识伸到跳跳荡荡火上，取了狮子抱绣球太极姿式，说：

“我自己来烧。”

---

① 京歌：当地人把京戏唱段叫作京歌。

妇人就递过来长长火钳，又捶捶膝盖，起身进里屋去了。吱呀的一句门响正如歌唱。

过后小马来到山顶队部，油亮板凳上已竖满年轻人影子（小马望到光头孩子坐在了最头排）了。梁柱上吊得有一铁丝的网勺，松明子在里头毕毕剥剥燃得正快活。小马就站到众人跟前，教他们唱京歌。教的是《智取威虎山》里的段子。

小马唱：一心，要砸碎，

众人便唱：一心，要砸碎，

小马又唱：千年铁锁链。

众人跟起又唱：千年铁锁链。

就望到松明子火光里一二十黑洞洞的嘴，蒸发出叫作京歌的乱糟糟一团的声音，正如幽幽深谷里蒸发出四月熏人的夜气。小马于是怀了一种说不出来的心情，努力嚎唱：为人民开出那万代幸福泉！小马越过那些蛮野里夹着庄严的声音（小马想，这只能叫作声音而不能叫作别的什么），望到门外月下的山岭，望到板栗树的影子和金毯子一样毫光四射的油菜地，发觉自己原来竟也变了调。

教唱完了，众人发一声喊，四下里就散尽了，单剩下前排光头赤脚孩子还坐着。小马就问：

"还不走？"

孩子说："马同志，明天还教不？"

小马说："教呢。"

孩子说："教易得的好啵？"

小马反问："今日的蛮难啵？"

孩子说："难！"

小马说："那，明天就教易得的！"

孩子得了高兴，“嗯！”递给小马一只冰冷煨红薯，转身叭哒叭哒就走。四下里顷刻静极。

小马踩着月水回住屋，记起初来的一日，山中迷了路，四下里也正是这样的静。喊：有——人——啵——？听得自己的声音那么大，又那么远，只觉得有味，并不怕。

小马推开堂屋的门，火塘里只是一团疲倦的火灰了。小马闻到柴烟的味，清新有如谷雨新茶；小马又听到隔壁妇人的鼾声，起伏有如连绵峰峦；想起上山来第一夜，有汉子坐在火塘边打山歌，妇人也正是这么歪头困着了，鼾声如松风。

小马回到自己屋中，横竖没有睡意。他想写一封信，告诉那些千里外生活在水泥屋中的亲友，山中的农事稼穑，风物人情，悲怆或欢乐，但他没有写；他想念一阵子书（他带了好多的书到这山中来），但他没有念；他只是枕着自己的双臂懒懒躺着。月光照进窗来，他想起若干闪闪烁烁的旧事，他于是将一颗年轻心泊在旧事的温馨里。他听到一只夜鸟在什么地方咕咕了一声，过后便是广大无边的静。只有不远地方一泓山泉淙淙流淌，无有穷尽。

又过了片刻，小马听得山腰水碾子房的柴扉吱呀一响，旋听得有轻轻跫音，犹疑里夹着坚决，渐渐拢近过来。不久，小马的门便被一只小心的手敲响了。

小马问：“哪个？”

门外的声音说：“我。”

小马又问：“你是哪个？”

门外的声音说：“守水碾子的。”

旋又说出来自己的名字。

小马“哦”了一下起身点亮，把门开了。

月光里站着一个姑娘，穿紫花的衣裳，手里仿佛还握住什么一样东西。

姑娘问：“马同志，没困着？”

小马说：“没。”

小马说：“找我什么事？”

姑娘不好意思模样，就说：“找你讨点煤油呢——没油呐。”

小马这才看出她手里是一盏没有灯罩的空油灯。

小马于是说：“哦。”

小马又说：“这么晏了，还点亮做什么？”

姑娘说：“做鞋呢。”

小马一面给她倒油一面又问：“做鞋，明天做不得啵？”

姑娘就答：“明天有明天的事。”

小马倒满油，把灯盏揩了揩递给姑娘，仍很好奇，说：“何事要忙成这样子呢？”

姑娘低眉，半晌才羞羞着答：“过几天，要嫁人了呐。”

小马声音高起来：“嫁人？嫁人？要出嫁了？”

姑娘不抬头，说：“嗯呐。”

小马仍很高声：“嫁人，嫁人，嫁到什么地方去？”

姑娘遂说出了一个地名。这地名在小马听来当然陌生。但小马觉得这地名无端地很美丽（小马立即联想起一幅有风车的俄罗斯风景画），而且，无端地就很远，仿佛天边一颗星，一片云。

小马“哦”了一声，这才很注意望了望灯下姑娘的脸。他来了这么久（三个月了），居然从未留意过这么样的一张脸，他一时甚至想不起这张脸给他留下过任何印象。这世界上有一些脸，普通得就像是一棵树，迎面不会留心，回头不会张望。而这姑娘的脸恰好是这样的一张脸。况且小马想起来，这姑娘平素是从来不说话，甚至也不笑的。小马想，这或许就是对她不曾注意过的缘由吧。小马望到姑娘的额头，明净舒展有如雨后晴空。这额头正泛出来一层健康、善良、纯朴、并且幸福的红光。小马还望到姑娘的鬓边，斜斜插得有一枝油菜花。小马倒抽了一口气，立即觉得这月夜熏人的芳香，皆源自姑娘鬓边这一朵奇妙金黄菜花。小马遂有些呆，站着，手脚不晓得如何摆，方始自然。

姑娘就抬头说："走呐，马同志。"

小马说："好。"

姑娘又说："马同志，京歌好听得很呐。"

小马说："好听得很。"

姑娘说："我走了呐。"

小马说："好。"

"多谢。"

"好。"

小马就看见月下一朵金黄菜花梦一样浮走了。

小马，这年轻人，在床上又听得淙淙山泉的响动了。小马觉得，那绵绵水声成了碾子房里要嫁人了的姑娘手中线，一针针是把唯有她自己晓得的心思纳进这辽远静穆山寨长夜了。

过了几天，寨子里一阵闹热，果然是那姑娘出嫁了。

小马想起那地名，仍是觉得美，而且，远。

第二年春上，工作队员小马，要回省城里去了。

这天吃过了早饭。行装打点了，心想下午就到公社集中，明天坐汽车，又转火车，回到省城机关里，成天又与报纸文件会议讨论滚到一处，或许一辈子再也难得到这腊子山来了，不免有几许怅惘，有几许留恋，就把腊子山前前后后看了一遍。山南山北正是青黛，云飞阳雀子也飞，春日暖意微风四面八方吹动小马宽宽的衣襟了。

这时小马望到山腰石板路有一粒人影，愈来愈大，就觉得这人影有些眼熟，一时又想不起来，正犯踌躇，那人影忽然就发惊喜一声喊："马同志！"

拢近来时小马才认出，原来是一年前出嫁的守水碾子那个姑娘。

房东妇人闻声出门，紧紧捉住姑娘一双手，大呼小呼，于是四面草蓬里又拱出来一堆采岩衣的妇人了。妇人们围住出嫁后头一回归娘家的姑娘，问长问短，雀噪一片。小马也在人堆里，望到姑娘差不多是老样子，只是胖了些，又挽了粑粑头，背后竹背篓里东张西望正探出一颗小小脑袋。小马就想，她不是姑娘呐，她做母亲呐，她是地地道道一个妇人呐！便听得做了母亲的地地道道妇人大声说起自己在夫家的日子（小马又一次听到了那个地名），说起柴米油盐，说起崽和猪、出门做工夫的男人，说起婆家、田地和收成，说起自己做梦也想娘，想不懂事的弟妹，想娘家欠队上的谷还未还清。小马从这先前少言寡语的女人说话口气中，听得出来她生活得极艰辛，然而也极快活。他望到日头晒黑的她的一张脸，荡漾的是夹着倦怠的兴奋和夹着忧虑的爽朗。她说话甚至有了一种很惹人喜欢的坚决的响亮和坦真的明快。小马便想：好的，好的，好。小马又想起那个地名，心中响起一支歌：《在那遥远的地方》。小马想：好的，好的，好。

而下午，小马鼻子酸了一阵后，就离开腊子寨了，汽笛一声，从此没有再回来过。

他会记得这个苦乐兼有的地方啵？

当然会。

许多年过去了，小马被人称作了老马。

被人称作老马的人，十五年后的一天，也正是四月夜，坐在自己书房里（多年来他买了很多书），看一本书又看一本书。这情形有如抽一支烟又抽一支烟，过后云消雾散，全记不清书里头说的是什么。他于是明白自己并不是看书，是借了看书来分散郁结的心情。房里很静，是一种空空荡荡的静。自从上一个月同老婆吵了一架，老婆带独生女儿冲出门，这屋里以后就有了这么一种空空荡荡的静，叫人想起芜草丛生的弃园，或黄昏黄昏的荒野。

老马扔掉一本克里斯蒂的侦探书，熄了灯，仰躺在床上（床上的被子没有叠），枕住自己双臂（他一直有这种习惯），抽烟。不知道烟灰掉在胸前白生生一堆。过后觉得屋里的烟味太重，就起身把门拉开，不料一泓月水泻了进来。老马一惊，就踱到阳台上。举头望到高高天上一轮明月（遂想起那句“明月明月”的词），望到四月的夜天是深远亲切的蓝（又于是想起幼儿园的玻璃和胖老师），老马顺理成章记起了十五年前腊子寨那一个月夜，那一个在溪里头洗澡，又给山民们教京歌，还有守水碾子的姑娘对他说她要嫁人了的散发着馥郁油菜花香的月夜。老马就想起了房东妇人，光头孩子，还有鬓边插一朵金黄菜花的山中女子的一张脸。这张绝对容易遭人遗忘的脸，这一时居然那么清晰展现在了老马恍惚的眼前，笼着健康、纯朴、真率、羞涩而又幸福的光芒；老马甚至还清楚记起了一个美丽而遥远的地名。于是老马感到了喉咙里有一股什么东西横横梗着。他想吐出来，他忍了忍，然而忍不住，终于吐了出来。于是这东西成了极粗鲁一句骂人的话。

他骂谁呢，这个老马？

关于刀的故事

有一回，我素来景仰的一位人类学教授对我说了一些叫人难以忘怀的话。他说人类与生俱来的恶的一面，总会借着某些历史事件（他举出了格尼卡尔轰炸）、政党（他指出了国社党）、特定时代（他说，比方“文化革命”），和某些民族难以改变的习性（他援引了非洲某个土著部落的食人例子），以及各种各样可以预料和不可预料的因素来展现，或者说释放出来。他说，不这样，人类根本就不成其为人类（这是很叫我吃惊的话）。他还说，即使上述那样一些条件不存在，那么，它至少会表现在某些事物，或者，某些器物上。我叫他再举出些例子来，他几乎不假思索，就说：比方吧，刀！刀这东西，就是人性中的恶的象征。不错，人类出于生存的需要制造了刀，但是反过来呢？刀又规定了人类的恶的方向。在大家都熟知的一些历史事件和人类行为中，雪亮的刀锋就代表了仇恨、残忍，一往无前的侵凌和蛮野凶狠的嗜血。

教授理性中掺杂着激情，还说了些其他的相当警策的话，但我这时却已是分明走神了。我恍然联想起了一些其他的事，比方，想起了小洛克菲勒的不幸故事。这位蓝眼睛里闪动着年轻的好奇和阿美利加人不安分的冒险精神的小伙子，在深入非洲丛林的一次探险中，竟被披发裸身的土人捉住，未能生还。

《纽约时报》称:“这位世界上最多的私人财富的继承人，就像被捕获的一只羚羊或麋鹿一样，被那些食人生蕃给活活吃掉了。”另一家《洛杉矶评论》则称这个事件是“野蛮对于文明的一次血腥的悲哀的胜利。”我想象那种“胜利”的场面，想象着一个有思想、有抱负、有智慧、有教养，并且至少有着物质前途的年轻的身体，被肢解着放在火上烤炙，冒着浓烟，又发出鼠叫一样的吱吱的声音的景况，简直是不寒而栗。我接着还一连串地想起了另外一些同样叫人毛骨悚然的故事（我在恐怖事件的想象力上有着惊人的丰富）。而最后，我想起的是我的堂兄和他的那把长柄刀。

我的堂兄李奇，我可以说是我这一生见到过的最勇敢的人。他的勇敢，很多人认为是纷飞的战火和生死考验所赐予的。而我知道，除此之外，还有我们祖先的炙热冲动的血液。咸丰年间的一次有名的惨遭失败命运的苗民起义，在各方面条件均不成熟便公然向大清帝国举事的首领中，就有我的曾祖父。他后来被官军的乱刀砍死在马下了。一个世纪以后我的堂兄在淮海战场上几乎被一颗加农榴弹炮震聋了双耳（所以他后来说话声音特别的大），并且中了五颗汤姆式冲锋枪子弹。因此，他那魁梧结实的身体除了有五块闪亮的伤疤外，以后又添了另一块闪亮的骄傲——一枚英雄勋章。大军南下时，他的部队一直追到西南边境，并且在那里驻扎下来，以对付散落在热带丛林里伺机反扑的敌军残部。不久，他和他的战友便明白了一个新的事实，即他们面对的敌人，除了敌军残部（实际上，这些人已不是对手），还有骇人的瘴疠、讨厌的雨季、野蜂、毒蛇和疟蚊，以及听不懂汉语并视一切外来民族为天敌的丛林土著。堂兄的战友中开始有人死于一种奇怪而无法医治的热病。而他的排长，一个有名的河北籍的战斗英雄，却死于土著人从背后飞来的刀的寒光之下。那天，排长和李奇一起去完成一个秘密任务，往回走时已近黄昏。身上带的干粮和水早已吃光了，饥渴间他们摘了一些野果子填肚，之后他们又在密林中找到了一条干净的溪流。排长蹲在我堂兄李奇两三步远的上游。堂兄洗过脸之后掬起了第一掌水，觉得其水甘凉如露。第二掌水喝下去时，猛觉得有一股熟悉而刺激的腥味渗透了齿缝间。再把那溪水掬到掌心里，一看，水是殷红的！堂兄急忙扭头，排长不见了。他已倒在了水边的草丛里，背上插着一把刀。刀刺进去那么深，几乎只剩下长长的刀柄在外面。只有野蛮或者仇恨，才会产生如此一刺的力量。排长的鲜血把一条溪水都染红了！我的堂兄如果当时不是恰好蹲在一块大石头下面，也许这把刀正好选择了他的胸膛来穿透。他从这把刀身与刀柄各有一尺长的腰刀上开始认识了丛林中的那个土著民族，认识了不同群落的人之间的隔膜、误会和毫无道理的仇视。如果我的堂兄有前面提到的那位聪明的教授的学识和思想，也许他那受过加农榴弹炮震动的脑子还会产生关于人性中的恶的更为深刻的识见。但我的堂兄是一个提着脑袋打江山的粗人。他面对的武器不是思想，而是呼啸的子弹和蹈死不悔的勇敢。在后面的故事里我们可以了解这一点。不过，即使如此，对那把杀人的刀，我的堂兄也仍然印象太深刻了。他以后了解到刀在那个人数不多的民族的生活中的重要位置。他知道那个部落的男子除了死，是谁也别想从他们手中夺取那种锋刃奇锐的刀来的。

然而，就在第二年，我的堂兄的粗大的手掌中却奇迹般地握住了一把那样的叫人恐惧也叫人钦羡的刀。

那时我堂兄的部队已把残敌（实际上不足一个营）又零零散散地歼灭了好几股。剩下一两百残部的残部，则溃不成军，有的逃过边境，有的则成了打劫绑票的土匪。那个土著部落的人渐渐感觉到此番来的军人同从前所见的军人是有区别的。前者并不伤害他们，反而消灭那些伤害过他们的手中握着汤姆式冲锋枪的人。于是他们中有人开始大着胆子走出丛林远远观察我的堂兄和他的战友们的举动。但是尽管如此，这个民族仍习惯于仇视一切说不同于他们的民族语言的人。挑衅与流血的事时有发生。堂兄和他的战友从最新情报中得知，一个月以前，又有三名单独行事的汉族商人，做了那些冥顽不化的土人的刀下冤鬼。

有一天，我的堂兄独自去相距他的营地五十华里的团部禀报工作，回来时天已断黑。一轮朗月高悬万山之上。天出奇地蓝而高远。爬过一座大岭之后，堂兄估计再走一个小时就差不多可以到营地了。他的心情非常好，居然极难得地哼起了一段支前小调。当他拐过一面山坡，抄一条山谷中的小路朝营地走去，他的小调却蓦然凝在了舌尖上。在距他十步之遥的仅容一人通过的小路上，横横地卧着一个极魁伟的土人。月光照着那土人腰间斜斜插着的两尺长的腰刀;没有刀鞘的刀锋寒光锥眼。我的堂兄后来告诉我，他当时只觉得头皮一紧，不由地停住了脚。堂兄麻利地掏出驳壳枪来。这一瞬间，他想起了他的排长，想起了水边的刀和英雄的血，他非常冲动，真想将这个也许是杀害排长的凶手，而且竟敢在他跟前挑衅的家伙一枪崩掉。堂兄说，当他瞥到那土人眼中两点毫无惧色的凶焰后，他立即明白了一个道理：对待这样蛮野的民族，死是根本威胁不了什么的。我的堂兄承认，他居然一时手足无措。当然，退是不行的，自尊和渴望战斗的滚烫的血液不会允许像我堂兄这样的战士退却；而绕过去呢，更不行，因为根本就无路可绕。而且同样的道理，一个真正的军人不会允许自己绕过战斗的机会，哪怕这机会也许带来的是死亡。一刹那的踌躇之后，我的堂兄把他的驳壳枪插进了枪套。一个决心就此铁定了下来。我后来追问过他这决心下定的原因。我说，是不是你认为只有在不怕死的人跟前表现出更加的不怕死，才足以产生征服的力量呢？我还问他，是不是仅仅因为战斗的骄傲才使你选择这样不顾后果的蛮干呢？我的堂兄摇摇头说，具体的想法记不清了。他只记得他当时浑身像着了火似的，被一种渴望所猛烈燃烧，就朝着那人走过去了，一步一步地逼近他。堂兄看到那汉子的手迅速地握住刀柄。他们怒目相对，就像子弹与子弹在仇恨的呼啸中相对。堂兄听到自己的足音正接近着死亡的边缘。他憋住了呼吸。就在他一脚从那人身上跨过去的一瞬，他甚至闭紧了双眼。他脑海里什么都没有，就如同雷雨后的天空一片澄明。我问过他，当时你是不是想到自己会像你的英雄排长那样来不及吼一声就倒下去了呢？我堂兄说，我记得我当时什么都没想，只是充满了一种说不出来的期待的兴奋。堂兄说，他感到奇怪，因为他又听到自己的脚步声了。

是的，我的堂兄他又听到了脚步声。这声音如同象脚鼓一样在异常静谧的西南山地的夜天里响了十来下，然后，堂兄李奇就站住了。他慢慢转过身来，结果他看到了使他大为惊异的情景。那个土著汉子，那个刚才还朝他怒目相向握住杀人的寒光与闪电的家伙，不知何时从地上爬了起来，竟朝他跪下了。

堂兄真是叫这个意外弄得目瞪口呆。当然，堂兄后来知道了，是自己非凡的勇敢征服了这个蛮野的土人。堂兄后来还知道，那几个汉族商人之所以丧命，就恰恰是因为遇到这种场面时吓得掉头便跑或跪地求饶。而这个山地民族，对贪生怕死是最轻蔑和最憎恶的。只有比刀锋更尖锐的勇毅，才能战胜刀锋。这便是那个土著汉子下跪的真实原因。不过，我的堂兄当时倒确实一下子没有明白过来。也许是出于好奇，他返身慢慢走近那赤裸着上身，胸膛像铜块一样坚硬的土著汉子，刚刚走到他跟前，忽然，又一个意外发生了——汉子猛地把刀从腰间抽了出来，唰地，一道耀眼的弧形白光划过我堂兄的眼前。堂兄一愣之后就下意识把手伸向枪柄。但他立即明白了自己的错误。因为他看到那汉子双手托刀并把它举过了头顶，口里而且还咕哝了几句什么。堂兄虽然听不懂那些土话，但是他却看得懂那汉子恭顺虔敬的身体语言。后者明白地表示，这把同那汉子生命一样宝贵的腰刀，如同彩虹献给天空那样要敬献给我这位不畏死的凛然有正气的堂兄了。

这就是我的堂兄李奇手中那把叫人恐惧也叫人钦羡的腰刀的传奇的来历。

我问过堂兄，这把刀除了给他增添了英雄的传奇和凛凛的雄风之外，是否派过什么战斗的用场。堂兄说，那当然，单是在一次土匪偷袭营地的混战中，他就用它劈了两个壮实高大的对手。我把我的堂兄李奇和他的刀的故事告诉了教授。教授听完沉吟了片刻，随后他又就此固执地延伸了他的话题。他的表述在我听来都是新奇的、深刻的、警醒人心的。但后来，他表达了这么一种观点：人性当中的某种恶，不是靠善，而是靠另一种恶来征服的，这便是俗语所谓的“以毒攻毒”。他的意思似乎是对我的堂兄的勇敢有一种与我完全相反的看法。对此我却不能苟同。我要捍卫我的堂兄和我对他的勇敢的理解。

我于是同教授发生了争执。当然，这样的争执不会有什么结果。最后教授宽容地一笑，说，好吧，我们各自保留自己的意见吧。

临别的时候，教授忽然问我：那么，在以后的岁月当中，那把刀呢？

我没有回答。因为说到刀，我就会把话题转向自己，以及另外一个倒霉家伙身上去。我至少此时此刻不大愿意谈论这个话题。为了避免沉默的尴尬，教授随口问了问我堂兄的近况。我告诉他，李奇在一年前去世了。我说出了堂兄的死因。教授对一个英雄了一辈子的人竟死于小小蚊虫的一次意外叮咬而唏嘘不已。教授连连说：可惜，可惜，可惜呵！

堂兄的那把经过了那么多年仍寒光夺目的腰刀，就是他咽气前嘱咐堂嫂遗赠给我的。因为他清楚地知道，我是一直思慕这把传奇的刀的。我自儿时从我父亲口中听到了堂兄和他的刀的故事之后，就一直央着他，求他，把这把刀送给我。我终于如愿以偿。

我把刀带回家来，仔仔细细地把玩了很久（虽然我曾无数次地玩过这把刀），发现刀刃上有一处缺口。这是我以前没有留意的。我想象这缺口是某次溅血的残酷拼杀的纪念。但这事儿发生在刀的哪一位主人的身上呢？无从料及。我抚摸着缺口，想到战斗的啸声业已烟消云散（我设想那个没有刀了的土人也死了，至少是永远地消失了），不禁慨叹不已。我把腰刀挂在了客厅的墙上，作为众多饰物的一种（我特别喜欢搜集各种形式的壁挂和有异域情调的装饰品），它当然的最为辉煌夺目。许多来访者的目光里都闪耀着满足我的虚荣的惊羡和稀奇。我往往添枝加叶，夸大它和我的堂兄李奇的故事，以增添它的不凡来历的眩目光辉。在那些造访的人当中，不乏像我当初缠搅我的堂兄那样的固执的央求者。他们愿意用可观的金钱或叫我喜欢的相应珍贵的物品来兑换它，因为他们从我口中得知（而我又是从我故去的堂兄口中得知），那个佩带这样的腰刀的人数极少的土著部落，五十年代末就神不知鬼不觉地迁徙到国境线的另一边丛林中去了。我清楚地记得，就在我把那把腰刀从悲戚的堂嫂手中默默接过来的第五天，我同我一向厌恶的我们街上谁见了都害怕的一个流氓打了一架。那是一个雨天，我不知道从哪里来的勇气，居然在他挑衅地在街角故意挡住我和一个朋友的去路时，一勾拳把高出我半个头的这狗娘养的打翻在地了。他爬起来，照样也给了我一拳。我同样倒在了地上。我的朋友吓坏了，哆哆嗦嗦地叫我快爬起来跑掉。但是我站了起来，用头将那家伙再一次撞倒。当他摇摇晃晃又爬起来，口中吐着脏水和比脏水更脏的粗话时，我瞅准他的裤裆狠命一脚踢了过去。这个流氓，这个以凶恶好斗臭名昭著的家伙应声倒地，半个月之内不可能爬起来了。我为此被警察拘留了十天。当我走出那间黑暗的小屋回家来，我发现我居然被街邻们视为了英雄。许多曾受到那恶棍无端欺侮的人老远就举着手向我高兴地打招呼，因为他们相信，那家伙的尾巴从此得紧紧夹起来了。我一下子拥有了那么多的朋友和崇拜者，他们有了什么要紧事，包括他们在外面吃了亏，受到攻击，都来向我倾诉，就好像我是他们的首领。我于是也和那些友善的街邻一样，一夜间改变了对自己的看法。也许是出自遗传，我感觉到了自己的不平常，感觉到了和血液一起在周身滚热地奔跑着的豪侠与胆气。

从此，我的形象变了。我开始在我们这个城市的另外几条以打架闻名的街上崭露头角。这就引起了警察的注意和亲人的担忧。后者劝我不要再在外头打架胡闹，说只有流氓恶棍才会干那样的事。而你，你从前是一个有教养的和平主义者。我当然明白这些肤浅道理后面的好意。我对他们说，我从不惹事生非，我不过是为朋友抱不平而已。这有什么错？但我的亲人（尤其是我的姑妈）逼着我发誓，保证下不为例。而往往我的誓言说过后的翌日，我又在某个街角把某个曾经很了不起的家伙弄得再也不能很了不起了。我的生活变得如果没有血的刺激就百无聊赖。现在，在这个世界，我只和三种人打交道了：朋友（包括崇拜者和屁股后头摇旗呐喊的喽啰）、恶棍和警察。我常常被传讯，哪怕调查中的那些流血的事件其实与我毫无干系。有一回，我被关了整整三个月，原因就是，我差一点点把一个刚刚刑满释放出来不久，用一把土火枪逼我的一位邻居交出钱包来的家伙的眼睛打瞎了。而这个家伙的兄长，是一个有权势的人。我成了堂·吉诃德。我向我们这个城市的一切恶势力挑战。我总是赢。而胜利不仅仅鼓舞着我，而且也焚烧着我。我在一个人独处的时候，发现自己的一双手是颤抖的，而且眼皮也老是跳动。这是一种危险的症兆。它表明我的好斗已经到了不可遏止的可怕的地步。

这情形被我的姑妈知道了。她叫来了她大学时的同学，一个有名的精神病学专家。专家询问了我许多在我看来是啰哩啰唆的问题，然后，我听见他在隔壁房里低低地对我姑妈说，我显然是病态的，但他弄不明白这病态的起因是什么。不过可以肯定的是，我的肌肉的颤抖和眼皮的跳动完全是精神变态引起的。我又听见我的姑妈焦急地问他：怎么给他治呢？专家沉默了一下，回答说，目前暂时没有其他的办法，最好是把他与外界隔离起来，不让他随便出门。

我的姑妈开始搬来与我同住。我当然明白她监管我的意图。我的父母去世后，她实际上一直是我的监护人。她是一个心地善良的老人。她劝阻我出门的理由虽然显得可笑，但我还是服从了她。我于是有一个星期没到街上去闯祸。这一个星期，我狂躁不安。即使找一些手工劳动来转移自己的注意力也很徒劳。我明白自己无可救药了。

星期天，我姑妈年轻时的一个朋友从远地来看她。这是一个相貌古怪的满头银发的老人。他看了我挂在客厅墙上的那些乱七八糟的玩意儿，他的目光惊异地落在了没有刀鞘而闪着毫光的腰刀上，坚决地对我说，你家里有一股杀气！我的姑妈一愣，忙问他何以见得。他指着那把腰刀说：这就是杀气！太严重了，也许它会带来血光之灾。我姑妈的脸吓得苍白，她结结巴巴地说，确实，她也有一种不祥的预感。她说完后眼睛一亮，嚷道：是的，是的！这提醒了我！我的侄儿这一年来的可怕的变化，一定与这把该死的刀有关！！！

她的满头银发的老友问了她我的那些事情后，肯定地认为，这把刀的某种神秘凶险的魔力已经附着于我并且主宰着我了。它在我的血管里奔跑，使我失去理智，变得好斗、凶狠、头脑发热，同时，也蛮力无穷。是这把刀征服了我，然后通过我去征服世界。这就是刀的意志。

老人对我说：请听从我的忠告，因为我的预感从来不欺骗我自己，你只有离开这把刀，或者，换句话说，使刀离开你，你才能恢复理性，平静如初。

我听着老人的话，心里有了一种很异样的感觉。我不知道是什么原因，总之是听从了老人的忠告。第二天，我打电话叫来了一个人。这个人老是穿一件灰格子西装，一再缠着我要用他的几枚珍稀的邮票外加一个乾隆年间的瓷花瓶兑换我的刀。我在电话里叫他把这些东西都带来。我听见他在电话线的那一端惊喜地叫了起来。

我相信我经历了奇迹。因为自从我把那把腰刀让给了另一个人，我的生活居然就像那位相貌古怪的老人说的那样，一切又恢复如常了。我好像做了一场恶梦。现在，梦醒之后，我只有对往日的后悔和对奇迹的惊叹。我重又变成了一个规矩的人。而且，奇怪的是，一个人不想打架，他就再也碰不到打架的机会了。

我姑妈把这一切告诉了她的精神病学专家的同学。那同学除了瞠目结舌，就是对于科学信念产生了地震般的动摇。

我本来以为有关那把刀的故事可以就此结束了。不料，一个月以后的一天黄昏，我读到一张刚刚送来还散发着油墨清香的本市的晚报，我从第三版的“社会百态”栏里看到了一条这样的消息：

今日凌晨五时许，有两名流窜作案的盗窃惯犯闯进了住在 ×× 街的某家。罪犯手持凶器，威逼家有多种奇异收藏的事主，令其交出钱物。事主奋起反抗，并从墙上取下一把用作壁饰的腰刀，同罪犯展开搏斗，毙一徒，伤一徒。而事主人身财物均无半分损伤。此案因重伤罪犯尚在医院输血抢救，故尚在等待调查之中……

我读到此处，一下子就猜到那个事主是谁了。我有一种说不出来的情绪，于是我在电话旁点燃了一支烟。

谁是凶手

“偶然”是一个很简单的词，但有着很不简单的内涵。当然这不是一种学问。九月的一个早晨，十八子李从睡梦中醒来，用青春的臂膀枕住自己硕大的脑袋胡思漫想时，他那单纯而混沌的思维绝对没有撞上这个词。但是一小时之后，他的刚刚发育完毕的身子却遭遇到了这个副词（也可以说是名词）原子能一般辐射出的巨大力量。事后他的哀哀的恸哭并不是源于对一个词的畏惧，也不是出自力量对命运的打击。恸哭的原因仅仅只是因为想要恸哭而已。

尽管是胡思漫想，但有些片刻的东西仍然是可以像鳞翅目昆虫一样兜捕到的。比方十八子李有一瞬间想到了一个绰号叫作蚂蚁（这真是一个奇怪的绰号）的女孩。事实上十八子李并不了解蚂蚁。蚂蚁只是他们街上的一位高三的女学生。十八子李甚至没有同蚂蚁说过一句话。十八子李只是在街上游手好闲时常常遇到蚂蚁。他之所以知道她的绰号叫蚂蚁是因为他多次听到蚂蚁的那些嘻嘻哈哈的女同学这么叫她，而她好像很喜欢她的这个绰号。也许是这个绰号首先吸引了十八子李，继而叫蚂蚁的女孩的身上一种说不清楚的气息又入侵了十八子李的视野并使得他的青春和身体里产生了一阵阵热烘烘的暖流。一种美好的季节来到了眼前，十八子李由此对于前途有了一种和这季节相当的预感，这是可以理解的：一位女高中生由于某个绰号或者某种气息的缘故使得一个还没有找到一份固定工作也就是说还没有踏入社会的毛头小伙子产生了生活的瞬间美感（关于现在还是关于未来？）。所以从这个角度来说，姑娘们，你不一定非得同她结婚或死去活来地爱她（甚至还不一定非得了解她），有些阳光就会照射到你的额头和日子上来。这是我们从十八子李身上考察到的一项人生的宝贵经验。因此，当十八子李有一瞬间想到蚂蚁，并且睡眼惺忪地在嘴角绽出一朵若有若无的微笑后，这个虽然并不锻炼身体却有饱满的肌肉的小伙子又立即想到其他的事物去了。这个世界总有一些东西具有万有引力，我们用走马灯来形容十八子李躺在床上的胡思漫想是绝对不会过分的。我们想提醒的仅仅是十八子李在九月的这个早晨他的思维的广阔地平线上涌现出的众多事物中竟没有出现一个叫作“偶然”的词——哪怕这个词仅如鸟影一般匆匆掠过。

九月的这个早晨没有什么特别的异样，哪怕十八子李事后回忆起来也是如此。警方叫这个毛头毛脑的家伙停止他那没完没了的恸哭，好好回忆这天早晨事件发生之前的一些有价值的细节。可是十八子李停止了恸哭却产生了摇头。看来这个早晨再正常不过了，一切都没有什么好谈的。但是过程是必须展开的，对于警方和对于作家来说都是如此。从这个角度出发，我就有必要越俎代庖替十八子李呈现一下九月的这个早晨的一切细枝末节了。

在伴随着连连哈欠的胡思漫想（时间长度约为一小时）之后十八子李终于起床了。他趿着拖鞋走进厕所小便时发现三角短裤头上有一块状如他所向往的阿美利加的版图一样的印迹。

小伙子并没有吃惊。五年来这种景象经常出现，有时是自然的，而有时则是人为的。但不管哪一种情形都叫他有一瞬间的快乐。现在，他一面朝便池里撒尿一面回想这种瞬间的快乐究竟呈现在昨夜的哪一个梦境里，可是他无论如何是想不起来了。但这又有什么要紧的呢，不能回想梦，然而可以回想快乐，这就足够。十八子李朝下面的那个东西瞧了瞧，他感到有一点茫然了。这个常常有一点调皮的家伙，它将昂然面对着谁的紧闭的青春呢？蚂蚁，或者别的什么女孩？他没有想好。没有想好，这就是问题的关键。有些事物他能感觉得到，但思维却不能帮他烛照这个事物。茫然于是产生了。但茫然就像快乐一样，是瞬间的东西，十八子李从厕所出来就把它忘记了。因为这个时候他感到有一点饿了。母亲上班前给他留下的早餐是丰盛的：一杯牛奶，两只煎鸡蛋和四个油渍渍的烧卖。母亲在餐桌上留了一张字条，上面写的话是说她中午如果不回来的话，他可以自己做午饭吃。菜是现成的，都已洗好放在冰箱里了，列举的菜里面甚至有他最喜欢吃的四季豆和藕。十八子李看过字条就赶快洗脸漱口，之后就像锅炉工把焦煤一大铲一大铲送进炉膛里去一样把桌上的食物悉数塞进了自己的肚子。过了一会儿，十八子李打了一个饱嗝，就出门了。

在出门之前，他在穿衣镜前一面朝身上套一件米黄色的佐丹奴牌的运动衫，一面漫不经心地撮起嘴来吹一支他记不全歌词的《心痛你的人是我》。气流从唇间平滑地穿过，变成了引人入胜的响亮的声音。这说明十八子李至此为止心情都是很正常的。这种心情同四十分钟后发生的事情看来是风马牛不相及的。

在以下的四十分钟时间里，十八子李做了这么几件事（按他自己对警方的说法是他什么事都没有做）：首先，他从五楼下楼的时候用耐克鞋的鞋尖踢了他所经过的每一层楼的左右两间房的房门（同时伴随着他的口哨声）。他不知道他为什么要这么做，他也没有想他为什么要这么做。他听到软软的鞋尖踢出的不同于用手敲出的门的响声时他感到了一种无端的惬意。尤其是他下到一楼时听到三楼有人把门打开朝下面空空的楼梯大声问："谁？谁敲门？我在家呢！——是不是老陈？"就掩口而笑了。这同时他还听到那人骂一句脏话，随后是"嘭"的一下关门声。他的口哨吹得愈发的响亮。耐克鞋使十八子李的吊儿郎当的行走具有了像外交辞令一样的闪闪烁烁的弹性。他抬起头来发现今天是一个讨厌的阴天，云层厚重而含糊。这一来十八子李心情就有些糟糕了。他像三楼的那个人一样骂了一句脏话，并朝地上吐了一口唾沫，与此同时那响亮的口哨就理所当然不见了。接着，十八子李走到街口一个小烟摊上，在那里他买了一盒 KENT 牌香烟。他试图模仿史泰龙的模样很潇洒地把烟斜叼在嘴角。但十八子李刚刚学会抽烟，他的模仿显出来的除了笨拙就是幼稚，而且心情也未见得就不糟糕。从这个小烟摊的位置可以瞧见蚂蚁常常出入的那栋楼房的门洞。他于是想起了这个高三的女孩子，想起了她的短短的黑发和一条水红色的连衫裙，以及她那像清晨的露珠一样晶莹地滚动的笑声。要是往日，这种联想就会使十八子李产生一种青春的心跳（甚至伴以某种程度的生理上的骚动）。可是今天不知是怎么了，十八子李自从抬头望了望天空，那满天的阴云就压到心间来了。结果 KENT 牌的香烟也有了一种莫名其妙的味道，他抽了一小半就从嘴角摘下把它扔了。他对坐在小烟摊上的那个有腿疾的残废男子说："你要赔我的钱来。"同时他就把那包

KENT 烟扔在这个莫名其妙的男子面前了。十八子李听出自己的声音里有一种咄咄逼人的东西，他不知道他为什么会有这么样一种东西。近来他发现他的声音里时不时就显出不由分说的凌厉，但他没有把它放在心上。可是烟摊的主人把它放在心上了。他对十八子李说："小兄弟，你这是什么意思？"他的脸上浮出一种迎接挑战的冷笑。也许正是这种冷笑激怒了十八子李，一股青筋突然跳上他的额头。他蛮横地吼道："你想怎么样？要找死你早开口好啦！"话一出口，十八子李就被自己声音里的杀气吓了一跳。但同时他就感到了热血沸腾的骄傲。他甚至感到自己的身子在微微地抖颤，这显然不是出于怯弱，而是出于战斗的激情。但他的对手是一个很聪明的家伙，他看出同眼前的这个毛头毛脑的小伙子蛮干是不行的，如果不能从武力上解决他，那就从道义上击败他。他于是大声地朝路人喊道："嘿，大家来看啦，我一个残废人受人欺负啦！"马上就有人过来了。人们问发生什么事情了。残废男人说："你们问他好啦。"这么一来十八子李立即就显示了被动。他有些急促地说："他的烟生了霉。他把霉烟卖给我了。我要他退钱给我，他若不退钱我就不客气他！"残废男人就说："嘿，这可是怪事了，我从来就不进假烟也不进霉烟，我们做小本生意的人，讲的就是一个信誉嘛。"十八子李说："我说是霉烟就是霉烟。他妈的你退还是不退？"残废男人就把 KENT 烟抽出几支来，说，"大家尝尝好了，看看是不是长了霉。你们说长了霉我就赔双倍的钱给这位小兄弟好不好？"有人马上就拿了一支来抽，吸了一口，又吸了一口，说："这烟好着呢，长什么霉，简直是瞎胡闹嘛。"另外有人也试了，都说烟味很正，根本没有霉味的。这时十八子李只觉得脑子里面一片乱糟，脸上发烫，血在身子里乱窜。他朝那些与他为敌的围观者大声吼道："关你们什么事，我说是霉烟就是霉烟，关你们什么事！"接着他就骂了好些难听的脏话。这些脏话不知为什么骂得那么流畅，仿佛十八子李不是那些脏活的倾吐者而是倾听者，他听着觉得很过瘾。他在心里喊：骂得好，骂得好！于是流畅的辱骂就在他的耳边变得更加流畅了。

然而事实是十八子李离开小烟摊时怀了更大的沮丧。他没能把那包 KENT 烟退掉，而且还受到了围观者的谴责和跛脚男人的嘲弄。双料的打击使十八子李年轻的心间突然像风涨满了船帆一样涨满了他与这个世界的敌对情绪。他在街沿上走着，已感觉不到耐克鞋的弹性。他于是愤愤地朝这世界唾了一口。就这样，第三件事又出现在我们的眼前了。

十八子李刚刚唾完一口痰，他的肩膀就被人拍了一下。他回头一望，是一个戴红袖标的老头子。那红袖标上写的是"卫生监督"。"年轻人，对不起，你朝地上吐了一口痰，按照有关规定，要罚款五元。现在，你交钱给我吧。"那老头子一面说一面从口袋里掏出一本罚款单据来，哧地扯下一张面额五元的单子在十八子李的眼前晃来晃去。十八子李半天才恍过神来，明白是怎么一回子事。十八子李觉得血又在朝脸上涌来。模样温和的老头子在他的眼前一下子变得丑陋不堪。他的喉咙里不由自主又冲出来一大堆乱七八糟的恶毒的脏话。十八子李一面不假思索地骂着一面从口袋里掏出一张五十元的人民币朝惊愕不已的老头子的脸上扔过去，同时又冲地上一连吐了好几口痰。十八子李恨恨地说："不用找钱了，都他妈的罚掉，你去发财吧你！"

就在这个时候，十八子李的妈妈正朝家里走过来（她本来是没有回家的打算的，但她从银行汇了一笔公款到某地后忽然想回去看看儿子在家里究竟干些什么名堂）。如果不是前面出了车祸（一辆东风牌的大货车撞了一辆夏利牌出租车），围观的人把路堵死了，那么十八子李的妈妈在三分钟之内就可以迎面遇到自己怒气冲天的儿子，那么以下的事件也就不会得以发生。问题是十八子李的妈妈看见前面黑压压的那么多人，就立即从左边的一条小巷子里斜插了过去。她是迂回回家，但实际上她绕过了她的儿子，也就是说她绕过了拯救儿子的机会。这就给她以后漫长的日子留下了一个永远的隐痛。当然，同时也留下了其他难忘的东西。这个四十六岁的妇人在小巷子里居然邂逅了一位二十多年未谋过面的男同学，当年班上成绩最好的学习委员。在短暂而稍稍有点拘束的交谈中，他们不费什么气力就了解到对方都处在孤男寡女的境地。这使他们的眼前蓦地跃起了一道遥遥可见的生活的彩虹。他们开始给对方留通讯地址：电话或门牌号码。还是十八子李的妈妈表现得更有勇气，她说你干脆到我家去坐坐吧，我家离这儿要不了五分钟。于是前学习委员就跟了这位当年班上最漂亮的女同学朝彩虹升起的地方走去了。

差不多就在同一时刻，十八子李又抬头朝天上望了望。那云层显得更加厚重而阴晦。由于他那么心神不定，那么晃晃荡荡，结果他把路边停放的一辆山地自行车不知怎么一来给弄倒了。咣的一响之后是一句粗厉的骂声从旁边水果店里射过来："哪个小杂种把老子的车子搞翻了！"接着，一个长着络腮胡子的男人朝十八子李冲了过来。"小杂种，"络腮胡子厉声说，"给老子把车子扶起来！"十八子李被这个粗鲁的男人的气势一下子唬住了，呆呆地立着，脑子里茫茫一片白雾。这时他挨了那男人一脚，一个趔趄，差点倒了下去。他的衣领又被那男人一把捉住，而且提了起来。“瞎了眼的小杂种，晓得老子是惹得起的么？”说完又给了十八子李一个重重的耳光。这个人的劲太大了。十八子李的衣领被他提着，觉得自己的脚像是踩在了棉絮上。同时十八子李还觉得有两条热辣而浓腥的蚯蚓从两只鼻孔里钻了出来。他用衣袖擦了一把，结果看见米黄色的佐丹奴运动衫的袖口上绽出了几朵鲜红的梅花。由于那梅花的过于醒目以及由此产生的刺激，至此为止，十八子李才一下子看见了自己的狼狈处境。而在此之前，他就像吃了迷魂药一般被那人弄得昏头昏脑人事莫辨。现在他醒来了，明白什么样的事情在眼前发生了。一种前所未有的被欺凌的屈辱、悲愤，和突如其来的歇斯底里混杂在一处，成了他心中咚咚的鼙鼓，使他产生着振奋和晕眩。他开始发出了第一声吼叫。他听见自己的声音在空气里爆炸，一种反抗的快感立即电过全身。接着他就摇撼他的敌人，而且试图挣脱对方那一双蟹钳般的大手。他的敌人被他的举动弄得有些惊愕。但这个人显然是一个常常同人争斗而且战无不胜的家伙。在一瞬的惊愕之后是他的野蛮激情的再度爆发。他一面喊“打死你这个小杂种”，一面朝十八李又扇过来一个重重的耳光。十八子李看见自己的鼻血像漂亮的图案飘满天空的同时他的身子沉重地倒在了地上。他刚想爬起来，那人骂着粗话又踢了他一脚。他在再次倒下的一瞬，瞥见水果店的哈密瓜架上斜斜摆着一把用来切瓜的刀。

三十秒钟之后的事情不但惊呆了路人，而且惊呆十八子李自己。

一切都来得那么快捷，那么不假思索，那么迅雷不及掩耳。一条体魄健壮的恶汉身中十数刀倒在了版图越来越大的血泊中。那把锋利无比的刀稳稳插在了死者的胸窝。

“杀人啦！杀人啦！”十八子李听到有人这么恐惧地惊叫，同时他还听到各种鞋跟的声音橐橐地朝他这里迅速汇了拢来（就好像他是一个坐在地上专门收集鞋跟声音的人）。他一动未动。血的版图已侵入到他的屁股下。那温热的血，冒着泡沫的血，在他的跟前不断扩大，除了刺眼的殷红他什么都瞧不见。他怔怔地坐在血泊中，根本就没有回过神来。他还来得及逃掉，因为人们不敢太靠近他，明白过来的人和没有明白过来的人都心怀了恐惧，远远地围着，随时准备撒腿就跑。十八子李仿佛成了一头会忽然爆发凶残的猛狮。

但是，出乎人们意料的是，十八子李不是爆发出了凶残，而是爆发出了惊人的恸哭。就这样，十八子李哦哦地哭着，茫然地哭着，不知其所以地哭着。他不相信刚才发生的事件是真实的，他不相信他成了杀人凶手，他不相信他可以在一个人身上一口气连捅十几刀，他更不相信一个小小的偶然的生活细节（由于走神无意中把一个人的山地车碰倒）会断送掉他整个的青春甚至生命。对于十八子李来说这的确是太无情太残酷了。

有人早已报了警。警察在电话里也可能是不耐烦也可能是气愤地说你们那里是怎么啦，刚才出了车祸，现在又出了杀人案！不久，十八子李的耳畔就传来了呜呜的警笛声。“这还是一个孩子啊！”有一个老太婆的叹息十八子李也听见了。但他不知道这是说的谁。他仍在恸哭，泪水湿透了他的米黄色的佐丹奴运动衫。

这时他的母亲正在家里熬咖啡。“要多放一点糖么？”她把咖啡端上来，向前学习委员问道。她发现自己的声音因为激动而微微地颤抖。“嗯，”前学生委员一面打量着面前这位当年班上最漂亮的女同学，一面点了点头，“我喜欢甜一点。”他觉得她仍是那么可人。他有点心醉神迷了。

两个小时后，一个绰号叫蚂蚁的女孩和她的同学路过水果店。她们看见了地上的血迹和警察用粉笔画的不规则的圆圈。她们一面说“咦，这是怎么回事？”一面就走过了杀人现场。她们好像一群轻巧的蝴蝶，生活中有足够的花粉让她们来采集，并酿造成蜜。蚂蚁在哼着一支刚学会的歌，这支歌好像叫作《心痛你的人是我》。她觉得很好听，而且，很那个。

到西藏找狗

我那天心情不太好——老实说，这个世界上有太多的事情让人心情不好，中午我一个人就在河边的一家小饭店里闷闷地坐着喝酒，对着窗外缓缓流淌的湘江河水于是也缓缓地梳理着自己晦涩的情绪。后来我发现原来我的心情的不好并不因着某一件具体的事情的困扰或怅触。这使我认识到人的情绪的波动有时候是完全不需要什么口实的。烦闷、苦恼、忧郁或者憎恨，有时会像晨雾或暮霭一样，莫名其妙地笼罩着我们那敏感而脆弱的心灵，人生的方向有可能一瞬之间便消失掉了。这时你也许就多少知道什么叫作茫然了。

幸好有一个人把我从茫然之中解救了出来。这个人就是苏志。他摇晃着肥壮的身躯大声地叫唤着我。

苏志的小名叫作苏胖子，当然这小名来自他那二百来斤的体重。苏胖子是我的一位后来移民去了阿美利加德克萨斯的姓张的朋友的师弟。他们从十二岁起就从一位姓刘的有名的国术大师习武，可谓之情同手足。姓张的朋友在肯尼迪遇刺的那个达拉斯洗了两年盘子后就开了家中国武术馆，现在据说弟子已达数百人了。而苏胖子则给一位台湾来的房地产发展商开奔驰车，当然是做司机之外又兼做私人保镖。做两份事，却只给一份工资，由此可见台湾老板的精明，也由此可见苏胖子的抱屈。苏胖子的工资原来是八百，后来涨到一千；所以增加两百，是因为台湾老板亲眼见识了苏胖子的功夫。

有一回台湾老板带着他在长沙养的小情人去看他在河西的一处工地，打转的时候小情人忽然想开开车玩，台湾老板就叫苏胖子让她开。车开到火车北站时，一辆空叉车忽然从北站大门里野野地冲了出来。苏胖子喊："快踩刹车！"小情人却慌了神，等她猛地刹住车时奔驰正好横横地拦在了叉车的前面。当然叉车也吱吱嘎嘎地急刹住了。不过那司机却是十足地爆出了火气，冲着台湾老板的小情人就是好一顿恶骂。小情人把脑壳伸出车窗外，气愤地说："你何事开口就骂人？！""骂了你又如何？"叉车司机怒不可遏，"老子还要打你！"说完就从叉车上跳下来要打人。台湾老板一见叉车司机五大三粗一脸狠相，就连忙打开车门走下去，说这位先生有话好讲有话好讲，不要生这么大的气嘛，呵呵不要生这么大的气。叉车司机轻蔑地觑了台湾老板一眼，说："你是什么？你是她的爷？"台湾老板就说这位先生你不要这么说话嘛。"老子是吃生狗屎长大的，"叉车司机狠狠地说，"老子只晓得这么说话。你要听就规规矩矩站着听，不听就跟老子滚到一边去！"这时苏胖子不慌不忙，从车里钻出来，对那叉车司机慢条斯理说道："我看你这位老兄骂也骂了，凶也凶了，面子占尽了，怕也要收点场了吧？"叉车司机见这个说话的胖子脸上有种绵里藏针的憨笑，一下子就明白遇到的是一个什么样的角色了。但叉车司机是个蛮勇好斗的家伙，何况他又有恃无恐，一来他是这地盘上的人物，二来叉车上还坐得有他的一个副手，也是个喜欢打架的后生崽，他仿佛觉得今天如果不逞雄逞到让人告饶的地步，就很对自己不住似的。于是他对苏胖子恶狠狠地说："老子今天就不收场，角色，你又把老子怎么样？”“我又能把你怎么样？你一口一个老子老子的，”苏胖子脸上那种很特别的憨笑并不凋谢，“我看你今天早上是忘记刷牙了，嘴巴子这么臭。”叉车司机听了这话气得脖子硬硬的，回头朝他的副手喊了一声：“三毛、三毛，有事做！”

台湾老板后来慢慢回想，才大约地记起来整个打架的过程。他先是看到叉车司机照苏胖子脸上一炮拳冲来，苏胖子身子一侧，右手接住他的拳轻轻那么一带，就见叉车司机一个狗啃泥脑壳都插到奔驰车的底座下去了。接着那个叫三毛的后生崽扑过来一把死抱住苏胖子的腰，苏胖子一蹁腿，同时把对方的肩一掰，仿佛是把一件邋遢衣服扔到地上去那样把三毛扔到了叉车司机的脚旁边。

接下来的局面真是叫台湾老板看傻了眼，随着三毛的嚎叫，从北站里头冲出来了四条汉子，加上从地上爬起来的叉车司机和三毛，一共是六个人，其中两个手里还拿了铁撬棍，他们都是北站里头的搬运马仔——顺便补充一下，火车北站是货站，我小的时候上学路过这里就常常看见这些搬运马仔同别人打群架，印象里有两个特点很难忘，一是他们很蛮勇，二是他们很团结。现在他们六个人围着苏胖子打架，这两大特点依然如旧。他们狂怒地吼着：“打死他！往死里打！打死这头胖猪！”一面吼一面乱拳乱棍朝苏胖子铺天盖地打来。台湾老板的小情人吓得连声惊叫救命救命！台湾老板则吓得把眼睛遮捂起来，他心里面一黑：这下子苏志完蛋了！——听到铁撬棍掉到地上的叮当声，听到人摔倒在地的肉的钝响，听到骂娘，听到呻吟，听到很多的脚步声朝这里汇了拢来……等他睁开眼来时，他看到马路上围过来的黑黑的人圈子里是六条汉子都躺倒在地的奇迹。苏胖子的肩膀中了一撬棍，乌乌地肿了起来。他一面揉着肩膀一面对发呆的台湾老板说："我们赶快走吧，等一下马上还会有人来，麻烦会更大的。"就这样，苏胖子让台湾老板和他的小情人坐到后座去，他开着奔驰车犁开人群，冲上马路，台湾老板朝车窗后看去时就见从北站的大门里又闹哄哄地杀出来了七八条汉子，手中差不多都拿了家伙。台湾老板直感到背上仿佛是长满了蜇人的芒刺。

增加两百块钱工资并没有使苏胖子怎么就快活起来。毕竟苏胖子原来也办过两个小厂子，一个是做电瓶的，一个是做塑料纽扣的，但都垮掉了。后来又买了一辆解放牌的旧卡车跑长途运输，结果也跑亏了。然而不管怎么说，他总是自己在做老板，不至于像现在这样，给别人家打工，听别人家差遣。"你怎么不像你师兄那样，也开一个武馆呢？"有一回我这么劝过他。他听了只把脑壳摇："难呢，如今干什么都难。"听苏胖子说话的口气，他好像对什么都失去信心了似的。"我现在只能给人打打工，混口饭吃算了。"不管怎么说，哪怕是如此英雄气短的话里面，也藏得有他那心有不甘的怨艾。就这样，这位声称混口饭吃算了的七尺汉子，跟着他的台湾老板，一下子把那辆奔驰车开到广东，一下子开到上海。这几年他们的身影不断出现在中国大陆房地产投资回报率最高而且最快的地方。

我与在达拉斯开中国武馆的姓张的朋友一直有书信往来，他在最近的一封信里还问我有没有见到苏胖子，因为他说苏胖子很少给他写信，要写也是写得像电报似的。看来我的这位朋友是很关心他的师弟的。我回信给姓张的朋友，说我有时能够邂逅到苏胖子，我告诉了他我了解到的苏胖子的近况。

我与苏胖子总是不期而遇，比方那天我在河边小饭店里独自喝闷酒，一个人陷在茫然之中时就是如此。

我听到有人叫我，抬头一看，是苏胖子。因为经常是这么不期而遇，所以彼此都没有表示格外的讶异。但是我刚刚氤氲在心中的茫然却由于他的到来而烟消云散。他正好路过这里，肚子饿了，于是进来吃饭。我说怕有两三个月没有见到过你了吧，你师兄还写信问我你在忙些什么呢。他说没忙什么没忙什么，就是在上海待了一段时间。

“怎么待这么久呢？”

“唉，一言难尽，一言难尽，慢慢呷酒慢慢聊好不好？”

我向招待招了招手，叫了一瓶现在广告做得很多的“孔府家酒”，又叫了几碟卤菜，同他慢慢对饮起来。我问他是不是打算长期地这么打工。我话里的意思是你的年纪已经不轻了，应当找准自己的事情来做，跟别人打工，毕竟最终是没有什么着落的。苏胖子是一个聪明人，他听明白了我的话，就说：“这次我看准了一桩事，打算自己来做。过几天，我就会到西藏去一趟。”

“西藏？”我问他，“去那么远的地方干什么？”

“找狗，”他瞥了我一眼，不慌不忙地说，“你不要这么样地来看我，听我慢慢跟你说。”

他呷了一口酒，望了望窗外，我于是就听到了下面这个关于狗的离奇的故事。

“……这两年大陆的房地产高峰期你晓得的，已经过了。国家对以房地产热为标志的泡沫经济从政策上进行了严厉的遏制。所以这次我的老板到上海并不是去寻找房地产的机会，而是寻找新投资项目。上海的投资环境不错，机会也不少，但是考察来考察去，却没一样是适合老板的兴趣的。有一回我同老板路过宠物市场，我们停下车来看了一会儿，发现上海的宠物市场蛮红火，尤其是狗生意，简直好做得很。那些国外的名种狗，很卖得起价钱。上海的阔娘们多得是，而她们最新流行的显阔时髦，就是牵着名种狗招摇过市。我的老板忽然之间起了一个念头，决定来做狗生意，赚大陆的阔太太们的钱。他的想法是把台湾的名种狗弄过来。一打听，货源是基本上没有什么问题的，但是入境时的免疫检查却极为严格和复杂，简单地说吧，就是几乎无法把狗弄进来。老板听了非常沮丧，只好作罢。就在我们离开上海的头一天，老板在咖啡吧里遇到了一个熟人，聊天的时候说起了想做狗生意的事。那熟人就告诉他，他有位做狗生意的亲戚同他说起过，在西藏有一种犬名很古怪的藏狗，那狗可是了不得的好，只可惜如今极难找到了，谁要是能找得到的话，那是肯定能发大财的。仅仅就是这么样的一句闲聊天的话，叫老板有了一种强烈的直觉，他觉得他可以找得到几乎灭种了的名叫古鬶的藏狗。于是直觉引导老板决定亲自到西藏去一趟。

“出发之前老板雇了一位浙江农学院专学兽医的高才生，他刚毕业，分到上海的崇明县的农机种子公司守仓库，正苦闷无聊得很，到西藏寻古鬶的事叫他感到十分兴奋，于是就答应同老板一起进藏了——我则一个人百无聊赖地留在了上海。他们到拉萨后，找了许多人打听，那些年轻一点的人摇着头，甚至都不晓得有一种叫古鬶的藏狗。这样，一无所获的他们一个星期后离开了拉萨，沿着雅鲁藏布江西行，到了日喀则，到了拉孜、萨嘎，最后到了与尼泊尔交界的普兰。在这里，他们终于遇到了一位昔日农奴主的后代。他说他从他的父亲那儿听说过这种狗，那可是非常非常出色的狗，过去都是贵族才养得起。他说西藏被和平解放以后，有一年，古鳌们遭到了种族灭绝的惨运。人们只要见到这种狗就打杀。表面的原因是由于它传播了一种奇怪的热病，而另一个内在的原因则可能是出于憎恨，因为古鳌曾是农奴主们的贵族生活的象征。这个有点饶舌的藏族男人还提供了一条有价值的线索：他说他的父亲曾经有一个农奴，专门饲养这种讨老爷们喜欢的狗。这个名叫强巴的农奴在获得人身自由后仍以豢养古鳌为生。在那些屠狗的日子里，他和他的狗突然失踪了。也就是说，从此，人们再也没有见到过那种名叫古鳌的藏狗了。我的老板当然穷究那个强巴的下落。农奴主的后代只说了句你到孔噶山谷去找找看吧——听说他是逃到那儿去了。

“就这样，老板和他的兽医来到了人迹罕至的孔噶山谷。奇迹般的事实是他们并没有费多少气力就找到了强巴。他们用很少的礼物和很多的礼貌，住在谷口的一位老猎手就把他们带到了强巴住的帐篷里。他们在那顶破烂的羊皮帐篷里住下来了，根本一点来意都没有透露。他们只是打着手势申明自己是好奇的旅游者，他们想见识一下强巴的这种古老的与世隔绝的牧民的生活方式。他们把烟给强巴抽，把酒给强巴喝，总而言之，慢慢地，强巴就对几乎是强行闯进他的生活的两个陌生汉人放松了戒备，在朝夕相处了二十来天后，甚至变得有感情起来。强巴有十几只古鳌，确实是些非常出色的狗。如果拿人来作比的话，那么它就是人里头的高贵的勇士。每天，都是古鳌们忠实而顽强地守护着强巴的羊群。它们活跃而沉稳的身影晃动在老板和他的兽医的眼里，让他们产生着感动。

但是他们丝毫也不能让这种感情流露出来。他们要装作对此无动于衷的样子。临别的那一天，强巴竟有些依依不舍。他们将随身携带的物品送了一些给强巴，强巴激动得手足无措，他比比划划地问他有什么东西能够回送给他们的吗。老板从口袋里掏出钱来，指指它，又指指脚边的古蠡，并且竖起两根指头来，他的意思是说他要花钱买两条这样的狗。强巴起先有些愕然，明白过来后，脸色猛地往下一沉，缓慢而坚决地摇着头，表示这种事情根本没有商量的余地。老板和兽医只好怏怏地走了。他们朝孔噶谷口走去，走了很久，猛然听到后面有人呼喊。回头一看，原来是强巴追上来了。他气喘吁吁地指着那一群尾随其后的古蠡，又指着老板的胸口，打着手势问他们是不是从心里真的喜欢这些狗。老板晓得这一下峰回路转了，于是一个劲地点头。强巴又用手语对老板说：如果是真的喜欢它们，那你就要向我保证善待它们。老板又是一阵点头：一定保证一定保证。强巴的眼睛里忽然涌出了一种忧伤怜惜的神情，他跪到地上，默默地抱起一只古蠡，抱了好久，才把它放下，打着手势说好吧，全送给你们吧，看得出你是真的喜欢它们，你不会拿它们去干别的什么的，你保证了要善待它们；我老了，我在这个世上没有多少日子了，我把古蠡交给你们，我也就放得下心了……

“老板让兽医跟着强巴回羊皮帐篷里去，他自己则走出孔噶山谷外，找到给他当过向导的那个老猎手，请他找人做了十几只木笼子，又雇一辆马车，然后再进到山谷里去把狗运出来。强巴帮他们把狗装进笼子里，他一面装一面老泪纵横。当马车拖着古蠡走了很远，强巴的哭声被山谷里的一阵风吹了过来。老板和兽医停下脚步，回头望见站在高处的强巴的苍苍白发像一朵白色的火一样飘动着。他们走了一程，再回过头来还望得见那白色的火隐隐在风中燃烧着……

“他们终于到了成都，但是那些狗在长途颠沛中却走失了七只。老板让兽医把剩下的几只古鳌运到上海去，他自己则返回到西藏，返回到孔噶山谷。他再次在谷口外找到老猎手。

“果然不出他所料，那逃走掉的七只古鳌，真的都先后回到了它们的主人那儿。不过老猎手告诉老板说，当古鳌们逃回来时它们的主人强巴却已经卷起他的帐篷，带着他的羊群，迁到那边去了——所谓那边，指的是境外，也就是尼泊尔。老猎人说他亲眼见到那些逃回来的狗，围着强巴扎帐篷的地方仰天长吠，吠了好长一阵子，就都走了，越过边界去寻它们的主人去了。老猎手说那种情形真是叫人感动得想哭的……”

“后来呢？后来呢？”我听得入了迷，于是急急地问。

“……后来，老板回到上海，他在崇明岛上建了一个养狗基地，把他的小情人也从长沙接了过去。有一天，他同那个兽医大吵了一场，据说是为了那个风骚的小娘们。他臭骂了兽医一顿，而兽医气昏了头，当天晚上就一家伙用农药把那几只古鳌全毒死了。”

苏胖子的狗的故事到此完结了。我望着窗外，湘江水在麓山下缓缓北去。我想象着那些古鳌的模样，想象着强巴的风中的白发，我又开始有点茫然了。点燃一支烟以后，我问苏胖子，既然好不容易运到上海的狗已被毒死，而强巴和那七只古鳌又已消失在国境线外，那你还到西藏去干什么呢？你还去找什么狗呢？苏胖子哼了一下，他面前的酒瓶已经空了，他说他也有一种非常强烈的直觉，那就是他也能找到那几只名叫古蠡的藏狗。“直觉引导我的老板在那个孔噶山谷找到了古蠡，”苏胖子自信地说，“我想直觉同样也会引导我在离孔噶山谷不远的什么地方找到那几只濒临绝种的狗。我要把它们弄过来，我觉得我今后的命运有可能将要同这几只狗联系在一起了。”苏胖子说他也许先去崇明，找到那个兽医同行，也许就这么一个人去西藏，总之下个星期他就要动身了。

“我已经跟老板辞了职了，”苏胖子说，“依我的性格，我其实是不甘心给人家打工的。”苏胖子说老板因为那些千辛万苦弄来的狗被毒死了，一直有些情绪低落。他同老板提起辞职的事的时候，老板流露出了伤感的样子，并且再三挽留，还表示出要给苏胖子加薪的意思。但是苏胖子态度十分坚决。“老板问我你是不是找到了非常理想的事情做，或者说有谁出了更高的薪水把你挖走？我什么都没有同他说。老板没有办法，最后只说了一句：祝你好运。”

不晓得为什么，我觉得苏胖子到西藏去找狗是一件希望渺茫的事。我想劝他不要去，那结果一定是劳命伤财的。但我一见他呷了酒以后脸上放射出的满怀信心的红光，就觉得讲什么都是多余的了。一个人哪怕是为了一个白日梦而去奋斗，都是值得的，是可歌可泣的。何必去煞他的兴致呢？

“你看，”苏胖子指着窗外经过的一个牵着一条狗的珠光宝气的女人说，“现在，女人牵狗散步几多时髦呵！”

那女人长得还算好看，可是她的脸上却几乎看不出什么表情来，就好像她的脸是蜡做的一样。她手里牵的不过就是常见的那种喜欢撒娇的狮毛狗。这样庸常的狗，绝不会产生什么传奇动人的故事，因此它的主人的脸上也绝不会有什么骄傲自豪的表情。我想这是简直一定的。

我有差不多半年没见着苏胖子了。我想他一定是去了西藏。他至今没有回来，而且也没有任何音讯。一想起这事我有时就会产生一种念头：难道一个人去寻找一种消失了的东西，其结果就是连自己也一并消失掉么？

其实我根本就不愿意有这么样的一种奇怪的并且是不祥的念头。但那又有什么办法呢？

牛　皮

我十六岁高中肄业便去做工。这同那些上山下乡玩泥巴坨的同龄伙计比，自然也还是很占了些便宜的。工人阶级，这个名字非常响亮，非常伟岸。所以一个军代表站在太阳底下，对我们五六十个红头发的新学徒训话时就说："你们，呵，这个这个，是，光荣的！"然后，咳嗽，念名单，把我们懵里懵懂地分到各个车间去光荣。

这工厂叫作肉类联合加工厂，是第一个五年计划时由苏联专家设计建造的，规模很大。厂区里明晃晃地横着几根铁轨，一二十节车皮常常就睡在自己的影子里。锅炉房也很大，把卫子（汽笛）拉响，几里路外都可以听见。整个的厂区气味很怪，很浓，很不好闻。我们这些新学徒第一天由一个屁股非常大的厂党委办的打字员——不久以后我们就晓得了她同军代表的风流艳事——领着去参观，结果纷纷把隔夜的粮食都呕了出来，一个个是浑身的馊臭。好几个月过去，我们渐渐才习惯了这气味，有了正常的饭量，鼻子也不特别累了。

厂子有六个车间，另外还有一个"五·七"车间，即家属车间。六个车间是：饲养车间、屠宰车间、冷冻车间、机修车间、加工车间和生化制药车间。分到饲养车间的，一去才晓得，原来是学喂猪！饲养车间实际上是一个极大的牲猪库。一般库存数在一万至两万头之间。喂猪并不很累，已经是管道化和半机械化了。只是一些青工拿香肥皂洗了澡出去谈爱，不敢亮出自己的工种，这个车间于是很有几个“老大难”，后来委委屈屈的只好将就了附近农村的辫子很长的妹子，倒也小日子平和。牲猪的来源是全省各地调拨，有时也从外省运来一些。猪们坐了火车来，坐了汽车来，甚而至于突突突突坐了轮船来。这些大员似的东西沿途观风景，一阵阵豪唱出发自肺腑的惊人的欢悦来，神气得不得了。火车和汽车运来的，可直接卸到饲养车间的猪圈里，但从船上来的，却要人从河边赶到厂里来。有四五里路远，特别辛苦。尤其三伏天，沙滩晒得极白而烫，又一无遮拦，工人流遍身的汗，一手哗哗地摇着白铁皮的沙盒，一手提紧一根下端劈裂的竹棍朝滚来滚去的猪屁股猛烈抽打，口中还嗬嗬地吆喝，把嚎叫着的滚滚沙尘朝厂区的水泥猪道里赶。间常有一两只猪，幡然觉悟，忽然就脱了党，不要命地在沙滩上狂奔。于是也须得狂奔出几条粗黑人影来，同猪们爆一场中长跑以及相扑。结局人畜往往都搞得精疲力竭的。猪口中鼓着白沫，赖在地上，须得让比它更倦乏的人一把一把地拖它回去。

赶猪的生产组叫作赶运组。这是全厂最辛苦，劳动量最大的一个组。夏天，他们一个个简直入了非洲籍。运动中若有为铁拳或倒肘捅翻的，往往就发配到这个组来。在食堂吃饭，排很长的队，看见前面的背影，工作服上一大圈一大圈都是白花花盐斑的，不用说，这人就是赶运组的！我们一同进厂的一个伢子就分到了这个组。还好，过了一个月，就派他学开三轮摩托，把赖在地上不肯走的猪噗噗噗噗拉着飞跑。他后来干脆便有了若干的神气。我们还坐过他的臭烘烘的三轮摩托噗噗噗噗飞到河里去划水。

分到屠宰车间的学徒人数最多，因为这车间是全厂最主要的生产部门。它的工作一句话，就是：杀猪。屠宰车间的建筑是全厂的主体建筑，上下两层，坐东朝西。猪们从南面的赶猪道赶进来，而从北面朝冷藏库的门出去，就是半边一挂的雪白的肉了。这个流程一般只消半个小时。杀猪是半自动化，有二十多道工序，流水作业。主要的工序是：麻电、刺杀、卫检、除毛（或剥皮）、开膛、取脏、去头蹄，分级盖戳等等。车间里布着流水线，滑轮上倒吊着膘肥体壮的猪们，紧紧挨着慢慢移动。工人衣袖捋得高高的，劈头的劈头，扯肠的扯肠，盖戳的盖戳……这头猪还没完，下头猪又滑了过来；只看见几百双手上下舞动，真是不亦乐乎。凉锅、热锅、松香锅——我们国家牲猪屠宰一般都采用比较落后的松香浇毛术。但在屠宰加工业非常发达的丹麦，六十年代就采用静电拔毛的工艺了。毛拔得非常干净，而且没有污染——一个车间都是水汽氤氲氤氲，弥蒙着一派噪耳闹音。尤其电锯嘶鸣，像是无数的蝉唱。

在这个车间做上三五年，往往要染上风湿病。所以这车间的工人，无论男女，一般都好呷一点酒，驱驱湿气。工休时，全体坐在车间外面的空坪或铁轨上晒太阳，把长统套鞋摘下来，解开包脚布，晾着，一会儿包脚布上便袅娜着一带一带的白汽了。

分来的徒工，有的学拿喷火灯捺掉未被松香除尽的几撮腿毛。有的学采料——用一根很长的不锈钢的小舀子捣进猪脑子里把脑垂体舀上来，刮进一个广口瓶里。有的学操电锯嗞嗞嗞嗞地劈半，这是很要气力的。电锯本身就蛮重。我们一个叫海保的伙计，做这件事，看着看着三角肌和肱二头肌就起来了。有的学熬食用油，或工业用油——拿病猪或死猪熬，空气中难闻的刺鼻的气味便是从这里散发出来的。还有的学刺杀。刺杀的坐在二楼朝南的顶端，裹着人造革的围兜。下面，一楼，麻电间，猪被两个直流低压电极在脑门上一按，一下子昏了过去，四蹄抖抖地让人从履带似的传动床上拿钩子倒挂在流水线上送上来。刺杀的就操极锋利的刀，上来一头，左手捉紧一只前足，右手朝猪项下快捷地斜斜一刃，血愣一下，然后淌出来，冒着淘沫和热气。但有时，猪从麻痹中醒来了，一定便用比一个合唱团的音量还大得多的意大利美声叫着而且抖着，血暖暖的于是溅到四处。这工作就真正叫作“杀猪”。七、八、九三个月，是屠宰的旺季，一个操刀手，一天要这么地杀它五六千头猪，连大气也不喘，像是家常便饭的。这工作看似划豆腐一般简单，但其实是非常之有讲究的。一般人这样的一刀攮去，固然是革命成了功，但是血却往往放不干净，或者索性就放不出来，瘀在毛细血管里，肉便是红紫的，非但难看，并且也不大好吃，因此一个内行人，看看猪的肉色，就会晓得这屠家的手段究竟如何的。厂子里能够把肉杀得雪白的师傅，也仅仅只有三个人。有了杀外销猪的任务——一般是销东欧一些国家——自然就得由他们亲自出马了。其中的一个，居然是女的，而且年轻，也很娟秀。她是十六岁开始杀猪的，是我们省里的第一个女屠夫，所以登了报，出了名，做了劳模。我们进厂的时候，可惜她已经入了党了，模而不劳了。我每回看到她那份娟秀里夹着肃穆的样子，心里想象她怎样地一刀一刀朝猪们攮去，实在非常之困难。另外两个师傅已经年逾花甲了。他们解放前就是杀猪的。他们杀猪全凭手性，就像庖丁解牛那样，以神遇而不以目视，官知止而神欲行。不过，后继无人，他们一时还不能够退休。酒和话于是多了起来，是不能奇怪的。我们一个出身很好的伙计就分了来跟他们学徒。他后来果然也把肉杀得雪白的了。他就骄傲。

这车间的卫检是特别认真的。若从一头猪身上发现了可以致人畜传染的病毒，譬如炭疽病毒或二号病毒，立即就要停了流水线，将这头病猪，以及它的前三后四——无论有病还是无病的——一共八头猪卸了下来，拖到炼油车间去炼成工业用油。而且，全车间消毒——地面拿烧碱，机械用新洁尔灭，空气则是甲醛或乳酸熏蒸。真是大动干戈。有时甚而至于全厂大消毒，往往耗资数万元。

这车间偶尔出一点好笑的事故。有一回，一个青工的手，叫倒挂着的猪狠命咬了一口，把一根手指竟咬断了。这青工踉然大跳，咒道："× 你的娘！ × 你的娘！"从地上把断指捡起安在血糊糊的肉墩子上。

在冷冻车间，很有意思是一去就发下来棉袄棉裤棉帽棉袜一大堆。——只有看压缩机的除外。看压缩机，算是非常悠闲的工作，八小时基本坐着，看机子兼看报纸。压缩机通过氨制冷，使几座白色建筑的冷藏库库温都在零度左右，其中的急冻库，在零下四十度，从屠宰车间出来的冒着热气的肉，往里一送，二十四小时便是硬邦邦了。人即使穿着棉袄在里头做事，棉袄吃皮带勒得紧紧，也是不能够持久的，要跑到库房外头来回暖。暑天，这个车间的人显得非常尴尬：裹着棉袄在外面吧，热得不得了，跑进冷库里去吧，又冷得不得了。工人于是说道：娘的，一下子在赤道，一下子在西伯利亚！这话很有意思，首先是在急冻库做事的一个右派说的。右派念过大学，发配到这里，把挂在滑轮上的五六爿猪肉用一根棍子横着，朝冷库的结满冰霜的深处推，身子与地面倾成四十五度角。这人才四十多岁，就整天地咳嗽，哮喘，胸腔里发出拉风箱的短促的声音来。他不精瘦是没有道理的。这个车间的人也同屠宰车间的人一样喜欢呷一点酒。老工人的酒量往往都蛮大。去买酒，手里提的是水壶。若是醉了——这样的情形实在不多——就放倒在床上困觉，发出响亮而节奏的鼾声来，一般并不把世界咒得昏天黑地的。若不得一点风湿病关节炎，简直他们别的什么病就索性懒得得。

冷藏库的出口是月台，横着天桥在上面。隔不几天，就有火车把上十节西德出的机械保温车皮扔在这里，于是百十号人马便在冷冷的雾气里鱼贯着闪进车皮，把冰冷邦硬的一爿爿猪肉码得整整齐齐的、紧紧的。这种劳动的场面是颇吸引人的。站在一二十米远的地方作壁上观，都能感到寒气伤骨。火车走了，月台空荡；傍晚，残阳似血，有上二班的后生横在天桥上吹口琴，真是无比的旷远而悠扬。身边往往随意丢着一顶软软的棉帽，和一个很大的、须得十二点出班吃夜餐时才胡乱冲一冲的饭盒。——一饭盒的黄昏。

机修车间正给屠宰车间试制剥皮机。开机一试，不行，剥不匀，甚而至于剥穿洞来，把一张整猪皮破坏了。于是拆了又试。工作极浩繁，车、钳、刨、铣便一同上。吊车隆隆，弧光闪闪。我们一个伙计就是这时分来学烧电焊的。第一天夜里，半夜，眼睛像有无数的芒刺锥着，痛得人和床板都叫起来。他的师傅就歪歪倒倒着起来拿了湿毛巾给他敷，喃喃道："叫你戴面罩！叫你戴面罩！"就又打鼾了。这个徒工非常之愚钝，拿时下话来讲，就是"智商很低"。他一直烧的是"牛屎焊"。堆得疙疙瘩瘩的，满是沙眼，每每要返工。他的娘在家里，莫名其妙挨了无数的咒。他后来改学车床了。多年后我在街上遇见这位仁兄，他已经残废，几乎认不得了，胡子森森，目光滞滞。他的父亲是什么局的政工科长。他本来是不够资格招工的。

我们还有一个伙计分在冲床班。很快喉咙就嘶哑了。冬天，落雪，有一回他用很大的声音告诉我，说他们烤火，拿包装箱的板子架起来烧，毕毕剥剥，手脸映成通红，低眉一看，一个班的师傅，竟没得一双手是十全十美的！

从省体委下放几个篮球运动员，问他们愿意到哪个车间去，伟岸地参观了一圈然后道：还是机修车间吧。他们实在觉得，学机械，这才是地道的产业工人。他们牛高马大，目光灼灼，一个车间都引以为骄傲。因此其他车间的年轻妹子，有事没事，喜绕着道从机修车间门口过。她们非常渴望被雄性勃勃的目光击中。

而加工车间呢，我们的一位女同胞分去时以为是去做罐头的。其实这车间加工许多种类的烧烤卤腊制品，却独不做什么罐头。她被带到了腊味班的烘房间，就汩汩地流泪了。她后来眼角老是有点红潮潮的，很快地把婚结了，又变得非常的胖。我们都去吃了她的喜糖，在新娘房里胡乱地高兴了几分钟。

也有人分去做小红肠和三鲜肠。小红肠很好吃，特别嫩，香，只有中指拇那么大小，皮不似香肠那么样起皱，而是非常光滑的，呈着胭脂红。但更好吃的是三鲜肠。所谓“三鲜”，就是将鱼、兔、猪三种动物体内最细嫩部位的肉，按比例绞碎掺合，再加上若干作料精工制作，灌到极薄而透明的羊肠里去，确确实实是鲜，甚至很鲜！我们就曾经偷了吃过的。小红肠和三鲜肠都用颜色鲜艳十分漂亮的纸盒包装，每盒大约十根，再装大箱，每箱是一百盒，打包机将尼龙带扎紧了，干干净净整整齐齐，冷藏起来。箱子上红字印着：MADE IN CHINA。这都是出口的，洋人吃的。——我至今没有在市面上看到过有这东西卖！

包装组自然十分的卫生。工人都系着白生生的围兜，戴着口罩和手套和护士帽，坐在很高的凳子上——因为案子也很高。一个青工有掏鼻屎癖，他因此总挨一个上年纪的女工的吆喝：“喂！喂！什么名堂！人家外国人吃的唻！”她一般把“外国人”三个字咬得特别用力。这个女工后来就评了先进了。她一直贫血，面色苍白，包装盒反着光，才使她脸上有了颜色。

我和另外的两男四女分到了制药车间。制药车间对外称“生物化学制药厂”，实际上只有一百多号人马。制药的原料，自然统是取自猪内脏。肝、胆、胃、心脏、胰腺……都可以制药，甚至连猪毛都可制成专治斑秃和“鬼剃头”的药：“胱氨酸”。军代表便是一个秃头，他因此常来讨胱氨酸片，竟是一把把地吞。他还一个劲地问什么药可以补肾亏。他住在先前苏联专家住的带喷水池的专家楼里，把风流事情做足了就调走了。他可以滚瓜烂熟地背上百条语录。他的报告的开场白往往是“五洲震荡风雷激，工人阶级心向党”。

我先是分在肝制剂组。就是拿猪肝做药，做片剂和针剂。做肝维隆片、肝宁片，做肝精注射液，肝 B_{12}注射液。一年以后，又调到新产品试制组，在一间非常干净，摆着高速离心机、组织捣碎机、恒温干燥箱、精密天平以及滴管、量杯、漏斗和一大柜子的化学试剂的大房子里，由两个医学院毕业的上海人领着，拿猪心试制过可以疗治心血管病和脑缺氧的细胞色素 C 注射剂；拿胃膜试制过可以疗治十二指胃溃疡的胃膜素。我们还试制过价格特别昂贵的胆红素，要七八十头猪的胆才可以制成一克，而一克的售价是两万八千块！我们后来还拿猪的脑垂体后叶试制过一种催产针。有一回，一个饲养车间的兽医急急跑来，说一头母猪难产，请你们支援几支催产针。我当时正当班，做着药液的 pH 值检测。我跟他说，这是给人注射的呀。兽医说，要什么紧？人畜一样，加些剂量就行了。他拿了一盒两毫升一支的垂体后叶注射液就跑了。第二天，在食堂里，他碰见我，告诉说，产下来了！一胎这么多！蛮好！蛮要得！——他把两个食指交叉成“十”字。在我看来，他简直有一种做了外公的兴奋。这是一个非常热爱工作的人。很高，很瘦。——在这个厂子里，瘦子到底是不多的。

我们的很多药品，都要靠酒精来提取有效成分，所以，车间外面的凉棚里，一桶一桶的都是酒精：纯酒精和价格很高的无水酒精，当然也有低度的回收酒精。有一个时期，市面上居然普遍没有酒卖。好些酒瘾大发的人，跑来偷酒精，掺水、放糖、呷得条条道路于是不平。

我是当然不会去偷酒精掺水呷的。但同了两三个一同进厂的伙计到加工车间的包装组去玩，趁机摸它几根三鲜肠小红肠溜出来，把寝室门关紧了来做一盘假洋鬼子，那可是很有些回数的。我间常喜欢到屠宰车间去，在快要下班不太忙的时候，到楼上杀它几头猪玩玩。努力一刀子攮去，不见出血，心下不大服气，便加以鼓搅，却只见一根红线似的血丝缓缓挂下来。

“不行呐，后生子。”

一个师傅说，嘴角叼着半截熄了的烟。围兜上的血简直凝成了迟钝的光芒。他今天又是杀猪三千！他甚而至于一点倦意也看不出来。

我在这厂子工作了五个年头。我自小羸弱的身体看着看着结实起来——我们厂子的伙食真是太好了。附近几个单位的职工都跑来搭餐。两分钱一份的豆腐汤，放着也不冒汽，一喝，眼泪都要烫出来。真有点像云南过桥米线的油鸡汤。一个人最美丽的青春年华同这工厂的一切声音、嗅味丝丝萦系，不可免的便成了我的最幽深的记忆和情感的一部分了。更何况是，我后来还远远地离开了它。

七五年，我参加省委工作团，踩着高高低低的石板路，走进湘西一个非常偏狭的山寨去办点事。石板路伴一条歌声一样明彻的溪水，两壁峭立着巉崖，非常险怪。这地方叫作岩坡寨。真是四处岩石，四处陡坡，名副其实得很。山上树木破坏得很严重，人心就叫荒凉咬得痛。山上的田都是一小块一小块的，往往就叫作“斗笠田”，因为只有斗笠般大小。这地方只能见到黄牛，而水牛几乎是没有的——水牛在田里，会掉不转屁股来。这地方粮食少，又几乎绝了副业，所以非常贫困。不过也分明可以在巨大而光滑的岩石上，随时见到惊天动地的政治标语，这地方的人都是一日两餐，而且，闲时吃稀，忙时才能吃干。全寨子的人，我还没有看到哪一个算是长得比较不瘦的。

说是寨，其实人倒并不是聚居的，散散落落地将木板屋坐在两面山顶上，仿佛痴痴呆呆看风景的人。傍黑时候，这里那里，于是几笔烟子淡而寂寥地便写在昏黄的晚天里了。要出工，队长站在山脚溪畔，举起一个瘪瘪的破烂话筒朝两面山上筋暴暴地喊：“去割禾哟——”“去背石灰哟——”山壑间因此统是他的声音久久回荡。慢慢，就可以见到山民的影子三滴两滴蜿蜒流下来。山民的脸往往是铁似的，黑而粗粝。

队长住在溪边的水碾子坊里。他的堂客同了一个石匠，两三年前跑到山外头去了，至今音讯杳然。他只有一个崽，十一二岁，眼睛大大的，唤作鸡儿——山里人都喜欢把自己的崽女的名字叫得很丑，以为如此的一来反可以长得健，无病无灾的。鸡儿是很有意思的一个细伢子，他后来简直就是我的好朋友。他会吹极悠扬的木叶，坐在溪边光滑的圆石上，脚打着水花一朵一朵的。他还长着两颗虎牙，耳朵很长。他的爹，队长，结着盘头，颧骨凸出；好像石榴一样，满肚子都是甘味的山歌。深冬的夜里，风在山上怪吼，围在火塘边，我听他唱“丢个石子试水深”，唱“一个姐子一朵花”，发觉生活的艰辛，这时竟不能够于他那粗糙脸上有丝毫的驻扎，心里真是燥烘烘的。

我就住在他的家里。水碾子坊隔壁，有三间木板房。中间是堂屋，他们爷（读 yá）崽住左边的那间，我住右边的那间。他们住的那间房子很暗，有一股不大好闻的气味，只有一张床，一个柜子，余徒四壁。堂屋的壁上挂着一领蓑衣，一杆鸟铳，正中是火塘。火塘的柴灰里支一个三角的圈架，坐进去一口锅子。梁上吊着两三块同锅底一样墨黑的东西。刚去的那日，队长拿叉子取下来一块，到溪里洗了，舀了四瓢水煮它。过好久，揭开锅盖一看，水干了。又加水煮。又干了。又加水。火烧得旺旺的，锅里咕咕咕咕地响。到掌灯吃饭时候，才晓得，这东西原来是牛肉。以为似这般地煮，即或是牛骨头，怕也是熬成了粥了吧？一咬，然而一味地腮痛，而且味同嚼木——真不晓得束之高阁了多少年！据队长说，这地方一年半载，难得吃上一回肉。一般人家是不养猪的。养了，也养不大，养不肥。有民谣专唱这地方的“十怪”，“十怪”之一，便是“猪比狗儿跑得快”。所有山民家中都有很多的大坛子，倒扣着，腌足它整整一年吃的“鸡菜”，就是酸菜。很少能吃到什么青菜。“十怪”之二是：“农民到县里买小菜”。确实是怪。炒菜时候，从油碗里拿起一根筷子，筷子上绑了几根小布筋筋，沿了锅腰，软软抹上一圈，这样便算作放了油了。这样的菜，叫作“红锅子菜”，吃久了心里非常地“挖”。我从那么样有油水的生活走进这样的世界，真是非常感慨。饿得遍身淌虚汗，是常有的事。回忆不免趁隙便来折磨胃和腮，动辄就想起来三鲜肠！

不过，我的精神状态可以说是蛮好的。间常而且还有一点余兴，断黑边上，同了鸡儿到溪里去撮鱼，往往只能撮到小拇指粗细的几尾小鲫鱼。或是仰躺在溪里，清粼粼地濯去一天的疲乏。这时候水碾子已经停了它的吟唱了。四下里静极，天地间竟只有水声潺潺。而在蓝蒙蒙的山巅上，实在慢慢就冒出来烟圈大小的金黄月亮了——真所谓山高月小，美丽得不行！

上面对工作队员的要求是三同：同吃、同住、同劳动。这样日子一长，我同寨里的人自然就相处得不错了。劳作之余，就听他们在红红的日头下意绪缓缓地对歌子，或是坐在山中岩石上歇憩扯谈——有时是我听他们抽起辣辣的旱烟，扯着山中奇奇怪怪的传说；有时则是他们瞪大了眼睛，听我扯起省城里种种的时髦的事情。有一天，收工回家，把柴禾靠在石壁上歇歇脚——山民们习惯，收工时顺便砍一肩柴禾带回去。一个妇女忽然问：

“何同志，你在工厂里做过事？”

我说是的，我做过工，五年。

“工厂做什么的？”

“做很多事，但是主要的是杀猪。”

这一下全都来了兴致，全都急急地问。

“杀猪？工厂杀猪？每年子杀好多猪？”

我说：“应该问每天杀好多猪。”

又一齐地嚷：

“每天？每天杀猪？每天都有得猪杀？”

“有的。每天都有的。”

“杀几条？”（当地把猪和人的量词都叫作“条”）

我笑了笑道：

“猜呀，你们猜呀，一天杀几条？”

鸡儿——他已经同大人一起出工了——竖起两根指头用

力叫道：

“杀两条！杀两条！”

我摇了摇脑壳。

平素特别沉默的会计牛二，狠了狠心的样子忽然开了腔：

“十条！——总不会比这要多。”

说完稳稳重重地微笑。把烟从嘴角摘掉。

还有一些声音嚷嚷地叫着七条八条的。

我说：“说出来你们怕么要骇一跳。一天起码是杀三千条。忙时候加班杀得五六千条！”

整个世界安静下来了。

夕照漆一般涂在他们黧黑而呆呆的脸膛上。

几行归鸟滑过去。

但是，过了片刻，几乎同时地，他们醒来了似的一齐嚷：

“牛皮！牛皮！吹牛皮！何同志吹牛皮！”

然后仿佛生了气似的肩起柴禾便走。连鸡儿也飞了我一个不屑的眼白。我看见他的虎牙亮了一下。

他们像一座一座浮动的山，吱呀吱呀地沉了下去沉了下去。

剩下我呆呆在莫大黄昏中。

远山是无穷无尽的含糊的蓝。

白色鸟

中篇小说

龙岩坡

第一章

1

李光辉在湘西龙岩坡搞工作队的时候才二十一岁。龙岩坡过去是土匪出没的地方。有一天李光辉在山里种红薯，对面高高山上迤逦着下来一个老太婆，背负蓬蓬的一大捆湿柴，让李光辉直起腰来，眼睛瞪得很大。这是因为，这个老太婆虽然七十开外，扎着盘头，仍健步如飞，身轻如燕，赛过后生崽；此外还因为，李光辉对这个老太婆眼生得很。有人就附在他耳边说，该老太婆过去的老公就是土匪头子麻老三，她自己实际上也是土匪。麻老三被人民政府一粒花生米毙掉了，她也坐了十几年班房。出来以后，也没有儿女子嗣，就在山那边岩陀寨里一个人平平静静过日子——平时不到这边山里来，今日不知何解走这边过身了。李光辉一边听那人说着这些话，一边看着土匪婆子，心里在想书里头的土匪怎样同眼前这个负柴疾奔的老太婆画上等号。李光辉于是有了一种疑惑。这是很好的事。因为有了疑惑，他才在愣了半天后有了结论。这个结论就是，土匪的样子原来还是如此令人着迷的呵。李光辉想，上溯若干年，该土匪婆子应是怎样如花似玉的一个娇人哪。假如在那样的年头，有人同他说，你出门会遇上土匪，那他肯定会害怕。但是如果换一种说法：你出门会遇上一个号称土匪的娇人，那他则肯定会欣喜。所以李光辉听人说那个老太婆原来是土匪，他在惊愕同疑惑之外就是欣喜。李光辉还想到自己的外婆，七十不到，已是成天躺在床上哼哼唧唧，饭吃不下几粒，中药倒吃得下两三罐子。假如外婆当年也在湘西当过土匪，就不至于这般可怜模样了。李光辉还想起麻老三，觉得该土匪头子虽然是横死了一条命，道理上说是轻如鸿毛，实际上也还是蛮值得的。原因是，他毕竟娶了一个如花似玉即使到了七十岁仍能健步如飞的娇人做堂客，享受了人世上难得的艳福。当然这样的想法是不能同人说起的，最好的朋友也不能说起，因为李光辉是省里头派下来的工作队员。

工作队的工作是让社员们“农业学大寨”。现在种红薯也是在学大寨，但心里羡慕麻老三就不是学大寨了。李光辉只好咳嗽一声，又弯腰去锄土。天上的太阳很大，李光辉故意不戴草帽，为的是要同社员们晒得一样黑。这事说明，二十一岁的年轻就是单纯，而且听话，因为工作队的王队长一再在会上强调，在学大寨的过程中，工作队员务必要与社员“三同”，即同吃同住同劳动。李光辉在理解上还多了一同，就是皮肤的颜色也要与社员同。种红薯的社员是不是也羡慕麻老三，不得而知。假如他们也羡慕，那又多了一同。但这一同不能说，一说不但社员要挨批，李光辉也要挨批。假如都因此事而挨批，岂不更多出了一同？

我现在补充交代一下，土匪婆下山来的时候附在李光辉耳边说话的那个人叫马石头，原来是龙岩坡生产队的队长。半年前也就是李光辉下到湘西搞工作队一个月以后被撤了职，原因是，作风不好，乱搞女人。撤他的职的是工作队，具体地说来，就是李光辉。考虑到李光辉李同志的权力有如此之大，马石头附在他的耳边上说话，很有点儿阿谀之味，就不难理解了。

龙岩坡生产队属青山大队，青山大队属麻岭公社。整个麻岭公社有十二个大队，每个大队有八个生产队，十二乘八等于九十六个生产队。因此就有九十六个李光辉这样的工作队员下去了。下去一十月之后，九十六个生产队长总共剩下了八个，就是说，农业学大寨首要的成绩便是有八十八个生产队长被工作队撤了职。八十八个生产队长年龄不一，胖瘦不一，脾气不一，工作态度不一，但撤职的原因却同一，就是:作风不好，乱搞女人。

以上事实很有点儿嚼头。其一，“作风不好，乱搞女人”，听上去好像是两条罪名，其实是一条。作风不好是因，乱搞女人是果。这是因果关系，但工作队员在群众大会上宣布的时候，使用的是并列关系，这样就成了两条罪名。李光辉就是这样宣布的，他说，你马石头，一是作风不好，二是乱搞女人，所以撤职！这说明李光辉李同志学会了一分为二的哲学。其二，假如九十六个生产队长里头有八十八人作风不好，乱搞女人，都犯着同一的错误，只能说明这个错误是有传染性的，就像流感或者霍乱一样。但这是有限传染，被传染者仅限于生产队长。不知为什么，麻岭公社仍有八个生产队长没有被传染。这八个生产队长没被传染是不是好事，则不得而知。其三，一夜之间撤换了八十八个基层干部，用的是同一的罪名，也许是工作队的同志们把复杂的问题做了最简单的处理。这就是说，也许某个生产队长犯的其实是贪污挪用一类的事，但那样说群众会难于理解，不如把作风不好、乱搞女人这顶帽子戴下去，显得更便当得多。文化革命中就是如此，假如你要把某个走资派搞得臭不可闻，你说他这样那样，都不如说他乱搞男女关系更易得手。这就说明，麻岭公社八十八个生产队长因“作风不好，乱搞女人”而被撤职一事，是颇有点儿意味深长的。但我这么说也许会引起误会，以为麻岭公社出了八十八桩冤假错案。我虽然不能替别人来辩解，但我却可以替李光辉说上一句话，这句话就是：李光辉撤马石头的职，撤得一点儿都不冤枉。

李光辉随省委“农业学大寨”工作团下到龙岩坡时才二十一岁。他是头一回到大山里头来。来的第一天，站在山顶上朝四面一望，哇地就叫了一声。因为他看到了由山峦铺成的海洋。事实上他也没有见过海，但他确认那连绵无尽的蓝蒙蒙的峰壑就是普希金歌颂过的由自由元素组成的大海。这样，他就第一回认识到了人的渺小。除此之外，他还觉得迎面吹来的山风令人醺醺欲醉。这种感觉是十分强烈的，所以以后李光辉每每喜欢跑到山顶上来吹风。风一吹，脑壳里就一片澄明，就像云被吹光了的湛蓝天宇。

这是在山上的情形，下到山脚下，就要农业学大寨了。这是不能哇地叫一声的，当然也不会脑壳里一片澄明。农业学大寨其实就是斗争，叫作与天斗与地斗与人斗。与天斗与地斗实际上是与自然斗，也可以称为战胜自然。具体的做法就是学山西的大寨人，在石头很多的山上围出人造梯田来。与人斗则是开批斗会，撤职。具体的对象就是生产队长。因为工作队王队长再三说了，在麻岭公社，百分之九十的基层组织已经烂掉了，成为了广大贫下中农农业学大寨的绊脚石，务必要搬掉。所以李光辉一来到龙岩坡就要搬掉马石头。事有凑巧，马生产队长正好名叫石头，不搬掉还行吗？

要搬掉石头也不见得就那么容易。总得要以理服人吧。李光辉那一段时间的工作就是找这个服人之理。找得头昏脑涨了，就到山顶上去吹风，哇地叫一声，再下山来继续找。

2

工作队员李光辉才二十一岁，正是到了想显示自己不再是毛孩子的时节。所以他工作十分卖劲。在寻找服人之理这件事上，他花的功夫是很大的。白天他与社员“三同”，而且晒太阳故意不戴草帽，一个月下来，皮肤颜色也差不多与社员同。晚上就挨家挨户串门，手里拿着一个小本本，小本本里头夹了一支圆珠笔，坐在火塘边上同社员说话，调查马石头的情况。问答之间，手不停地在小本本上记着。就这样，一个月下来，小本本就用了五六个。但李光辉又有了一点疑惑，就是，社员都不说马石头的坏话，专说他的好话。比方说马石头是个勤快的人啦，马石头唱山歌子唱得比哪个都多啦，马石头在山里打了麂子送给五保户吃啦，等等。假如忽然把这样的石头搬掉，说上述话的社员会怎么想？李光辉本人又会怎么想？

由于这点疑惑，工作队员李光辉的工作就更加细致深入了。

举例来说，他来到社员马大佬家里就是如此。马大佬同马石头一样，都是四十六七的汉子，还是本家兄弟，但马大佬更穷一些。李光辉坐在他家里，环顾四周，想到一句成语：家徒四壁。当然也不绝对如此，比方说他家的壁上还是挂了蓑衣斗笠鸟铳一类东西的。但马大佬穷得讨不起堂客，却也是众所周知。所以马大佬就长着一张苦大仇深的瓦刀脸，显得比实际年龄要大得多。提起自己的本家兄弟，他开始比较沉默。这是因为他不晓得李同志问话的目的何在。李同志就说道：虽然你和马石头是本家兄弟，但是你对他有什么看法、意见，都可以向工作队反映。龙岩坡这地方太穷了，农业学大寨多年来都学不出模样来，马石头是生产队长，这都是他的责任嘛。你对他的了解比别人肯定要多一些，你说说看嘛。马大佬斜着瓦刀脸看着李光辉，慢慢琢磨他的话里的意思，一下子明白了：原来工作队是要找马石头算账呵。这说明马大佬虽然穷得讨不起堂客，却也算得上是聪明过人。可以肯定，马大佬不会说出什么马石头是个勤快人一类的话来，但他还是沉默不语。这是因为，他晓得，一个人老是沉默不语，一旦说起话来，才会一言九鼎。李光辉到底年轻，不知道对方葫芦里卖的是这号药。于是又更加细致深入地启发：其实呵，村看村，户看户，社员看的是干部。马石头既然是干部，那就应当拿出个好样子来给社员看。假如他拿出的是好样子，那么龙岩坡学大寨就不会这么没有成绩。龙岩坡学大寨这么没有成绩，只能说明他没有拿出好样子来，你说是不是马大佬？马大佬明白这是应当点头——不但应当点头，还应当说话的时候了。

我们晓得，李光辉从马大佬家里出来，年轻的脸涨得通红。这就是说，细致深入的工作取得了空前的效果。他于是赶忙又到第二家人家去。这时已是夜里十一点多钟了。山里人夜里没有文化生活，十一点多钟早就困得流一枕头的口水了。李光辉咚咚咚咚敲着门，主人点燃煤油灯，吱呀一声把门打开，放进来李光辉兴奋的脚步。困啦？困啦？就困啦？李光辉踏进门坎就响亮地说。空空的堂屋里回音很大。

这家人家男主人名叫马五谷。这里我们要交代一下，龙岩坡生产队一共有四十二户人家，马姓有三十户，是当地的土著，余则为杂姓，也就是后来搬迁来的人。马姓住在山腰上，杂姓住在山脚下。所以李光辉现在是在山腰间。从堂屋敞开的门里朝外望，可见那些沉睡的山峰以及其上的点点星光。因此那门框子框住的就是一幅深沉的画。但是工作队员李光辉无心欣赏这幅画，他要来细致深入地启发马五谷，以证明马大佬所言不虚。

李光辉的细致深入的工作做了个把小时后，马五谷才开口说话。在说话之前，不断地朝里屋里望，而且把耳朵竖起来，听那里面有无动静。听到鼾声像门外的山峦一样起伏不已，才开始说道：是的，是的，是的，是有这么回事。连我的堂客他都困过。

马五谷说的"他"就是马石头。按辈分马五谷是马石头的本家堂叔，他的堂客即是马石头的堂婶。马五谷说的就是：堂侄连堂婶也困过了。

李光辉把手掌在膝上一拍，大叫一声：好！

马五谷一听，木了半天，他不晓得这一声"好"是好在哪里了。

我们已经晓得，龙岩坡是个非常穷的地方。农闲的时候，一般都只吃两餐饭，农忙时才能吃上三餐。三餐中的中餐，实际上就是一些烤红薯、苞谷粑粑一类马虎的肠胃充填物。李光辉刚来的时候虽然有思想准备，但并没有实际挨饿的感觉。每到中午，肚子里就有动静，他想忘记这些动静，可是怎么也做不到。他的意识里只有食物。这事说明了吃的重要，还说明了存在决定意识。此外，也说明了他和社员还是有区别的，并不能完全地同。具体地说来，他一意识到饿，就没有办法改变这个存在。但是社员们却能。比方说吧，在地里头，中午歇工的时候，社员们要么就唱山歌子，要么就讲带点“黄”的故事。山歌同故事，有一部分是流传了好多年的、具有经典意味的，另有一部分则是现编的、即兴创作的。但不管是哪一部分，内容大多是有关男女打情骂俏的。只要是唱山歌子或是讲故事，社员们脸上你就看不到饿的感觉，你看到的是兴奋同快活。就是说，男女之间的某种暧昧不清的东西，足以填充人在懒洋洋的中午的需求，并使得人们如此兴奋同快活。这对李光辉来说是不可理喻的，同时也是不可接受的。刚开始的时候他甚至不能适应那种时时可以意会的暧昧。因为我们晓得，李光辉李同志才二十一岁。假如他要显示自己已不是毛孩子，他就应当懂得这些山歌同故事。不但要懂得，还要兴奋同快活。这就使他感到为难了。因为他是工作队员。他有制止这种兴奋同快活的权力。但他也有放弃这种权力的权力。然而他只有二十一岁，不管他装得多么老成，都会处处显示出茫然同疑惑来。在这种时候，他只有装作没有那种权力的样子，才是聪明之举。于是他便这么做了。他通过一个举动来完成这种聪明，就是，他把草帽子遮在脸上，仰躺在披着厚厚岩衣的大石头上，假装闭目养神的样子。实际上，他的耳朵没有放过去任何一句山歌和故事。这就是说，他同社员的区别，被一顶草帽子巧妙地遮掩住了。

有关龙岩坡的穷，我们还可以从诸多方面加以证明。但那是没有美感的。我们知道，小说要写得有美感。这是许多批评家和教授教诲过我们的。所以接下来我们应当谈到龙岩坡的女人。就是说，我们应当马上谈到有美感的事物。

3

在这一节里，我要向你描述龙岩坡的女人。你已经获悉，龙岩坡那地方称得上是穷山恶水，唯一的奇迹就是出与穷和恶完全矛盾的女人，就是说，那地方出来的女人称得上是对那地方的讽刺。这是因为，龙岩坡的女人太富于美感了。李光辉刚来的第一天，看到队上的那些女人，他几乎惊呆了。在那一瞬间，他有一种感觉，就是，那些女人的强烈的美感，是对于他们生存的环境的某种无声的控诉。所以农业学大寨就是万分必要的了，因为只有通过学大寨，也就是通过斗争，她们的生存环境才会得以改观，她们的美丽才会适得其所。

我们认为，龙岩坡的女人的美应当是一门学问，很值得人们来研究。至少，有如下课题是使人饶有兴味的。其一，此地的女人的皮肤极为细嫩，十八岁到四十五岁之间的女人几乎在皮肤细嫩这一点上看不出什么明显的区别来。这就是说，女人到了四十多岁尚且还能像少女一样地娇嫩。所以后来李光辉见到土匪头子麻老三的堂客，活到七十岁了居然还能负柴疾奔，于是上溯若干年，认为她是怎样如花似玉的一个娇人，就不是没有缘故的了。关于此地女人皮肤的细嫩问题，如果只是让一个名叫李光辉的人感兴趣是意义不大的，关键是要让那些研究驻颜术的专家学者和美容保健品的投资商感兴趣。此外，还要让全世界的女人感兴趣——她们当然会感兴趣。这个课题就是青春长驻的课题。其二，此地女人的身材个个堪称健硕丰满而又匀称，使人想到柳树，想到小提琴，想到最优美的葫芦，想到米勒油画中的那些迷人的农妇。除此之外，此地女人的身材不仅仅十分有美感，而且也十分性感。对于前者，李光辉感到的是莫名其妙的振奋，对于后者，李光辉感到的是五里雾中的疑惑。现在我们晓得了，李光辉原来还是一个常常疑惑的小青年。关于性感的疑惑，他的表现是，他感到二十一年来第一回身体内部有了某种说不清楚的冲动。他有点欢喜，又有点害怕，于是这就是疑惑。所以在相当长一段日子里，李光辉的眼睛朝龙岩坡的女人望去时总是有些躲躲闪闪。这是因为，对于自己身体内部的某种说不清楚的冲动他还不十分适应。但是李光辉很年轻，作为年轻人，他应当表现出好学的态度。于是他心中也就有了一个研究课题。我们相信，对于龙岩坡的女人的身材所呈现的美感同性感，所有的男人和一部分女人都会有研究的兴趣。这个课题就是性感的由来的课题。其三，此地的女人，在情感上非常专一，但是在肉体上却十分开放。这就好比说，她们像某些迷人的花朵，属于某一棵树所专有，然而其浓烈的芬芳却属于一整片树林。这方面的例子，我们会在后面的叙述中邂逅到，不必在此赘言。总而言之，这是属于社会学家或民俗学家的学问范畴。这个课题就是情感同肉体的对立统一的课题。其四，此地的女人，性格都很刚烈，敢做敢为，敢爱敢恨，而且说话的声音很大，脾气也很大，自我意识相当强烈。这说明此地的女人不仅仅身体具有美感，性格也同时具有美感。这样的女人，假如身逢乱世，那是一定要到麻老三那里去做压寨娘子不可的。在她们的性格里，有一股不让须眉的强蛮之劲，所以吃苦耐劳的事，都是女人做得比男人要多，形成了一种令人感叹的乡俗。这也是一个课题，这个课题是原始女权主义的课题。如此等等，我们还可以列出许多课题来。批评家和教授教诲我们写小说要有美感的同时，还教诲我们写小说不要啰唆，要拣最重要的事情来讲。所以例举到此为止。

有关龙岩坡的女人，我现在要讲的最重要的事情是，那天晚上工作队员李光辉找马大佬同马五谷做细致深入的工作，得到一条至关紧要的情况：龙岩坡生产队队长马石头将队上的妇女，从十五岁到五十岁的，几乎全都困遍了。比方说，马五谷的堂客按辈分是马石头的堂婶，但是这个堂侄却将堂婶也很不客气地困了。这个情况首先是马大佬提供的，后来马五谷的话印证了马大佬所言不虚。你应当记得李光辉听了马五谷所说的话以后，他的手掌在膝上一拍，大叫一声：好！当时马五谷被这一声“好”弄得木了半天，不晓得这“好”是好在了哪里。现在我们晓得了，“好”就好在细致深入的工作有了突破性的进展，搬掉马石头的服人之理终于找到了。那就是：作风不好，乱搞女人。所以第二天一早李光辉就跑到山顶上去吹风，吹着吹着哇地叫一声，再从山上下去，心情好得不得了。

事实上，我们说李光辉寻找服人之理的细致深入的工作有了突破性进展后心情好得不得了，只是说明了其心情的一个面，还有另一个面还没来得及说明。这另一个面是这样的：虽然李光辉同志觉得马石头用“作风不好，乱搞女人”八个字就足可以搬掉了，但是他想到马石头困了龙岩坡生产队那么多的富于美感的女人，心里就十分地不舒服。那么多的富于美感的女人的身体要与这么一个快五十岁了的长得很丑的男人的身体联系到一起，实在是太困难了。于是我们晓得，李光辉李同志又有疑惑了。在疑惑之外，还有莫名其妙的愤怒同心如刀绞。李光辉还太年轻，他对这个复杂问题的透彻了解还有待时日。这件事说明，李光辉对那些富于美感的山里女人很有点怜香惜玉之情，与此同时，他还对别的男人滥用她们的身体很有点不平之意。有关后者导致的想法是：马石头不搬掉，就难解心头的不平气。所以，一个星期之后，李光辉就以省委农业学大寨工作队的名义将马石头撤职了。

在马石头撤职之前，李光辉做了两件事。一是继续找人证明马大佬提供的情况。按李光辉的说法是：寻找受害者的证词。他找到那些被困过的女人，要她们检举马石头的劣行。他希望得到的是控诉，但得到的却是赞美。首先，那些被困过的女人一提到这件事就笑了起来。李光辉从来没有听到那样的一种笑声。那笑声是晴朗的，响亮的，狂放不羁的。而且那笑声本身就是一种回答：这种事情也值得问来问去的么？接着，那些女人纷纷说起马石头如何使她们感到了床第的快活。在这种说法里头，马石头成了一个真正的男人，充满了雄性的力量和性乐的智慧。这就使李光辉同志感到万分的尴尬了。如此说来，那他寻找到的就不是受害者，而是受益者。但是，李光辉不会依据她们的快乐原则来判断这桩事——假如依据她们的原则，马石头就不但不应当撤职，还应当提升。他要依据工作队自身的原则来判断这桩事的性质，那就是“作风不好，乱搞女人”。二是李光辉打了一个报告给工作队王队长，向他呈报了马石头困了队上的女人的事，请工作队队部批示处理意见。意见很快便下来了：马上撤职，并召开群众大会宣布决定。大会目的有二：一、乱搞女人是封建流毒，要坚决予以批判；二、干部同群众要达成共识：龙岩坡要想过上好日子，就必须农业学大寨，因此，不能随便乱搞女人。意见下达的第二天，李光辉就召开了群众大会。宣布马石头撤职，生产队长由马大佬继任。

马大佬是怎样成为继任人选的，情形大略如下：首先，马大佬是最早揭发马石头的人，这说明他的思想觉悟比一般社员要高得多；其次，他家徒四壁，这说明他比一般社员更有要改变生活的愿望——这种愿望是可以转化为农业学大寨的动力的；再者，李光辉通过与他的谈话看得出来，他非常善于领会工作队的意图，比方他一明白工作队要找马石头算账，马上就揭发了后者作风不好乱搞女人的问题。有了以上三条，李光辉觉得，马石头之后的生产队长非马大佬莫属了。所以，他在给工作队王队长的报告里就做了如此建议，并且强调说，马大佬出身贫农，苦大仇深，敢于大义灭亲，应当得到重用云云。王队长也同样批准了此建议。于是马大佬就成了李光辉在群众大会上宣布的——“我们龙岩坡农业学大寨的新的带头人”了。

马大佬成了生产队长，瓦刀脸上立刻有了一种严肃的表情，说话之前总是要咳嗽一声，还学了李光辉的样子，把一支不知从哪里寻来的不出水的钢笔插在上衣口袋里。后来，还学了李光辉的一句口头禅：我认为。所以他以后就经常“我认为今天要到区上去背石灰了”，“我认为今天要种荞麦了”，“我认为今天要出牛栏粪了”……这就是说，龙岩坡的社员每天都要按他认为的出工干活。李光辉则认为，有了这许多认为，龙岩坡农业学大寨就会有长进了。这样认为之后，他就跑到山顶上去，迎风哇地叫一声，然后迈着轻快的步子下山来。

第二章

1

关于那次群众大会，可做若干补述如下：首先，它开得格外隆重，因为这是随后而来的搬石头运动所搬掉的第一块石头，也就是说，这是工作队的第一个政绩，不得不示以隆重，所以公社刘书记、张书记、妇女主任、武装部长，工作队王队长、朱队长都来了，坐在主席台上，蔚为壮观。而且群众一看来了这么多头头，就晓得脸上应当安置什么样的表情比较合适了。这说明此地的民众虽然有些刁悍，但也还是畏官的。其次，李光辉虽然才二十一岁，但也表现出了出色的才能。比方说，会场安排在禾场上，禾场四周便拿石灰水写了很多标语，很是醒目，又很是上口，例如："农业学大寨，作风要正派"，"搬掉绊脚石，问地要粮食"，"社会主义要上去，封建主义要下来"，等等。又比方，在禾场的四角，各安排一位荷枪的民兵，这样一来，既使头头们感到安全和威风，又使社员们感到会议的重要同严肃。所以刘书记就同王队长交头接耳说：小李同志蛮行嘛。王队长就谦虚道：年轻人，在游泳中学会游泳，在斗争中学会斗争嘛。除此之外，李光辉还安排了马五谷在大会进行之中每隔十分钟就高呼一次革命口号，以此活跃气氛，旺盛斗志。所以，隔上一小会儿，群众的手臂就高高举起，跟着马五谷喊："搬掉石头学大寨，甩开膀子闹革命！"所以后来王队长在全体工作队员会上就叫李光辉把开群众大会的经验介绍了一番，并表扬说，群众大会，就是要把群众的斗争热情煽起来。再其次，群众的斗争热情确实是被煽起来了，尤其是呼口号时，个个把颈根吼得筋暴暴的。这是因为，这样的时候太少了，可算是平生第一回。这情形可能是这样：一、群众以为是在比试谁的喉咙大；二、群众以为领导喜欢热闹；三、群众以为吼来吼去的就是斗争。关于第三点，我们要说明一下，其实群众并不晓得斗争的到底是谁。虽然李光辉宣布撤掉马石头的职，于是大家晓得马石头是今天的冤大头，但是，他们不觉得这是在斗争马石头，因为马石头撤了就撤了，为什么还要斗呢？再说，“一是作风不好，二是乱搞女人”，这有什么好斗的呢？所以，到底斗争谁，斗争什么，不得而知。因为目标不明确，所以干脆一顿乱吼算了。坐在台上的头头，一看社员吼得这么山崩地裂的，还以为群众心往一处想，劲往一处使，就高兴得不得了。除此之外，台上的头头们除了妇女主任，眼睛珠子都溜溜地四处乱睃。这么多富有美感的龙岩坡女人挺着饱满的胸脯站在那里，同样使他们高兴得不得了。王队长拍拍李光辉的肩膀，响亮地说：在这里好好地干，好好地干。李光辉认为这是领导同志的鼓励，也高兴得不得了。其实这是误会。王队长这么说着，并不是说给李光辉听的，是说给他自己听的。还要加上一点，是不由自主这么说的。这句话表达了王队长的某种不好言说的心思。在后面的章节里，我们才会明白王队长“好好地干”是什么意思。

那天的群众大会，虽然因为社员们畏官，秩序很好，但中间也还是出过一点小乱子。这事是这样的：王队长和刘书记看到那么多富有美感的女人站在那里，就心痒痒地很想晓得马石头是如何同她们困的，于是他二人不约而同地将桌子一拍，喝道：马石头，交代你的作风问题！当然，做头头的是不能够把话说得那么直露的，于是“如何同她们困的”就成了“你的作风问题”。遭此一喝，马石头立即变得口吃起来，说：我没、没、没……那两位又将桌子一拍：你没什么？！马石头脸涨得通红，说：我只是、只、只只只只只是……桌子又是啪的一响：你只是什么？！马石头说：只是只是管、管不住自己的、的、卵子……结果底下的群众就笑了起来，尤其那些女人，发出的都是响亮而富于美感的笑声。大会的正常进行因此而受阻。这事可做如下理解：一、马石头的作风问题仿佛与她们毫无关系；二、如此斗争马石头，一问一答之间产生的是喜剧的效果；三、群众的笑尤其是女人的笑说明所谓作风问题乱搞女人问题都不是问题，听起来只觉得滑稽。就是这点小乱子，但也很快止住了，因为马五谷按照李光辉的紧急吩咐举臂高呼口号。群众立即就忘掉了刚才的所笑，又目标不明地乱吼起来。大会于是得以继续。这说明李光辉虽然年轻，应付局面还是很有两下子的。

大会开得热闹，石头搬掉了，换上了新的生产队长，还得到了王队长同刘书记的表扬，李光辉当然十分高兴。夜里在煤油灯下头就给家里写信，把这里的一切告诉了父母和外婆。在信中，他还提到见到被人民政府毙掉的土匪头子麻老三的七十岁的堂客负柴疾奔的事，以此提供外婆同病魔做斗争的楷模。写完这封家书，他又给一个名叫燕妮的长沙妹子写情书。该妹子是李光辉的中学同学，现在长沙轮胎厂做事。老实说，李光辉写情书的水平不是很高，这是因为，他的国文成绩不太好，其次，他的心情太激动，所以一页信纸，写了差不多一个多钟头才好歹写完。拿在手中一念，觉得很不流畅，而且最重要的是自己的心情根本就没有表达出来。于是他就把信纸揉成团，扔到窗子外头的溪水里了。他站起身来，走到门外，望了望四周，夜风吹来，他感到很舒服，就忘了刚才写情书的烦恼，也忘了燕妮妹子。

李光辉住在村民钟国民家里。我们说过，山上住的是马姓大族，山下则住着后来搬迁而来的杂姓人家。所以钟家就在山脚下，两口子，一个崽，一个妹子，一条黑狗，一栋黑瓦顶的木板屋。门后头是一条淙淙流淌的山溪，门前则是一条蜿蜒蛇行的石板路。在经过这栋木板屋之前同之后，溪水同石板路都是平行而下的，它们的尽头也许是遥远的山外面。在木屋上头一点的地方，溪水旁还有一座水磨坊，它最惹人注目的是一架有许多叶子的木轮子，溪水一冲击，它就转动着，带动磨子来碾谷。所以在水磨坊的上游，就有一个大木闸，夜里把溪水蓄起来，到天明时再放水来冲动木轮子。这水磨坊里也没有人固定地守着，一般是每家每户轮流派人住上三五天，往往派的是女人。女人住在水磨坊里，到夜里就着煤油灯做点针线活，反正也没有人说话，于是早早就困了。从前水磨坊的门夜里吱呀一响，就是马石头进去了。现在马石头被工作队搬掉了，那门大约就不会在夜里头吱呀地响了吧。

李光辉在门外头站了一会儿，抬头望见四面的山高高的，深蓝深蓝的，有半弯月亮悬在空中，就觉得山野里的夜晚实在是静美已极。之后，打一个哈欠，就回屋里头去了。进得门来，听到东边厢屋里传出钟家两口子的鼾声，一阵一阵的很响亮。

李光辉在床上好久好久没有困得着，这是因为，他站到门外头忘记了燕妮妹子，进到门里头又想起了燕妮妹子。后者与他中学同学，长着一对虎牙，有点像后来的电影明星巩俐，而且还能歌善舞，学习成绩又好，李光辉就很喜欢她，但也觉得她身上缺少了一点什么。李光辉好久还困不着，就是在思索该妹子到底缺少的是什么。像这种思索也有过很多回，然而通通没有结果。这一回当然也不例外。想着想着，李光辉就慢慢有了倦意，眼看着就要困着了，却不料居然有人来敲他的门了。

2

李光辉虽然二十一岁了，但是他从来没有接触过女人，我指的当然是女人的身体。他最胆大妄为的一次行为是高二的时候有一回抓了燕妮妹子的手。结果是那只手用力地甩脱了他。为此燕妮妹子甚至有一个星期没有同他说一句话。后来说话的时候的第一句话就是“请你自重一点好不好”。遭此挫折，以后他再也没有挨过燕妮妹子一根毫毛。在很多回对燕妮妹子到底缺少什么的思索中，他都把这件事摆在首位来考虑，却又每每被否定。于是该妹子到底缺少什么就成了一个谜。

一个二十一岁的男青年，当然对女人的身体会产生好奇。龙岩坡的女人个个生得饱满性感，不会不使他为之心动。但他是工作队员，绝对不能胡思乱想，甚至连眼睛也不能没规没矩地随便乱睃。李光辉的情形有点像庙里的小和尚，见到许多漂亮的女香客，免不了要动凡心，又要抵抗诱惑，于是索性眼不见为净，低头橐橐橐橐去敲木鱼。所以现在龙岩坡的一个女人进到他屋子里，站到他跟前，手里还握着一盏煤油灯时，他就只好把眼睛低了下去，问她找他有么子事情。

么子事情，找你借点煤油。

这么晏了，还没困？

纳鞋底来，我家二伢崽要穿来。

这么一问一答之间，李光辉笨得不晓得要去找煤油瓶子。但他还是抬起了头，望了对方一眼。这一望，他的心又动了一下。

敲门而入的就是今夜里守水磨坊的女人。她是哪个屋里的堂客，还搞不大清楚，因为李光辉毕竟才来个把月，这是其一；其二是，李光辉平时不敢乱睃龙岩坡的女人，所以哪个女人是哪个男人的堂客或妹子就是一个问题。不是说这样的问题不能搞清楚，而是他不敢搞清楚。这女人年约三十四五岁，梳了个粑粑头，头上大约抹了刨木花水，显得亮亮的，很是熨帖。李光辉抬头望她的一瞬，就觉得她相当富于美感。在这样强烈的美感的触及下，他不心动，只能说明他不健康，而恰恰他十分的健康。只是他有点迟钝，半天站着，手不晓得朝哪里摆，而且忘了刚才她说她是来做么子事情的。于是他又再问了一遍。那女人笑起来，声音很好听地说：找你搞点煤油呢！李光辉这才哦哦哦地一边应着一边弯腰到床底下去找油瓶子。

李光辉给那盏空油灯灌煤油，同时就问那女人叫什么名字。女人说：桃花。李光辉就说：这名字好听。女人还相当谦虚，说：名字好听管么子用。李光辉就说：哎，名字好听，人就会长得好看嘛。这话说出口来，李光辉自己听着也觉得很别扭。他是第一回这么同女人说话的。这说明男人天生就是有恭维女人的本事；此外说明的是还要有那样的女人才会触发这种本事的出现。比方眼前这位很有美感的桃花就让李光辉第一回使用了这种天赋男权。

假如一个女人半夜三更地来找你借煤油，借了以后又半天不走，只是站在你跟前，低着脑壳看手中点亮的一豆油灯，而且也不再吭声，这里头必定就有美丽的文章。但李光辉二十一岁——是那样的年头的二十一岁，还没有读到过这样的文章，所以他就傻傻地站着，也把脑壳低下去，看自己一双赤脚。这情形有点像派出所抓的疑犯，在候审时面墙而立，就是这么一副样子。

李光辉实在没有看出自己的脚有什么好看的，但仍那么仔细地看着，这时他耳边上响起了桃花的一声叹息，接着又听得桃花说了一句话：你是个呆子！再接着就听得桃花吱呀一声把门打开，橐橐橐橐地走了，然后水磨坊那边也是吱呀一响，一切就静得死掉了一样。这时李光辉才不看脚了，脑壳抬起来，回味刚才的那声叹息同那句话。但他仍没有搞得明白，所以又是好久没有困得着。

第二天吃上午饭时——我们交代过，这地方穷，除了农忙，一般只吃两餐饭，即上午饭同下午饭——房东钟国民的堂客就睃了李光辉一眼，说，昨天夜里好像有哪个背时鬼来敲门。李光辉不作声，只低头扒碗里头的饭。但他的脸这一时却是唰地一下子红了起来，仿佛做了什么亏心的事情。这说明李光辉心里头还是隐隐约约明白一点文章的，晓得半夜三更的，一男一女站在那里低着脑壳，又不是想心思，肯定算不上什么好勾当。但他没法开口解释桃花借油的事，他肯定晓得，只要解释这样的事，他就处在不明不白当中了。所以说，李光辉还是一个聪明的青年人。钟国民的堂客绰号叫广播，是个不喜欢饶人的角色，于是又继续咬着，说：世上还有吃素的男人么？这句话的意思是很明白的。李光辉听了就不大高兴了。他想他是工作队员，连马石头都可以搬掉，权力大得很，你一个女人竟也敢这么胡说八道么？于是就咳嗽一声，正色道：说话要注意影响呵。工作队是来帮你们农业学大寨的，不是来干别的什么勾当的。要是干别的什么勾当，马石头的下场就是榜样。老实巴交的钟国民就推了他堂客一把，说：说你是广播，你就真的乱广播啦。这时广播就睃李光辉一眼，说了句意味深长的话：要是真的吃素，那我还瞧不起呢。

后来李光辉一直回味广播的那句意味深长的话。那句话的意思其实也还是很明白的。但明白之后的茫然才叫作意味深长。这就是说，李光辉要让广播瞧得起，那就不能吃素；要是吃素，那就无法叫广播瞧得起。这句话虽然是广播一个人说出来的，但代表的却是龙岩坡的女人对于吃素不吃素的态度。我们已经晓得，其实李光辉内心里是相当喜欢那些丰满健康富于美感的龙岩坡的女人的。假如让自己喜欢的女人们瞧不起，那简直是一桩伤心透顶的事；假如让她们瞧得起，又简直是一桩荒唐透顶的事。所以李光辉就搞得好几个晚上都困不着觉了。又有好几个早上，一个人爬到山顶上去吹风，哇地叫一声，然后下山来。人一到山下，一脑壳的澄明就又变成了稀粥。

广播的话如此影响了工作队员李光辉的心情，使李光辉不得不面对两难局面。有时候他就想，广播怎么能说出这样的话来呢？吃饭的时候，就注意地望一望这位女房东。虽然李光辉在广播家里住了个多月了，但他一次也没有注意地望过她。这并不是说她长得貌不惊人。我们已经交代过，龙岩坡的女人，没有一个不是长得富有美感的。正是这种美感，让李光辉不敢正眼瞧她们。所以即使他在钟国民家里住了个多月，但是广播的美感他仍然没有仔细地领教。在饭桌上，他只是拿眼睛的余光望望她。而广播则叽哩呱啦地说着队上的事情，热闹得不得了。现在李光辉开始注意地正眼望她，立即就觉得她还是相当好看的。她的眉毛长得很拢，也很黑，有点像后来的好莱坞的波姬·小丝。她的嘴巴虽然很大，但也很性感，就像后来电影里的索菲亚·罗兰。这些女明星当时李光辉虽然根本不知道，但他知道广播长着那样的眉毛同嘴巴，总会像某一类了不起的女人。这说明李光辉有相当好的直觉。除此之外，他还有一种感觉，就是觉得他应当让广播这样的女人瞧得起。

关于李光辉的这位女房东，我们还可以较为仔细地描述一下：她虽然生过两个小孩子了，但是身材还相当的好；年龄也并不大，大约三十三四岁，正是饱满成熟的时候。她长着一副极好的胸脯，两个尖翘翘的奶子时常在薄薄的单衣里颤抖不已。有一回，收工之后，李光辉到堂屋火塘里去倒开水，从屋里一出来，就看见广播赤裸着上身，正坐在火塘边上。就在那一瞬间，李光辉第一回见到了那么美丽的奶子。奶盘很大，奶头很尖，饱满结实，弹性十足。他当时就吓得朝后退去，但是火塘边上却传来了广播的笑声。那笑声就像火塘里的火一样跳着，让躲到屋里去的李光辉心里好久一片麻乱。这是他刚来龙岩坡半个月的时候的事情。虽然只有一瞬，却是永驻他的心头。好几个晚上，李光辉都不由自主地想起这个一瞬来，但他又极力让自己不要去想，就是说，他不让自己心里麻乱。后来，又过了半个月，他开始调查马石头的问题，也找过广播。他始终不敢望广播的脸，只是望着手中的小本本同笔，问马石头是用什么手段困她的。广播听了，也是那样地笑着，牙齿不怎么白，却齐整得很。李光辉不敢朝广播脸上别的地方觑，只敢觑她的牙齿。就在觑牙齿的时候，他的心也很麻乱。当然不是牙齿让他麻乱，而是那种火一样的笑。最后，我们已经晓得，他什么名堂都没有问出来。龙岩坡所有的女人那里，李光辉都没有问出有关马石头如何困她们的名堂来。这说明龙岩坡的女人在对待这种事情上的态度是非常一致的，正如她们的美感是一致的一样。所以，按此理推断，如果广播瞧不起李光辉的话，那么全体龙岩坡的女人也就瞧不起李光辉。这可就不是小事一桩了。

3

马石头被撤了职以后，见到李光辉，就显出一副阿谀的模样来。这其实是非常徒劳的。因为，第一，他这么做，不可能东山再起；第二，他也不可能再糟糕到别的什么地步去。这也许可以说明人是不能够挨整的，一挨整，就会变得十分糊涂。文化大革命中有许多人一挨整就自杀，便是如此。有时候马石头老是跟在李光辉屁股后头，李光辉也生厌了，就说：请你自重一点好不好。这句话是跟燕妮妹子学的。当初这句话对他的打击力量相当大。他现在这么说，也认为打击力量相当大。可是马石头却仿佛没听见似的，仍是跟在他屁股后头跑，就像是他的一条尾巴。与此相反，马大佬自从当了新队长，瓦刀脸上就不仅仅只有严肃，还有一种时不时的得意，走起路来有点鹅步蟹行，一开口就是“我认为——”，把“为”字拖得很长。马大佬遇到马石头，有时把脸扭过去，装作没看见一样。也许他对这位本家兄弟还是有那么一点点歉疚的。但在队上其他人面前，他却想通过锐利的眼神建立一种权威。就是说，他望人的时候，目光像两颗钉子一样地射了出去。所以社员们就私下里议论，说马石头就不是这么望人的。马石头眼睛里没有钉子。马石头的目光又亲切又柔和。这样议论的人里头，既有男人，也有女人，而尤其以女人居多。看来她们对马石头仍留恋不已。但是现在马石头变成了工作队李同志屁股后头的一根尾巴，却又有点让她们瞧不起了。就像威灵顿对拿破仑说了一个“屎”字来表达鄙薄一样，她们也很想对马石头说一个“屎”字。

马大佬为什么要检举本家兄弟马石头，其实大家心中很是明白。马大佬单身一人，是饿汉子，而马石头不但有堂客可以困，还可以随便困队上的其他女人，是饱汉子。俗语说：饱汉不知饿汉饥。所以饿汉不仇视饱汉就说不过去。此外，马大佬也很清楚，你马石头能困别人的堂客同妹子，不就是因为你是生产队长么。现在工作队要找你算账，那么我马大佬就要说点话，一可以讨好工作队，二可以下你马石头的套子，何乐而不为？也许还有其他的原因，则我们就不得而知了。我们还能知道的只有马大佬对女人的态度。

关于马大佬对女人的态度，我们可以这么来说：起先，作为光棍的马大佬很渴望找一个堂客。但到了后来，他又有点犹豫。原因是，他想，假如他有一个堂客，可是这个堂客不只是自己困得，别人——也就是生产队长——也困得，则莫如没有。有了这个想法后，他就很渴望当生产队长。这就是说，他羡慕生产队长的权力，有朝一日有了这种权力，他便可以困别人的女人，而自己则没有女人给别人来困。他的这个心思深藏不露，无人知晓。直到有一天，工作队员李光辉找他来做细致深入的工作，他慢慢听明白对方找他了解情况的目的是要找马石头算账，于是不失时机地落井下石，为工作队搬掉马石头提供了唯一的服人之理。尔后，他就取彼而代之，梦想成真，当上了渴慕已久的生产队长。最大的愿望实现了，其他愿望的实现就指日可待。所以他相当兴奋，也时常困不着，同他感恩戴德的李同志一样。

李光辉困不着，是因为他怕被龙岩坡的女人瞧不起，尤其怕被那个绰号叫广播的女人瞧不起。他心里有点麻乱。当然，他想到像桃花那样的女人也瞧他不起，心里就更是麻乱。有好几个夜里，他都盼望桃花来找他借煤油。他有这个冲动，但在冲动之外，还有什么别的心思没有，则他自己也不得而知。桃花却没有再来找他借油。过了几天，水磨坊里就又换上了别的女人，都同桃花一样好看。有一天夜里，李光辉困不着，双臂枕着自己的脑壳胡思乱想。有时想到燕妮妹子，有时想到外婆，有时又想到广播或是桃花，当然，还想到自己的工作，因为过两天，他就要到公社去汇报了……想着想着，听得上头水磨坊的门吱呀一响。那响声其实并不大，但在这静夜里，却听得格外清晰，仿佛就响在了枕畔。李光辉有点奇怪，就爬了起来，走到窗户前朝外头觑过去。山里木板屋，所谓窗户，只不过是两三根竖着的木条。李光辉就从木条之间望到上头水磨坊里走出来了一个女人。这时月光遍地，溪水里闪跳着无数碎银，一切恍如白昼。李光辉平时不敢正面望龙岩坡的女人，现在，这女人在明处，他在暗处，正可以大胆地望个仔细。那女人的脸在月光下白白的，眉毛弯弯的，眼角翘翘的，挽着个发髻，差不多四十岁了，仍然好看得很，尤其身材，极是丰腴饱满。李光辉从来没有这么仔细地观察过女人，他于是听到自己咚咚的心跳。那女人穿一件白的家织布衣，袖子高高挽起来，裸露的右臂上缠着一条毛巾，袅袅婷婷来到溪边，站到一块大青石上就脱衣服，一会儿就把衣裤脱光了。因为披着纱一般的月辉，女人的裸体于是美丽至极，完全像是一尊汉白玉的雕塑。我们可以想象，这时的李光辉，一个从未领略过女人身体之美的二十一岁的年轻人，会呆到什么程度。就是说，他刚才听到了自己的心跳，现在则什么都听不见了。

李光辉第二天一早爬到山顶上去吹风，目的是要平息自己激越的心情。他下到龙岩坡这一个多月的时间里，经历了二十一年来从未经历过的心理巨变，从此时时感到的是麻乱。那个裸体的女人叫什么名字，是谁家的堂客，他尚不得知。但是他知道了一点，即全世界女人最美丽动人之处，都在那个身体里包含着了。这就是龙岩坡的女人。想到这样的女人，这样的美丽动人的身体，居然被丑陋的马石头困过了，他心里就不只是麻乱，而是一种从未有过的猛烈燃烧着的嫉妒。从那个夜晚开始，李光辉有了一种预感。他觉得自己总有一天要与这样美丽动人的身体产生某种无法说清的联系。当然，我们晓得，这样的预感会使这位年轻的小伙子吓得要命。于是，他在龙岩坡患上失眠症了。

第三章

1

下到龙岩坡一个多月以后，李光辉第一次和九十六位农业学大寨工作队员一起到麻岭公社集训一周。一方面汇报各队工作，一方面学习有关文件，还有一方面就是略做休整。公社里特地杀了一条猪，而且开三餐。头一天中午，八个人一桌，桌子中央就是一大钵子猪肉。做饭的伙夫反正是当地农民，把肉切得芋头那么大一坨坨，就是放点干椒，放点盐，一顿煮了，却是香得催人欲涎。这是因为，这些工作队员下的湘西山区极是贫困，个把月沾不上肉腥是很正常的，加上只吃两顿，早就饿得饥肠辘辘了，见到猪肉，莫说是放了干椒放了盐，就是什么也没放也想囫囵吞了它。最后那个大钵子都被好几个人的舌头舔得索索利利大放釉光了。

集训其实是很好玩的，因为这么多人在一起，又有肉吃，还有球打。公社里有一个土球坪，一头放了一个不知是谁做的粗糙得不得了的木头篮球架子。上午集中学习，下午自学，于是下午就有人在土球坪里打篮球。球落到地上，腾起高高的一股黄尘，所以一场球下来，打球的看球的全成了洋人，模样十分滑稽。球场边上还有一排砖砌的平房，看上去又破旧又肮脏。原来这是公社小学。这地方的小学十分奇怪，只上半天课，所以下午那些房子就空了。靠东头的一间教室有一架风琴，反正教室也没有锁，人人都可以虎步进去，呜呜呜呜地将风琴摁出许多惊恐的声音来，然后又虎步出来。李光辉小时候学过手风琴，所以只有他才可以将风琴变得像一条明澈的小溪，从这间教室里汩汩地流出去。但是工作队的其他队员也并不觉得这有什么好听。他们主要是对吃肉同打球，还有就是扎成一堆一堆天上一句地上一句地闲聊天感兴趣。

关于这九十六位工作队员的情形，我要补充交代一下。首先，这些人都是年轻人，年龄最大的也还三十不到。只有王队长同张副队长，才是五十多岁的人。王队长原来在省物资局当办公室主任，张副队长原来在师范学院生物系当党总支书记，其余的这些青年人，多半是从省城的各个大工厂里抽调的基层团干，所以，年轻、活跃、好学、上进、有组织经验、有能力同干劲，而且，还前途无量。其次，这些年轻人参加农业学大寨工作队，为期一年，全都没有在农村基层工作过的经验，也没有经历过如此贫困的生活，一方面他们觉得兴奋，一方面他们又觉得艰辛。同时，他们忽然之间获得了一种前所未有的权力，一下子醒悟到某种人生的快意来源于什么，因此，他们在社员跟前一个个端肃无比，不苟言笑，只有到了公社里，大家集中到一块，才有机会放松下来，于是就吃肉、打球、聊天、弹风琴、把肉钵子舔得放釉光。

李光辉弹的风琴好几个键的音都不准，所以弹着弹着也没了兴致。但这并不是主要原因。主要原因是无人喝彩。只是有一回他感觉弹琴的时候后面站得有人，回头一看，原来是公社做饭的伙夫，咬着根竹杆旱烟筒朝他笑，牙齿黑得像烧焦的玉米。李光辉正打算感激地回敬他一笑，那伙夫却转背走了。李光辉十分扫兴，把风琴的盖板啪地一摔，也想转背离去，却见教室门口站了一位二十四五岁的女子。这女子是公社的电话接线员。李光辉来公社的头一天就见着了。因为长得很漂亮，而且一看就晓得不是乡下的女人，所以大家扎堆聊天时她就成了一个话题。有好事者将她的情形打探得来，说给众人听，于是李光辉也晓得了她姓雷名晓红，是县城里下来的知青，原先在岩陀寨插队，后来才调到公社守电话总机。据说是麻岭公社下放的一百多女知青里最漂亮的一个。

李光辉本能地站住了，因为他看到雷晓红朝他微微一笑。刚才见了伙夫的黑玉米的笑，这一下再见到雷晓红的唇红齿白的笑，对比得太过强烈，所以忽然之间有一种遇到了仙女的感觉，精神便为之一振。

哎呀你的琴弹得好。

哪里哪里。

弹得好，弹得好，真的弹得好。

十多年没有弹过琴了，手指头都不晓得动了。

弹得好，弹得好，尤其是“月亮在白莲花般的云朵里穿行”，弹得好弹得好……

这天李光辉就极是高兴，这是因为，终于有人喝彩了。另外，喝彩的不是别人，是大家议论得很多的雷晓红。该女子长得十分漂亮，楚楚动人，有她做知音，那就不只是高兴，还很有那么一点骄傲了。所以李光辉以后就非常注意这个雷晓红，若是有人提及到她，他便凑拢去听。

2

集中学习的时候，听了王队长同刘书记的两场报告。王队长的报告的题目是："关于当前的阶级斗争形势与工作队的任务"，刘书记做的报告的题目是："麻岭公社农业学大寨穷则思变改天斗地的光辉前景"。王队长做的报告还好，反正同报纸社论上说的差不太多，而且还是记录速度；刘书记是本地干部，说的是土话，又说得快，根本无法听清，也无法记笔记。时常有人举起手来，大声说：书记，请把刚才说的话重复一遍。书记就一愣，脑壳朝后一仰，模样极是困惑，说：我刚才说的是么子？嗯，说的是么子？为了保持严肃，大家不能笑，于是把脑壳低下来，装作记笔记的样子，其实是低头窃笑。在队长同书记的报告里，麻岭公社搬掉了八十八块阻碍农业学大寨的石头，这是战果。但要发扬成绩，以利再战，因为困难还很多，阶级斗争还很复杂，任务还很艰巨，总而言之不能掉以轻心。既然这么强调，看来势必是有人掉以轻心了。大家坐在公社小礼堂里，你望望我，我望望你，发现谁都像这种人，又谁都不像这种人。王队长还在会上说：不要以为有了一点成绩，就可以麻痹大意，嗯？这是不对头的！嗯？此话在李光辉听来似在说李光辉，在别人听来似在说别人。这就说明领导的报告有水平。第一，你要把自己摆到事情当中去，所以你现在必须听好；第二，你脑壳里的发条上紧了，所以你今后必须干好。这是王队长的报告。至于刘书记的报告，虽然听不太懂，也无法记录，但是大家仍能释其大意。这是因为，刘书记脸上有表情——有笑意的时候，这是在表扬工作队有成绩，眉头紧皱的时候，这是说明阶级斗争还十分复杂。只有说着说着先是一副醉意后是一副茫然的样子时，大家才搞不大明白，但也可以猜测，可能是在发挥，不过发挥得跑题太远，野马不识归途了。这个时候你是不能举起手来让他重复一遍刚才说过的话的，那样你就会看到他一愣，脑壳朝后一仰，显出极困惑的模样来。就是说，他不晓得野马跑到哪里去了。

刘书记做报告的时候王队长也坐在主席台上，但身为工作队队长，当然不能打瞌睡，李光辉就时时看见他把掌窝堵在猛然张大的嘴巴上。当他把掌窝放下来，目光就有点迷离。这说明此时此刻该王队长在神骛八极。不过凭着李光辉二十一岁的阅历，绝对看不出来他的顶头上司在想些什么。王队长曾要李光辉在龙岩坡“好好地干”，此话已深深铭刻在后者的心坎上了。但他并不晓得这是误会。假如你看到后面的篇章，也许会明白王队长在想什么。但你既然没有看到后面去，则你也同李光辉一样，感到的是莫名其妙。

有关刘书记其人，我们可做如下简单交代：该书记是本地培养的干部，参加过土改，在社教期间入了党，后来担任生产队长，后来是大队支书，再后来就是麻岭公社党委书记。该人额头上布满层层梯田，与大寨的陈永贵相似。但是陈永贵到国务院当了副总理，而刘书记则一直没有走出过麻岭公社。另外陈永贵喜欢头上扎着白羊肚毛巾，穿对襟棉袄，而刘书记则喜欢戴一顶军帽，穿军大衣。这就是说，前者愿意是一副农民打扮，而后者却不愿意是一副农民打扮。戴军帽，穿军大衣，说明他喜欢的是军人的打扮。但不是军人却喜欢军人打扮，则说明他喜欢的是有威严。事实证明，他就是如此。而且他有一张冬瓜脸，不妨想想，冬瓜脸上布满威严是什么样子。

有关王队长其人，我们也可以做若干补充交代如下：其一，王队长很胖，但是是虚胖，晚上困觉喜欢打呼噜，队员们困在礼堂里，相隔三四十米，也往往被阵阵呼噜所惊醒，所以队员们凑了个内部顺口溜，叫作“不怕狼，不怕虎，就怕王队长打呼噜”；其二，喜欢找工作队里的女队员谈心，有时在户外谈，也就是沿着土球坪谈，假如有人在打篮球，那就名正言顺地在他的办公室兼卧室谈。前一种情况，一般只谈半个小时，后一种情况，一般只谈两个小时;其三，王队长还喜欢吃肥肉，吃相很恶，所以一般工作队员都不大愿意与他同桌。有时他也不与大家共餐，由雷晓红从厨房里额外端了饭菜送到他的办公室兼卧室去。雷晓红进去后很久不出来，人们猜这是要等王队长吃完了，再把空碗筷拿走。

3

李光辉那天吃多了肥肉，结果拉起肚子来了。听报告或学社论的时候忽然冲出礼堂去，又忽然冲进礼堂来，搞得众人莫名其妙。有时在空教室里弹风琴，弹着弹着也忽然冲了出去，忽然冲了进来。有人不以为这种情形是与他的肚子有关，而是与他的神经有关，比方雷晓红就是。她站在教室外头听李光辉弹风琴，目睹他丢下在白莲花般的云朵里穿行的月亮一下子冲出去一下子冲进来，就捂着樱桃小嘴哧哧地笑。李光辉不便解释，于是脸红红的，恨不得变一只鼹鼠打个洞钻到地下去。让这么一位楚楚动人的红颜女子哧哧地笑，实在是狼狈透顶的事。这是白天的情形，到了晚上，他也要爬起来至少上四五趟茅厕。因此他的睡眠就被分割成了碎片。这还只是对他本人而言，对大家而言的话，则是他爬起来时碰东磕西，把别人都吵醒了，于是大家又编了个内部顺口溜，叫作“不怕王队长打呼噜，就怕李同志拉肚肚”。临到结束集训的前一天晚上，他的肚子拉得更厉害了，虽然吃了公社赤脚医生给的一瓶黄连素也不济事。半夜里，他爬起来上茅厕，经过电话总机房时，听到门吱呀一声，好像有个人影走了出来。李光辉正内急得很，跑都跑不赢，无暇细看，但蹲在黑暗的茅厕里时，却想起这人影的事来，觉得好生眼熟。但是李光辉拉肚子拉得身体很虚了，倦乏得很，也懒得细想，忙完了事，提着裤子匆匆回去。过了个把钟头，肚子里又有动静了，爬起来又跑茅厕，这回经过电话总机房时也是瞥见了一个人影从门里吱呀一声闪出来。这个人影同起先见到的不是同一个人影。这就让李光辉警觉了一下。蹲在臭烘烘的茅厕里时一想，起初还以为是两个贼，但似乎又不像。后来躺在床上过细回味，猛然坐了起来，说："呵也，呵也，是刘书记同王队长呵！"声音很大，把别人又吵醒了。第二天人家都笑话他，说他不仅拉肚肚，还说梦话，以后集训，让李光辉困单间，免得扰了众人的好梦。

结果第二天上午开了一上午的总结会，中午吃了一顿肉，就结束了为期一周的集训，大家背着背包，互相挥挥手，朝四面八方散去，消失在山的褶皱里了。

可以想见，李光辉自从前一天晚上碰巧遇到刘书记同王队长从电话总机房也就是雷晓红的房间里相继溜出来的身影后，又有了怎样的疑惑。他一路沿着青石板路回龙岩坡，一路就回忆刘书记同王队长。在进入工作队之前，他不认识王队长，在进入湘西之前，他也不认识刘书记。王队长给他的印象是十分严肃，喜欢背社论上的话，喜欢总结经验，喜欢找人特别是找女工作队员谈心，同时，还喜欢鼓励别人，比方那次龙岩坡开搬石头群众大会，他就鼓励李光辉"好好地干"。除此之外，其他的印象均很模糊。至于刘书记，印象中虽然总是穿着军衣，戴着军帽，但仍是显得十分土气，一看就晓得是土生土长的干部；说话难懂，而且跑题，思维纷乱，自我感觉绝佳；此外，长相很丑，虽然冬瓜脸上布满威严，但仔细看着却觉得相当猥琐；其他印象也如王队长，很模糊。这就说明，干部当到队长或书记的分儿上，便会有某一部分让人捉摸不透，这捉摸不透的部分，就是模糊。如果没有模糊，那就意味着干部还没有当到队长或书记的分儿上。李光辉一边迈着虚弱的步子行路一边欲将王队长同刘书记想清楚，然而就是想不清楚，所以更加模糊。后来他又开始回忆雷晓红。其人最强烈的地方就是漂亮，楚楚动人，此外她还有一种让人怜爱的娇弱和让人倾心的明敏。她笑起来的时候总是有一点儿说不出来的苦艾。不管怎么说吧，把昨天晚上的遭遇与她联系到一块，是一桩困难的事。就是说，她怎么会让刘书记同王队长半夜三更地轮流着到她的房间里去呢？

自从那天雷晓红夸奖了李光辉的风琴弹得好，后者就时常注意前者，包括听别人议论她，或者主动地打听她。有一天他坐在食堂的伙夫的房间里聊天，故意地提及雷晓红。于是他从伙夫的长着黑玉米牙齿的口中得知如下情况：一、该女子是本县县城里下来的知青；二、该女子出身不好，据说其父是解放初期镇压反革命运动时与土匪头子麻老三一起被人民政府毙掉的，而其时她尚在她母亲的肚子里；三、该女子的母亲后来嫁给县里一位南下干部，后来文化革命中该干部被打成走资派，于是服敌敌畏自杀了，所以她的两个父亲的死都是不光彩的；四、麻岭公社总共下放五百多知青，现在陆续被招工的有四百余人，剩下的一百余人，多半是家庭出身有问题的，其中雷晓红的家庭问题最为严重，所以每次招工的拿了她的档案看了之后就只是摇头；五、每次一同下放的知青被招走一批后雷晓红都要痛哭一场，后来刘书记就把她从岩陀寨调到公社里来守电话总机。据说刘书记对她说出身不由己，重在表现好，意思是要她表现好，也就是听话；刘书记还许诺说，如果她听话，则作为被改造好的子女的典型推荐招工。这些情况李光辉听了以后心里很不是滋味，但他自己也搞不明白为什么会不是滋味。

李光辉总而言之是有了新的疑惑，而且也大略地猜到在雷晓红的身上究竟发生了什么事情。他不想相信，但又挥不去不相信，于是更加不是滋味。

第四章

1

有人说，龙岩坡山上的人造梯田像人脑壳上的癞子。这说明龙岩坡的人学大寨没有学出水平来。另外，还说明有人对此心怀不满。龙岩坡田少人多，过去是望天收，现在学大寨，要与天斗与地斗，就是说，不能望天收。于是就学那些山西人，在山上造起梯田来了。然而造得很不像样子，所以说它像人脑壳上的癞子。李光辉来湘西之前看过关于大寨的纪录片，对那些整齐的一层一层的梯田很是景仰。在印象里，大寨人仿佛不是在那里种田，而是在那里种风景。他一到龙岩坡，见到此癞子，就觉得离那片令人心醉的风景太过遥远。后来，他听到了这种议论，又觉得此地的人太安于现状了，一点儿变化都会招致不满。首先，这变化实在有点不伦不类，比方说造梯田吧，造出来竟然像是癞子；其次，与其说是不满意癞子，不如说是不满意变化。这就是说，此地之人过惯了穷日子，在穷日子中自得其穷快活，对变化有一种本能的恐惧同抵触。

有一天，李光辉在饭桌上听房东女人广播说了一句惊人的话，她说，我们要学么子大寨？应当大寨来学我们！李光辉听了一怔，竟一时噎住，筷子悬在了半空中。事后他反复地想，广播为什么要这么来说话。但是也没有想出个所以然来。

与广播相反，马大佬却唱起了高调。早上，马大佬拿着根铁棍敲着山腰间一棵老樟树上的钟催促社员们出工，有时站在田头上板着瓦刀脸，大声地说：我认为，大寨人没有别的，就是发狠做事，所以我们龙岩坡也没有别的，就是发狠做事！但他说了以后，只是反剪着手在田塍上发狠地走来走去，并不见他做什么事，所以众人对他也就没有什么回应的热情，过去怎么着，如今依旧怎么着。倒是马五谷起了一点变化——我们说过，马石头起了变化，他由生产队长降为了庶民，后来又说马大佬起了变化，他由庶民提为了生产队长。现在再说马五谷起了变化：他过去十分消沉，如今却时常声气昂扬。这可能与上回开群众大会时李光辉李同志公开表扬了他检举马石头作风不好乱搞女人有关，也可能与他在主席台下带头疾呼革命口号有关。总而言之，他感到很有面子。这事说明，一个人如果长期没有面子，就会意志消沉，如果忽然之间有了面子，就会声气昂扬。于是马大佬就向李光辉提议，说他认为让马五谷来管队上的仓库比较好。就是说，叫原来的保管员滚蛋，将那厮腰间的钥匙移交给马五谷。李光辉想了想，点点头，显得很稳重的样子，说：我会认真考虑考虑。第二天，他就对马大佬说：大佬同志，我认为，你的意见很好，在队委会上，你就宣布一下吧。其实，头一天马大佬这么提议时他就可以这么说，但他就是要在第二天再这么表态，这样就显得他很成熟，不止是二十一岁，而是七十一岁。这个本事并不是李光辉与生俱有的，而是学来的。在下湘西之前，工作队在省城长沙集训时，王队长就在某次报告中这么说过，他说工作队员都很年轻，但要显得政治上成熟，主要一点就是不轻易表态，即使要表态，也要等到第二日再表，这样人家就会觉得你的态是表得很稳重的，是深思熟虑了的——你就树立你的权威了。王队长还举例说，他二十四岁的时候参加社教，人家觉得他少年老成，就是因为他有这个本事，而他的这个本事是社教工作团的老同志教会的。李光辉本想拍拍马大佬的肩，也这么教他一教，但想到大佬同志业已近五十了，用不着顶着少年老成的名声了，只好将张大的嘴巴又闭拢。他感到马大佬望他时眼神里有一种敬畏，这敬畏便是一面镜子，照见了自己的少年老成。

天色未明，马大佬就来叫李光辉起床——这是前一天约定好了的，因为社员们要赶早爬三十里山路到一个名叫凉水井的小镇的化肥厂去把化肥弄回来，就是说，男人是用扁担去挑，女人是用背篓去背。顺便说一句，此地的习俗就是如此。反正交通不便，没有车来拉东西，就只好踩着石板路，男人用扁担去挑，女人用背篓去背。再顺便说一句，背篓这个玩意儿在湘西女人的背上是个万用的东西——带嫩崽的女人出工时，这背篓就是摇篮，那里头时常伸出一个茸茸的小脑壳来东张西望，望着望着，哇地一嚎，把地头的麻雀全都吓跑；有时到县城里或是去赶场，这背篓就是篮子，花布啦，草纸啦，梳子啦，肥皂啦，统是装在这里头了；而干起活来时，这背篓则是女人的唯一运载工具，什么东西都可以负载其中。李光辉最喜欢欣赏龙岩坡的女人背背篓的模样，觉得那是一种在城市里看不到的令人感动的风景。

到了凉水井镇，正好是赶场——也就是赶集的日子。太阳升起到屋顶上，人同狗才稀稀拉拉地来到街上。还早得很，赶场最热闹的时候是快到中午的时候。龙岩坡的人到化肥厂去把化肥运了出来，又转身来到场上歇憩。这时从四面八方来赶场的人汇集了一窝喧阗之声，显出其纷乱的热闹来。顺便又再补充一点，李光辉刚才所见到的镇化肥厂，简直像个猪圈，邋遢得要命，也臭得要命；而那些工人，戴着后头有布片的黑不黑灰不灰的工作帽，脸上脏得面目全非，仿佛是从井下才上来的采煤工——但又似乎不是工人，而是犯人。李光辉刚进到化肥厂时，闻到化肥的臭味几乎要吐了，幸亏他们装了化肥就走人，没做停留，走的时候李光辉的心情就像是难民的心情。就是说，他逃离了猪圈、邋遢、恶臭以及面目全非的人。这时候，赶场的那种纷乱的热闹就让他感到亲切无比了。与此同时，他感到龙岩坡的人也亲切无比。他还想到，假如让他在这样的化肥厂当工人，他宁可在一天只吃两餐的龙岩坡当农民。

有一个细节我们疏忽了，现在补充如下：当龙岩坡的人正要离开化肥厂的时候，只听得桃花叫了一声：这不是小周吗？大家直起腰来，看到那边黑不溜秋的车间里走过来了一个人，当然也是戴着那样的工作帽，面目全非。那人走着猴步，两只手甩起很高，众人也叫起来：是小周嘛！这个被呼作小周的人先是愣了一下，再看看这些呼他的人，就疾步上前，抓住桃花的手，激动得哎呀哎呀直叫。李光辉就听得身旁的马石头说，这个小周原先就下放在龙岩坡，也是县城里下来的知青，去年春上被招工进了凉水井镇化肥厂。桃花声气很高地说：瘦多啦，瘦多啦，怎么变成这个模样啦？李光辉听出来，此话说明：一、该人在龙岩坡时并非这么瘦；二、该人变了模样，并且这模样变得让人吃惊，也让人怜悯。所以李光辉后来想，假如让他在化肥厂当工人，他宁可在一天只吃两餐的龙岩坡当农民。

社员们在凉水井镇歇憩，从衣襟里摸出吃的东西来填肚子。女人则一面吃东西一面就到场上去转。在一个摊子上，她们被悬挂在竹竿上的印花家织布吸引住了，叽叽喳喳，眼里射出艳羡之光来，却没有一个人可以掏出钱来买下的。李光辉也跟在她们的身后，观察到了这一切，心里很冲动地想，要是他有钱，他要给龙岩坡的女人每人扯它几丈，让她们做成好看的衣服，更加显出美感来。

李光辉现在晓得，原来桃花就是马五谷的堂客。上回他到马五谷家做细致深入的工作时，桃花在隔壁房里困着了，只闻其鼾声，未识其娇容。这回在凉水井镇歇憩，见到桃花从衣兜里摸出一个蒿子粑粑来掰了一半给马五谷吃，就晓得他们原来是两口子了。李光辉远远地望着桃花，她正站起来，手搭凉棚朝场上四下里望去，那个姿势真是好看得很，同时也衬出她的身体丰满挺拔。他看了看身旁尾巴一样讨好地跟着他的马石头，想到那个丰满挺拔的身体居然也被这个令人生厌的家伙困过了，心里就很不是滋味，而且还很有点麻乱。他真想伸出手来，抒情地扇这个家伙一记炸雷般的耳光。后来马五谷到场上去为仓库买把新锁，李光辉就望见马大佬站到了桃花的身旁，同她不知说些什么话，瓦刀脸上漾开少有的笑意。不过那笑意很是难看，李光辉觉得，与其望到他那样的笑模样，不如望到他哭丧着的脸。见到马五谷从场上疾步回来了，马大佬就大声宣布：我认为，歇憩歇够啰，走啰！众人于是发一声喊，走啰，负起化肥，迤迤逦逦上路了。马大佬显出身先士卒的样子来，走在队伍的前头，李光辉夹在中间，有意无意走在桃花的身后。上山的时候，他把脑壳仰起来，离鼻子不远就是桃花的拱动的丰臀。他晓得人体的结构，屁股后头是不长眼睛的，所以他就大胆放肆地盯着前面的丰臀，那运动中的曲线产生着夸张的韵律，使年轻的李光辉怦然心动。因为这么盯着出了神，差点一个趔趄摔到山脚下去了，惊出他浑身的冷汗来。桃花听到后头的动静，回过头来问：李同志，李同志，你没事吧？瞧着李光辉狼狈的样子，桃花忍不住大笑起来，众人也回过头来笑。桃花笑得脚发软了，连人带背篓一齐倒下来，正好倒在李光辉怀里。李光辉就一把抱住桃花，事后回想起来，那身体在他怀中的感觉是几多好呵，他不是抱住了一个人，是抱住了温软的一个梦呵。

2

李光辉那天在运化肥的山路上抱过一瞬女社员桃花的身体，当然不是耍流氓，而是见义勇为，否则该身体连同背上的背篓连同背篓里的化肥就会栽到山脚下去。这件事发生之后，李光辉很有点激动，所以晚上又困不着了。他有点着急，二十一岁就开始患上失眠症了，到四五十岁时怎么办呢？患失眠症的人都爱胡思乱想，不幸李光辉就这样子了。为了防止该不幸的毛病，李光辉就在心里数数，从一到一百，从一百到一千，从一千到一万。但是数着数着，他就不晓得到了几了。究其原因，主要是想到了桃花的身体，进而想到了一切女人的身体。李光辉内心里晓得，这也是不幸的毛病。就是说，现在他有两个不幸的毛病了。在二十一岁之前，他没有这样不幸的毛病，到了二十一岁，准确地说，到了龙岩坡以后，他有了这样不幸的毛病。他预感到，今后可能还会有更多不幸的毛病。所以，在这个月光遍地的夜里，他在床上打了自己一个耳光，就好像他的脸上停留了一个蚊子似的。打完之后，他确实静了一会儿，但仍是没有困得着。原因是，他的耳朵在凝听门外，他希望听到上头水磨坊的门吱呀一响。

他不晓得今夜是哪个女人在守水磨坊，但是那要什么紧，他想到了桃花的身体，进而想到了一切女人的身体，那么，守水磨坊的女人的身体也包括在这“想到”里面了。今夜，李光辉的思想与这个不知是谁的身体发生了某种联系。今夜，李光辉的不幸的毛病也与这个不知是谁的身体发生了某种联系。这就是他想听到那张柴扉吱呀一响的原因。后来那柴扉的确是吱呀地响了，而且是一前一后响了两回，其间相隔的时间约摸是个多钟头。但李光辉没有听到，因为后来他数数，数到差不多九千的时候就困着了，嘴巴张到很大，流了很多口水。

现在我们晓得，年轻的工作队员李光辉的身上起了某种变化了——他开始有了不幸的毛病。在此之后，他忽然敢于直面龙岩坡的女人了。就是说，他敢于看她们的脸，她们的胸脯，她们的裸露的小腿肚以及她们的丰满的臀部。当然，这一切都伴随着剧烈的心跳。坐在饭桌上时，他就是这样看房东女人广播的。这样，他就觉得广播弯腰到鼎锅里装红薯饭时裤头同吊吊衣下摆之间露出来的半尺长的肉很好看，被裤子包得滚圆的屁股很好看。正好他也要起身装饭，就绕到广播的前面，在蹲下的一刹那，低头看见了广播无领吊吊衣口间的两堆胀鼓鼓的白肉。这时广播正好抬起头来，四目相对，广播明白李同志看见什么了，愣了一下之后，就响亮地笑起来。她老公钟国民在饭桌上头也不抬，说：笑，笑，只晓得笑，笑么子鬼名堂？他的一个崽同一个妹子都还小，一个八岁，一个七岁，也都莫名其妙地笑着，算是对母亲的笑的一种响应。只有广播同李光辉晓得笑的是什么鬼名堂。就这样，在这一个瞬间里，一种笑声在两个人的心里头播下了难以言喻的默契。

李光辉由于一个眼神暴露了自己内心最深处的隐秘，于是感到羞惭；又由于一种笑声播下了男女之间难以言喻的默契，于是感到兴奋。在这两样情感的鞭挞下，他跑到山顶上去吹风，哇的一声吼叫，脑壳里一片澄明，下山的脚步极是轻快。李光辉觉得，从此以后，有些东西业已丢在身后了，有些东西则将迎面遇到。对于后者，他那年轻的心战栗着的是无言的期待。

我们说到过马大佬的变化，也说到过马五谷的变化。关于后者，我们的说法是，一个人如果长期没有面子，就会意志消沉；如果忽然之间有了面子，就会声气昂扬。现在马五谷是队上的仓库保管员，是一个有面子的人了，而且仓库又换了新锁，腰间的钥匙是新钥匙，在天空下闪着叮叮当当的骄傲的光芒，所以说话就像唱本地流传的辰河戏，都是高腔。只是他还不大会说“我认为”，仅仅一味大喉咙说话而已。这样的情形有好长一段日子，后来忽然声气就有些低落，辰河戏的调子不见了，时常有人看见他坐在仓库里头抽闷烟，形态同从前没有两样。李光辉听说了这情形，就找来马大佬，说，大佬，你现在是生产队长，不但要抓生产，更要抓革命。马大佬说，那是那是。李光辉接着说，所谓抓革命，就是抓人的思想。马大佬说，那是那是。李光辉又说，现在有人的思想就应当抓一抓了。马大佬说，那是那是。李光辉有点生气，说，怎么这么多那是那是？我看你根本就是心不在焉。马大佬点着头说：那是那是。李光辉生气地说：不同你啰唆了，你找马五谷谈谈心，看看他这里头有什么问题没有？李光辉一面说一面指指自己的脑壳。但李光辉没有注意到马大佬瓦刀脸上这一时的表情，他交代完工作，转身就走了。

过了一段时间，李光辉见到马五谷仍是一副沉闷的模样，认为马大佬很不会做思想工作，或者说思想工作做得很不见成效，他于是亲自找马五谷谈话。马五谷正坐在仓库里一张蛤蟆凳上拿一角账本上撕下来的纸滚喇叭筒烟，滚好了，拿舌子来回舔了舔，取火柴点燃，口里就喷出一股浓烟来把自己沉闷的脸遮挡住了。李光辉一面呛得直咳嗽，一面伸手朝前面扇了扇，马五谷的沉闷的脸又重现在仓库的暗角里了。李光辉也抽张蛤蟆凳坐下来，不急不慌地望着对方。上回为寻找搬石头的服人之理，他就是这样坐在马五谷的家里，很有耐心地做细致深入的工作。李光辉咳嗽完了，清了清嗓子，慢条斯理地说话了：马五谷同志，我认为，你思想上似乎在闹什么情绪，对不?接着，他又说：马五谷同志，我认为，工作队是充分信任你的，在搬石头运动中，你同马大佬都大义凛然，立下了功劳，所以提升你为队上的仓库保管员，每天计你十分工，你能同我说说有什么思想情绪吗？马五谷的沉闷的脸在烟雾中时隐时现。他丢掉喇叭筒屁股，接着又滚一根新的，舔拢了接缝，才开口说话。他说的话很难听明白，而且说完就叼着没点火的喇叭筒起身到仓库外头禾场上耙谷去了。他说的是：唉，赶走了狼，又来了虎哦。李光辉想了很久，但是实在想不起此言的本义或弦外之音。就是说，细致深入的工作偶尔也有不见成效的时候。

3

有几天，龙岩坡的强壮男人都被抽调到大队上去突击修路。剩下些老弱男子同女人们一道在山上采岩衣做肥料。所谓岩衣，就是附着在岩石上的蕨类植物，长得厚厚的、油油的、嫩嫩的，丢在水田里沤烂，是很好的有机肥。李光辉前几日又拉肚子了，身体有点虚，不能与强壮男人同，只好与老弱男子和女人同。他要做的事情是提着杆秤站在田塍上称扎成捆的岩衣，也就是为这些老弱男子与女人以重量计工分。我们晓得，现在工作队的李同志敢于直面那些富有美感的女人了。她们迎面而来的饱满闪跳的胸脯同转身而去的扭动的屁股真是动人得不得了。这样的女人来到李同志跟前，一面放下背篓让他称秤，一面乐呵呵地与他调笑。太阳从云里头射过来，于是那些笑声就是亮晃晃的了。那些女人说：李同志，李同志，要不要人打个伴？那些女人还说：李同志，李同志，要不要人替你擦把汗？搞得李同志笑也不是，不笑也不是。但是既要与社员们同，那就务必要笑一笑，所以李同志终于还是笑了。这样的笑，因为发自于他，就带有某种鼓舞的作用，于是就有女人轮流上来替李光辉擦汗。可怜的李同志，他那额上的汗不是越擦越少，而是越擦越多了。就是说，在那几天里，李光辉身边的笑声很多，李光辉额上的汗也很多。李光辉免不了有些尴尬，与此同时，也免不了有些亢奋。

在替李光辉擦汗的女人里头，他最怕的就是两个，一个是广播，一个是桃花。广播从林子里拱出来，走到李光辉跟前，右肩一斜，背篓右边的背带落下来，左肩一斜，左边的背带落下来，于是整个堆满了岩衣的背篓就到了地上。接着她就同李同志一起称重。情形是这样的，他们一人一头肩起一根扁担来，扁担上面挂着秤杆，再连背篓一起来称岩衣，称完了，把岩衣倒在地下，再称空背篓，减去其重量即得岩衣之净重。在称重之时，广播口里就说：热，热呵！一面揭起衣裳的下摆来朝脸上扇风，李光辉眼睛的余光都可以望到她忽隐忽显的白生生的肚皮同两只翘翘的奶子。此时此刻，李光辉就感到下头有情况了。这是个十分狼狈的时辰，称完重他就赶快弯腰蹲到地上拿笔在记分本上画“正”字，以免眼尖的广播发现那个令人羞惭的情况。事实上，广播早就将此情况看在眼里了。她故意仰起脸来，笑一声，然后朝天上说：小心眼睛生虫子呵。李光辉就又汗如雨下了。我们写到过，广播的笑声曾经在这两个男女的心里头播下过难以言喻的默契。所以我们现在晓得，广播的故意仰起脸来说话同李光辉汗如雨下就是默契。这就意味着，他们明白彼此之间发生什么事情了。而这个事情外人是不会晓得的。这时候又有女人背着一背篓的岩衣来称重了，这女人对李光辉同广播而言便是外人。广播把地上捆好的岩衣解散，沿着田塍撒到水田里，然后提起背篓又钻到附近林子里去了。走之前还做了两件事：一是替李同志擦了一把额上颈上的汗，二是仰起脸来丢了一句话：要是生了虫子，抹点万金油就是呵。这又是默契，所以另外那个女人就听不懂，只问李光辉：广播说么子呵？么子虫子呵？

后来桃花过来了。桃花的粑粑头总是梳得很熨帖，而且总是抹了刨木花水，显得亮亮的，很有光泽。这天她还在耳鬓上簪了朵黄色的野花，于是更见出美感来。桃花说：李同志，把秤杆称翘点呵。李同志就说：要称得多翘呀。桃花望了望四周，见没有别人，就说，称得像你那个东西一样翘呵。说完就咯咯咯咯地笑，把田塍上的麻雀砰地吓跑一大群。李光辉于是又汗如雨下了。桃花就扯起衣袖子给他擦脸，同时说道：你比麻雀胆子都小呢。这言语与广播的笑声有异曲同工之妙，就是说，此言一出，这两个人也有难以言喻的默契了。但李光辉才二十一岁，在现在，一个二十一岁的城市青年与姑娘做过爱并不为奇，然而在那个时代——我指的是上个世纪七十年代初期，二十一岁的青年大多都是红花崽，不但没有同女人困过觉，连同女人的默契都很不适应。所以李光辉就羞得把脑壳低下来，直到桃花喊:看秤呵，看秤呵！才又把脑壳抬起来。桃花看到他这样子，更加乐了，又喊道：李同志，晓得不，会红脸的男人最逗女人喜欢。李光辉望了望四周，很想在脸上布置一点严肃，但又觉得相当吃力，只好央求着：桃花，莫乱开玩笑，注意影响，我可不是社员，我是工作队员。桃花不依不饶，几乎又是喊着说：工作队员怎么啦？工作队员就不让人喜欢呵？不让人喜欢到龙岩坡来做么子？

后来李光辉就琢磨桃花话里的逻辑：不让人喜欢到龙岩坡来做么子。这逻辑的引申义是这样：李光辉到龙岩坡来是为了让人——而且显然还是让女人——喜欢的，如果不让人——尤其是女人——喜欢，那他就不应当到龙岩坡来。所以李光辉就问自己：我来龙岩坡是做么子的呢？他还想起先前广播讲过的意味深长的话:要是如何如何，我还瞧不起呢。这就是说，如果不让人喜欢，那就让人瞧不起；如果让人瞧得起，那就让人也喜欢。为了瞧得起同瞧不起的事，我们晓得，李光辉曾几度失眠。现在，为了喜欢同不喜欢的事，他也得几度失眠。在失眠之夜，他想起省城里的燕妮妹子，忽然感到她不但缺少什么，而且既遥远又模糊。他想让这位从中学时代起就很喜欢的妹子贴近而又清晰，却怎么着都很徒劳。所以他就索性懒得去想她了。他后来又在心里给家人写信，写了几句，没了下文。这是因为，他觉得要说的话太多，而太多的话都不好说。比方默契就不好说，麻乱就不好说，汗如雨下也不好说。于是又只好数数，从一数到一百，从一百数到一千，从一千数到一万。数着数着，越来越没有瞌睡，这时就听得上头水磨坊的柴扉吱呀响了一下，他心里一动，莫名地盼着这是桃花走出来了，找他来借灯油了。这事说明，人有了默契以后，就会有所期盼。比方期盼某位有美感的女人来找他借灯油。借此机会，他又可以低着脑壳看住自己的一双赤脚，像派出所里的疑犯一样。但是柴扉响过之后，并没有足音朝这木屋走来。这就叫李光辉疑心是不是因为失眠导致自己有了幻听的毛病。然而他并不幻听别的，只幻听水磨坊里的柴扉响，这就说明他内心里期盼的究竟是什么了。这样想过之后，他吓了一跳，觉得自己有些堕落——你期盼桃花来做么子呢？总不会真的只是看住自己的一双赤脚吧？……越往下头想，就越是吓人。第二天起来吃上午饭，广播就问他：李同志，你一张脸怎么白得像月婆子呵？后来李光辉做了许多解释，在解释之后，他巧妙地问及昨天夜里是哪个在守水磨坊，结果才晓得，根本就不是桃花。

水磨坊半夜里经常有柴扉吱呀一响，响过之后却没有人走过来借灯油，这就让工作队年轻的李同志疑心自己神经官能症太严重，引发出幻听的毛病了。到公社里去汇报工作的时候他就顺便到卫生院找赤脚医生看了一回病，一边看病，一边与该赤脚医生聊天。该赤脚医生是一九六四年第一批下放的知青，原先下在湘南一个农场，“文革”中那地方发生了屠杀“地、富、反、坏、右”的事件，还殃及到这些人的家属，该赤脚医生的出身正好是地主，所以只好逃离彼地，四处流浪，最后投奔在麻岭公社当会计的亲戚，后来就自学医术，做起了赤脚医生。据说他最拿手的本事就是给人做结扎。于是他同李光辉说，他是个逗万人恨的角色，特别是逗麻岭公社的女人恨。“所以，你看，我到如今都还是光棍一条呢。”该赤脚医生一脸的肉疙瘩，红而发亮，鼻头奇大，像个蒜球，两眼也分得很开，人中短，嘴唇厚，但按他所说，这不是他讨不到堂客的原因。“幻听算么子，我还经常幻视呢，看到有女人望我，我就以为她在朝我笑呢。”结果李同志也笑了。李同志觉得赤脚医生的话蛮有意思。李同志背对着门坐着，忽然感觉后头有人，回过头一看，果然有人，虽然是逆着光，黑黑的一个剪影，还是认出这是公社电话接线员雷晓红。但他觉得奇怪，因为雷晓红的模样似乎极为羞怯。他们互相打了一下招呼，显得很是生分，所以打过了招呼，就都不晓得要说什么话了。这时赤脚医生就对李光辉说：李同志，请你等一下。接着又对站在门口不敢进来的雷晓红说：跟我来吧。说完就进到里头的检查室去了。雷晓红看了李光辉一眼，也跟着进到那里头去。李光辉从后面望到她的颈根都是红红的。

过了小半天，赤脚医生从检查室里出来了，在他之后，约摸四五分钟，雷晓红也出来了。赤脚医生就和蔼地对她说：以后要注意呵，做多了，将来很麻烦的啦。下午来做掉吧。后来雷晓红就匆匆出去了。总而言之，雷晓红从进来到出去，李光辉看到她连颈根都是红红的。他大概意会到一点儿什么，但又很是模糊，心里却又隐隐有了些难受。他不敢细想这难受的原因。

后来赤脚医生同李光辉说，你这个病，无法检查，也无法医治。只有休息好，神经官能症才能减轻，只有神经官能症减轻，幻听才会消失。但我可以给你开个土单方，每天煎服三次，主要是起安神的作用，血脉归仓而已。在赤脚医生开方子的时候，李光辉忽然问道：刚才那位小雷，得的是什么病呵？赤脚医生抬起头来，把蒜球鼻子伸到李光辉眼前：你想——晓得？

赤脚医生开的是个奇怪的土单方，其中有黄鼠狼的耳屎同鸭屁眼上的痔疮。

“你想——晓得？”这句话的意思如下：一、你为什么这么好奇；二、你非得晓得那我就只好如实相告；三、即使你晓得了，也与你无关。关于第一点，我们说过，李光辉有所意会，但意会不是结论，带有不确定性；正是不确定性，才使人产生好奇。关于第二点，恰是李光辉所盼望，否则没有必要提问。结果他就真的晓得了，雷晓红是来找赤脚医生做刮宫术的，也就是说，一个没有结过婚，甚至没有恋爱对象的女知青，怀上了不知是什么人的种。而且看来这样的事根本不是发生一两次，而是多次了，也就是赤脚医生说的：“做多了”。关于第三点，当然不关李光辉的事，因为李光辉没有同任何女人有过性关系。而赤脚医生的意思是，此事是好事是坏事你都管不着。李光辉当然管不着，就是想管也无从管起。但是，不管怎么说，李光辉晓得了雷晓红来公社卫生院找赤脚医生的目的后，心里就远远不只是有些隐隐的难受，而是麻乱，甚至某种他从未领略过的痛苦。就是说，他联想起了上回在公社集训，半晚上跑茅厕时看到过的事，于是隐隐觉得那事与现在“做掉”的事肯定有所关联。想到了这一点，李光辉就扇了自己一耳光，就是说，他宁愿自己想错了，也不愿自己想对了。扇了耳光后，他的痛苦更大，就是说，他晓得自己肯定是想对了。没有办法，人生出脑壳来就是为了想事，想事就是为了想对，李光辉不幸想对了。

第五章

1

李光辉在公社里汇报完工作，第二天就回到了龙岩坡。在公社里，王队长听完了他的口头汇报，表扬了他，说他很会做群众工作。又布置了下一阶段的任务：坚决铲除自留地，割掉资本主义尾巴，狠抓斗私批修。李光辉带着复杂的心情在记笔记的间隙抬头望了望自己的顶头上司。我们晓得，王队长很胖，是那种虚胖，晚上困觉喜欢打呼噜，喜欢找女工作队员谈心，此外，还喜欢背社论上的话，而且，喜欢鼓励自己的下属，比方他就曾经鼓励李光辉“好好地干”。现在李光辉总算对这句话有了某种醒悟同理解。就是说，他晓得自己的上司在公社里是如何“好好地干”了。这就是我们前述的，“李光辉不幸想对了”。在不幸想对之后，他对自己的上司有了极为复杂的感情，但这种感情同爱与恨都似乎无关。有一点却是他明白而且诧异的，就是，在内心深处里，他感到了某种模糊的振奋。是什么使他振奋，为什么要振奋，却无可言喻。

在公社里，李光辉还见到了刘书记。刘书记长着一张冬瓜脸，像往常一样，戴着军帽，表面上十分威严，细看却有些猥琐。工作队员除了集训，还轮流到公社汇报工作，听取指示。刘书记的指示是一堆叽哩咕噜的土话，快到无法记笔记，也无法听明白。只有几个单词依稀可辨：“斗争”、“运动”、“男女”、

"搞"……其实说慢一点儿什么都能听明白，但不晓得为何他总要把话说得那么快，以至于他的语言不是语言，而是一堆混乱缠夹的声音。在吐出混乱缠夹的声音之后，刘书记的冬瓜脸上往往有一种便后的畅快神情。

李光辉汇报完工作，当天晚上住在公社，就在电话总机房隔壁的一间临时用来做客房的房子里。客房与电话总机房以前肯定是一间大会议室，后来隔作了两间房，所以中间只是隔着一层木板子。雷晓红在那边接电话，连出气的声音都听得清清楚楚。吃了晚饭之后，李光辉踱步到土球坪旁的那间教室里，弹了一会儿风琴，也无人来听，觉得无聊，就早早地回客房困觉，准备第二日一早就走人。这天他有点倦乏，所以还没有数数就迷迷糊糊困着了。也不知困到了什么时候，他被哭哭啼啼的声音扰醒了。客观地说，这哭声并不是放开了喉咙的，相反，显得非常压抑，所以是一种闷闷的声音。但在那样的夜晚，四下里很安静，虫鸣从屋角的草蓬间一声一声传来，于是这哭声就显得很扰人。当然，李光辉即使脑壳里有些迷糊，也还是能辨出这是雷晓红的声音。他联系起上午在公社卫生院里遇到的事，就想起这哭声与"做掉"有关。这说明李光辉是非常聪明的人，善于发现事物同事物之间的关系。事实证明他又不幸想对了。这是因为，接下来他听到雷晓红一边啜泣一边说话。雷晓红说，听说凉水井镇化肥厂派了人，到公社来招知青，这次……有没有……我？静了一下，李光辉听到一个男人的声音：公社党委明天下午开会，讨论名额。雷晓红停止了啜泣，说：我不要晓得这些，我只要晓得，有没有我的份？那男人的声音说：唉，你总是这么着急，我不是说过，早晚要推荐你招工的嘛。雷晓红又啜泣起来：早晚，早晚，只有晚，没有早。

男人的声音说：唉，你总是这样，莫作急嘛。等明天开会再说嘛。雷晓红说：等，等，等得都要长白头发啦。男人的声音又说：怎么可能，你这么年轻，这么漂亮，来来来，坐到我身上来——这时雷晓红的声音分明有点恐惧：不行，不行，下午刚刚做的手术，痛得走路都走不得呢。停了一瞬，男人忽然哑哑地笑着，说道：还不晓得是哪个的种呢。李光辉就听得雷晓红猛地放声恸哭起来。男人说：莫哭莫哭，隔壁住了人啦。雷晓红还是哭，哭了很久才把声音压下来……

李光辉早就听出来了，那个说话的男人就是刘书记。他发现，刘书记同男人说话，是一堆混乱缠夹的声音，同女人说话，却每一句都听得分明。但这个发现不是最重要的发现，最重要的发现是他同雷晓红的关系。此外，从刘书记“还不晓得是哪个的种呢”这句话里，李光辉还发现，不只是他一个人同雷晓红有那种关系，就是说，还有王队长或别的其他的男人。李光辉觉得雷晓红很可怜，她还不晓得是为哪个在“做掉”，也就是说，还不晓得哪个能为她的“做掉”负责。因为任何一个同她有关系的男人都可以说，“还不晓得是哪个的种呢”，于是“做掉”就与己无关了，当然痛得走路都走不得也与己无关。

有了上述发现，李光辉就没有瞌睡了，一直到天明都没有再困着。在这段时间里，他内心的情感起了一些变化。就是说，某种模糊的振奋消失了，本来同爱与恨都无关的感情现在却燃烧成了一种痛苦。这痛苦是为着漂亮的、夸奖过他的风琴弹得好的女知青雷晓红的；当然，另一面也是为着刘书记和王队长们的。对于前者，他感到了花在风中飘落的悲剧命运；对于后者，他感到了权力在人生中的可怕作用。

后来他晓得刘书记从隔壁溜走了；他也晓得雷晓红哭泣了整整一夜。关于刘书记溜走的情形，他从上回到公社里集训半夜里跑茅厕时就业已见识过了；关于雷晓红的哭泣的伤悲，他在“文革”初期外婆被人剪了阴阳头的当天夜里也已见识过。在隐隐的哭泣声里，他想到哭泣者本人，想到她站在教室门口唇红齿白的笑，以及她如何夸他的“月亮在白莲花般的云朵里穿行”弹得好……对于这样的女人的美，他觉得自己有一种天然的亲近感，天然的眷恋感。但不幸的是，他已经看清了这种美的不干不净。不过话说回来，即便是这种不干不净，他仍然怀抱着怜悯同爱意。就是说，二十一岁的工作队员李光辉对于干净的和不干净的女人之美都是倾心的。

2

李光辉在公社里又吃了肉。可能是伙夫没有把肉弄干净，也可能是住在钟家根本没有肉吃忽然吃起肉来就拉肚子了。一天跑二三十趟茅厕，把人都拉得气力全无了。他这个可怜样子很惹得广播想要取笑，于是一会儿说他一张脸白得像月婆子，一会儿又说他拉肚子把两只眼睛都拉大了。总而言之，把李光辉笑得有点儿不好意思。但是广播却给他煮了两个荷包蛋，蓝花陶碗盛了端到饭桌上时，冒着香香的热气，惹两个小孩子馋得直想哭。李光辉就夹起蛋来一人一个放在他们的碗里，结果广播发起大脾气来，泼口便骂两个小鬼崽子。钟国民也一旁帮着骂，说小畜生太不晓事了。广播吼道:还不夹到碗里头去！两个孩子颤颤地夹着蛋，腮帮子上挂着泪珠，正要放到蓝花陶碗里。李光辉伸出手来拦住，说:吃，莫怕，吃。小孩子望望爹妈，又望望李光辉，手悬在空中，不晓得要如何是好。广播把桌子一拍：还不跟老子放进去！这是吃夜饭时的情形，饭桌子上的热闹。当然最后广播还是强迫着让李光辉吃了那两个蛋。这让李光辉觉得很是感动。因为他晓得，广播家里的鸡蛋，平时一个都舍不得吃，都是拿到大队供销社去兑盐或煤油或别的什么日用东西的。有一回广播的细妹子感冒了，发烧，想吃个荷包蛋，广播都没有弄给她吃，可见鸡蛋于钟家的重要。

后来月亮升起在山梁上了，李光辉回到房里头去看书。那本书已经没有封皮了，书名叫作《钢铁是怎样炼成的》。书里的主人公保尔·柯察金在铁路旁的风雪中邂逅到从前的恋人冬妮娅，穿着裘皮大衣，成了浑身散发出卫生球气味的资产阶级太太，于是感到他们之间的鸿沟是永远无法弥合的了。保尔对此表现出来的不是感伤，而是坚决的藐视。就是说，连从前的那个单纯的少女冬妮娅也在这场风雪中被保尔从心里头埋葬掉了。李光辉看到这里，放下书来，走出门外，站到月光当中。这是因为，书里的故事叫他想起了遥远的燕妮妹子。我们晓得，燕妮妹子缺少了一点什么，这个“一点什么”成了李光辉心中无解的谜。现在我们与其说李光辉想起她来，不如说是李光辉想起了这个曾经屡屡令他困惑的谜。遥远的燕妮妹子如今越来越模糊了，这是因为李光辉对她越来越没有思念了。现在李光辉想起她来，是觉得那本小说里的保尔与冬妮娅有着无法弥合的鸿沟，而他与燕妮妹子也有了类似的境况——他们的鸿沟就是那个谜。就是说，无解就等于无法弥合。

李光辉站在门外，目光所及，正是千里万里月明。假如没有好的心情，就会冤枉这好的景致，所以李光辉咳了咳嗽，但咳过了又不晓得要做什么——可能刚才是想放声唱两句歌或是样板戏吧。总而言之，即使想过了燕妮妹子的无解之谜，他此刻站在月光当中的心情也还算得上是不错的。门后的溪水淙淙流淌如琴声一般悦耳，近山远山一片银色的迷蒙如画一样赏心。就是说，在这样的景色中，李光辉会想起龙岩坡的女人来，道理很简单，因为只有龙岩坡的女人才值得在如此的良辰美景中遐思冥想。

从公社汇报完工作回来后的第二天，在山头干活歇憩的时候，有人又打起山歌来了。那人绰号叫作牛二，三十几岁的一条光棍。歇憩的地方有一块半人高的绿茸茸的石头，牛二先是躲在石头后面撒了一泡尿，再转过石头来打山歌，喉咙尖尖地唱道：

姐唱山歌下山岗，
悦耳歌声随风扬；
哥哥听得心花放，
要跟姐姐走四方。

因为牛二是对着桃花唱的，所以后者就从女人堆里站了起来，仰面和道：

姐姐唱歌走四方，
姐姐心中有情郎；
你是懒汉无人睬，
莫嫌姐姐硬心肠。

众人听了大笑不已，尤其女人们的笑过于刺激，让牛二觉得脸面无光，只好又蹲到地上卷喇叭筒，抽出一团浓雾将满脸的尴尬遮挡住。桃花拿歌声占了男人的上风，就显得很是光彩，一直站着，看上去像一棵骄傲的板栗树。过了一会儿，桃花走到李光辉跟前，忽然说：李同志，听说你的京歌唱得好，教我们好不？桃花说的“京歌”就是京戏，具体而言，就是样板戏。因为李光辉偶尔无心地哼哼《智取威虎山》同《红灯记》，叫有心的桃花听到了，所以现在她要来学唱京歌了。到了晚上，桃花邀了四五个也想学唱京歌的女人来找李光辉，于是后者的木板小屋里就飘起了一些尖锐的声音：

我家的表叔数不清，
没有大事不登门；
虽说是，虽说是亲眷又不相认，
可他比亲眷还要亲……

李光辉因为拉肚子，浑身无力，所以教着教着就没了中气。桃花也发现了这一点，于是早早地散了学。临跨出门时，桃花回头说：李同志，等你休息好了身子，再来学好不？

现在李光辉站在月光下想起桃花说话时的调皮神情，还有她拿山歌占了牛二的上风的得意模样，心里就觉得有一种说不清的愉快。此外，李光辉也想起了广播，想起了她的荷包蛋同饭桌上发的大喉咙脾气，也觉得很有一种说不清的愉快。听到淙淙的水响，望到溪边的那块大青石，李光辉还想起了那天晚上偷窥女人洗澡时的情形，想起了如汉白玉雕塑一般的裸体，以及自己又兴奋又紧张连心跳都没有了的景况，当然也很有一种说不清的愉快。这就是李光辉在良辰美景中对龙岩坡女人的遐思冥想。在这个过程中，李光辉得到了说不清的愉快，除此之外，他还得到了一种启发，就是，人在什么环境里头，就应当想什么事情。

后来李光辉又得到了一种启发，就是，人在什么环境里，就会遭遇到什么事情。得到启发的原因是这样：在遐思冥想之后，他就回到了屋里，打算一边继续看《钢铁是怎样炼成的》，一边慢慢进入睡眠状态。顺便说一句，公社赤脚医生给他开的单方上的药，居然都给配齐了，包括黄鼠狼的耳屎同鸭屁眼上的痔疮。广播每天都拿一个黑乎乎的罐子给他放在火塘的铁三角架上熬着，一日喝三回，苦不堪言。李光辉想起外婆每天也是要吃好几罐子的中药，就觉得人能吃这种苦不堪言的黑汁，确实是一门本事。赤脚医生的单方不能说有作用，也不能说没有作用，反正李光辉服了几天后觉得似乎睡眠好了一点，又觉得似乎一点都没有好。在等待进入睡眠状态的时候，他又听到上头水磨坊里的柴扉吱呀一响。也就是在这个时候，他觉得赤脚医生的单方没有作用，因为他认为幻听的毛病依然如故。但是李光辉却莫名其妙地爬下床来，朝窗子外头觑过去。这说明他还是心怀期待的。就是说，他希望幻觉中的事物能够成为一种现实。我们晓得中国有一句老话，叫作心诚则灵。此时此刻，李光辉也想到了这句老话，这是因为，他看到柴扉开处，真的有女人走出来了——这就是心诚则灵。女人踩着月光之水，来到溪边，蹲了下来。但女人是背对着李光辉的，所以李光辉没有看清楚她的脸。女人先是洗脸，洗完脸就脱了衣服抹身子。李光辉只能瞧见女人赤裸的背面，但那也是汉白玉一般的，同周遭的青蒙蒙的山影、银子似的月色融为一体，恰如一幅画一首诗，或一首遥远沁人的歌谣。李光辉觉得那女人的臀部特别动人，这是因为那女人从腰部开始就起伏了一个从凹入到跃起的线条，这线条至臀部两侧时达到流畅滑进的终点，形成了宽而丰厚的臀部之美，叫李光辉目迷心醉，振奋不已。就是说，李光辉以前只是从书里头看到过仙女，没想到在龙岩坡的山野之间居然亲眼目睹了仙女。

3

李光辉振奋的原因有二：一是目睹了仙女，具体而言，是仙女的宽而丰厚的臀部之美；二是明白自己并没有什么幻听，所以黄鼠狼的耳屎同鸭屁眼上的痔疮可以休矣。从那天晚上以后，李光辉只要夜里听得水磨坊的柴扉吱呀一响，就要从床上爬起来，把脑壳伸到窗子上去，于是就可以偷窥到山野仙女的汉白玉一般的裸体了。这事说明，龙岩坡的女人很是珍视身子的干净，仿佛天生有一种感人的洁癖。这又是一个发现。所以李光辉更加觉得龙岩坡的女人是一门无法穷尽的学问，在她们身上，永远有研究不完的课题。此次发现的，是洁癖与美感的课题，李光辉当然颇有心得，但是这心得却只能秘不示人。就是说，李光辉认为偷窥并不是一桩可以炫耀的事。进一步说，李光辉还认为偷窥是十分可耻的行径。一方面他认为该行径十分可耻，另一方面他又抵御不了该行径的强烈诱惑，只得继续可耻下去——而且还是十分。念初三的时候，他们班里有一个男同学因为爬女厕所差点被学校除名。这事给李光辉印象极深。印象极深的原因，除了这样的事要遭到除名之外，还因为燕妮妹子极为鄙视那个男同学。那时候李光辉觉得，遭到燕妮妹子的鄙视要比学校除名可怕得多。现在李光辉联想起了这桩事，因此也不由自主思考起了自己的偷窥同那个男同学犯的事是不是同一性质的问题。结论是：在可耻方面是同一的，在性质方面是不同一的。关于结论的后一部分，李光辉是这么想的：爬女厕所是因为众所周知女厕所属于男人的禁区，爬了就是当然的流氓犯罪；爬窗子朝山野之外望去是因为众所周知山野之美属于人同自然的共同财富，爬了就当然不是流氓犯罪。如此结论之下，李光辉不但思想起了一些显著的变化，就连年轻的身体也起了显著的变化。后者的变化是，他已频频地梦遗了。就是说，早上起来，发现短裤头津湿津湿而且滑溜滑溜的时候很多了。

平时李光辉的衣服总是广播拿到溪里头去洗——用茶枯水泡了，再在溪边石头上拿棒槌杵，溪水里吐干净，然后晒到门前竹竿上。这几天广播见李光辉亲自在溪里洗内短裤，仿佛明白一点儿什么，一只手叉着腰，站在溪边大声说：没得狐狸精缠身吧？李光辉抬起头来望着广播，不知她同哪个说话，四面看看，又没有旁人，才明白是同自己说话。李光辉一边拧短裤头上的水一边侧头问道：你讲么子？广播的姿势是茶壶的姿势，依然大声地说：没得狐狸精缠身，裤子上头会有么子名堂呵？李光辉像是那个初中同学爬女厕所时被人逮住了，脸涨得通红，无言可对。这时他乱糟糟的脑子里只迸出了一句很政治的话：群众的眼睛是雪亮的。此后还迸出了一句非政治的话：若要人不知，除非己莫为。此事说明李光辉心里还是很虚的——他不晓得要怎样才能不虚，同时，也说明广播并非等闲之辈。但是，平心而论，即使广播说话一针见血，李光辉也并不惧怕她。换句话说，他甚至喜欢广播身上的泼辣劲儿。在这种山野之地，一个女人身上有点泼辣劲儿，就像一棵树上有点棘刺一样，是理所当然的，而且是可爱的。

接下来发生的情形，却是有点叫人吃惊。广播冲到溪边石头旁，一把夺过李光辉手中的短裤，拿到鼻子尖上闻了闻，说：好哇，你平常说浪费粮食可耻，你这不是可耻么？——真是瞧你不起呢！

我们已经晓得，李光辉很是害怕被龙岩坡的女人瞧不起。现在广播正告他了：她真是瞧他不起。如果是这样的话，那他就是每天夜里目睹仙女也是毫无意思的。而且他的行径不仅是可耻的，还是猥琐卑微的。想到这样的结果，他就感到了绝望。就在这时候，他听到广播狂笑起来。笑完了，广播戳了一下他的鼻子，说：只要你不浪费粮食，我还是瞧得起你的。这就是说，他还是有希望的，这希望就在于，广播已经给他指出了一条光明路了。但是李光辉又有了新的疑惑：究竟要怎样就不是浪费粮食呢？李光辉当学生、当团干、当工作队员，都表现出是一个相当有理解力的青年，然而在龙岩坡，他却成了一个丧失理解力的人了。

李光辉站在溪边，不知说什么才好。在他的对面，站着一手叉腰像一把茶壶的广播。太阳在头上，金光四射，四面山上传来的鸟啼清脆悦耳，空气里浮动着泥土同野花的湿湿的馨香。这本是一个明媚的日子，但对于李光辉来说，却是一个狼狈的日子。

我们写到过，广播用一种笑声在她同李光辉之间种下了默契。现在广播狂笑一阵后，李光辉想找出默契来却感到了困难。这是因为，他忽然之间丧失了理解力，所以觉得狼狈。好在过了些日子，不拉肚子了，体力也慢慢恢复了过来，狼狈的感觉就有些淡然。但夜里仍然梦遗，还得自己动手洗内短裤。广播就说：我现在少了一桩事喽。钟国民问堂客：你少了么子事？广播对李光辉努努嘴，说：你问李同志吧。钟国民转过脸来望着李光辉，期待后者的回答。后者连忙低下脑壳，装作没有听见的样子，赶紧扒完碗里的饭，起身进到里屋去。黑狗蹿到李同志坐的板凳底下，喉咙里发出幸福的声音。这是因为李同志刚才慌里慌张，掉了许多饭在板凳下头了。

李同志在屋子里坐着，开始学着滚喇叭筒烟，要么滚紧了，抽不燃，要么滚松了，只能抽空气。但他对滚这样的东西极是专注，原因相当简单：他要转移一下注意力。就是说，他不能老是想着广播对他的调笑同奚落，否则一个人坐在屋子里红脸并不算是一桩美好的事，而且丧失的理解力也不会回到自身来。不过转移注意力也与滚喇叭筒相似，不是那么容易的事。于是李光辉李同志想起了自己的梦遗。这时候，他才意识到这事情的严重。这是因为，他想起了那个差点被学校除名的男同学。那男同学有两件事给他留下了终生难忘的印象，一是爬女厕所，二是说过一句话：一滴精，十滴血。那时候，李光辉已经开始梦遗了，听了这话多少有些恐惧。每次内裤湿了以后就计算自己失血多少。照照镜子，发现脸色苍白，不认为这是恐惧所致，而以为是失血造成的。所以在后来相当长一段时间里，见到内心喜欢的燕妮妹子都不敢正眼望她一望，这是因为他误以为自己仅仅只是一个没有爬过女厕所的流氓而已。现在他恢复了这种遗忘多时的感觉，不但觉得自己失了许多血，而且深深地感到了自卑。所以他就想从今以后务必要自我控制，不再从窗子里偷窥女人洗浴。这样一想，他忽然就获得了一种前所未有的悲壮感，差点落下泪来。

第六章

1

在李光辉来到龙岩坡半年之后，龙岩坡又发生了一桩事——马大佬也像他的前任马石头一样，被撤掉了生产队长职。原因是，前者正如后者，犯了同一的错误：作风不好，乱搞女人。

我们晓得，马大佬自从当了生产队长，瓦刀脸上不仅仅只有严肃，还时不时地有些得意，走起路来鹅步蟹行，一开口就是“我认为”，把“为”字拖得很长。如果你见到一张瓦刀脸平时苦大仇深，有一天忽然之间放出严肃同得意来，一开口就我认为我认为的，想必你不会只是吃惊，还会很有些厌恶，想到“老妇必唾其面”这句古老的话。在龙岩坡，许多人就与你感同身受。在人群当中，某一个人的显著变化会遭致什么样的结果，看看马大佬就会知道；当然，看看马石头也会知道——现在马石头就很是被人瞧不起了，尤其是龙岩坡的女人们。她们对他从前的好感已忘得一干二净。

我们还晓得，马大佬先前是一个讨不起堂客的光棍，后来搬掉马石头后当上了生产队长，能够讨堂客了却仍然没有讨，这是因为，他觉得生产队长可以困人家的堂客，而他却没有堂客给人家困，十分划得来；而且在他觑来生产队长的权力之一就是可以任意困人家的堂客，所以对该权力艳羡不已，有朝一日获得，必定就要好好使用之。这样的习性，我们从历史书中早已见识过，比方从郭沫若的《甲申三百年祭》里李闯王的将领们身上就见识过。但书本是书本，要李光辉从生活的真实中发现这一点，却没有历史的机会。而伟大的龙岩坡提供了这种机会，使李光辉忽然明白了一些被平庸的生活遮掩的事理。

自从搬掉石头以后，李光辉发现社员们农业学大寨的热情并没有显著提高。为了此事，李光辉询问过马大佬，后者的回答是：龙岩坡不产粮食，只产懒人。对于这样的回答，李光辉感到吃惊，因为这不像是一个生产队长对问题的态度，倒像是一个思想落后怨气冲天的社员的牢骚。从这一时刻起，李光辉对马大佬的能力产生了疑问。李光辉也询问过马五谷，后者的回答是：大家都当生产队长，热情才会高了起来。此话近似禅语，颇为费解。而且后者一说完，就又咬着喇叭筒从仓库里走到外头禾坪里去耙谷了，头也不回一下。但李光辉觉得这至少算得上是一个态度，而不是牢骚。除此之外，他还问过广播同桃花，想看看女社员们对此事的看法。得到的回答却是一串笑声。好像她们都商量好了，如果有人问到这样的问题，她们就报之以一笑。李光辉也并不觉得这就是不严肃，而是一种特殊的态度，只是这态度同马五谷的禅语一样，颇为费解而已。不管怎么说吧，工作队员李光辉对龙岩坡生产队队长马大佬有了一些看法，不那么欣赏他了。马大佬当初出卖本家兄弟马石头，现在回想起来，李光辉也觉得有点不太舒服。对于叛徒，世界上只有利用的人，却鲜有欣赏的人。李光辉想到自己利用过马大佬，又自我觉得不太舒服。到了龙岩坡以后，李光辉时常一日三省吾身。这是因为，他想变得更加少年老成，目的就是让社员们尤其女社员们瞧得起。

我们说过，李光辉有一天晚上忽然获得了前所未有的悲壮感，差点落下泪来。原因是他想到今后务必要自我控制，不再从窗子里偷窥女人洗浴。与此同时，他还想到这样的自我控制委实不容易，抵抗诱惑本身就具有崇高感同悲壮感，因为有了崇高感同悲壮感，这才足以消除自己内心深处的自卑。就是说，他体味了什么叫作牺牲，或者说，他体味了什么叫作牺牲之不易。从那以后，很长一段时间，到了半晚上，只要听到上头水磨坊里柴扉吱呀一响，他就要把耳朵捂上，而且心里又开始数数。后来他索性找广播要了点棉花，堵在耳朵里才困觉。所以就连那吱呀一声柴扉响都懒得听到，一上床就数起数来。但如此一来反而更加困不着，因为那吱呀的一声就像是空谷回音，在心间久久旋荡，挥之不去。这真是叫作牺牲之不易呵。

当然后来李光辉也不捂耳朵同堵棉花了。他想，太难受了，听之任之吧，反正只要不爬窗子就行。这样想过之后又开始数数，数到了一万多，仍是没有睡意。这天晚上那柴扉又响了一下，李光辉想要模糊这听觉，奇怪的是，越是这样想听觉倒越是灵敏，以至于有什么人蹑手蹑脚地进了水磨坊也听得清清楚楚。过了约摸个把钟头，那柴扉又是吱呀一响，接着又有人蹑手蹑脚从水磨坊里走出来。李光辉听出，那人是朝山上走去了。而且李光辉还判断出，那是男人的足音。再过了一小会儿，有女人的赤脚从水磨坊里出来，踩着石板路走到了溪边，窸窸窣窣了一阵，就听得熟悉的洗浴的水声了。这水声激起了李光辉的想象，于是李光辉虽然没有从窗子里偷窥女人洗浴，却从想象里欣赏到了女人的汉白玉一般的身体。除此之外，这水声还激起了李光辉的复杂的心情，这是因为，他意识到有某个男人同这位正在溪里洗浴的女人之间发生了一样事情。依据李光辉的聪明，他可以判断出该男人绝非此女人的丈夫——世上不会有如此偷偷摸摸来找自己堂客的丈夫。这时候李光辉憬然得悟：原来平时夜里听得水磨坊里柴扉响，是响得有名堂的哦！李光辉就又拍了自己脸上一巴掌。他跳下床来，没有点灯，站到窗子前，倒要来看看这个女人是谁。

这个女人不是别人，而是桃花。我们晓得，自从桃花那天半夜里来敲李同志的门，找他借煤油，李同志只晓得低着脑壳看自己的一双赤脚，桃花就叹了一口气，说：你是一个呆子！以后就再也不来借煤油了。后来李同志反而很期待她来敲门，不管是来借什么。只要夜里有足音从水磨坊里出来，他都希望这是桃花的。这说明李光辉其实内心里很是喜欢而且盼望桃花。桃花后来也到过他的房间里，不过那是同了一群嘻嘻哈哈的女人，来学什么京歌的。学完了我家的表叔数不清，就没有再来了。可能她们只是觉得一时新鲜，心血来潮学一学而已，这京歌并没有什么意思，还不如辰河戏有味吧。李同志盼望桃花，是因为他觉得桃花这名字很好听，人也同名字一样很好看。很多的夜晚里，李同志听到溪里有女人洗浴的水声，他都希望这个女人不是别人，而是桃花。然而李同志从来没有见到过桃花的身体。不料现在从窗子里偷窥到的竟是她，而她刚刚同别的男人发生了一样事情，李光辉心里就很不是滋味。就是说，不但很是麻乱，还很是嫉妒，不但很是嫉妒，还很是愤怒。不过话说回来，后来李同志也无暇细想这些了，因为他被桃花的身体之美吸引住了。

李光辉从小在少年宫里学过手风琴，后来兴趣转移，又学起了绘画。文化革命中从图书馆偷过一些书回家藏在床铺下，每当夜深人静的时候就躲在蚊帐里偷偷地看。那些书全是些世界名画画册。在那些画册里，李光辉最喜欢的是两个画家的作品，一个是米勒，一个是安格尔。这是因为，这两个画家笔下的女人最吸引李光辉。他们的风格尽管各不相同，但画的女人都有一个共同特点，就是，身体丰腴、饱满成熟，而且都有夸张好看的臀部，洋溢着蓬勃而健康的性感。后来李光辉青少年时期的梦遗与这些臀部都不无关系。现在李光辉扒着窗子，所见到的仿佛不是桃花，而是从米勒和安格尔画作中跳出来的人体模特。李光辉早已忘了崇高感同悲壮感，也忘了牺牲与牺牲之不易，他以为自己是在梦中，而自己的下头也发生了了不起的情况，因为事后他才发现短裤头已是湿津津的了。

2

李光辉发现短裤头湿津津的，心理上颇为紧张。这是因为他又想到了那个爬女厕所的初中同学。在很长一段时间里，班上的同学们不论男女，都叫他流氓。所以李光辉不无焦虑地问：我也是流氓吗？对于这个问题，他一时有些困惑。虽然他知道自己与那同学两者之间在可耻方面是同一的，在性质方面则不同一，但是这个困惑消解起来仍然有些困难。在这样的焦虑之中，他忘记了一桩重要的事：那个半夜里悄悄溜到水磨坊去的男人到底是谁呢？这说明聪明的人也常常有顾此失彼的时候。第二天早上，李光辉又一个人跑到山顶上去，迎面吹着清凉的风，不由得又哇地叫了一声，然后脑壳里一片澄明，昨夜的焦虑同困惑于是烟消云散。不过我们晓得，这种境界是短暂的，因为只要他一下山，消失的问题就又回复到心头了。

带着上述问题，他在饭桌上讨教房东两口子，夜里他们听到水磨坊里有什么动静没有。钟国民答道：我困着的时候，打雷都听不到呢。广播说：我不晓得你指的是什么。李光辉就结结巴巴地说：就是……就是……有人进到水磨坊去了。钟国民说：不晓得这样的事。说完端着碗起身出门去，一屁股坐在一块石头上大口扒饭。广播怕饭喷到桌子上，就捂着嘴笑。李光辉不晓得她笑什么，问她，她好不容易停住笑，松开嘴巴，说：还不就是寻快活嘛。李光辉是个聪明的年轻人，他一听就明白了，龙岩坡的女人对待那样的问题的态度就是：那是快活的事。于是这样的态度就决定了那桩事情的性质。李光辉就想，她们判断事情的原则真是与我们城里人大不一样呵。但我们晓得，李光辉是一个遵循自己的原则的人，所以他就在鼻子里哼了一下，表示不苟同广播的看法。广播把筷子朝桌子上一扔，说：啲哟，我说话等于是放屁啰！这说明广播脾气极是刚烈，此外还说明广播同李同志之间有默契，人一有默契，说话就可以放肆，同时也可以粗俗。李光辉不想同广播解释为什么要鼻子里哼一下。他只是说了一句：对不起，我不礼貌。因为他这么说时满脸严肃，结果又让广播捂着嘴笑起来。笑完了，广播就说：你们城里人，只晓得讲礼貌，礼貌是么子东西啰？广播把扔在桌子上的筷子又拿起来，继续说道：人要是讲礼貌，就不快活啰。结果这句话让李同志鼻子里哼也不是，不哼也不是。与此同时，李同志还觉得，他同广播说话，实际上是他一个人同整个龙岩坡的女人说话，不是那么势均力敌的，于是他感觉到了某种孤立。一个人的原则同许多人的原则相矛盾的时候，就会有这样的感受。有了这样的感受，李光辉就想，也许广播说得有道理吧。我们晓得，这就意味着李光辉又产生新的疑惑了。

中午歇憩的时候，大家坐在一起说笑，又打起了山歌。打完了山歌，后来有人讲了一个带点颜色的故事，简言之是这样的：有一户人家，老两口，还有一个有点傻的儿子，因为有点傻，所以一直讨不到堂客。后来终于讨到了，闹了洞房，第二日一早，老两口做了饭，端到桌上，却不敢喊那对新人起来。这样，到了中午，又搞了丰盛的中饭，那一对男女还是没有起来，老两口仍不敢敲洞房的门。一直到了晚上，晚饭摆在桌子上都凉了，也就是说，一天一夜了，傻儿子同他的新娘子都还没有出来。老头子就感叹道：唉，真是的，那事情当得饭吃哦。等到很晏了，洞房门才吱呀一响，那一对新人东倒西歪地出来了。老婆子就对老头子说：岂止是当得饭吃，还当得酒喝呢！故事讲完后就有女人同光棍牛二开玩笑，说：牛二，你要是讨了堂客，只怕是不光当得饭吃，当得酒喝，还当得大烟抽呢。牛二就在那女人脸上捏了一把，嬉皮笑脸地说：那除开是讨你这样的堂客啰。那女人听了，就仰起脑壳来大声问道：姐妹们，剥了牛二这东西如何？结果众女人发一声喊，一齐拥上来，抱手的抱手，抱脚的抱脚，总之是摁住牛二，三下两下把他的衣裤都剥掉，然后又发一声喊，哈哈笑着四面跑开去，剩光赤条条的牛二捂着下头那东西在太阳底下哇啦哇啦直叫。根据牛二的叫声，李光辉判断，女人们不单是剥光了牛二的衣裤，还叫他的那个东西受了一点教育。李光辉望望站到四面笑得前仰后翻的女人们，心里就想：原来这也是快活。平心而论，李光辉还是欣赏这种快活的，虽然这快活不无一点粗俗。李光辉接着想：假如是城市里，快活的原则就不是如此这般的。也就是说，城里人有别样的快活，却不会有这样的快活。李光辉能够作如是想，说明他不由自主地在某种程度上又在求同了，只是他自己没有意识到罢了。

我们晓得，李光辉努力与龙岩坡的群众求同，这不仅是工作队王队长的要求，也是李光辉自己的要求。我们也晓得，李光辉不仅在很多方面与社员们同了，比方说他的皮肤，他还想在更多的方面有所同。不过李光辉有时觉得在有些事情上，他有自己的原则，或者说，他有工作队的原则，但是龙岩坡的人也有他们的原则，尤其是龙岩坡的女人们。在两者之间，他对自己或者说对工作队的原则有所坚持。但是坚持之后，他又有些疑惑。这是因为，他是一个经常疑惑的青年。除此之外，他还是一个正在经历变化的青年。他自己就是这么认为的：二十一年的生活变化还不如在龙岩坡这半年多的变化来得剧烈，来得凶猛，来得不知所对。

牛二发出的哇啦哇啦的叫声，很久了还响在李光辉的耳畔。说明李光辉对此事一直在思考。就是说，他想到了那些恶作剧的女人以及她们的快活。他发现，那些女人的快活是建立在牛二的那个东西上头的。这是一个伟大的发现。因为他来到龙岩坡半年多了，总是觉得此地的女人非常之快活，非常之喜欢嘻嘻哈哈，他一直没有弄明白她们快活以及嘻嘻哈哈的原因。现在他终于搞明白了。但是，搞明白之后，他又陷入了新的疑惑。因为他要完全理解快活同那个东西之间的关系，还缺少经验的准备。

还有一桩事，很久了还在李光辉脑壳里像电影一样地放映着，这就是桃花的夜浴。现在他也似乎明白了一点：夜浴中的桃花，不仅仅是美丽的，而且也是快活的。因为他回忆起了，桃花一边洗浴一边还轻轻地哼着什么小调。如果不是快活，深更半夜的，也不至如此。这事又让他自问：我快活吗？最后，他对自己说：我太礼貌了。我们晓得，他这样说，是借用了广播的话。这就说明，广播的话，对他是有影响力的。

广播影响李同志，不仅仅在这样的一句语言上。刚来龙岩坡半个月的时候，我们晓得，李光辉无意中撞见了赤膊着坐在火塘边的广播，看到了她的翘翘的奶子和白生生的胸脯，于是产生了麻乱。虽然那只是一瞬，但那一瞬却是永驻在二十一岁的李同志心间了。他时时不由自主地回味着那样灿烂的一瞬，这是因为，成年以后，他这是第一次见识到女人的奶子之美。这奶子之美使他麻乱，而他又想抑制这种麻乱，于是在麻乱之外又生出了困惑。这个困惑当然也影响了李同志。所以广播在李同志心中绝非等闲之属。就在牛二发出哇啦哇啦叫声的那天晚上，李光辉又看到了广播的胸脯同奶子。事情也与刚来半个月时的那一回相仿。他到火塘的鼎锅里去倒开水喝，却不料撞见广播光着上身坐在堂屋里。这时候刚刚吃了夜饭不久，钟国民不晓得到哪个屋里串门去了，天色暗淡下来，堂屋里没有点灯，只有火塘里的火舔着鼎锅屁股，一闪一闪的红光把堂屋里映得忽明忽暗。广播的胸脯在这样的红光的辉映下简直美丽得令人眩晕。李光辉猛地站住了，手里端着茶缸，不知如何是好。这一回与上一回不相仿。因为上一回见到这情形，他就吓得朝房间里退去，结果遭来广播一阵轻蔑的狂笑。这一回他居然望了望广播的眼睛，而那眼睛也正望着他的眼睛。于是他看到那眼睛里闪跳着的红光了。事后他仍有些茫然：那眼睛里的红光到底是火塘里的火呢，还是广播的另外一门语言？如果是后者，那么这语言说的是什么呢？这一回同上一回还有一点不相仿，就是，最后李光辉走到了火塘边，从鼎锅里从容地倒了一茶缸开水，然后转身走开。在这个过程中，广播没有笑，只是拿那样的有闪跳的红光的眼睛盯着他。

在相仿的事情中，我们看到了不相仿处——比方说李光辉这一回没有吓得朝房间里退去。但事实真相却是这样：李光辉觉得他宁可忍受尴尬同难堪，也不愿忍受广播那样轻蔑的狂笑。在如此状态下，他走近了广播，不仅再一次地看清了她的胸脯同奶子，还看清了她那有红光闪跳的眼睛。就是说，在如此状态下，他的心过于麻乱，以至于感觉不到麻乱，就像战场上赴死的士卒，过于害怕，以至于感觉不到害怕一样。另一个不相仿的真相是：广播没有发出狂笑，不是因为李光辉没有吓得朝后退去，而是因为她觉得那样笑的话会把李光辉吓退，而她根本就不想有如此的结果。她不仅没有笑，而且还没有说一句话。在这种沉默里，她的眼睛闪跳着红光，的确是另外的一门语言。就是说，女人在这种时刻，只能拿眼睛来说话。她希望李同志能懂得，但是李同志却只有茫然。后来她披上了衣服，不是怕着凉，而是因为她有些失望。

李光辉回到房间里，抱起一本书就看。看了很久，却不晓得这本书写的是什么。就是说，所有的字他都识得，所有的字他又都识不得。其实这就是那本《钢铁是怎样炼成的》，早就看过了。后来他翻到了冬妮娅遇到保尔的那个情节，仿佛唤起了沉睡的记忆。就是说，他终于在这样的时候想到了一个叫作燕妮妹子的人。但是这个人很快就显得模糊了，她的脸一会儿变成了广播的脸，一会儿变成了桃花的脸。李光辉在自己的大腿上捏了一把，说：他妈的，走火入魔啦！他于是吹灭了灯，双臂枕住脑壳，打算考虑一些工作上的事，却慢慢又胡思乱想了起来。他当然想起了自己的家人同朋友，想起了城市的灯火和楼房，想起了过去生活的种种，他忽然觉得这一切都十分遥远，也十分陌生，根本唤不起丝毫的亲切感来。除此之外，他还有一种奇怪的感觉，仿佛那样的生活同那样的人，都是不真实的，而且都是不快活的。为什么会有这种奇怪的感觉，则不得而知。

不晓得过去了多长时间，总之李光辉枕着脑壳想着想着就有些迷迷糊糊了。可能在此之前他数了数，数到了多少，也不得而知。他在恍惚之中又听到水磨坊的柴扉吱呀一响，就猛地醒了过来，睁眼朝窗子看去，一轮皓月悬在万山之上，就像有一幅画挂在木板壁上惊人地美丽着。但李光辉无心赏画，有心捉贼，于是赤着脚爬下床来。

李光辉的心情是兴奋的，同时也是矛盾的。这是因为，一方面他希望能捉到那个贼一样的男人，另一方面他又希望捉不到那个贼一样的男人。如果后面的情况发生了，正是他所希望；如果前面的情况发生了，也是他所希望，只是这两种情况不可能同时发生，于是他的心情还是懊恼的。怀着如此复杂的心情，李光辉猛地推开了那扇柴扉。就是说，水磨坊的那扇柴扉，发出了有史以来最大的吱呀一响。

3

事情过去了很久，李光辉还在回味那一瞬的吃惊。因为他看到的那个男人是生产队长马大佬，那个女人是桃花。柴扉被推开，月光如水一般泻了进来，所到之处，洗得明晃晃的，所以一切看得是太清楚了。那一对男女的眼神叫李光辉一辈子也忘却不了。对于马大佬来说，他的眼神是惊慌的，这说明他很害怕。对于桃花来说，她的眼神是不惊慌的，这说明她不害怕。在这样的事情上，男人同女人的区别如此之大，完全是李光辉料不到的。李光辉还回味着马大佬战战兢兢说的话:李同志，我犯作风错误啦。同时，李光辉也回味着桃花说的话:要看就走近些看呵兄弟。

事情过去了很久，李光辉觉得自己更加麻乱，而且更加困惑。他不晓得龙岩坡的女人为什么这么需要那种快活。当然，李光辉会想到一句古老的话:子非鱼，安知鱼之乐。但是见到鱼之乐，又安知鱼之乐，这实在是一件很烦人的事。跑到山顶上去吹风，也没有把这事吹到脑壳后头去。不过，麻乱也好，困惑也好，烦人也好，李光辉身为工作队员，没有理由不将此事禀报给王队长。王队长在报告上批示的是八个字:色胆包天，立即撤职！这就叫作八字方针。依据此方针，工作队也要将马大佬作为石头搬掉，罪名也仍是八个字:作风不好，乱搞女人。

上一回搬掉马石头，做了细致深入的工作，目的是调查他在任三年到底困了多少龙岩坡的女人。马大佬在任不到半年，究竟困了多少女人，这一回却没做细致深入的工作，原因是，不需要。按王队长的说法，就是，对群众有过一次解释，就不需要第二次解释。也就是说，一提“作风不好，乱搞女人”，大家就会明白这是怎么一回事，同时，大家也会赞同搬掉马大佬。

搬掉马大佬对于李光辉来说并不费神，费神的是在他之后谁来任生产队长一职。李光辉想来想去的想了很久，决定向工作队推荐马五谷。这是因为，在想来想去中，他回忆起了马五谷说过的一些近似禅语的话，仿佛多少领悟了一点那禅语的内涵。就是说，那些当初听不懂的话，他现在明白原来都是针对马大佬而言说的了。这就证明马五谷同志心明眼亮觉悟高。

而这样的素质，也正是一个生产队长所必需的素质。与此同时，作为受害人家属，马五谷也应当深恶痛绝坐在生产队长位置上乱困别人堂客的流氓做派。所以选择马五谷，也就是为了防止作风不好乱搞女人这类事件的再度发生。报告递呈上去后，王队长很快批了两行龙飞凤舞的字：经公社党委与工作队党组讨论研究，同意任命马五谷同志为麻岭公社青山大队龙岩坡生产队队长。就这样，马五谷从仓库保管员提拔为生产队长了。

马五谷与马大佬有许多不同之处。比方，他就不喜欢说“我认为”；又比方，他也不喜欢一张脸上要不就是得意，要不就是严肃，走起路来还要鹅步蟹行。马五谷比马石头同马大佬都显得有城府些，额头上皱纹很多，眼睛总是微眯，仿佛总是有什么东西需要回忆的模样。但因为他历来就是如此，所以群众并不觉得他是一阔脸就变。选择这样的人来坐在生产队长位置上，李光辉觉得可以放心了。

这一回的撤职同任命，李光辉没有请公社和工作队的头头们到队上来，也没有着意召开群众大会，总的来说，是低调处理的，所以喊口号、刷标语一类事情全都免了。只是召集生产队各组组长开了一个会，布置了抓革命促生产的各项任务之后，才宣布了撤职同任命，让组长们分别传达给各组社员。采取低调处理，其实不是出于李光辉的少年老成，而是王队长的授意。王队长在电话里同李光辉说，这样的事，如果搞得太热闹，等于是给工作队脸上抹黑。因为马大佬是工作队在搬石头运动中让他当上生产队长的，当初是一个成绩，现在又要搬掉他，不等于是搬掉工作队的成绩了吗？

顺便补充一句，李光辉到队部给公社里摇电话时，听到接线员的声音是一个陌生女子的声音，当时并未在意，只是说，请要工作队王队长。事后才想起，接线员怎么不是雷晓红了呢？

马五谷当上了龙岩坡生产队的队长，他倒看不出有太大的变化来。看得出大变化的是马大佬，听人说，他同牛二发牢骚，说他真是悔不该没有在当队长的时候讨个堂客。“当队长，讨个堂客还不易得么？”此外还有些别的牢骚，牛二听着也不感冒——他只感冒困别人的堂客是何快活。总而言之，马大佬变成了一个牢骚鬼，就像马石头变成了一条尾巴一样。这事说明，人受到打击，快活就会被剥夺，快活一被剥夺，人就会变成可怜虫。后来公社从各个生产队抽调几个社员去修水库，被马五谷派去的人里头，就有这两个可怜虫。所以说，马五谷还是很能治人的。以后男社员们都很服从他，因为不服从的话，很可能下回就会被派去修水库。众所周知，那桩差事很苦很累，一点快活都没有。不过马五谷现在说话倒不太像禅语了。这是唯一可见的变化。

最开始马五谷当上生产队长，群众的反应很是平淡，就好像这地方发生过什么事或没发生过什么事都一样，无所谓得很。李光辉倒是觉得蛮奇怪。后来他发现，龙岩坡的人对马五谷慢慢有些怕了，因为马五谷很会安排队上最苦最累的活计给不听话的人去做。就是说，马五谷很懂得通过什么手段树立自己治人的威信。他这么做，不事声张，只有当事人瞎子吃汤圆，心中有数；吃过了一回，就不想吃第二回。即使如此，你也可能吃第二回，这是因为，你不仅要听话，而且要聪明。而我们晓得，人在很多的时候都不会表现出聪明来。所以像牛二那样的人，动不动就被女人们摁倒在田塍上衣裤剥得精光，身上某物还要受到一点教育，痛得哇啦哇啦地叫，就只配去修水库。于是出现了这样的情形：大家为了表现出听话，还要表现出聪明，所以龙岩坡农业学大寨运动就有了明显起色。到了秋收的时候，每亩水稻平均增产一百斤。马五谷就同李光辉率了队上的几十号男女到大队去报喜，在大队报完了，又到公社去报，一路敲锣打鼓，还把牛二急调回来，因为他会吹唢呐。顺便说一句，牛二的唢呐其实吹不出什么调子来，只是会拿这个家伙吹出些乱七八糟然而很是热闹的声音来。一伙人把热闹的声音带到了公社里，刘书记同王队长连忙出来迎接，脸上都放出了红光，因为农业学大寨到底是学出名堂来了。王队长说，要把龙岩坡的事迹登到省报上去。刘书记也说，有工作队同没有工作队那就是不一样。说完了这句话，又还对王队长说，你们那个小李同志，真是很有培养前途的人啦。后来很有培养前途的小李同志就叫马五谷领着队上的人仍是吹着唢呐敲锣打鼓热热闹闹回龙岩坡去了，因为王队长要他留下来汇报工作，第二天再打转回去。

李光辉汇报完工作，王队长就叫他写一份材料，题目叫作《鸡毛也能飞上天》，说明龙岩坡在农业学大寨运动中起的巨大变化。李光辉问：增产一百斤就算巨大变化吗？王队长把眼睛一瞪，说：增产就是变化，一百斤就是巨大。李光辉听了想笑，因为王队长的话听起来押了韵，像是快板。但是他又不能笑，因为他要有一副很有培养前途的样子。王队长接着说道：你不要那么写实嘛，你可以写成增产五百斤嘛。人民群众需要榜样，晓得不，榜样的力量是无穷的，增产一百斤的榜样可以激励人，增产五百斤的榜样更加可以激励人嘛。李光辉点点头，表示听懂了由一百斤改为五百斤的伟大意义。王队长又说：你要列几条经验，最好是搞成十条，十全大补嘛。结果李光辉就留在公社里写材料，熬了一个通宵，苦不堪言。这是因为，经验要凑成十条，实在是太难太难。这样的事，李光辉不惯于做，所以虽然熬了通宵，也只勉强凑成了五条，离王队长的要求还差一半。第二天在公社食堂吃早饭时遇到王队长，问他写完了没有，他只好老实答道没有，因为搞十全大补很不容易。王队长说：小伙子，你就不能聪明一点吗？李光辉瞪眼望着王队长，不晓得如何一来才能聪明一点。王队长就说：找找报纸，报上多的是介绍经验的文章，抄它几条不就是了嘛。王队长还说：榜样就是典型，所以典型就应当集合别人的经验，这样典型才能完美，才能起到教育社会的作用。李光辉毕竟机灵，一下子就明白介绍经验的文章是如何做法了。吃完早饭，半个上午就把材料写好了。轻松过后，想想心中又总觉得不大对劲。没有这么多经验，却要凑成这么个十全大补，不是弄虚作假么？怀着这种心情，他把材料拿给王队长看，后者把老花镜戴起来，点上一支烟，一边抽着一边看，看完了，中指在材料纸上弹了弹，大声说：很好，很好，刘书记没有说错，你真是很有培养前途的年轻人啦。这个材料，公社要报到县里，县里要报到地区，地区再报到省里，要让全省人民都知道，只要农业学大寨，鸡毛就能飞上天！

好不容易交了差，虽然心情还是有点不大对劲，但毕竟轻松了。要吃了中饭才能走，所以开饭之前的那点闲暇无事可打发，李光辉就信步来到公社电话总机房。房子里头坐了个他没见过的女子，二十一二岁的模样，很胖，皮肤很黑。李光辉想起那天打电话到公社，接线的不是雷晓红，可能就是这个黑皮妹子，就坐下来同她搭讪。问起雷晓红时，黑皮妹子说：你不晓得？雷姐姐上调了呵。李光辉说：上调了？上调到哪里去了？黑皮妹子说：就是招工呢。招到凉水井镇化肥厂去啦。李光辉说：哎呀！这时李光辉脑子里呈现了那一回去凉水井镇化肥厂背化肥的情景。那个肮脏邋遢的地方，那个臭气熏天的地方，工人戴着后头有布片的黑不黑灰不灰的工作帽，脸上整个是面目全非。李光辉曾经很有感慨地想过，在这猪圈一样的化肥厂当工人，还不如在一日只吃两餐的龙岩坡当农民。如今漂亮的雷晓红好不容易轮上招工，结果是招到了这样的所在，成天要给弄得面目全非，脏得不像个人样。李光辉的心情不由得又有点麻乱。这是因为，对于雷晓红，他内心里很有点喜欢，也很有点同情。他觉得，该红颜女子，一旦到了那样的猪圈里，一生都会彻底完蛋。此外，他还觉得，把雷晓红搞到那个化肥厂，简直不是招工，而是发配，不是照顾，而是惩罚。后来李光辉还想起了雷晓红“做掉”的那一回，整夜整夜地哭，像她这样的女子，被人玩得厌了，随便找个垃圾地方一扔，就没事了。现在又换上了一个黑皮妹子，换了一种新口味。李光辉叹了一口气，不想再往下去想。那黑皮妹子见他忽然叹气，不知就里，就说：你不舒服吧？我这里有仁丹、济众水，还有清凉油呢……李光辉没有回答，站起身来走到土球坪里。在公社里，他的确有些不舒服，吃过中饭，就回龙岩坡去了。

第七章

1

李光辉下到龙岩坡搞工作队，一晃就是大半年了。在这大半年里，他经历了一些事，这些事使二十一岁的他发生了很大的变化。对于这些变化，有些他心里清楚，有些他心里未必清楚。但不管清楚还是不清楚，总而言之，他已是白马非马了。龙岩坡生产队在农业学大寨运动中每亩水稻增产五百斤也就是鸡毛飞上了天的事迹在省报见了报以后，李光辉被工作队省总部授予了先进工作队员称号。有一次王队长找他到公社里谈话，意思是要把他调到工作队队部来做秘书。李光辉想了想，婉言谢绝了，并且还声明说，自己很愿意在基层锻炼。王队长说，这样的机会，别人想争取都争取不到嘛，你居然就这么放弃，唉唉唉你这个脑壳呵！李光辉说，如果别人想，那就让别人来争取，反正我愿意待在龙岩坡。这是一句大实话。李光辉确实非常愿意待在龙岩坡。为什么会非常愿意，这就属于心里未必清楚一类了。不过也不是没有清楚之处，比方龙岩坡就教会了他，什么叫作人生的快活。自从李光辉在公社集训期间发现了女知青雷晓红同刘书记以及王队长的秘密关系之后，他对后者就有了深深的反感。后来得知雷晓红被招到了凉水井镇那个猪圈一样的化肥厂，反感就更加地深刻了。这也是他根本不愿意到公社里来的原因之一。同自己反感的人天天相处在一起，他觉得，离快活未免太遥远。

李光辉在龙岩坡，自觉得在很多的方面都懂了。比方，歇憩的时候大家打打闹闹，或说些黄段子，或打些色情山歌，他都没有什么难为情的了。有时候哪个男人开玩笑过了头，惹恼了女人们，后者一拥而上，把该男人剥得精赤条条，还教育教育他身上的某物，李光辉在一旁也抚掌称快。这的确也是一门快活，在这门快活当中，他忘记了自己是一个工作队员。就是说，他如果不忘记，就不会得到这门快活。此事说明，人只有忘记一些东西，才能得到一些东西。李光辉虽然没有这么有意识地想过，但他确实时常忘记一些东西，因此他确实也时常得到一些东西。有一天晚上，还不太晏，大约八点来钟吧，钟国民不在家，钟家两个小孩子困着了，李光辉坐在火塘边等鼎锅里的水烧开，广播从里屋出来，也在火塘边坐下来，握着把钻子，就着一盏煤油灯纳鞋底，忽然，她把左肩下衣襟的布扣解开，露出了雪白的胸脯。火光闪耀在两个颜色很深的奶头上。这时候，李光辉居然胆子很大地看着那两个奶头像精灵一样跳动在光影之中。他觉得非常好看，而且觉得看着很是快活。这就说明此时此刻他忘记一些东西了。广播感觉到李同志在看自己的胸脯，就很有些得意，索性把上衣整个脱了下来。光赤着的上身，在夜色暗影的烘托之下，显得玉一样的白嫩，肉艳得惊人。李光辉想说句什么话，结果这时他变成了结巴，我我我我我了半天，也不晓得究竟要讲什么。广播就仰面笑起来，不料失去重心，朝后咚地倒下去。李光辉站起来，不知是去扶她好呢，还是让她自己起来好。广播仰躺在木板地上，笑得两个翘翘的奶子颤个不停，后来就懒懒地朝李光辉伸出一只手来，说：扯我一把。李光辉握住那只手，用力一扯，广播坐起来，就势倒在李光辉怀里，又是咯咯咯咯地笑。李光辉怕她再跌倒，不由自主搂住了她的背，就感到了女人丰腴的背是如何光滑柔嫩。与此同时，也感到了自己剧烈的心跳同一股莫名的燥热。

后来李光辉拾起地上的衣服，披在了广播的肩上。后者捉住衣领，只说了一句话：你是个好后生，是个呆子。这是李光辉转身朝屋里走去时，广播在他背后说的，类似于刚来不久桃花半夜里找他借煤油时说过的话。两个让李光辉怦然心动的龙岩坡女人都说他是呆子，这就逼得他要想自己为什么是呆子的问题了。这就是说，他又有了疑惑。凡是有疑惑的夜里，他都会困不着，枕着自己的脑壳想事，然后，数数，并且不断地数错。

关于房东钟国民不在家，有一点需要补充交代的是，该房东是一个性子有点犟的男人，虽然他平日不大爱说话。有一回马五谷派工时让他同女人们一道到山里头砍竹子编畚箕，他讲了一句牢骚话，马五谷当时也没有说什么，沉着皱纹很多的脸走开去。过了一些天，公社里找青山大队要一个人到公社食堂去做饭——因为公社里长着黑玉米牙齿的伙夫强奸公社小学一民办女教师被公安抓到县里头去了。大队就把这个差事交给了龙岩坡。结果马五谷就把钟国民叫拢来，说：给领导做饭，这是光荣的任务——现在我派你去光荣。当然，事后大家都明白，钟国民是因为一句牢骚话而被马五谷派到公社去烧饭了。但是谁也不会说破。广播刚开始也以为老公真的是很光荣了一把，后来回过神来，就明白了到底是怎么回事。这天她站在禾坪里破口大骂起来。在这种时候，李光辉才晓得广播为什么被人称为广播。她的嗓子就像是“文革”武斗时的高音喇叭，你只听到一阵阵聒耳的噪声，却根本听不清楚所骂是什么。李光辉尖起耳朵，也只听清了几个单词，比方“天杀的”，比方“昧良心的”，比方“阴毒鬼”等等。我们都有过这样的经验，同某些人交谈时，我们根本不是在凭听觉听明白对方说的话，而是凭感觉来感受对方要表达的意思。现在李光辉就正是如此，他并没有听清楚广播骂的是什么，却凭感觉晓得了她骂的是谁，而且还晓得为什么要如此地骂。有些人围了拢去劝广播，广播却骂得更是汹涌澎湃。李光辉远远地站在门前看着，并不拢去劝说，这是因为：一、他去劝说，万一止不住广播，会很损自己的面子，他毕竟不是一个普通社员；二、广播骂马五谷，也不是没有道理的，李光辉也晓得后者为什么要派钟国民到公社里去光荣；三、如果他以工作队的名义去压服广播，弄得广播很难过，他心里也不会好受，因为他对广播很有些好感。后来围拢去的人更多了，人头遮挡住了广播，但广播的骂声依然不绝于耳。李光辉看看禾坪那头的马五谷，坐在地上抽喇叭筒，喷吐着沉默的蓝烟，好像什么都没听见。李光辉就觉得，马五谷真是很有城府的一个人。现在李光辉也看出来，整个龙岩坡，谁都不敢得罪马五谷，却只有广播，跳起脚来骂娘，敢作敢为，让他心生几分钦佩。直到吃晚饭时，李光辉才发现，广播骂得连嗓子都失声了。尽管如此，李光辉也还是进一步发现，广播的脸上洋溢着一种得意的光彩。看到这种光彩，李光辉对什么是快活又有了更多的理解。

自从马五谷当了龙岩坡生产队的队长，他的堂客桃花就不来守水磨坊了。这使李光辉感到，马五谷当队长后龙岩坡诸事都起了变化。有些变化让李光辉觉得很不舒服——比方桃花再不到水磨坊来值夜就是一例。许多天来他心里一直在琢磨广播同桃花都说过的那句话，琢磨自己为什么是个呆子的问题。就是说，在疑惑当中，李光辉时常想起桃花借煤油的那个夜晚，他觉得那个夜晚现在想来真是有一种难言之美，而他只是看住自己的一双赤脚，简直就是对那种难言之美的彻头彻尾的辜负。他后来一直希望桃花再来借一次煤油，如果她来了，踩着满天的星光，他李光辉保证不会再低着脑壳看自己的一双赤脚啦。但是桃花半夜里来借煤油，踩着满天的星光，他同她说什么话呢？或者说，他要怎样做，她才不会说自己是呆子呢？从这件事上，我们可以看出，李光辉虽然并没有明白自己为什么是个呆子，但他是绝不打算再做呆子。因为他已感觉到，要是继续做呆子，像桃花同广播这样的女人会一个也瞧他不起。我们已经晓得了，李光辉根本不愿意被龙岩坡的那些美丽的女人瞧不起。李光辉在很多一数数就数错的夜里，时常想起桃花来，想起她的粑粑头，想起她说他比麻雀的胆子还要小的话，想起她的夜浴，她的身体，他就不仅仅只是麻乱同疑惑，他下面还很有些情况不对头。就是说，这样想过之后，第二天早上醒来，他又要避开广播一个人到溪边上去洗滑溜溜的短裤头了。

现在我们晓得，李光辉想起桃花的时候，他的生理上会有何反应。同样的道理，李光辉想起广播的时候也会如此。这就意味着，李光辉在龙岩坡待的时间越长，洗短裤头的机会就越是频繁。有一阵子，房东女人广播发现每天早上李同志都很早起来到溪边上去，就明白是怎么一回事了。她站在堂屋的门口，一手撑在门框子上，一手撑在自己的腰上——看上去这又是一把茶壶了，拦住迎面从溪边走上来的李同志，大声说道：嗬哟，我硬是帮不上忙了啰。接着又说：嗬哟，李同志脸都是红的哦。李光辉进到屋里，过了半个钟头，脸还在发烧。这是因为，他觉得自己一切秘密都被广播看穿了。这时候，他感到自己就像牛二一样，被广播剥得精赤条条的了。吃上午饭的时候，广播煎了一个荷包蛋放在桌子上，两个小孩子眼睛鼓得溜圆地直盯着，喉咙里呱呱有声。广播把筷子一人脑壳上敲一下，说：看么子看么子，好吃样子，这是给李同志营养的呢！李光辉就觉得，广播对他真是好。但他无法说出感激的话来。于是他又变成了结巴，我我我我了半天，惹得广播大笑不止。后来广播说：身子亏了可惜呵。李光辉就说：我身子好得很呢。广播说：身子好也不能浪费呵。李光辉当然听明白这是指什么了，脸于是又一阵发烧。广播故意装着天真的样子说：我这里实在没有上酒呵，你怎么脸就红了呵？搞得李同志不知如何对答。后来广播忽然沉默下来，望着李同志一言不发。李同志抬起脑壳来，四目相向时，只觉得广播眼里又闪跳着红光了，但奇怪的是这不是夜里，而且火塘里的火刚才广播做完饭已经把它弄瞎了。

结果在这天晚上发生了一桩事，这桩事彻底改变了李光辉的一生。

2

这天下午歇憩的时候李光辉找马五谷谈了一次话。谈话的主题主要是有关工作方法的问题。因为李光辉觉得，马五谷对社员们的报复心太重，搞出了群众怕干部的风气，这是非常之不好的。除此之外，马五谷城府太深，让人感到不可亲近，也是非常之不好的。作为工作队员，李光辉有责任批评教育基层干部，使他们能更好地带领群众农业学大寨，也就是让鸡毛飞得更高。谈话的地点是在一棵板栗树下。马五谷像是有预感似的，掏出烟袋来滚了一支喇叭筒，喷出一朵蓝云后，先开了口。他说：我若不是生产队长，谁人怕我？我是生产队长，谁人不怕我？这好像有点子先发制人的味道，李光辉于是说：我认为，关键不是叫群众怕你，而是拥护你。马五谷又喷了一朵蓝云，说：一个人没有权力，谁人拥护？一个人有了权力，谁人不拥护？这又有点子禅语的味道，李光辉于是说：我认为，关键是如何用好权力，因为权力是党和人民交到你手中的。你一定要注意处理好干群关系。这时马五谷就不言语了，眼睛微眯，好像有什么东西需要回忆的模样。这就显出他的城府来了，同时也显出他们之间的空气的尴尬来了。过了一会儿，李光辉又说：关于你派钟国民到公社去做饭的事，群众是有一些议论的。一个生产队长，对于群众发点牢骚的事，应当采取引导同教育的态度，而不能采取压制同报复的态度，这样会影响社员们的积极性，鸡毛飞到天上去，搞不好也会掉下来的。李光辉还说了些别的话，但是马五谷不再作声了，只是沉默地听着，眼睛微眯，又是那副有什么东西需要回忆的模样。忽然之间，李光辉觉得他这副模样很是讨厌。他也说不清这讨厌的由来，但确实有了这种感觉，而且有了这种感觉之后，他也沉默了下来，不想再多言说。他抬起脸来，看到板栗树上停了一只红背的花鸟，叽叽叽叽地叫着，非常好听。他于是站起来，丢下马五谷同他那不断喷吐的蓝云，独自走到山顶上去吹风，哇地叫一声，忘了讨厌的心情，脑壳里是一片澄明。

吃完夜饭以后，李光辉走访了两户山腰间的马姓人家。这说明李光辉依然在坚持做细致深入的思想工作。有一户人家他去的时候就已经上床困觉了。当时还很早，李光辉看看手腕上的上海牌夜光表，不过就是八点多一点而已，他伸手推开堂屋的门，听得里头女人的呻吟声一阵阵水一样泼过来。他以为这家人家的女人生病了，而且病得很是严重，就急忙推开里间那张被柴烟熏得黑不溜秋的木板门，冲了进去。屋里头黑灯瞎火，李光辉就像是掉进了一瓶墨水中。这时他就看到两条模糊的白影子一齐坐了起来，呻吟的声音也一下止住了。李光辉的瞳孔迅速适应了屋里墨水的颜色，这才看清楚了，原来那两条模糊的白影子是这人家男人同女人的赤条条的身体。对于不速之客的撞入，这对男女的反应除了弹坐起来，就是瞪大了各自的眼睛。李光辉用力眨了眨眼睛，这时屋子里的一切都清晰起来，他看到那女人有一对很大而且造型非常好看的奶子，还看到她曲起腿来时身体一波三折的迷人线条。李光辉呵地叫一声，返身跨出门外。这时身后传来那男人的声音:李同志，么子事?李同志头也不回地答道：没么子事。没么子事。然后又是那女人的声音：进来坐呵李同志，我起来啦。但是李光辉朝山脚下走去了。他甩开手大步地走，耳畔回响的是那女人的声音。那声音非常悦耳，仿佛是山下草蓬间溪流的浅唱。就在刚才，这声音却是一种呻吟的声音。一个人发出两种截然不同的声音，一种是给别人听的，一种是给自己听的。而这两种声音李光辉都听到了。关于后者，李光辉呵地叫一声，就是因为他一下子顿悟了这声音表达的是什么。就是说，李光辉终于明白了那对男女在床上是干什么了。进一步说，李光辉还明白了，快活的事也能叫人发出呻吟之声。

李光辉朝山下走着，夜风吹着他那发烫的脸，他的耳畔是呻吟之声，他的眼前是一对造型很好看的大奶子。他抬起脑壳来，看到山高月小，水落石出，这个山野之夜真是美仑美奂。而这美仑美奂又是与他的所闻同所见相融与合为一体了。这是个凉爽的秋夜，可是李光辉却走出了浑身的燥热。他解开衣襟，让广大的风吹着赤裸的胸膛。与此同时，他深深地感到，那呻吟之声同那对造型很好看的大奶子分明是太折磨人了。他忽然觉得除了燥热，还有一种难过。这难过就像虫子一样，狠狠咬着他的年轻的身体。他又呵地大叫一声，之后，他听到四面山里都是狼嚎一样的回音了。他于是又感到了害怕。

李光辉并不晓得，他所感到的害怕，其实就是一种预感。众所周知，一个人的命运发生重大转折时，他都会有所预感，有时候这预感就是通过害怕来释放的。李光辉走回家时已是大汗淋漓。他就拿了一条大毛巾来到溪边洗浴。月亮照着群山，水里鳞光跳跃，空气里是一股野草的袭人的香味。他脱掉衣裤的时候，发觉下头那年轻的东西直翘翘的。这使他惊异，也使他尴尬。但他心里清楚，这东西是如此状态，要怪刚才的所闻所见太过强烈，也太过刺激，一直没有从脑壳里头挥发掉。尤其是那种呻吟之声，越是不去想它，它越是响彻在耳畔，让人莫名地烦恼又莫名地亢奋。李光辉低头看着下面那直翘翘的东西，试着用手握住，而且试着使一点气力，不一会儿，他就感到自己也快要呻吟了。一种快感电了他一下，迅速麻遍全身每一个细胞。他于是又呵地叫了一声。正在这个时候，他听得广播的声音从屋里传出来，那声音十分严厉，好像是在咒骂什么人。与此同时，广播家的黑狗也汪汪地吠了起来。

李光辉感到有情况，连忙把衣裤三下两下朝身上套去。

李光辉跑回家里，黑狗在堂屋里转来转去地吠着，只听得广播的房间里有什么东西碰得嘭嘭直响，他一把推开房门，从背后泻进来的月光里，李光辉看到有个男人骑在广播的身子上，后者的嘴被那男人捂着，于是脚就乱蹬乱踢。也许广播的气力很大，该男人在上面压不住，像喝醉了酒一样东摇西晃。李光辉大吼一声，一把从后头抱住他，把他摁倒在地上。这时广播爬了起来，大声骂道：你狗日的想占老娘的便宜，老娘拿菜刀切了你的狗鸡巴。说完冲到灶屋里，一会儿手里果然拿了一把菜刀过来了。与此同时，李光辉从该男人转过来的一张皱纹很多的脸认出来，原来他不是别人，是队长马五谷。

3

后来当然真相大白。原来广播那天跳起脚来骂马五谷，后者就起了报复她的心思。他想到的男人对女人的有效的报复，无非就是强奸。于是这天晚上他偷偷摸到广播的家里，拿竹篾片拨开门闩子，上去就摁住已经困着了的广播，急急地脱她的裤子。广播睁眼看到黑乎乎直喷粗气的人影马上辨出是马五谷来，心里头就火冒三丈。因为广播很不喜欢这个马五谷，何况自己的男人因为说了一句牢骚话被他整到公社去做饭，心里就很是恼着恨着，虽然骂过一餐，也仍是余怒未消，今日居然爬到自己身上来脱衣剐裤，真是狗胆包天，于是拼力扭打了起来，打得鸡飞狗跳。但那两个小孩子却困得死死的，一个也没醒过来，还不如那条黑狗，晓得吠着也是帮她助威。幸亏李同志及时赶到，因为论气力，女人究竟是拗不过男人的。

马五谷的胆子也的确是太大了，这是因为，他明明晓得，工作队员李光辉就住在堂屋隔壁的房间里。这只能说明，他对事情的把握未免估计过高。就是说，他以为广播会屈服于他的权力。除此之外，他还想到，广播也正需要男人。更重要的一点是，自从他马五谷当了生产队长，想要困哪个女人，哪个女人都没有过反抗。这也就意味着，在女人的身上，他充分感受到了权力的无可抗拒的力量。所以在马五谷皱纹很多的额头里逐渐地形成了一个概念，这概念就是：拥有权力的男人，才是真正的男人。同时，一个相关的概念也逐渐地形成：权力使人惧怕，也使人服从。明白了这一点，我们就会明白马五谷为什么胆子如此之大。但马五谷分明是失算了，这是因为，广播是一个根本无所惧怕的女人。她不但拒奸，而且还气乎乎地要拿菜刀切了他的狗鸡巴。

李光辉划亮一根火柴，把广播屋里的煤油灯点燃，看到广播衣裤都被扯得稀烂，几乎是赤裸着身子站在门口气得抖抖瑟瑟。她的身后，黑狗仍在狺狺地低吠着。而她手中的菜刀的刀刃在灯光里闪跳着一点令人心悸的寒光。这时马五谷业已坐起来了，正慢慢拴自己的裤带头。他脸上的表情在灯光里显得十分木然。虽然一切都在他的意料之外，但这也并没能使他就如何惊慌失措。李光辉看出，他的木然的表情似乎是在说着一句话：事已至此，你们要如何办就如何办吧。他的态度倒真是让李光辉感到吃惊。就是说，广播的勇敢让李光辉钦佩，而马五谷的木然让李光辉惊愕。

不难料到，事情的终结就是，不管马五谷如何木然，他还是被李光辉撤了职。这一回不同于上两回，李光辉来了一个先斩后奏。就是说，第二天上午他就召开了队委会紧急会议，在会上，李光辉先以工作队的名义宣布了撤消马五谷生产队长一职的决定，然后再说明原因。这个原因也是与会人所熟悉的：作风不好，乱搞女人。当时马五谷本人也在场，一言不发，叼着喇叭筒烟，慢慢喷吐着蓝云，眼睛微眯，同样是一副似乎有什么东西需要回忆的模样。权力从此离他而去，他也许是在回忆它的滋味吧。我们晓得，马五谷脑壳里有了一个概念：拥有权力的男人才是真正的男人。假如真是这样，那么马五谷从此就不再是一个真正的男人了。但他有何感慨，李光辉仅从他的表情上还看不大出。有城府的人就是如此，总是让人捉摸不透。因为捉摸不透，李光辉就感到自己远不够少年老成。宣布了撤职决定，李光辉还宣布，新的生产队长人选暂未确定，也暂不酝酿，由他本人先代行其职。散会以后，他就给工作队王队长写了一份材料，呈报了上述种种。王队长很快龙飞凤舞地做了批示：鉴于龙岩坡生产队历任队长均犯有严重作风错误，同意李光辉同志意见，暂由李光辉同志代理队长职，至于生产队长人选，因前车之鉴，拟慎重考察后再做确定。于是从这天起，李光辉就代行龙岩坡生产队队长职了。

我们说过，那天晚上发生的那桩事，彻底改变了李光辉的一生。这是因为：一、他看到了马五谷企图奸污广播的事实。这个事实告诉他，任何男人拥有权力，就可以困别人的堂客，不管别人的堂客愿意不愿意。由于这桩事，他还联想起了公社里发生的事，也就是女知青雷晓红同刘书记和王队长之间的事。现在他明白，后者能够困前者，并且困得前者要到卫生院去“做掉”，就是因为后者拥有既可以把前者调到公社里做电话接线员，又可以推荐前者招工的权力。所以在这个晚上，李光辉认真思考了这个既让他憎恶，又让他好奇的权力。这就意味着，李光辉在这个晚上对权力的诱惑产生了极大的兴趣。由于有了这个兴趣，也就有了他要代行生产队长一职的念头。二、事情发生后，马五谷不发一言地走掉了，广播手里的菜刀当时丢到了地上，就是说，她并没有拿它切掉马五谷的狗鸡巴。其实有没有切掉并不要紧，要紧的是，丢掉菜刀之后，广播猛地扑到了李光辉的怀里，气息吹到后者的脸上如迎面吹来了遥远的风，而且后者还仰起脸来喘息着说：我给你困！给你困！我们晓得，这个时候煤油灯已经点亮了；我们还晓得，广播几乎是赤裸着的。她的光滑丰腴的身子在李光辉的怀里颤动，使这个二十一岁的青年浑身的血液就像鼎锅里的开水一样沸腾起来了。“我给你困”这句话，是李光辉二十一年来第一回听到的话，这句话带着遥远的风一样的气息吹到他脸上同心上，所产生的魔力当然是可以改变一个人的人生的。李光辉的手不由自主地摸了一把广播的翘翘的大奶子。这时候，他的血管里的血液就不是鼎锅里的开水了，而是熔炉里的铁水。他感到了窒息，同时也感到了眩晕。此外，他还感到自己像是发了高烧的病人，他的身体快要被燃成灰烬了……

有一点需要说明，那天夜里，李光辉并没有困广播。这是因为，他当时感到了窒息同眩晕，而且他还感到自己像是发了高烧。换句话说，他当时根本没有力量去困眼前这位丰腴饱满几乎是赤裸着身子的女人——尽管她自己强烈要求给他来困。与此同时，他还非常害怕。到底害怕什么，他也一时想不清楚。总之，他把自己的手从广播的翘翘的奶子上收回来，然后摇摇摆摆着站起身，像踩着棉花一样飘飘地进到了自己房中。这个时候，他听到广播的哭声了。这是他第一回听到广播的哭，而平时他听到的都是广播的笑。那哭声并没能放开来，是嘤嘤的低泣。这样的哭，仿佛很不符合广播的敢恨敢爱的泼辣个性。但她确实就是这么嘤嘤地低泣着，反而显得更加地伤心无助。这哭声像是一道溪水，慢慢冲洗着李光辉的脑壳，使他渐渐退了高烧，淘去害怕。而这时他便有了一种前所未有的冲动，他简直想冲了过去，抱住广播哭泣着的赤裸的身子，然后，同她困——不管是在床上还是在地上。这就说明，那天夜里，李光辉虽然当时并没有困广播，但是后来却非常非常想困。不过他也只是强烈地想，在这件事情上，要把想变成行动，他的勇气还远远不够。

同时需要说明的是：那天夜里，李光辉彻底失眠了。他的眼睛圆睁着，一会儿冷静一会儿冲动地想起许多事来。关于冲动，那就是说，他多次想爬起来，冲到广播的床上，不顾一切地深入到她的身体里头去。这个夜晚是李光辉一生中最刺激的一个夜晚。二十一年来，他第一回如此强烈地感到需要女人。他的下头已经胀得生痛生痛。他拿手去握住，一会儿他的手就滑溜滑溜地全湿了。而这时他听到了鸡的啼唱。新的一天开始了。李光辉坐起来，看着窗子外头蓝蒙蒙的山影同天空，隐隐感到，他的身心都已发生了大变化。

4

事情过去两天后，马五谷找到李光辉，自己要求到公社去修机耕道。那是一件苦差事，平日他当队长时都是罚不听他的话的男人去干的。李光辉理解为他这是自我惩处，同时也是逃避人家的白眼同嘲讽——他毕竟在当队长期间得罪了许多人，于是李光辉就点头同意了。就是说，李同志只是点了点头，连话都懒得跟他说。他这样表态，就是为了表示自己也并非没有城府。一个人，当了头头，点头表示同意，摇头表示否定，这就是城府。城府是可以学的。世界上的事，没有什么是不可以学的。当然李光辉想表现得有城府，这是他在向马五谷学。就是说，马某人是他的反面教员。这样，马某人就同他的两位前任一样，去干苦差事去了。顺便补充一句，两位前任是马某人在任时罚去的，现在马某人自己将自己也一并罚了去。

马五谷撤了职，桃花就要到水磨坊来守夜了。这天断黑边上，李光辉吃了夜饭坐在溪边上抽喇叭筒烟——这是他在许多同之外又新添的一同。他看到山腰间袅袅地下来了一粒人影。近前一看，原来是桃花。她手里拿了一只纳了一半的鞋底，粑粑头也仍是抹了些刨木花水，闪动着黄昏昏黄的微光。见到李光辉，她停住脚，打了声招呼，脸上绽开着好看的笑容。这笑容使李光辉大为感动。这是因为，他觉得，龙岩坡的女人从来都是乐天的。他到此地搞工作队已经十个多月了，还从来没有看见过女人们脸上的愁容。桃花虽然老公被撤了职，自我罚到公社去干苦差事，她却没有丝毫的羞耻感，除此之外，她同马大佬困觉的事被李光辉撞见过，她也没有丝毫的羞耻感，反而见到李同志还绽一脸好看的笑。所以桃花就显得比平日笑着时还要楚楚动人。李光辉就问：今夜里守水磨坊？桃花答道：嗯哪。李光辉说：好久不见你值夜啦。桃花答道：嗯呐。李光辉又说：我屋里还有两瓶煤油呢。这下子桃花没有“嗯呐”了，她有些讶异地看看这位李同志，发现他并没有望着自己说话，而是把脑壳扭到了一边。后来这句话让桃花坐在水磨坊里一边纳鞋底一边想了很久。直到她打了一个呵欠，才懒得再想了。当然后来她还是想了，不过想出来的是这么一句话：这个李同志好怪，说话莫名其妙。

桃花懒得再想了的时候，李光辉却在房子里胡思乱想。这主要也是由桃花引起的。这个女人脸上绽开那样好看的笑，嗯呐嗯呐的声音也那样地好听，不由得身心起了变化的李光辉不胡思乱想。在胡思乱想当中，李光辉眼前老是浮着桃花夜浴的样子，说白了，就是眼前老是浮着桃花的一丝不挂的裸体。这时他感到下头又有了情况。后来他想控制自己不再去想那汉白玉一般的夜浴的裸体，但是他已经对自己失去了控制力。于是下头又开始胀得生痛生痛了。这一回他却不敢拿手去把握。因为他害怕再弄得一手滑溜滑溜的。这说明李光辉变得乖巧多了。不过乖巧归乖巧，就是说，一切乖巧都不能阻挡李光辉胡思乱想，不能阻挡他眼前老是浮着桃花一丝不挂的裸体。我们晓得，一个年轻人，二十一岁，遇到这样的麻烦，那是会有后果的。所以接下来，我们就看见是什么后果了。

在描述后果之前，我们要先来描述李光辉的心理活动。这就是说，他起先是胡思乱想，接着眼前老是浮着桃花的裸体，后来他就非常盼望桃花听懂了他的话，来找他借煤油——因为这时候已经很晏了，四山里极是安静，墙角的虫子唧唧地鸣叫，溪里的流水淙淙地呢喃。虫声也好，水声也好，仿佛都在提醒，这个夜晚不应当只有这么一点点动静，这个夜晚应当非同寻常。这是因为，李光辉有一种按捺不住的激动，只觉得浑身燥热无比。他想桃花要是不来找他借煤油的话，那他就非把煤油送到水磨坊去不可，不管桃花是不是需要。他的心理活动就是要为自己的行动寻找借口。换句话说，如果一个夜晚非同寻常，那它总要有非同寻常的理由。

如果我们简单一点说明所谓后果的话，这后果就是：经历了这个非同寻常的夜晚，二十一岁的工作队员李光辉便不再是童男子了。

李光辉不再是童男子，是因为他同桃花发生了性的关系。这是他有预感的。当桃花下山来朝他绽开那样好看的笑，还嗯呐嗯呐说话时，他就强烈地感到今天晚上非需要这个女人不可了。如此强烈地需要一个丰满性感的女人，若是在平时，李光辉肯定会非常害怕。就是说，他不是害怕这个女人，而是害怕他本人。但是他今夜已是抗拒不了这种强烈的需要了，我们说李光辉起了变化，这就是最大的变化。龙岩坡的女人对于李光辉来说可谓一生中最大的诱惑。他过去抵抗着这种像春天山崖上的野花一样浓烈芬芳的诱惑，现在这种抵抗业已土崩瓦解。即使不是土崩瓦解，那也是滑稽可笑。这就是说，他有了预感之后就非常之想同桃花在一起了。我们说过，要将想变成行动，李光辉的勇气还远远不够。但是这个夜晚非同寻常，虫声也好，水声也好，一切都对李光辉形成了莫大的鼓励。一个年轻人，受到如此鼓励，他就再也按捺不住激动，从房子里走出来，踏着石板路来到了水磨坊——他其实手里根本就没有提着什么煤油瓶。当那扇柴扉发出他极为熟悉的吱呀一响之后，他就不再是童男子了。

需要说明的是，当李光辉进入丰满性感的桃花的身体之前，他在想象当中就已经完成了对桃花的身体的进入。这是因为，他走出自己的房间的时候，脑壳里又幻出了桃花的汉白玉一般的裸体。他的下头仍是胀得生痛。于是这痛感就使他觉得下头这个几乎成了悍然大物的家伙会与那个汉白玉的的身体发生不可理喻的纠缠。当他想到这一点，在他的脑壳里就幻出了自己进入那身体的全部过程。这简直是一个奇迹，因为李光辉从来没有做过爱，也从来没有见识过别人做爱。在现在这样的时代里，一个二十一岁的年轻人，万一自己没有性经验，也至少晓得做爱是怎么一回事。但是在七十年代，像李光辉这样的人，哪怕已经二十一岁了，就连性常识也是多半不懂的，要想在脑壳里幻出做爱的全部过程，只能被称为奇迹。在奇迹产生之后，李光辉几乎是浑身冒着火焰来到了水磨坊。换句话说，李光辉二十一岁的青春被欲望之火蓬蓬地燃着了。

第八章

1

不知是听到第几声鸡啼，李光辉醒来了。他睁开眼来，在朦胧的熹光之中看了看怀抱中的桃花。后者困得极是香甜，鼻息像三月的熏风，吹在他的胸脯上，使他感到人世的美是遥远而广大的，同时也是懒洋洋的。虫声依然在那里，水声也依然在那里，但是过了一个夜晚，它们就变成了竖琴和诗，吟唱着一个年轻男人所领略到的生命的快活同心满意足。桃花的粑粑头已经解散了，乌黑的头发泻了半床，赤裸着的身子弯得像一张饱满的弓，李光辉伸出手来轻抚着这张弓，有一种无限明媚的心情，好似要拿它弹射到日子的最深最深处。这时他的轻抚将桃花弄醒了，准确地说，是将后者的身体弄醒了，这身体便如乞讨的手掌一样仰摊开来，强烈地示意他再度进入。这种等待同鼓励的姿势一下子就让李光辉亢奋了起来，于是李光辉在黎明时分又一次地燃烧了自己……

在整个过程中，桃花都是闭着眼睛的——闭着眼睛干，闭着眼睛呻吟，完事之后闭着眼睛又打起鼾来，而且身子再一次地弯成了一张饱满的弓。这就是我们所说的，她只是身体醒来了。换句话说，李光辉在半夜里是同醒着的桃花做爱，黎明时分是同梦中的桃花做爱。但两者都让李光辉感到了无与伦比的快活。他坐起来，从口袋里摸出烟丝滚了一支喇叭筒，抽了一口，觉得恍兮惚兮，舒服至极——以后就再也戒不脱这种东西了。这就是说，女人同烟草，自此成了他生命的必需。

抽完这支喇叭筒，天色就亮了许多。李光辉慢慢穿好衣服，在站起身之前，满意地在桃花的臀部上摸了一把。这个动作一点都不温柔，甚至相当粗鲁，就像土耳其人对待自己的女俘一样，连李光辉本人都感到有些吃惊。他不晓得自己为什么会有如此粗鲁之举，但同时他又感到仿佛需要一个这样的举动，才能注释他现在的心情。他站起来，跨过地铺上的性感的弓，吱呀一声，走到了柴扉之外。一股新鲜的、略带湿润的山风迎面吹来，他的衣角抖动不已，他沿着石板路朝木屋子走去，脑壳里是一片兴奋的空白……

关于李光辉半夜里走入水磨坊的情形，可以略作补充如下：当时桃花正在灯下纳鞋底。这个姿势李光辉已经相当熟悉——就像他熟悉柴扉的吱呀声一样。就是说，桃花好似永远有纳不完的鞋底。这证明桃花的崽女们在不断长大，而她的美丽却一如既往。我们说过，龙岩坡的女人从十八岁到四十五岁，在皮肤的细腻上几乎看不出明显的区别。我们还说过，龙岩坡的女人，到了四十多岁，其娇嫩尚且如少女一般。李光辉从桃花的身上就看到了这一点。如果桃花不是留着粑粑头，而是扎着小辫，到了遥远的省城里，人们一定会在猜测她的年龄时闹出许多笑话来。桃花纳鞋底的姿势是很有美感的，这样的姿势在省城里是看不到的，所以李光辉一见之下就很有几分冲动。而在冲动之前，桃花早已仰起了她的脸，钻子在头发间来回熨了熨，说：李同志来啦？李同志这时正在冲动，处于严重的失语状态。桃花一点也不奇怪的样子，又说：坐呵李同志。李同志四面看了看，除了地铺，没有可坐之处。而桃花就正是坐在地铺上纳鞋底。这就意味着，他要坐，就是坐在桃花的身边，坐在充满了诱惑或暗示的床上。他当然就坐了下来。结果一屁股没坐好，朝后一仰，倒在了床上。桃花就笑得只拿拳头捶他的腿，还说：好玩好玩好玩，李同志太好玩啦！后来桃花忽然止住笑，眼睛亮亮地望定李光辉：李同志，今夜里我要你好好陪我玩！李同志还在失语状态之中，而且也没有完全反应得过来，桃花就动手脱他的衣服了。

我们晓得，在从自己的房子里走出来到吱呀一声拉开柴扉，李光辉脑壳里都在想自己如何使这位丰满性感的女人投怀送抱的问题。虽然他并没有任何性经验，但在他的感觉里，女人在这种事情上一定十分被动，甚至不是那么情愿的。一个女人主动地对一个男人说今夜里我要你好好陪我玩，并且还动手脱这个男人的衣服，这种情形是李光辉完全不能料想的，所以他竟然莫名其妙地挣扎了起来。这时桃花把眼睛瞪圆了，大声说：那你来做么子，深更半夜的？那种理直气壮的模样倒着实让李光辉吃了一惊。他想真是的，我是来做么子的呢，这么深更半夜的？他仿佛一直在做梦，现在忽然醒过来了，于是就一把抱住桃花，摁倒在床上，抱得死死的，直到过了好久，才听到怀里有一种闷闷的、游丝般的声音：我要死啦……

有关李同志半夜里走入水磨坊的情形便是如此。这情形可以这么解释：有很多的事是出人意表的，而真正的快活往往都来自这个出人意表。

我们说李光辉已不再是童男子，其实这句话的关键，是说李光辉已不再是昔日之李光辉了。众所周知，陶渊明老先生说过一句非常有意思的话，叫作“觉今是而昨非”，李光辉后来的心态就是觉今是而昨非的心态。他回想起来，龙岩坡的女人其实早就给过他足够多的暗示，他如果及时领悟并及时接受那些暗示的话，那么他的快活的时光可以至少提前半年来到。就是说，他享受快活的时光可能已经有半年多了。现在他已在龙岩坡待了快十一个月，而作为农业学大寨的工作队员他只是在湘西工作一年，那么他剩下的时间也就只有一个多月了。他可以料想，剩下的时间，将是他一生中最为快活的时间。也就是说，他刚来的时候简直都不敢正眼一望的龙岩坡的女人的那份惊人之美，他可以尽情地享受了。经过桃花，经过这一夜，他晓得她们是需要他的，而不是瞧不起他的。反过来，他也是需要她们的。因为他深入她们，就是深入到生命的欢悦同快活。

但是，不管怎么说，李光辉想起所剩的时间只有一个多月了，多少便有些懊恼同沮丧。他甚至悔恨自己为什么不早谙世事。这就是觉今是而昨非的态度。

顺便补充一句，李光辉从水磨坊里出来，脑壳里是一片兴奋的空白。他沿着石板路朝前走，快走到自己的木屋时却忽然折转身朝山上走了去。就是说，他忽然想到山顶上去坐一坐，因为这是他在龙岩坡养成的习惯。觉今是而昨非的态度就是在山上的一块绿茸茸的大石头上产生的。

2

你如果坐在绿茸茸的大石头上，迎面吹来凉爽而清新的风，看着迷蒙的山影，听着隐约的鸟啼，可能你就会像李光辉一样，想起许多遥远或并不遥远的事情来。现在我们要描述的，就是李光辉在这个清晨的时辰坐在绿茸茸的大石头上想起的如下一些事情。首先，他回味了昨天夜里以及今天早上同桃花做爱的滋味。顺便说一句，在回味的过程中，李光辉下头那个东西又直翘翘的了。他站起身，在大石头旁的一棵板栗树下撒了一泡热辣辣的尿，然后又坐下来，过了好半天，那东西仍是直翘翘的。这就说明，快活的事情是让人亢奋的，并且这亢奋是不由人的意志为转移的。我们晓得，李光辉在一个晚上同醒着的桃花和梦中的桃花都做了爱，因此，他不再是童男子了。关于这一点，李光辉一点怅然都没有，相反，还极是得意。就是说，他觉得自己在龙岩坡早就不应当是童男子了。在如此美好的女人同如此美好的身体跟前做一个童男子，真是羞耻或者愚蠢。如此美好的女人，如此美好的身体，当他深深地进入时，那每一个毛细孔都在拼命释放的巨大快感震撼着他的同时也在向他宣告，从前的所有日子都是苍白的，毫无意思，毫无快乐，也毫无人味的。我们说李光辉回味同桃花做爱的滋味，这就是最强烈的滋味。也就是说，谁一生中只要感受过一次这样强烈的滋味，谁就会从此改变整个的人生。接下来，李光辉莫名其妙地想起了外婆，想起了工厂团委的同事，以及那位在记忆当中日渐模糊起来的燕妮妹子……换句话说，他想起了与现在的生活完全不同的从前的生活，想起了与龙岩坡的人完全不同的都市的人们。但我们可以肯定，李光辉是“想起”，而不是“回忆”。二者的区别是，后者是带有感情的，而前者则未必。比方李光辉想起燕妮妹子时就没有任何回忆所带来的亲切同温馨。他只是想，同龙岩坡的女人相比，这位看上去长相不俗的中学同学到底缺少了一点什么呢？我们晓得，曾有好多个不眠之夜，李光辉被这个问题所困扰，而现在，经历了一个美好的夜晚，经历了一个美好的女人，他终于搞明白了，原来燕妮妹子根本不是缺少一点什么，而是，她根本就不属于一个能够让男人享受到人生快活的女子。后来李光辉放开来想，在他认识的省城的女人里面，有谁能像龙岩坡的女人那样，充满了生命的绚丽美感同强烈的快乐欲望呢？坐在绿茸茸的大石头上，李光辉用一个摇头的姿势表达了他的感触。顺便说一句，李光辉想到外婆时眼前又再一次地浮出了被人民政府毙掉的土匪头子麻老三七十多岁的堂客负柴疾奔的身影——劳动产生了健康同美丽，产生了米勒画笔下线条饱满、生机勃勃的农妇，也产生了一个山野老妇负柴疾奔的矫健身影。有了这样的印象，李光辉才感到，城市的女人多少都是有些病态的，无论是年轻的，还是年老的，也无论是生理的，还是心理的。二十一年来，李光辉没有真正从内心深处爱恋上谁，也不懂得应当爱恋上谁，为什么一到龙岩坡，哪怕是来的第一天，他就被这方土地上的女人那种强烈的美感惊呆了呢？只有这方土地，才能使李光辉渐渐明白，什么样的女人值得他去爱恋，去进入，去燃烧。同时，只有这方土地，才能使李光辉像一棵山中年轻的树，蓬勃地生长出生命的绿油油的欢悦。有了此番感慨之后，李光辉又想起了另外的一些人和事。比方，王队长同刘书记，一想起他们，就不由得想起了雷晓红，后者现在凉水井镇臭气熏天的化肥厂里上班，虽然被弄得面目全非，但毕竟是当了工人，“工人阶级领导一切”是那个时代最时髦的语言，所以她现在总算是很时髦了，尽管她“做掉”过，并因为“做掉”而把身体搞得弱不禁风。但我们晓得，李光辉曾经有过一个态度，那就是如果把他招工进那个猪圈一样的化肥厂，他不如在龙岩坡当一辈子一日只吃两餐的农民。

关于王队长同刘书记，李光辉的态度只有厌恶同憎恨，这是因为他们利用可以调到公社守电话总机或推荐招工的权力困了女知青雷晓红，而且他们当中不知是谁让后者受了“做掉”之苦；最重要的是，后者的结局比“做掉”之苦更苦——她将在那样一个肮脏的地方结束自己的青春同美丽。再比方，李光辉还想起了马氏家族的几位生产队长——马石头、马大佬以及马五谷。他们都是因为作风不好，乱搞女人下的台。想到这些被自己搬掉的石头，李光辉有了一种非常复杂的心态。一方面，马氏三队长都是快五十岁了的丑陋男人，而他们却随意地困了世界上最富于美感的女人，也许某些女人是出于对性事的兴趣，但更多的情形恐怕是出于对权力的屈从——当然也有不屈从的，比方说广播，不过她只能算作是例外。对此李光辉怀得有一种痛恨。我们可以理解成李光辉对马氏三队长的痛恨，也可以理解成对权力形成的淫威的痛恨。另一方面，马氏三队长的作为又让李光辉对权力产生了浓烈的兴趣。马氏三队长拥有权力时同失去权力时是完全不一样的两类人，叫李光辉一想起就觉得大有意思。除此之外，李光辉还觉得马氏三队长曾因为拥有权力而享受了人间艳福，虽然都被搬掉了，但是作为男人却很是值得骄傲，所谓此生足矣。不过想起他们被搬掉后的猥琐模样，李光辉又觉得他们有几分可怜，这倒不是因为他们都被发配去干苦差事，而是因为他们从此不可能再随意享受到人间艳福了。

关于李光辉坐在山顶上的一块绿茸茸的大石头上想起的人和事，还有很多很多，但我们只能撮其要，描述以上这些。这仅仅是因为，我已经够啰唆的了。

3

后来忽然下起了豆大的雨，满山遍野都是春蚕吃桑叶的沙沙声响。李光辉于是摘了片很大的阔叶顶在脑壳上朝山下疾步走去。他看到房东的两个小家伙背着书包戴着斗笠到大队上的小学去上学，那条黑狗跟在他们的屁股后头走了一截然后立在雨中大摇其尾一再表示古得拜，古得猫令，古得什么什么。李光辉走进堂屋时看到广播坐在火塘边上，士林蓝的衣服没有扣，只是虚虚地掩在胸前，懒洋洋地看着火舌舔着鼎锅的屁股，神情就像如今退了休的前厅长前局长无事可干只好坐在客厅沙发上泡电视的模样。李光辉上前打了个招呼，说：吃啦？广播没有作声，只是直了直腰。李光辉又说：看见娃崽同细妹去上学啦。广播仍没有作声，而且也没有直腰了。李光辉觉得奇怪，就在火塘边坐下来，望着广播的眼睛，发现这双眼睛在火光中闪烁了愤怒同伤心，就颇感到意外，说：怎么啦？怎么啦？这时广播把脑壳抬起来了，直视着李光辉，慢慢地说道：我是不是让人瞧不起？李光辉说：怎么啦？怎么啦？广播说：你回答我，我是不是让你瞧不起？李光辉说：哪里的话哟，我怎么会瞧不起你哦，我还怕你瞧不起我呢！广播停顿了一下，问道：真的么？李光辉长劲点了点头。广播忽然声气大起来：那你为什么不肯同我困？！李光辉被这句话着实吓了一跳，于是又变得结巴了，我我我我了半天，不知如何回答才好。广播声气仍然很大地说：以为我不晓得？昨天夜里你困到水磨坊去了！你肯同桃花困，为何不肯同我困？这时候，李光辉总算明白了广播眼睛里的愤怒同伤心。总而言之，他被广播的愤怒同伤心深深地打动了。

我们晓得，有很多事情是出人意表的。比方广播的愤怒同伤心；又比方，李光辉被广播的愤怒同伤心深深打动之后，他们就在火塘边的地板上滚成一堆狂热地做起爱来；再比方，在高潮来临的时候，广播在李光辉的肩上狠狠地咬了一口，从此后者的肩上永远地留下了这一时刻的难忘纪念。这事说明，龙岩坡的女人表达自己的激情，有着与众不同的方式。李光辉在剧烈的一痛之后，也仍然是被深深地打动。因为广播的激情如火如荼、如醉如狂，让李光辉真正体会到了什么叫作忘乎所以的境界。

现在我们可以补充一些细节，来证明广播的激情。我们在上面的文字里交代过，广播的士林蓝衣服就像水磨坊的柴扉一样，并没有扣上，是虚掩着的，所以当广播说了一句：如果你真的不是瞧不起我，那好，那你就来！之后她就把衣服唰地一把剐掉，露出了雪白的胸脯同奶子。那奶子大而翘翘，颤动着热烈的期待同燃烧的欲望，使李光辉这一次再也无法控制住自己，也无法想得那么多了，于是他猛地一把抱住了面前这位勇敢地表达自己的需要的女人……刚刚经历了桃花，现在又经历着广播，李光辉觉得后者比前者更加热烈、更加奔放，像火山喷涌，像白浪滔天，势不可挡。

后来一切都停止了，只听得雨点打得屋外头四山里炒豆似的响，衬得堂屋里分外地静谧。李光辉闭上眼睛躺在地板上，连动一下的气力都没有了，脑壳里又是一片兴奋的空白，于是倦得困着了。过了一会儿，他感觉到一只手伸过颈子将自己抬坐起来，这时一股异香扑鼻而来。他睁开眼，看到广播另一只手上端了只热气直冒的蓝花陶碗。广播说：是两个荷包蛋，补补阳气。坐好，我来喂你！这事又说明，像广播这样的女人在激烈狂放之后还有温存体贴，的确是太美好了。这时候广播仍没有穿衣服，光赤着饱满成熟的身体，而李光辉就软软地靠在这样的身体上，充分享受着这份人世上难得的美好。在他的脚旁，躺着广播的洗得发了白的士林蓝的衣服，那衣服蜷缩着，默默保持了等待包藏一份惊人的肉艳之美的姿势。

4

雨还在下着，这是秋天最后的雨水了。天气正在迅速转凉，但是山里的人仍是穿着单衣。时间如白驹过隙，李光辉就要结束他在龙岩坡搞工作队的日子了。他坐在窗前，望着天上的一朵雨云，心情异常复杂。桌子上是一张白纸，上头写了“报告”二字，下面则点墨无着。这是因为，李光辉一时找不到措辞。他的报告是打给工作队总部同本单位领导的，打算一式两份，内容大略是：一、他要求继续留在龙岩坡，但不是以工作队员的名义；二、继续留在龙岩坡，但也不代理生产队长职；三、他愿意在龙岩坡当一个农民，因为他热爱这方土地，就是说，他不想再回到省城里去了。看到以上内容，人们就会明白，李光辉是想辞掉公职，永远生活在龙岩坡了。对于这样的想法，任何人都会哂笑不已，莫说是王队长，或李光辉原来单位上的领导和同事，就是他的家人同朋友，包括父母与外婆，甚至像燕妮妹子那样的人，没有一个会理解的，更莫说是赞同。人们永远不会晓得一个二十一岁的在别人看来是很有前途的年轻人为什么会做出如此荒唐的人生选择。这个世界只有一个人清楚这样的选择的重要同正确，这个人就是李光辉本人。

李光辉在纸上写下“报告”二字之后没了下文，并不是他不坚定，而是他心情异常复杂。这是因为，他要彻底告别从前了。一个人要是彻底告别从前，他的心情就会如此复杂。但是我们要说明的是，李光辉心情是复杂的，然而思绪却是清晰的。首先，他觉得自己实际上在这近一年的时间里，已经差不多在很多方面与龙岩坡的社员们同了，就是说，他已经像当地人一样适应在这样的环境里生存了——哪怕是一日只吃两餐。其次，他觉得自己相当年轻，才二十一岁，有的是身体本钱，完全能够自食其力。最重要的一点，是他觉得在龙岩坡，日子再苦，也是快活的。这是因为，龙岩坡有世界上最富于美感的女人，她们天性快活——不但自己快活，而且还能给男人创造快活。李光辉认为，他完全可以凭着自己的聪明同年轻以及见多识广博得她们的好感，并进入她们同她们一起创造生命的快活。还有一点也很重要，就是，自从他经历了桃花，经历了广播，他就再也离不开龙岩坡的女人了。就是说，只有龙岩坡的女人，才能使他的青春得以燃烧，迸发出灿烂夺目的生命异彩。不过，有一点李光辉是清楚的：他绝不会像马氏三位队长那样，利用手中的权力来得到那些丰满性感的身体。在他的报告里，他将庄严地写上"放弃代理生产队长一职"，换言之，他将放弃一切权力。他要赢得龙岩坡的女人，但依靠的将是他自己——来自身体同头脑的力量。所以说，李光辉是自信的。这种自信他以前从来没有过，是龙岩坡的女人——比方桃花同广播——给予他的。他对她们充满了感激，充满了爱慕，同时充满了骚动的激情。

当他坐在一张粗糙的木桌子前拟想报告的腹稿时，门被广播推开了。她手里又端了那只蓝花陶碗，碗里飘着熟悉的、打了汤的荷包蛋的奇异香味。这时李光辉才感到肚子实际上已经饿了，他急忙站起身，接过蓝花陶碗，又望望眼前这位胸脯饱满的女人，于是张开了迎接一切美好事物的青春的胃。

在本书结束之前，我的一位朋友在电脑显示屏上读完了以上部分。他对我说，李光辉的故事是没有典型意义的；他对生活的选择是荒唐的，甚至是淫秽的。他还不无遗憾地指出：看来你对他还是蛮欣赏的。我说：你说得对，我对李光辉是欣赏的——我欣赏一切有意味的人同有意味的事，不管这人和事是否有典型意义。至于荒唐或是淫秽，那是你说的，而不是我说的。对于同一桩事，每一个人都会有不同的说法。朋友点点头，说：我同意你的看法，但我坚持我的意见。然后，他又问我：后来呢？李光辉的后来呢？这时我沉默下来了。是的，一切故事都是需要这个“后来”的，而李光辉的故事却没有“后来”。龙岩坡在遥远的湘西山区，那个地方原先出土匪，后来土匪被共产党剿灭了。经历了许多日子，那地方有过一场农业学大寨运动。运动的直接目的是要像剿灭土匪一样剿灭贫穷，但是运动过后，那地方贫穷依旧。有一个名叫李光辉的年轻的工作队员在长达一年的工作任期结束之时没有随队回到省城里去，而是留在了龙岩坡。龙岩坡穷山恶水，生长贫困同愚昧，这是李光辉所憎恶的；但同时，龙岩坡也生长健康同美丽，生长野性的欲望与快活，这又是李光辉所喜欢的。他是留在那个地方了，内心隐秘的快乐永远无人知晓，也无人理解。就像我的朋友说他是荒唐的和淫秽的一样，有很多人说他是愚蠢的、可笑的。如果他的故事有“后来”，那么这个“后来”就可以证明他的选择究竟具有什么性质。遗憾的是，李光辉的故事确实没有这个“后来”。这是因为，龙岩坡太遥远了，即使有多种现代交通工具能够解决距离的问题，但我们的思维方式也未见得能够抵达彼地。这就意味着，龙岩坡是可以抵达的，而李光辉所选择的人生我们却根本无法抵达。

1997年9月2日—10月22日于长沙

马小丁从前很单纯

马小丁

从前马小丁是个很单纯的孩子，现在当然也不能说他不单纯，只不过他发生了一些他自己也说不清楚的变化——还不只是说不清楚，他甚至自己都没有怎么感觉得到。他的父母怎么会感觉得到呢？一年以前他上高一的时候，他还跟他的妈妈经常说说班上同学的事。

“胡军脸上长了青春痘。”他一边吃饭一边说，“他给前排的张慧递条子，写我爱你呀什么什么，被物理老师发现了，罚他站了半节课。”

“刘志邀了隔壁班上的杜红看电影，还偷了他爸爸的钱请她吃麦当劳。他爸爸告到学校里来了，要把他的腿打断。他爸爸好凶的样子。”

“小丁，”他妈妈问他，“你没有跟女同学写过什么条子吧？”

“我才不会呢，丑死了，那种鬼事情！”

他妈妈于是从他的脸上看到了单纯。他妈妈放心地扒了一口饭。

现在马小丁不跟他妈妈说班上的新鲜事情了。现在马小丁变得很沉默了。现在马小丁放学回家后总是把自己关在房间里，从里面把门锁上，他妈妈想进去都要敲老半天的门。

“你关着门搞什么名堂？”他妈妈问他，同时拿眼睛四处搜索，妄图发现一点什么不正常的迹象。“呵，搞什么名堂？”

马小丁一脸不耐烦的样子：“你说我搞什么名堂？”

“你关着门不是搞学习，是在听音乐呵，呵！”他妈妈终于发现他拿肘臂挡着的随身听。一根黑色的耳机线从他的肘下探头探脑出来，暴露了他的秘密。

“休息的时候才听一听，上课还有课间休息呢。”马小丁是这么解释。

他妈妈坐下来，望着儿子的眼睛。“小丁，你记住，妈妈这辈子最恨、最恨、最恨，就是不诚实的人。”

马小丁从他妈妈眼睛里看到了一种他完全不明白的复杂的眼神，但他根本没有要想弄明白的意愿。他只是说了一句：“我没有不诚实。”

“小丁，你要听妈妈的话。”他妈妈又说。

“小丁，你不能让妈妈伤心。妈妈将来只有依靠你了。”他妈妈还说。

“我要做作业了。好多作业。你让我一个人待着好吧。”

“你呀，不晓得要什么时候才能懂事。”

他妈妈站起来，叹了很长一口气，走出去，把门带上了。马小丁也站起来，走过去把门从里面锁上。

马小丁的房间很零乱。马小丁从小就是一个不大爱整洁的孩子。这一点都不像他妈妈刘娟，也不像他爸爸马明亮。他们都是爱收拾自己的人。他妈妈有时候开玩笑地唠叨：“我们小丁将来是个要人伺候的人呵。”反正他也听不懂，因为马小丁是个单纯的孩子。

马小丁床边的墙上贴着几张不晓得从哪里弄来的招贴画。都是一个人的，一个模样长得有点像邓丽君的女歌星南子。正面的、侧面的、半身的、全身的。基本上是牛仔服，很叛逆的样子。

“这个南子是唱什么歌的？我怎么没听过她的歌？”有一回吃饭的时候刘娟问她的儿子。

“说了你也不晓得。”马小丁爱理不理地答道。

“你越来越不爱跟妈妈说话了。问三句才答半句的。你这是怎么了？”

其实马小丁也不知道这是怎么了。

马小丁等他妈妈走了，就把扔在枕头上的电话子机拿起来，拨给玩得最好的同学张小小，然后他拿起笔来，按张小小说的，把今天的家庭作业全部抄下来了。他们班上现在有许多同学都是这么做作业的，在电话里互相抄答案。这方法又快又好。马小丁他们这个学习小组共有五个同学，张小小是超级电脑迷，为了腾出更多的时间打游戏，他提议大家轮流做作业，一个人做，四个人在电话里抄答案；这样大家都有时间玩了。其余的人都表示赞成。当然马小丁也赞成。这是很好的主意。但是这里头有一个问题，就是一个人做的题目如果有错误，那么五个同学的错误都会如出一辙。老师只要稍微留意一点，就会发现这个明显的漏洞。幸好，老师从来就没有发现。张小小说：“我认为世界上最笨最笨的笨蛋就是老师。”大家于是都笑了。马小丁也笑了。

马小丁抄完了作业就和衣躺倒在床上。他把随身听的耳机塞在耳朵里，听的是南子的一盒名叫《远方有一朵云》的歌带。慢慢地世界上别的东西都没有了，只有歌声像一条小路，把他引到了蓝蒙蒙的梦的深处，那上头也许就停泊着一朵云。

后来马小丁让尿憋醒了。他也不晓得这是什么时候。他爬起来，打开自己的房门，穿过客厅上厕所，看见他妈妈刘娟在打电话，脸上有种他从未看到过的表情。他妈妈看见他走出来，就停止了说话，手捂在话筒上，并且怪怪地望着他。但是马小丁迷迷糊糊的，拉完一泡好长的尿又回到了房间里，把门从里面锁上。穿过客厅的时候望都没有望他妈妈一眼。

他脱了衣服梭进被子里，又把随身听的耳塞塞在耳朵里。不到一分钟，他再次睡着了。

刘娟

四十二岁，刘娟还很漂亮。这在她们煤气公司的同事们中间自有公论。除了漂亮，她还显得特别年轻，看上去比实际年龄要小个十来岁。所以她脸上的笑容总是漾漾着某种说不出来的自信。自信使女人又总是辐射出难以言喻的魅力。她们财务科从财院分来了一个大学生，也姓刘，叫刘春，是个长得很帅篮球也打得很棒的小伙子，来上班不到两个月就迷上刘娟了。这小伙子忙前忙后地向刘娟大献殷勤，比方给她倒茶啦，给她修电脑鼠标啦，给她送财务报表啦，等等，非常非常外露，一点含蓄都没有。如今的年轻人真是勇敢，无所畏惧。刘娟刚开始的时候感觉很好。被人爱，尤其是被一位优秀的年轻人所爱，这种感觉无论如何都是不错的，有点像红酒，不醉人，却使人微醺。但是很快她就觉得不对头了。这年轻人的嚣张越过了道德的界碑。本来只是开玩笑以姐弟相称，后来他的目光根本就不是什么弟弟的目光，而是情人的目光。那么火辣辣地，那么毫无遮掩地，那么恣意燃烧地昭示于他人，让刘娟感到害怕。而且她晓得，公司里所有的同事们都在观察她的反映。谁都晓得这事情取决于她的态度。她不能暧昧，一点都不能暧昧。她要表明自己是一个正派的而不是随便追求所谓罗曼蒂克的风情女人。她不能让任何人在生活作风问题上对她飞短流长。她为怎样给自己以证明想了整整一夜，然后她就采取了行动。第二天下午，天空飘起了小雨，公司的班车来接下班的人回家，小伙子撑着伞站在财务科的阶梯旁等她。

“娟姐！娟姐！”他朝她喊，因为她钻到戴眼睛的吴大姐的伞下了。

他在她背后又喊了几声。她装作根本没听见。她上了班车，车上的人都拿眼睛望着她。她说了一句自言自语的话：“莫名其妙！”声音拉得很长，嘴角流露出鄙视的样子。于是大家看出来，她对他是拒绝的、不耐烦的、受不了的。

小伙子当天晚上写了一封情书，第二天上班的时候，他从她后面走过来，把信封飞快地扔进了她的半打开的抽屉里。她把它拿出来，抖开信纸，厚厚的五页，密密麻麻的字，她瞥了一眼开头的几行，马上站起来，说：“刘春，请你不要这样。你虽然叫我娟姐，但是我们是同事。同事之间是只能有友谊而不能有其他什么感情的。你还年轻，请你不要冲动。”

财务科里当时有十来个人，都听到了她的吐词清晰的话，也都看到了她的严肃的表情。

那个年轻人简直是惊呆了。脸上的尴尬神情说明他对这样的结果毫无思想准备。他不晓得此时此刻自己应当是愤怒还是悲哀。

这事发生三个月之后那个名叫刘春的小伙子就南下去了深圳。这地方让他的青春受了伤。这个本来快乐无比的年轻人有好长一段时间沉默不语，让人看着都有点子心疼。

刘娟事后也觉得自己做得有点太过了。但她同时又安慰自己，不这样又怎么办呢，大家都眼睁睁地看着我。她最终还是觉得自己是对的。虽然她伤害了刘春，但她借此保全了自己的声名。她给了大家清白的证明。过去大家只晓得她漂亮时尚，现在还晓得她清白正派。

实际上，她是那种很让男人倾心的女人。到了她这种年纪，既成熟美丽，又活力四射，嘴角挂着对一切事物的会心的微笑，还加上她懂得打扮自己，懂得如何使自己看上去仪态万方。莫说是那个走掉了的大学生，就是公司里其他的男性同事，也莫不对她垂以青眼。而她很清楚自己在男人心目中的位置。所以，她更加自信，更加漂亮，更加有魅力。这么说来，她也应当更加幸福才对。不是吗？

事实并非如此。

她现在变得非常苦恼，甚至不是一般的苦恼，而是精神痛苦。只有坐在她对面桌子上的吴大姐才察觉了一点端倪。后者注意到她总是坐着发呆，眼睛望着窗子外头，目光涣散迷离。她们一同上洗手间，穿过长长的过道。吴大姐问她："你好像最近一段时间有点心神不宁。你还好吧，没什么事吧？"

她笑一下，声音在走廊上回旋："我很好，什么都好。我只是有点贫血。"

"哦，那你要吃一点补血的。金箭牌的驴胶冲剂好像还不错。你试一试看。”

她表示了谢意。但同时她感到自己的心事流露在表情上了。这引起了她的警觉。她嘱咐自己，不要让别人欣赏她的悲剧。

她觉得自己的事情是悲剧吗？是的。一个理应幸福并受到珍视的漂亮而迷人的女人，居然被自己的男人所背叛，这不是悲剧是什么？

她蹲在洗手间的时候不由自主地想起了那件事。她有一种想哭一哭的感觉。但是旁边的位置上还蹲了一个吴大姐。这是个好心肠的但是嘴巴却有点多的女人。她不能让她了解这一切。她了解了，等于全公司的人都了解了。

她在自来水龙头下冲手，冲了好半天。凉凉的水冲在手掌和手背上，给她多少带来了一点冷静。面对人生的不幸，她需要的就是冷静。

她坐回到电脑跟前，眼睛虽然盯着屏幕上的财务表格，心里却慢慢凝固了一个坚定的意念。这就是冷静带给她的。

她的心不规则地跳起来。这说明一场白刃战就在眼前了。

老　沈

北京是个伟大的城市！老沈打开一份晚报，无意间瞥到了这么一句话。当然这话是老外讲的。一个钩鼻子蓝眼睛的老外站在故宫博物院大门前的一张照片，下面的说明文字里就有这句让老沈觉得很可笑的话。因为在他看来，每次到北京开会，会期只要超过三天，北京就是个大而无当的城市，而且是无聊的城市。北京有什么好呢？三月的街道上，沙尘暴打得眼睛都难以睁开。天空昏黄昏黄，大白天，汽车都开着灯像梦游的臭虫一样爬来爬去。晚上出去散步，沿着招待所的灰灰的围墙，显得一个外地人是多么孤零。所以他很早就躺在床上，看一会儿电视就睡觉。

正因为如此，一般到北京出差，他能躲过去的就躲过去。他不喜欢出差，尤其不喜欢出差到北京。他对老外称之为伟大的城市没什么好感。每次一下火车或是飞机，他就感到鼻子很紧，嘴唇干燥，扁桃体生痛。他有点水土不服。本来国家教委举办的这个培训班他是让副校长老王来的，可是老王心肌炎发作，住进了医院。别的副校长也是因为一些缠夹不清的原因都不能来，只好他亲自来了。作为一所全省重点中学的校长，他是理应来参加这个培训班的。培训班请了三位美国和欧洲的教育学专家来讲课，课程表早已传真给了他。看上去这些课程都非常有意思，其中包括了世界最前沿的中学教育心理学的研究成果。这对作为校长的他其实是有用的。

培训班时间说长不长，说短不短，一个星期。老沈对北京的不满主要表现在课余时间的无聊上。他在北京没有亲戚，没有朋友，甚至也没有一个可以让他稍稍依恋一点的地方。他听人说王府井的步行街如何如何有意思，有天黄昏的时候去了一趟，只是买了两包果脯就打转了。那是他女儿叮嘱过的。他女儿喜欢吃北京的果脯。他对王府井的感觉就是所有的人、街道、建筑、商店，除了果脯，全与他无关。怎么这座伟大的城市给了他如此强烈的陌生感和拒斥感呢？

他老是给女儿小聪打电话。小聪就问他爸爸你什么时候回来？你要给我带果脯呵。他和女儿很有话说。他告诉她今天上了什么课，一个什么专家，荷兰的，黄色的头发，皮肤好白，汗毛坐在第五排都看得清清楚楚，鼻子翘得看上去好像很骄傲的模样。外国人真有意思。他总是把六岁的女儿逗得哈哈直笑。这时候老沈是幸福的。四十岁的时候才得了这么个宝贝，她是他的快乐的源泉。

“有什么人找爸爸吗？”

“有呵，好多好多，都是你的电话。”

“都是哪些人呵？”

“张伯伯，李伯伯，还有……我记不清啦。都是妈妈接的电话。我也接了。”

“你怎么讲呢？”

“我呵，我说，喂，请问，是找我爸爸的吗？”

老沈笑起来了。老沈说，我还有一位小秘书呵。

女儿的声音很清脆，就像好多年前有一回他到烟台去出差，清晨一下火车，漫天都是大雾，他一个人在宁静的街上走着，有一辆单车从后头越过他，他看不见骑车的人，却只听见单车的铃声在白茫茫的雾里清脆地叮叮响着。他觉得那铃声真像久旱之后听见雨滴打在窗台上一样让人兴奋激动。女儿的声音就是那天清晨的单车铃声。

女儿告诉他，还有外地的电话找他呢。

“是吧？你晓不晓得是什么地方的人呢？”

“对啦，有一个就是北京的。我找找看，她还留了电话号码。是个阿姨。”

“阿姨？什么阿姨？”

“呵我找到啦。你记住呵。”女儿把电话号码报了出来。还说了一个名字：龙小梅。

龙小梅？他怔了一下，马上兴奋起来。

“小聪，你快把号码再给爸爸报一遍好吗？”

龙小梅，这个龙小梅，她怎么知道我家里的电话？

他并不认识她。——不，这么说不完全正确。他其实在伊妹儿里认识了她，但是他们没有见过面。半年前他在《教育心理学》杂志上发表了一篇文章，谈的是对当前的中学教学法的若干质疑。几天后，他收到了一封署名为龙小梅的人的伊妹儿。她是从杂志社问到他的电子信箱地址的。她谈到了对他的观点的共鸣，还谈到了她觉得应当商榷的地方。她认为他的观点很尖锐，也很有普遍性。但她仍觉得根本的问题还是出在现存的教育体制上。他感到她也是教育系统里的人。可能是老师，也可能是教科人员。他给她回复，一封不长不短的信。之后，他们经常互通伊妹儿。最初话题都是围绕在现存教育的弊端上。看来她是一个非常有思想的女人。从她的成熟的表达上看，她的年龄应当在三十岁到四十岁之间。她的文字很精练，也很精彩，常常妙语惊人。他很欣赏女人的智慧，他觉得这个名叫龙小梅的人很有精神的美感。后来，他们的话题延伸开来了。有一回，她看了《哈利·波特》，还跟他谈了读后感。她说尽管这是一本在全球都畅销的书，但是，她根本就不喜欢。还有一回，她听了一场小提琴演奏会，居然谈到了帕格尼尼。他不知道帕格尼尼，因为他不懂音乐。他问了学校的一位音乐老师，才晓得帕格尼尼是个什么样的人物。他觉得自己结识了这么一位有趣味的女人，真是有点幸运。但是，忽然，她不再给他写伊妹儿了。他很爱面子，也不主动给她发信。她就这样仿佛在世界上消失了。两个多月来，没有她的任何消息。这使他感到了生活的某种虚拟意味。

现在，她突然给他家里打来了电话。她怎么晓得他家里的电话号码呢？她不晓得他在北京。他也只晓得她是北京的，却一直没好意思在伊妹儿里问她的工作单位。他猜测她的工作应当与教育有关。她自己也没有提到过工作单位。因特网上的生活就是这样，不需要的东西完全可以剥离开来，被省略掉。她为什么不给他发伊妹儿，却给他打电话呢？她已消失了两个多月，怎么忽然像三月春天的一朵花一样呈放在这个季节里了？

他看了一眼抄在晚报上的电话号码，伟大的北京给他的无聊顿时一扫而空。他摸出一根烟来点上火，慢慢抽着，直到把这根烟抽完，然后他就拿起了电话。

这时是晚上八点过一刻。

刘 娟

马小丁塞着耳塞睡着的时候刘娟的确是在打电话。马小丁进入的是一个世界，他妈妈刘娟进入的是另一个世界。后者充满了战争爆发前的紧张感。

电话线那头的人，就是自己的敌人。这个敌人她从没见过。一年半以来，她对她的形象有过各种各样的猜测。她对她只有一种感情，就是强烈的憎恨。这个她没见到过的敌人一出现，她的全部生活就被毁坏了。现在，她的丈夫马明亮一个星期至少有三四个晚上不回家过夜。他的心和他的身体都被这个可怕的敌人俘虏过去了。他就是回到家里，和她再也没有了夫妻生活。她压抑了性，压抑了情感，压抑了一切生活的热望，她就像一颗引线呲呲作响立即就要爆炸的炸弹。——决战的时候到了。

夜里十二点半钟，她拿起了电话。

在此之前，她把要说的话都早已想过了。不只是坐在家里的沙发上，而且在公司财务科的皮转椅上就想过了。不是一时的冲动，而是想了好长的时间，是非常冷静地想。她晓得一场白刃战是势不可免的。她考虑的是如何使自己得到胜算。

三个月前她就晓得了这个号码。她到电信局去打了马明亮的手机的单子。所有的通话纪录全调出来了。她看到一天至少有十个这个号码。通话明细上全都是这个号码。从密度上可以看出这个女人在马明亮生活中的重要。而作为妻子，马明亮几乎从来不打她的电话和手机。他要是不回家，顶多也就只跟儿子马小丁说上一声。他们夫妻之间的紧张关系早已叫马小丁察觉到了。这是她非常伤心也非常担忧的。所以后来马小丁慢慢变得沉默不语了，她觉得其中大半的原因就是家庭关系紧张造成的。而责任最终应当在这个敌人身上。她恨马明亮，但她更恨这个女人。她凭什么要闯入属于她刘娟的生活？凭什么？

她抬头看看客厅墙上的钟，十二点半。马明亮这个时候不回家，就意味着他根本不会回来了。他不回来，那就是在这个敌人的温柔乡里。

她拿起话筒，拨了那个在她心里默念了几万遍的号码。尽管她一再嘱咐自己要镇定，但她的心还是跳得特别厉害。

当她听到对方终于在响过很长的铃声后拿起话筒喂了一声，她的泪珠不自禁地涌出了眼眶。这让她吃了一惊。因为在拨这个电话号码之前，她已经坐在沙发上镇定了小半天了。她用没拿话筒的那只手把泪珠轻轻拭掉，这个动作相当迅速，于是她的镇定的恢复也相当迅速。战胜敌人的强烈渴望把她牢牢抓住了。

“把马明亮叫过来！”她听到自己的声音里有一种氢气一

样发飘的东西，虽然她说得一字一顿，而且希望有一种语言的力量。

对方愣了一秒，然后说：“谁，你是谁？”

“你晓得我是谁。”这时她的声音变得沉稳而有力了。

“你不说你是谁，那就对不起，我要挂话筒了。”

这样的回答是她没有料到的。一瞬之间，她的心里有一点乱。她脱口而出：“别挂话筒。我要我老公接电话。”

对方又停了一秒钟：“他不在这里。”

“撒谎，你撒谎！”接下来本来有一连串的咒骂，但她控制住了自己的冲动。这是她事先给自己叮嘱过一百遍的。

对方沉默下来，但也没有挂话筒。

“我不是来和你吵架的，陈虹。我晓得你的名字叫陈虹。我晓得我的老公马明亮就在你旁边。你让他来跟我说话。”

其实这只是个幌子。她根本不要跟马明亮说话。她要说话的对象就是这个她没见过面而又毁灭了她的生活的敌人，这个名叫陈虹的女人。

对方果然中了计：“有什么事我可以传达。说吧。”

“那就是说，他在你身边是吧。”

“他在我也可以传达，不在我也可以传达。”

她心里又升起了万丈火焰。她想高声怒骂她是不要脸的、夺人老公的婊子。你有什么资格他在呵他不在呵地说话，你是他什么人，他又是你什么人？这么一种不要脸的口气！

但是她克制住了。她是好样的。一个女人能克制愤怒都是好样的。

“那好，”她说，“请你传达，我要他回家。因为他是我的老公，是我儿子的父亲。他除了属于我们这个家，什么人都不属于。”

“是吧，什么人都不属于吧？”

“对。法律上是这么规定的。法律，你懂得它的力量吗？”

“我不懂。”对方说，“不过我懂得在法律之外还有一种力量。”

“哼，”她笑了一声，“我明白你说的那种力量。我可以告诉你，法律的力量是永恒的，也是强大的；而你说的那种力量是短暂的，也是脆弱的。”

这时马小丁从他的房间里出来了。他上厕所去拉尿。她中断了一下。她对着话筒说了一句，“我过一分钟再跟你说话。你不要挂了。”

等马小丁走进了自己的房间并且把门从里面锁上，她才开始说：“喂，喂喂。”可是对方已经把话筒挂上了。这又有点出乎她的意料。因为在打电话之前她分析过对方的心理，她认为陈虹既然是一个偷人老公的女人，那她和她短兵相接的时候一定会表现得心虚。不承想她居然以撂下话筒来表示对情人的结发妻子的蔑视。

火焰又升起来了。火焰又被压抑下去了。

她再次拨了那个电话。仅仅响了一声，对方就把话筒拿起来了。说明这个名叫陈虹的女人还是准备应答的。

她的姿态也是战斗的姿态吗？

马明亮

马明亮就躺在陈虹的身旁。为了接电话，他和她换了一个位置。她靠近床头柜的那一头，他则靠里头。他本来是就着床头柜的台灯在翻阅一本汽车杂志。他是一个车迷，特别迷恋越野车，迷恋力量和速度。在他的公司的大班台上就摆着三辆汽车的模型。这使得他的办公室看上去有点特别。

像任何夹在两个女人之间的男人一样，他有一种难以言表的尴尬。作为刘娟的丈夫，他不希望老是想着她的好的地方；作为陈虹的情人，他不希望老是想着她的不好的地方。那样都使他难堪，使他沉重。——那当然是他很不愿意的。作为一个尽力不去想未来的男人，他只想品味每一分钟眼前的快乐。这快乐就是陈虹带给他的。她是一个聪明的女人，漂亮精致的女人，善解人意和柔情万种的女人。同时，她也是一个不幸的女人。她的丈夫死于车祸，留下她和一个三岁的女儿。但她的不幸不是从一辆东风牌载重汽车的轮胎上才开始的。事实上，她的丈夫是一个粗暴的男人，一个在外面混得不好，只要心里有一点气就以虐待老婆来平衡自己的衰男人。但凡在社会上不堪一击的男人也就是在老婆跟前最凶悍的男人。两年前的那次车祸是以一种不幸结束了另一种不幸。相比之下，她宁愿接受寡居的不幸。她至少得到了一种曾经渴望的宁静。一次偶然的机会，马明亮和她相识了。隔了一阵，很巧，他和她在一家大商场的电梯上相遇。他从上面下来，她从下面上去。他们打招呼，然后就在三楼的咖啡厅里坐下来喝冰镇矿泉水。他们觉得彼此像老朋友一样没有距离感。说话随便、轻松，他们都惊异于这种感觉。

"我仿佛早就认识你了。"他对她说。

"我也这样觉得。"她回答道。

"你在什么单位上班？"他问。

就这样他们开始聊得慢慢深入起来。他们彼此都觉得很有话说，也有很多话要说。两个多钟头过去，他们都大致地了解了对方的情况。就是从听到车祸故事的那一瞬间起，马明亮就觉得陈虹是一个不幸的女人。他瞧着她的眼神里柔柔地多了一点怜悯的闪光。

然后，他们的故事开始了。两个人都很快地陷入了情网之中，不能自拔。起初他很隐蔽，他为自己晚上很晚回家寻找借口。后来谎言说多了，自己都厌烦起来。直到刘娟和他吵了一架，他就索性不再对自己的异常举动做任何解释了。

那天吵架的情形马明亮可能一辈子都不会忘记。吵架的前一天晚上他睡在陈虹那里。他是第二天中午才回来的。一般情形，刘娟中午是不会回家的，儿子马小丁也不回家——他在他外婆家里吃中饭。马明亮推开门一看，发现刘娟坐在客厅沙发上，眼睛肿泡泡的，像是哭过了一场。他居然不认为她这样子与自己有关。他问她："怎么啦，你？"

她不回答他，只眼瞪瞪地望着他。那是一种结婚这么多年来第一次看到的眼神。这眼神让他的头皮都紧了一下。他这才意识到了自己的境地有几分危险。

"怎么啦，你？"他近乎机械地重复了一遍如此愚蠢的话，并装作好像很轻松的样子，在刘娟对面的沙发上坐了下来。

她仍不回答他，仍然是用那种让他头皮发紧的眼神望着他。如果那眼神里有火，那么这火可以把他焚成灰烬。他别开了自己的目光。他有点不敢与那样的眼神对视。

"你中午怎么回家？"他又开始说话。可能是他觉得声音可以缓冲这种箭在弦上的紧张，同时也可以掩饰自己的不安。

"马明亮，"隔了大约十分钟，刘娟才发出了自己的声音，"你算不算一个人？"

这是马明亮盼望的。他就是想让她开口说话。她那样望着他，让他感到害怕。她一说话，他就觉得天下太平了，没什么大不了的了。

“你这是什么意思？”他翻着眼睛望着老婆，“我不算人算什么？”

“畜牲！”

“你不要骂人呵刘娟，我没惹你呵。”

“畜牲！你不是人！你以为我不晓得你在外面干什么？”

“咦嗬，那你倒是说说我在外面干什么了？”

这时候马明亮心里轻松起来。他明白了老婆愤怒的是什么。而且他觉得自己并没有什么把柄在她手中。他刚才是白白地害怕了一场。

“男人嘛，”他接着说下去，“他的世界在外头。女人的世界才在家里面。这个区别难道你还不晓得？”

刘娟又是那样地望着他。

“谎言！马明亮，你让我们的家庭充满了谎言！过不下去啦！我不想过下去啦！”

“好笑。你还没到更年期吧。你怎么这样说话了，呵？”

“马明亮，你心里有鬼。你不要以为别人不晓得你在外面干什么！”

马明亮越发觉得刘娟并没有掌握什么把柄。她这么吵闹只是表示了她的怀疑，同时也是诈他一诈。

“你说你在公司里加班。你以为我不晓得把电话打到公司里去问是吧？你根本就是在撒谎。你在外面有女人！”

“谁呵，你说呵，指出来呵。刘娟，你不要瞎吵闹。你这样吵，等于是把自己的男人朝家门外头赶，朝别的女人的怀里赶，对你有什么好处？”

“好呵，我赶你啦，你赶紧朝别的女人的怀里钻呵，赶紧呵！你以为你还没这样是吧？”

马明亮就是从这天起，不回家来时不再对刘娟解释什么了。他只是嘱咐自己，要小心一点，不要露出任何蛛丝马迹来，让刘娟揪住了。

两个女人在电话里说的话他都听得清清楚楚。他此时此刻是什么感受？一个是老婆，一个是情人。她们没有表面的吵骂，气氛却是剑拔弩张。陈虹拿着话筒的时候看都不看他，就好像他根本就不在身旁似的。他拿着她没拿话筒的那只手，在上面轻轻摩挲，表示对她的抚慰。意思是你不要怕，有我，我在你身边。还有一层意思，就是:全都怪我，给你惹麻烦了。中途由于马小丁的出现，电话中断了。刘娟让陈虹等一下，不要挂了。可是陈虹还是把话筒搁在了座机上。这时，她才侧过脸来望了望他。她的眼神有一点复杂。他看出其中有一种东西叫作怨艾。

“她怎么晓得我的电话号码？”她轻轻地说，像是自言自语。

他把两只手摊了摊。

他的确是不晓得。他没料到刘娟会到电信局去调他的手机通话记录。任何人，只要看了他的通话记录，都会立即熟悉一个号码，陈虹的号码，他的秘密爱巢的号码。他每天要打至少十个以上的电话给陈虹。

为什么要打那么多的电话呢？

一方面，这说明他对陈虹十分痴迷。他觉得每一分钟都需要她。她对他的磁场太强大了。另一方面，这说明他想控制她。不管他有没有意识到这一点，事实就是如此。一个男人强烈地喜欢一个女人，他会认为这种喜欢就是爱。于是他就会不由自主地产生同样强烈的控制欲。他要了解她每一分钟都在干什么。这不是出于关爱，而是为了防范。只要晓得她身边有别的男人，他就有一种紧张感。他会莫名其妙地生出许多想象来，并且受到这些想象的折磨。就好像只要在他的控制之外，陈虹就会干出让他一想起来就钻心疼痛的事情。

刘娟又把电话打过来了。两个女人的交锋重又开始。

老 沈

八点四十分，老沈走到了天虹大厦大厅的门前。

在电话里，龙小梅告诉他，出了招待所朝右走五百米，再转右走一百米，就是天虹大厦。她从家里出来，走到天虹，也是差不多的距离。这正好是两点之间的中心位置，谁也不多走一点路。

玻璃自动门在老沈跟前打开的时候，老沈就想：她是什么模样呢？

根据她的声音，他觉得她一定很好看。因为她那一口纯正的北京话非常柔和，让他想到她脸部的线条也一定非常柔和。这是与她的伊妹儿提供的形象联想有区别的。他读她的文字，总是想象她的嘴角挂着聪明而略带讽刺的微笑，脸上有一种通常在男人身上才有的智力优越感。但这一切与柔和无关。她以前给他一种凌厉的印象，现在则给他一种柔和的印象。难道一个人身上兼有两种完全不同的风格吗？

她接到他的电话，他告诉她他就在北京，她说："呵，真的呵，真的在北京呵。"声音里充满了一种明显的喜悦。

"你住在哪里？"她问。

当他说出了招待所的名址，他听到她轻轻叫了一声："你知道吗，我离你住的地方很近，很近。在北京，这种距离几乎可以说就是紧邻。"

然后她问："现在几点钟了？"

"八点十八分。"

"那我们见个面吧。"她很果断地说，"通了那么多封伊妹儿，我们连面都没见过。"

老沈反而显得有点犹豫。想到其实是盼望着的会面，这个男人有点畏怯了。他为什么要畏怯？几分钟之前，当他要打这个电话，要把这个消失了两个多月的人的声音捕捉住，他还是勇敢的。最大的可能，也许就是他不自信。这个将近五十岁的男人，想到要见一个比自己小十几二十岁的女人，她是聪明的，而且可能是美丽的，他就不自信了，因此也就畏怯了。

"天虹大厦，十五分钟就可以走到。八点三刻我们在大厅里见面好吗？天虹大厦你去过吗？"龙小梅说。做出了要见面的决定之后，女人的思维就直线前行了。

"好吧。"老沈期期艾艾地说，"但是我不晓得天虹大厦在哪里。"

老沈走到大堂里，看了一下表：早到五分钟。老沈晓得，男女约会，男人应当早到，这是礼貌。除此之外，老沈也可以先镇定一下自己。出门的时候，他在洗漱间照了一下镜子，觉得自己的模样实在不敢恭维。一张快满四十九岁的脸，一点红润都看不见，好像生活只给了他呆板，却没有给他生动，只给了他无聊，却没有给他快乐。这副嘴脸去见一个没有谋过面的女人，是不是有点自讨没趣？

但是，不管怎么说，老沈站在大堂里，朝玻璃窗外看去时，他再也不感到北京是那么大而无当，那么沉闷乏味了。

八点四十五，玻璃自动门像透明的帷幕一样朝两边打开来，她出现了。

可以肯定就是她。他感觉到这个女人就是龙小梅。反过来，她也晓得他是谁。她一进来，目光就像一只蜻蜓一样准确地落在了他的身上。

他们都朝对方走了过去。

四目相对。他们谁也没有开口。他们站住了。他们的眼神里一点意外的惊讶都没有。

刘 娟

刘娟慢慢掌握了战斗的主动权。她开始不断地说话，她的情敌退却到只有倾听的份了。电话中断之后的重新开战，她还能感觉到陈虹的斗志。现在，随着她的语言的轰炸，她感到对方有什么东西在渐渐瓦解。

当然，她的语言的轰炸并不是詈骂或挖苦，而是最厉害的一招，对那个女人以女人的立场将心比心。她要对方设身处地地替她和马小丁想一想，一个完整的家庭被外力所颠覆会是怎样的一场灾难。

“当然我不怪你，”她对陈虹说，“在所有的感情悲剧中，我们女人都是受害者。我相信你也是受害者。你爱马明亮，但是你能得到他吗？如果我不能得到他的心，你也照样不能得到他的名分，我们就这么耗下去，成为悲剧的角色吗？”

对方沉默着，但是刘娟知道她在认真倾听。

刘娟对陈虹说，她没有爱人家丈夫的权利。“因为他是属于我的，”她强调，“即使他的心不属于我，也是属于有我在内的这个家的。你难道不晓得他很爱他的儿子马小丁吗？”她接着举了几个马明亮怎样溺爱马小丁的生活细节。这样的细节，是只有女人才最有感受，也只有女人才最明白其中的感情含量的。所以接下来她就引入很要紧的结论了：“尽管我和马明亮之间出现了感情危机，但是我们却有一个共同的儿子，这种血缘上的联系，就算断了一根感情的纽带，它也还是牢不可破的。而你和他呢？也许你们之间是有所谓的爱情吧，但是这种东西多么脆弱呢？它能战胜血缘吗？如果你以为可以，那你就太幼稚了。但是我相信你是聪明的，你应当看到了这一点。你只是为情所困，你下不了决心。你被马明亮的花言巧语蒙蔽住了。你能够相信一个有妇之夫的男人的海誓山盟吗？”

她的语速不疾不徐，包含了进攻的力量、无法招架的力量和直捣黄龙府的力量。她一直不停地那么说，差不多说了半个多小时。她几乎成了一个成功的演说者，每一簇语言的箭矢都直刺敌人的心脏。而她的态度却一点都不盛气凌人。她不是一个悍妇，也不是一个爱情搅局者，她只是一个女人，站在女人的立场将心比心，给对方指出无法逾越的困境。她还指出了唯一的一条道路，那就是对方退出这场使所有参演者都痛苦的悲剧。

这样的电话对谈是她蓄谋已久的；所有的台词也都是背得

滚瓜烂熟了的。

这是一次赌博。但事前她就估计到自己将稳操胜券。她只有一个信念，就是要把自己的老公从这个名叫陈虹的女人手里夺过来。不管这个女人对马明亮多么有魅力，多么重要，她都要夺回来。马明亮是她的，是这个家的，也许他是不爱她了，但那又如何？在中国，有几个家庭又是有爱的家庭？大家的生活都是一样的，就像一张卷子被大家彼此抄袭了答案一样，这没有什么了不起的。这很正常。生活的车头出了轨，她现在就是要让它回到生活的正常秩序上来。谁也别想挡住。谁也没有力量挡住。

她说完了，停顿下来。对方仍是沉默。但她感觉到有泪水在对方从没见过的脸上流淌。她还晓得，在这么安静的夜晚，话筒里的她的声音，一定都被马明亮听到了。

陈虹

是的，刘娟的女人的第六感很准确。陈虹的确是流泪了。泪水无声地在她的饱满的脸颊上流淌着。刚开始她还用没拿话筒的那只手的掌刃轻轻地抹着。她不想让马明亮看见，于是转过身来背对着他。后来她就让泪水放任地流着，就好像这冰凉的东西与己无关了。

她是被刘娟的将心比心的女人立场打动了吗？

不是，根本不是。她拿着听筒，任由那个女人滔滔不绝地说话。她有时候听进去了几句，有时候完全走了神。她突然不想说任何话。但她也没有厌恶地撂下话筒。就在她突然决定不再说一句话的时候，她的泪水就流出来了。莫名其妙，而且抑止不住。事后她问过马明亮：“我为什么这么没用？回击她的话都没有说上一句，眼泪就出来了。”事后和当时，她都没有明白自己为什么要流泪。一个与他们的两人世界无关的人闯进来了，而那个人用那么自信的口气说着她根本就不想听的废话和蠢话。她和马明亮之间的幸福和快乐被搅得乌七八糟了。想想当时的情形吧：她给女儿掖了掖毛巾毯，在她因为熟睡而红扑扑的小脸蛋上亲了亲，就去洗澡。马明亮躺在床上抽烟，翻看一本他在街对面报刊零售亭上买的汽车杂志，她一边让温水冲着身体一边搓着三角短裤，口里哼哼着一支名叫《城里的月光》的流行歌曲。那短裤是马明亮送给她的，一次就送了三条，质地很好，很柔软。马明亮说，你穿着它，会显得很性感。马明亮还说，内衣是女人的第二皮肤。有了这样的皮肤，马明亮看她的眼瞳里忽闪着让她有点不好意思的激动。还有洗澡液，很贵的洗澡液，也是马明亮买来的。用这样的洗澡液洗过澡，浑身都散发着一种撩人的香味。作为男人，马明亮真是很懂得女人的细节。他的细腻和多情与死去的丈夫的粗疏和鲁莽形成了鲜明的对比。遇上这样的男人，她觉得自己有一种苦尽甘来的幸运感。她把下身洗得特别干净。这是迎接马明亮的地方，是使他激动也使他安静的地方。她天生就有一种洁癖，多少年来都是如此，睡前要冲一个澡。不然她就觉得自己很脏。亡夫也喜欢躺在床上抽烟，为此她不知和他吵过多少次架，挨过他多少老拳。马明亮也是如此，她却心甘情愿地接受了。她甚至还喜欢看他靠在枕头上抽烟的样子。因为那样子里有一种特别的放松感。她觉得这放松感是她带给他的。

洗完了澡，她换上另一条浅红色的内短裤，裹上睡衣走进了卧房，微笑地望着马明亮。因为洗澡之前，这个男人暗示过她，他今晚要好好和她做爱。

马明亮把手中的杂志放下来，也望着她。她的睡衣没有扣，露出了胸前白生生的两个半球。其中的一个半球还看得见一粒葡萄干样的暗红色的乳头。

马明亮把烟头朝烟灰缸里一揿，坐了起来——电话就是在这个时候惊响的。

他们都愣了。十二点半，这时候有谁会打电话来呢？

他们都有一种不祥之感。电话铃声响了好久，陈虹看了看马明亮，才把手慢慢伸了过去。

就这样，她的幸福时光被搅了局。这个突然出现在她的生活中的声音让她产生说不出的厌恶。一开始，她还用抵触的语气和对方说话。她本能地脱口而出，说马明亮不在这里。但那个女人却指责她撒谎。她是撒谎吗？难道她要告诉对方马明亮就在她的身边才是真诚吗？不，那不是真诚，而是愚蠢。在她的潜台词里，她的意思是你要找的人其实是我，你找我好啦。你为什么要打着找马明亮的幌子呢？撒谎，你才是撒谎！但她不愿意同她争辩。她不屑于同她争辩。后来对方申明不是来找她吵架的。她心里笑了一下，你就是找我来吵架，难道我还畏惧你吗？在陈虹的脑袋里，装着一个恋爱女人的逻辑：她和马明亮是因为彼此相爱才走到一起来的。她只相信爱情，而爱情之外的一切都可以蔑视。她在心里说，你是谁？你不过是马明亮名义上的老婆。你们之间早已没有了爱。这是马明亮告诉她的。马明亮说，他这一生，爱情来得特别迟，直到四十七岁，直到他认识了她，才姗姗到来。

这个名叫刘娟的女人，她和她说话为什么那么振振有词，那么自以为是？她似乎理所当然地认为是她陈虹夺走了自己的老公，于是她就要理所当然地夺了回去。她为什么会有如此可笑的想法？她难道不知道这样的想法除了可笑还特别可悲吗？

她不想和她说话。她只是机械地把话筒握在一只手上。而她的饱满的脸上泪水在流淌，一直不停地那么流淌。她后来以为是自己受到了伤害，以为作为女人她还很脆弱。但是最终她还是否定了这种想法。

马明亮说，女人流泪其实是不需要什么理由的。她同意他的说法。

“你老婆，”她看着他的眼睛说，“她想从心理上摧毁我。太可笑了。”

“你也不必恨她。”马明亮低头掏烟，“她认为我属于她，就像我是她脖子上的一串项链一样的。她当然不允许人家占有。你应该理解她。她就是这种类型的女人。”

“呵，我理解她，那谁来理解我呢？”她说，“我是哪种类型的女人呢？”

“我们不要再讨论这个话题了好不好？”

“谁愿意讨论她呀。是她找上门来了。她怎么晓得我的电话？”

“是呵，她怎么晓得的？”马明亮吐了好长一口烟。

老　沈

老沈事后回想，他们四目相对的时候为什么一点惊讶都没有呢？难道他们彼此的模样都在意料当中吗？

其实不是。

他把龙小梅想象成一个典型的知识女性的样子，脸上闪动着灵气，眼睛很有神，嘴角挂着把什么事情都看得很透的那种微笑，穿着讲究，还有几分姿色，气质高雅，身材偏瘦，但是匀称、高挑。然而事实上，龙小梅的样子很普通。她就穿了一件红色的薄毛衣，中等个子，微微有点胖。她是走在大街上你不会随便望她一望的那种女人，约模三十五六岁，留着短发，看上去还是很精神。不过平心而论，她不具有特别的吸引力。老沈想，幸亏如此。假如她很漂亮，他就会感到压抑。假如她太年轻，他也会很不自在。她就这么普通，以至于他看到她以后有一种明显的释然。他觉得她是这个样子，他们也就几乎平等了。

“就在这里坐一坐还是到外面走一走？”

这是她说的第一句话。她省略了初次见面的人的一切过门，直接开始了他们的浪漫，就好像他们是非常熟稔并且具有深深默契的老友了。

老沈的心弧形地跳动了一下。他预感到这个北京之夜将会发生他意想之外的故事。这一瞬，他感到他和她之间早已有了足够的铺垫，他们早就等着相见，并将碰撞出灿烂的生命火花。

“那我就只有客随主便了。”他是这么应答对方的。他觉得自己说话非常放松。

“那我们出去走走。”她说完看了他一眼，转过了背。

他跟在她身后，出了玻璃自动门。北京的夜空似乎突然变得很蓝，是那种幽深的蓝，像舞台的天幕。凉凉的微风吹了过来，让老沈的心里怀上了一丝软软的温情。

她放慢步子，等着后面的他与她并肩而行。

“你为什么很久不给我发伊妹儿了？”他问她。

“我也觉得奇怪。好像我突然把你给忘记了一样。人是多么古怪的动物。”

老沈笑了一下。他觉得她的解释太有意思了。“那你是个特别率性的人。”他说。

“也许你这样说是对的。我是有一点率性而为。就像苏东坡说他写文章一样，行于所当行，止于所当止。你觉得这样不好吧？”

“很好。这样轻松，没有负累。很好很好。”

她也笑了一下。他感到这笑声里有一种特别默契的东西。就好像这一笑，两个人走得更近了。

“那你为什么突然想到要给我打电话呢？”

“很简单，我想起你了。一个远方的朋友突然出现在我脑子里，挥之不去，于是我决定给他打电话。”

“电话号码是怎么晓得的呢？”

“这太容易了，问你们的城市的114不就成了？”

“呵，呵呵！”老沈笑起来，“你真聪明。”

“这就算聪明吗？”她说。

他们在一张街边的长椅上坐下来，背后是一排柳树。这个地方比较幽静，很适合恋人们谈情说爱。

他们靠得很近地坐着。有一点点凉意，但那是很舒服的凉意。

“我一直想问你，你是不是也在教育部门工作。”他说。

她点了点头。“我就在这个区的教育局的教科所。我学的就是教育学。”

“难怪。我还是没猜错。”

“你还猜了我什么？”她侧过脸来望着他，瞳孔里像躲藏了两颗星星。

“我不敢乱猜。”

“你不够坦率。”她微微笑着说，“我主动给你写信，你一定猜我是个什么样的人了，对吧？”

“猜是猜了，但是不敢乱猜。”他还是这么说。

“我与你的想象差别很大对不对？

“不不不，我想你就应当是这个样子。”

“令人失望的样子。”

“不不不，一点都不。我是说真的。”

她突然开怀大笑，把手扪住脸，手肘支在膝头上。老沈有点慌乱地望着她。

“我们这样子像约会的情人，对吧？”她抬起头来问老沈。

“不过我的确觉得我们之间没有距离感，一点都没有。”

“我也是这种感觉。刚才我们走出来，我就觉得这种感觉挺奇怪的。好像我身边走的不是一个初次见面的人，而是……怎么说呢，我不说了！”

他们沉默了一会儿。这沉默反而增添了一种说不出来的亲昵感。

“我们再散散步吧。”她站起来，把一只手伸向他。

他犹豫了一秒钟，就握住了那只手。他也站起来，两个人手拉着手地慢慢沿着一排柳树走着。老沈觉得那只手真是柔软。他的心又弧形地跳了起来。

“这么晚了，你家里面的人会不会……”

“今天晚上是我们两个人的，你不要想到其他人身上去好不好。”

就好像这是一场蓄谋已久的幽会。他们慢慢走向了夜的深处，也走向了一个故事的深处。

马小丁

早上，刘娟在微波炉里给马小丁热了一杯牛奶，还热了两个前一天买的包子，另外再给他煮了一个鸡蛋。她是一个尽职的母亲。马小丁吃早餐的时候，她都穿着睡衣坐在餐桌旁看着他，看着这个一天一天长大的孩子。他已经比自己高出半个脑袋了。

“放学要早点回来，呵。”她跟他说。

“中午在外婆家，要多吃一点饭。长身体的时候，不要偏食，呵。”她又跟他说。

马小丁头都没抬一下，只顾吃东西。

“你爸爸又没回来。老是出差。”她似乎有意无意这么提了一句。

为什么要这么提呢？掩饰。她要掩饰这个家庭的无可救药的裂缝，不想让烦恼着她的事情也同样烦恼着儿子，不想让他的成长岁月覆盖着太多来自家庭的不幸的阴影。虽然她感觉到儿子可能已洞明了一切，但她仍然要制造波澜不惊的假象。当然，有时候，她会不自禁地流露一些情绪，说出一些诸如“妈妈将来只有依靠你了”一类的不祥之言。但在潜意识里，这些话其实都是说给自己听的。她认为话里的潜台词马小丁应当听不明白。

“你不要吃东西都戴着随身听。什么东西那么好听？”

马小丁根本就没听见她的唠叨。

“我晓得你根本就不是听英语，你是在听流行音乐。你真是个不懂事的孩子。”

马小丁吃完早餐了，站起身来，把书包提在手里就朝门外走。

刘娟拍了拍儿子的背：“骑单车千万不要听随身听。汽车来了你都听不见，很危险的！”

儿子把一边的耳塞取下来，很大声音地问：“你讲什么？”

马小丁到楼下社区的单车棚里取了自己的那辆赛车就朝三公里之外的学校蹬去。耳塞里送来南子的歌声。他那么迷恋她的声音，仿佛她的声音须臾不可少。他的赛车“之”字地跑着，从隔离墩的缺口越过斑马线到了马路的中央。一辆捷达出租车在他身后鸣笛，他根本就没听到，脑壳一点一点地蹬着车子。出租车从他左面穿过来，与他平行的时候司机把右边的窗子摇下来骂了一句：“小鬼崽子不要命啦！”他的眼睛的余光看见红色的捷达了。他转过脸，看见了司机愤怒的表情，还看见司机嘴巴张大在喊叫着什么。马小丁听不见。马小丁喜欢把随身听的音量调得振聋发聩。他冲那司机做了个鬼脸，仍是“之”字地在马路上大摇大摆地骑着他那有不锈钢龙头的赛车。这辆赛车只要八百多块钱，可是配这配那的钱超过了车价本身。

第四节课是语文。眉心里有颗痣的王老师在讲评作文的时候严厉地批评了马小丁。她说马小丁同学写作文像写小说一样。

“作文怎么可能像写小说一样呢？你把自己当成韩寒了？当成少年才子了？”

王老师讥讽的时候马小丁的身后有人笑起来。那是黄英的声音。这个马小丁的小组长生着一张柿饼脸。她最崇拜韩国的安在旭和美国的阿汤哥。在班上她喜欢的男同学是胡军。因为胡军的个头已长到了一米七八，还因为胡军是全年级最调皮同时也是篮球打得顶极棒的角色。马小丁把头朝后转过去，盯了黄英一眼，目光里有一种巨大的轻蔑。

王老师说，作文，一定要按照她的格式来写。“我再一次重申，作文都是有格式的。我研究了历届高考的优秀作文，从中找出带规律性的东西。你们只要按照我的要求来写，就能应对高考作文。你们用不着自由发挥。你们要学会戴着镣铐跳舞。像马小丁同学这样，不按作文格式来写，思维像野马无缰四处乱跑，怎么行呢？要知道，我们的作文训练，是要培养你们应对作文考试，要在作文考试中尽可能拿高分，而不是培养你们成为小作家。明白吗？”

马小丁耳畔是整齐的回答：“明——白——！”

“你，马小丁，明白吗？”王老师走到马小丁课桌前。

马小丁抬起头来望着这位吹着波浪头的四十多岁的女老师，不知她说的是什么。因为他刚刚走神了。近来同学们都发现马小丁喜欢走神。你跟他说话，他眼睛一眨也不眨地望着你，可是他的眼神很飘，说明他的思想像云一样不知跑到哪里去了。

“我问你，”王老师重复了一遍，“你明白吗？”

马小丁声音模糊地说：“明白什么？”

下了课马小丁就去找黄英。“你这个柿饼，你笑什么笑？”他叫着她的小名，对她吼道。

“我有我的自由。我笑还要你批准嗳？”

马小丁骂了一句粗话。是突然之间迸出来的，事先并没有想好的。黄英的柿饼样的脸白了，马上又红了。她居然一时说不出话来，就像被射中了一箭，身子晃了一下，转过背就跑了。马小丁觉得很奇怪，自己怎么会骂那么粗俗的脏话，涉及到了女孩子身体的某个他并不了解的部位。他释放了自己的愤怒，但随之而来的是有那么一点不好意思。他经常看到别的男同学这么骂女同学，于是他要向黄英发表愤怒的时候就不由自主地进行了模仿。他获得了瞬间的快意。

他肚子有点饿了。中饭他都在外婆家吃。他朝学校的单车棚走去。老远就看见自己的赛车的不锈钢龙头闪着一点强烈的高光。他被偷掉过两部特别好的山地车。那都是他生日的时候爸爸送给他的。所以这部赛车他用了两把锁。他加了那么多的零部件，使它看上去显得很酷，当然不能让它再被盗走。他弯腰去开绕在铁柱上的链条锁的时候背上被人拍了一下。他扭过头，看见胡军站在他的身后，两只手叉着腰。一米七八的个子，旁边还站着矮了大半个头的柿饼脸的黄英。

“喂，你，骂了她？”胡军对他说，脸上是一副无赖的模样。

马小丁站起来，把链条锁绕在车凳后。“哪个要她讥笑我？”

“啪”的一声，他背上挨了胡军一拳。

“你不要打人呵！”他怒目盯着这个班上个头最高的男同学的长满了红痘痘的脸。

在班上，他最讨厌的就是这张红痘痘上有许多发白的脓头的脸。这个家伙没事就喜欢挤那些脓头，先是出白的脓汁，接着就出红的血水。于是这张脸就有了许多永不消失的瘢痕，看上去让马小丁觉得可笑又恶心。这家伙还四处吹牛，说班上凡是长得漂亮的女同学都喜欢他，追求他。一上课就写什么爱呀爱的条子递给前后左右的女同学。总之，马小丁对他是惹不起躲得起。他从不跟胡军玩。

“你打他，”胡军对黄英说，“扇他一个耳光。看他还敢不敢骂我的妃子。”

黄英却朝后退了半步。她哪里有打人的胆子？

“你打不打？打不打？”胡军对黄英吼起来，“不打你就跟我滚。”

黄英的声音抖抖的：“我打，我打。”

她闭上眼睛，朝马小丁的脸上扇了一巴掌。

马小丁骂了一句：“你这个臭柿饼。”

胡军笑起来。胡军说：“你打了，还要不要我打？”

“算啦。打过了。算啦。走吧。”黄英说。

这时候张小小来了。“小丁你的脸怎么这么红？”

胡军又笑：“他让女同学化了一下妆。”

马小丁说：“去你的妈。”

胡军的笑收住了：“骂谁？嗯，骂谁？”

“谁该骂就骂谁。”

胡军一把揪住马小丁的衣襟就要打他。张小小过来拦住了。张小小说：“算啦算啦算啦，什么事了不起还要打架。算啦。”

“欺负我的妃子，胆子不小嗳。”

张小小打架肯定不是胡军的对手。但是张小小特别聪明，也让胡军很佩服。而且胡军总喜欢抄张小小的作业，所以他还是要给张小小一点面子，就松了手。

“走吧。”他朝黄英说，一摇一摆地走了。

张小小是马小丁的朋友。张小小关切地问：“没事吧小丁？”

“去他的妈！”马小丁朝地上吐了一口痰。

老　沈

培训班负责票务的李大姐挨个登记返程的机票。课程今天下午就结束了，明天组织大家去爬八达岭，后天就再见了。老沈说，他还要在北京办点事，行程还说不准，回去的票干脆他自己解决就是。李大姐说：“呵，那好吧。”老沈顿了顿，又补充了一句：“明天我就不去八达岭了。我总共去过三次。没什么好看的。”李大姐说，“春天去过吗？”老沈摇了摇头。“没去过？去！”李大姐很热情的样子。老沈又摇了摇头：“唔唔唔，不去不去，我有事情要办。”

其实老沈根本就没去过八达岭。他到北京来过无数次，一点不像别的游客一样看这看那的游兴那么浓。他每次到北京，都是从落地开始就盼着早一分钟回去。

但是这一回，他根本就乐不思蜀了。

昨天晚上的那一场浪漫是他这一生第一回经历的，多么令他陶醉。昨天晚上，他握着她的手，在宝石蓝的夜色里漫步。沿着那一排柳树，一直朝前走。灯火亮起来了。另一座宾馆出现在眼前。他们站住了。

“进去喝一点什么？”龙小梅说。

他们坐在咖啡厅靠窗的位子上，并排，而不是面对。他们要了燕京啤酒。他们举起杯来，碰了一下，以示对这场浪漫相逢的庆贺。咖啡厅里人很少。背景音乐像轻烟一样缭绕着。从窗子里望出去，灯火并不怎么热闹，给了老沈一种在他们周围世界开始入眠的幻觉。

他们的手又握在了一起。

“你的手心有点潮湿。”她对他说。

他尴尬地笑了一下。“可能，有点，激动吧。”

她也笑了。

“你激动就手掌心出汗吗？”她轻声地问。

“我不晓得。我以前不这样。今天晚上是……”

“我没有要你解释什么。我只是随口问问。不要紧张好吗？”

老沈听话地点点头，脸上浮出了近乎孩子气的微笑。忽然他觉得从打电话那一刻起，他就被她领导了，掌握了，控制了。这种感觉真是有点古怪。有什么不好吗？老沈不觉得有什么不好，相反，虽然有点古怪，但古怪得让人心悦诚服。作为一个自尊心很强烈的男人，老沈倒十分情愿被这个名叫龙小梅的女人所领导，所掌握，所控制。具体点说吧，今天晚上他把自己交给她了。他晓得她会把他带到一种什么样的故事当中去。

一切如他所料，喝过啤酒之后，他和她上了楼。是她去登记的。她身上带了身份证。她是特意带的吗？

她用磁卡开了十二楼的房门。一间双人间，摆着两张等待的床。

“招待所住得好吗？”关上门之后她问。

“不怎么样。”

“我不能忍受肮脏。所以我出差晚上都睡不好。”她沏了两杯茶，在椅子上坐下来。

他本想说我倒是很随便；肮脏是可以忍受的，只是不能忍受一个城市的大而无当。话到嘴边却又咽了下去。

“唔唔，我也睡不好。”他把话说得比较含糊。

“今晚我们都不回去。今晚我们要好好在一起说说话。高兴吗？”

他当然表示高兴。他的脸上又浮出了近乎孩子气的微笑。

“由喜欢一篇文章到喜欢一个人，你觉得这个过程需要多长？”她问他。

他不知所措。他望着她，而她也正望着他。她的目光里有一点跳跃的亮点。

“我不晓得……”他呢喃地说，“也许很漫长，也许很短暂。”

“那我们是短暂吗？”

“我想……我想应当是吧。”

“你很可爱。你不像个四十多岁的男人，倒像个二十出头的年轻人。你可能自己都不知道自己身上吸引人的地方。”

“是，我是不知道。我没想过我会有什么地方吸引别人。”

“从这一点来说，你的可爱里包含了一点傻气。”

说完她就笑起来，笑得那么厉害，身子都抖起来。老沈这才发现她的跳动的胸部是那么饱满。

是什么给了老沈巨大的勇气？是那么样的笑和那么样跳动的胸部吗？就在这个时候，老沈忽然把她抱住了。仿佛她笑得要朝后倒下去，而老沈反应敏捷地挽狂澜于既倒。

她在他的怀里了，这个领导者、掌握者和控制者，丰满的下巴朝向他的脸，猛然把头昂起，嘴唇伸了过来。

多么绵长而热烈的吻。老沈像从悬崖上掉了下去，而下坠的过程却永无止境。最后，他们都瘫倒在床上，就好像他们用尽了此生的一切力量……

他们做爱了。他们彼此燃烧、彼此融化、彼此不知彼此了。

之后，她到盥洗室冲了一个澡。披着浴巾出来的时候她说："哎，你也洗一下吧。"

老沈软泥样地瘫在床上，动也不想动一下。

她走过来，坐在床沿上，伸出手来在他的赤裸的背上拍了拍。"洗一下吧。"

老沈哼了一声，根本就不想爬起来。他已经燃烧透了。他成了灰烬了。

后来他当然还是去冲了个澡。因为他想起来她是有洁癖的。她不能忍受肮脏。

"千万不要睡去呵。"等他回到床上来时她是这么对他说。"我要听你说话。"

她的肉体疲惫了，但精神却依然亢奋着。当然，他也并没有睡意，他只是太累了，他把力气使尽了。

他们搂抱在一起，开始慢慢说话，并且通过说话慢慢恢复力气，恢复由动物的人到社会的人的过程。他谈到自己的学校，谈到越来越复杂的学生教育和管理，谈到教师一加课就想到要加钱，言语之中他流露出了对他的事业的厌倦之情。

"说下去，"她始终捏着他的柔软的耳垂，"不要停止说话。"

他把手从她的腰身下抽出来，枕在脑后："我想听你说说你自己。"

"你想听什么？"

"随便。只要是你的情况。让我多一点对你的了解吧。"他说。

马小丁

外婆搞了马小丁最喜欢吃的墨鱼炖排骨。马小丁吃午饭的时候神情有点发呆。

"考试啦？"外婆问他。

马小丁摇了摇头。

"我的丁丁怎么不高兴啊？"

"没有，外婆，没有不高兴。"

外婆问马小丁，妈妈最近没和爸爸吵架吧。马小丁说，不晓得。

"怎么不晓得？"

"他们要吵也不当着我的面，是不晓得嘛。"

外婆就叹了一口气。

"外婆，你给我一点钱。"马小丁忽然说。

"你要多少？"

"八百块。"

"你说什么，多少？"

"八百，外婆。"

"八百！丁丁，要这么多钱干什么用啊？"

"外婆，你有还是没有嘛！"

“外婆身上从来没有过这么多的钱，八百。”

“六百呢？”

“也没有。”

“三百。”

“也没有。要这么多的钱干什么？你一个中学生。”

“外婆，我没说，等于没说。你忘记吧。我刚才什么都没说。”

“告诉我丁丁，一定要告诉我，你要这么多钱干什么用场，呵？”

“我没说。我什么都没说。我开玩笑好不好外婆？”

中午马小丁没有在外婆家睡觉。他吃完饭就骑着他的赛车走了。外婆一个人坐在客厅的藤椅上，落寞地望着一只黄毛的小猫。

马小丁进了学校附近的一个网吧，通过 OICQ 他呼到了一个网名叫作“红鼻子狗”的深圳的网友。他们在聊天室里聊起天来。他们是一对从没见过面而又特别有话说的朋友。马小丁给自己取的网名叫瘸子马。一个半小时后，马小丁就到学校里去了。他在校门口碰到了柿饼脸的黄英。他狠狠地瞪了她一眼。黄英说：“马小丁，我已经不恨你了。你也不要恨我了好吧。”马小丁说：“我恨，就是恨！”黄英说：“好，那你就恨。你恨我也恨。”说完黄英就转身气冲冲地走了。

放学的时候马小丁和张小小推着单车在街上走。他们住在同一个方向，但是张小小住得更远。他爸爸在一家快要倒闭的钢厂当车间主任。他妈妈下岗了，在他叔叔的建筑工地上煮饭。他们不骑在车上而是走路，就是想一路上慢慢聊天。张小小是马小丁在班上玩得最好的同学。而且，张小小特别聪明，脑壳反应非常灵敏。他的绰号就叫“奔腾四”。张小小最喜欢模仿老师说话，学得像极了，常常惹得马小丁大笑不止。他还喜欢讽刺学校里的老师和班上的干部，在他们的姓氏前加上“猪罗”二字，比方“猪罗张”、“猪罗王”、“猪罗刘”等等。马小丁听他骂人心里头就特别畅快。张小小家里很困难，父母工资收入很低，而且他的外婆得了脑血栓，住院治疗要花非常多的钱。他们家里欠了亲戚朋友上十万块钱了。张小小说，他根本就不想念书了。他想出去打工挣钱。他要替爸爸妈妈还债。马小丁很同情张小小。马小丁经常从家里偷钱来悄悄塞在张小小的书包里。有一次塞钱的时候被张小小发觉了，才知道书包里突然拱出来的钱原来是马小丁给的。从那以后他们就成了最要好的同学。

张小小跟马小丁说，胡军是个没脑子的家伙，你不要跟他计较。黄英你也不要跟她计较。你就当作不认识他们。马小丁哼了一声，没说什么话。张小小以为马小丁为中午放学时候的事还在生气，于是又劝了几句。

马小丁说：“没意思。”

张小小没听明白，还以为马小丁说的是胡军和黄英，但他念头一转，猜想马小丁也可能是说王老师。

实际上，马小丁表示了对他的生活的恶心。这比蔑视胡军和黄英，蔑视在作文课上对他进行打击的王老师更为严重。

马明亮

马明亮回到家里的时候刘娟和马小丁正在吃晚饭。他们侧过脸来望着他，却一言不发。

“小丁，跟爸爸装碗饭。”他一边说一边把公文包放到客厅的沙发上。

“回食堂来了呵。”刘娟一脸鄙夷的样子。

马明亮看了一下儿子，哼了一声，坐在了饭桌上。

马小丁把饭送到了他手中。

“小丁，考试了吗？”

“还没有。”

“最近学习成绩怎么样？”

“还好。”

“有进步吗？”

“不晓得。”

“有就有，没有就没有，怎么不晓得呢？”

“嗯。”

“跟爸爸汇报一下你的学习情况。”

“爸爸，我在吃饭。”

刘娟说：“哟，变得关心儿子的学习了呵，变得有爱心了呵，在什么地方进修了呵？”

马明亮看她一眼，冷冷地笑了一声。

吃完饭，刘娟对马小丁说：“小丁，到自己的房间里去做作业。”

马小丁说：“今天没有作业。”

“没有作业？不可能，怎么会没有作业？那你就进去搞搞预习。把明天要上的课预习一遍。”

马小丁没再说什么，怏怏地进了自己的房间，把门从里面锁上。

饭碗菜碗摆在餐桌上，刘娟也懒得收拾，她对正准备起身的马明亮说："你不要走。"

"有什么事？"

"我跟你有话要讲。"

"讲吧。"

"到里面屋里讲。"

"就在这里讲。"

"小丁会听到。"

马明亮说："那好吧。"

他跟她走进了睡房。刘娟把门关上，把锁头摁下去。

"你坐下来。"她说。

"我就站着。我还有事要出去。"

"你有什么事？你不就是到那个叫陈虹的女人那里去吗？她对你那么有吸引力吗？"

"你有事就说事，废话少讲。"

"马明亮，我要跟你离婚。"她望着他的眼睛说。

马明亮没说话，也迎着她的目光望着她。

"你听清楚没有？"刘娟说。

"我不晓得你是讲什么。"

"我讲我要跟你离婚。"

"这是一句严重的话，你没想好就不要轻易讲出来。这句话是有后果的。"

刘娟说："我、我还有什么没想好的。早就想好了。是你逼得我这么想的。"

"我相信这不是你要讲的话。如果你想把我拖回来，你就不要讲这种把我朝外面推的话。我说了这是有后果的。"

马明亮说完就拉开门要走出去。

刘娟在后面喊:“马明亮!我还没讲完话呢!马明亮,你不要走!”她冲过来,用身体堵住了房门。

作为一个男人,马明亮被别人视为事业有成。他开了一家物流管理公司,专门负责长途货车的物流调度和配送。他的业务现在已扩展到了十多个城市。他很聪明,一辆车都不投资,却把许多货运公司的资源整合起来,控制了几十个车队在中国大地上南来北往的货运流程。这是一个新兴的行业,它降低了所有车队的运营成本而又大幅度地提高了运营效率。他办了公司网站,手下的电脑程序设计员设计了货物流通的全程监控,客户只要上网查询,就会知道自己的货物现在运到了什么地方。他的公司只有三十来个人,但是业务量却做得像个非常大的公司。他带着手提电脑,在任何地方都能了解公司的一切运作。

他穿得很随意,一点儿也不像个赚了很多钱的人。他在生活中除了是个车迷也没有什么其他特别的爱好。抽一点烟,但是烟瘾不大;喝一点酒,但是酒量很小。他是一个擅于控制别人也擅于控制自己的人。但是在陈虹面前,他却感到越来越迷失自我。

他爱她吗?他相信,他对她的那种感情就应当叫作爱。他非常迷恋陈虹。迷恋,是的,也许这种说法比较合适。他觉得她一颦一笑都是那么迷人,她说话也总是那么体己,加上生活的不幸给了她的神情蒙着一层淡淡的忧郁,她更加显得与众不同。他看哪个都不如看她顺眼。在他的公司,有好几位招聘的年轻女大学生都溢于言表地喜欢他甚至崇拜他。其中一两位也不乏聪明漂亮,至少是青春猎猎,朝气逼人。但他不为所动。应当说,他马明亮并不是好色的男人,也不是一有钱就变坏的男人。在认识陈虹之前，他并没有过任何风流艳史。为什么他一见陈虹就那么动情了呢？他想过这个问题，但是他找不到答案。他只能用一种最简单的现成说法来解释：投缘。他和她投缘吗？当然。他们有话说，而且，他和她很容易就建立起了语言默契。他知道，其实这是非常难的。他和刘娟这么多年的夫妻，日子越过越疏离，原因就是缺少沟通的默契。他和别的女性也很难建立语言的默契。他是一个并不怎么习惯进行内心交流的人。他在女人面前甚至有某种程度的羞怯和紧张。陈虹，这个女人给了他极度的放松。他喜欢在她面前说话，什么都说，想到哪里就说到哪里。他从来在女人面前没有这么轻松过。而她呢，是最好的倾听者，脸上挂着不凋谢的会意的微笑。她是他的真正的红颜知己。

她给了他一种强烈的生活对比。在这种对比中，刘娟在情感上显得那么陌生，在生活上显得那么粗糙，在沟通上显得那么困难。他和刘娟这么多年是怎么过来的？在这种对比中，陈虹越来越显示出了她的重要。他不能没有她，一天都不能够没有。假如他出差，他就一天到晚打她的电话。即使不出差，即使就在同一座城市里，他也一天到晚打她的电话。他越觉得她重要，就越迷失自我。

他甚至越来越强烈地产生了一种渴望：他要与刘娟离婚。他要与陈虹名正言顺地在一起生活。

刘 娟

刘娟堵在门口，不让马明亮离开睡房。她对马明亮说，她要与他离婚。马明亮说，他是不会轻易说出这两个字来的，但是假如他什么时候说出来了，就再也不会有挽救的余地了。

“你自己想好吧。”他说。

刘娟怔了怔。她在掂量这句话的分量。

马明亮说：“请你让开，我要出去。”

刘娟说：“马明亮，马明亮，你今天要跟我把话说清楚！”

马明亮瞥了一眼他的老婆。他看出刘娟的眼圈已经黑了；她的原本饱满的面颊也明显地消瘦了。马明亮心里轻微地颤动了一下。仿佛这一瞬之瞥让他看到了老婆所受的伤害。他一下子很不是滋味。

“你想听我说清楚什么？”他的口气软了许多。

“你是要那个婊子还是要我？”

“你口里要放干净一点。哪个是婊子？”他刚刚软了许多的口气忽又硬了起来。

“哪个是婊子你心里最清楚。”

“你要是这么说话那我们也就没什么好谈的了。”

“呵，我骂她做婊子你觉得伤心是吧？”

“我告诉你，刘娟，人家可不是你想象的那种坏女人。你骂人骂得太难听了。”

“呵，她是好女人。她多么好呵。她夺走别人的老公。她多么好呵。”

“她没有夺走别人的老公，是别人把自己的老公推到她身边去的。”

“那我是婊子好吧。我不要脸。我把自己的老公往别的女人身边推。我是世界上最坏的女人，最不要脸的女人，好吧。这么讲你过瘾吧。”

“刘娟，我不想这么跟你讲话。这么讲话是浪费时间。你不是说想跟我离婚吗？我会考虑的，我会认认真真考虑，可以吗？”

“我晓得我是留不住你的心。我就是留住你的身又有什么意思呢？你走吧，到你的那位好女人那里去吧。我继续把你往她身边推吧。坏女人是我，不是她。你走吧。”

刘娟哽咽起来。眼泪大颗大颗地从她消瘦了的面颊上滚落下来。

“你一下子是骂，一下子是哭，你就不能理智一点吗？你还把电话深更半夜地打到人家家里去，像话吗？”

刘娟哭着叫吼起来：“我不像话！我深更半夜把电话打到良家妇女家里去，把你们的鸳鸯梦搅乱了，我是不像话！马明亮，你不是人，到这个时候你还处处维护那个臭婊子！”

马明亮索性在床沿上坐下来：“你骂吧，骂个痛快。你有好多要骂的话都倒垃圾一样倒出来，一点不要剩。我不走，我坐在这里听。”

“马明亮，”刘娟悲切地喊，“你昨天晚上就在她家里。她接电话，你就在她身边。我的天啦，我为什么会遭到如此的报应？”

“我说了，你要理智一点。你那样做就能解决你想要解决的问题吗？你想过吗？”

“我是蠢，”刘娟喃喃地说，声音小了许多，“太蠢了。我没有料到你已经变到这种程度了。你根本不要我们娘崽了。”

泪水又哗哗地在面颊上流淌起来。

“你不要哭好不好？”

“不哭，”刘娟说，“不哭。我再也不会哭了。我什么都明白了。”

泪水还是哗哗地在面颊上流淌着。

这天晚上，马明亮到底还是留在了自己家里。他有一种隐隐的不祥之感，觉得如果他走了，家里头会出事。他在很多的时候和很多的事情上，都有过这种不祥之感，尽管事后证明这种感觉只是对某种担忧的过分夸张。刘娟很快就上了床，蒙着毛巾毯在黑暗里抽泣。他在床边上站了几分钟，不知所措。要不要说几句安慰她的话？他想了想，摇摇头。哄小孩子的把戏，有什么意义呢？但是不说几句安慰的话，他又太显得铁石心肠。她会更加伤心。怎么办？马明亮，这个最能控制局面的男子汉，真的是一筹莫展了。

后来他离开了睡房，在客厅里一个人坐了一会儿。他想整理一下思绪，可是做不到。他有点心烦意乱。他抽了一支烟，然后敲了敲马小丁的门。马小丁把门打开了。灯光照在儿子的脸上，两只眼睛里有种奇怪的神情。

“小丁，爸爸妈妈只是讨论一些家里的事情，有点争吵。你不要介意。”他这样解释着，生怕是刚才的两个人的战争惊悚了儿子。

“我不晓得你们说些什么。我在听音乐。”马小丁说。

“听音乐？做作业还听音乐？”

马小丁把鼻子皱了皱：“我一直都是这样做作业的。”

“难怪，你总是把门关上，原来你是听音乐。”

“我又没少做作业。不信你检查。”

“你可能是做了作业，但你不是专心做的。要晓得，一个人是不能一心二用的。”

“你就能够一心二用，爸爸。”

“你说什么？”马明亮诧异地问，“你是指的什么？”

马小丁说：“我没指什么。”

“那你为什么说爸爸一心二用呢？”

“我是说着玩的。”

“小丁，爸爸晓得，你不是说着玩的。小丁，你到底要说什么？告诉我。”

“我什么都不想说。”

马明亮觉得再问下去也不会有什么结果，叹了一口气：“儿子，你长大了。”

马小丁点点头：“我是长大了。”

“长大的标志就是不与爸爸说心里话了吗？”

马小丁说：“心里话是逼着说的吗？”

马明亮说：“好吧，爸爸不逼你。爸爸只希望你认真读书。最近考试了吗？成绩怎么样？”

马小丁嘟哝着说：“只晓得问考试成绩。只晓得问考试成绩。永远都只关心这个。”

“你是学生。学生最重要的事情就是把学习搞好。当然要关心这个。”

“你参加一次家长座谈会吧，你就什么都晓得了。”

马明亮一时语塞。作为马小丁的父亲，最近三年来他一次家长座谈会都没参加过。他是忙，公司里的业务发展很快，他要应酬的事情也很多，但是，他就真是抽不出时间来参加儿子学校的家长座谈会了吗？他本来没有意识到这是个问题。因为刘娟愿意参加家长座谈会；而且她还喜欢向各科老师打听马小丁的学习情况。但马小丁说了这么一句话，他忽然觉得作为父亲自己原来是很失职的。他没有真正的关心过儿子。他对马小丁的成长一点都不了解。他只会在儿子生日的时候买最漂亮的山地车给他，带他去吃一餐肯德基。他感到了忽然袭来的惭愧。

“小丁，以后爸爸一定参加家长座谈会。下一次通知来了你就告诉爸爸好吗？”

马小丁嘟哝了一句什么话，马明亮没听得清。“你说什么，儿子？”

“没说什么。”

“我刚才听见你说了什么。”

“我没说什么。”

“好吧，你不愿意告诉爸爸就算了。”

停了几秒钟，马小丁忽然说：“爸爸，给我点钱好吗？”

“你要好多？”

“八百。”

“嘿，你要这么多钱干什么？”

“你别管。”

“那不行。你要讲清楚我才能给你。”

“那我就不要了。”

“不告诉我做什么用场呵？”

“不想告诉。”

“我晓得我儿子反正不会拿钱做坏事。好吧，给你吧。”

马明亮拿出八百块钱放在马小丁的桌子上。马小丁也没显得格外激动。马明亮又跟儿子说了些要好好学习之类的话，然后就回自己的睡房去了。

他躺在床上，把灯熄了。他感到身边的刘娟并没有睡着。他朝空气里说：“这么吵吵闹闹，会对马小丁产生影响的。他现在正是身心发育的时候。”

隔了几秒钟，刘娟把毛巾毯掀开来，说：“不要脸，本来平平静静的家庭，是谁让人吵闹的？”

“好吧，我不说了。”

“马明亮，你睡到那个女人那里去。这里不是你的家。你的家在外头。你滚。”

老 沈

后来龙小梅终于睡着了，老沈却一直不能入眠。他太亢奋了。他一生都未遇到如此突如其来的艳事。他在中学当校长，平时为人师表，要显得庄重肃穆、不苟言笑。加上学校的环境本来就很保守，他当校长有如林妹妹进了贾府，不敢乱走一步路，不敢乱说一句话，他甚至都没有跟女老师们开过玩笑。今天晚上，在北京，在这个陌生宾馆的十二楼的房间里，在这张同样陌生的床上，他彻底解放了自己。在这样的时刻，他才感觉到自己真正像个人，一个挣脱了所有束缚的人，一个动物本能大于道德本能的人，一个能够从每一个细胞里释放快乐的人。

不能入眠，伴随着亢奋，当然还有某种困惑。老沈一直在回味龙小梅跟他说的话。龙小梅告诉他，实际上，她和他丈夫的关系非常好。他丈夫是中国科学院从事天体物理研究的学者，在国际上都是有名的。她很崇拜自己的丈夫，因为他有才华和学问，又有情趣，而且还很爱她。老沈很惊讶：既然如此，她为什么要背叛他呢？老沈想，自己无论如何是比不过她那么优秀的丈夫的。她为什么要这么毫不思量地委身于他呢？难道她丈夫是性无能者，没有给她带来足够的快乐，以至于她要在外面寻欢?

他很委婉地问到了这个问题。他问她她和丈夫的性生活有这么愉快吗。龙小梅的回答又使他吃了一惊。

“愉快。大多数的时候都愉快。”她捏着他的耳垂说。

老沈还奇怪于她通宵不回家,她丈夫会怎么想呢?

“你不要问这么多。我都不担心,你担心什么?没事的。”

老沈想,女人是多么可爱而又奇怪的动物。她什么都有了,为什么还不能满足?为什么还要偷欢?

老沈感到捏着他耳垂的手慢慢松开了。她睡着了。老沈翻过身来面对着她。她睡着的样子像一只小猫。她的睫毛很黑,就像幕布一样,覆盖了她的梦吗?她的梦是什么梦?她的呼吸很急促,她在梦里被什么东西所追逐吗?

他们醒来的时候快到中午了。实际上老沈也就睡了那么两三个钟头。他是天亮之后才有了一点睡意的。就在楼下的餐厅,他们把早餐和中餐一起用过了。龙小梅对老沈说,她下午有些事情要处理,等吃过晚饭后她再回来。“你下午可以随便上哪儿去走走看看。明天我就可以全天陪你了。”她俯下身来,也不管旁边的餐桌上坐了人,在他额头上吻了一下,然后像蝴蝶一样飞走了。

老沈觉得有许多目光黏在了自己的额头上。他有点不好意思地低下了头,装作喝茶的模样。

老沈走出餐厅后不想马上回十二楼的房间去,当然更不会回那个招待所去。他走到宾馆外面,不知要到什么地方才好。培训班的那些学友此时此刻都在爬八达岭。他不晓得那样的活动乐在何处。征服吗?爬上了长城就意味着征服吗?人的心理其实是那么脆弱，需要一些仅仅是象征性的鼓舞来取代不安。这不是可笑的吗？老沈宁愿要无聊，也不要可笑。他沿着一条有一排柳树的街朝前走。微微的风吹了过来，他看到灰蓝的天空中飘满了柳絮。远处的立交桥上，车像惊惶的虫子一样爬着。它们需要的除了速度还有什么别的？老沈走到一个小店里，买了一盒“中南海”牌的香烟。他只是偶尔抽抽烟，并没有烟瘾。他有一个姓赵的朋友去了美国，原来是个烟瘾很大的家伙，去了五年后回来探亲，把烟戒掉了。他对老沈说，他那么大的烟瘾，一天抽三包，别人都问他，你是不是特别苦闷？所以抽烟被认为是苦闷的象征。所以老赵也就不抽烟了。当时老沈问他：未必不抽烟就不苦闷吧？老赵笑了一下，没说什么，只是耸了耸肩。老沈就自问自答地说：人可能是害怕象征什么。

“中南海”牌的香烟是北京的本地烟。老沈每次来北京，都看到有人抽这个牌子的香烟。他正好无所事事，也不是老赵说的苦闷的象征，他买了一盒来抽。抽了一口，觉得劲头太大，就吐在了空气里。他对自己说：无聊的象征。

下午显得格外漫长。他慢慢走着，看见一个四合院门口有两个人在下象棋，就走拢去看。那两个人的棋都下得很臭，叫老沈看不上眼。反正无事可干，也索性把一局棋看完了。正打算走开，背后叫人拍了一下，有个人问：“要不要碟？”

“什么碟？”老沈回过头去，看见是一位有张粗糙的脸的中年妇女。

“就是这个啦。”

那女人把左手的食指和拇指围成一个圈，右手的中指插进圈里来来回回地捅着。老沈马上明白这是示意什么了。

“不要不要不要不要！”老沈边说边走开。身后传来了那个女人和刚才下棋的两个男人的浪笑。老沈觉得这个地方很是龃龉。

老沈像只没头苍蝇一样乱窜着。他心里头巴望下午快快过去。幸亏有个龙小梅，他多少改变了一点对北京的看法。不然的话，这样的下午，他一定会想到两个字：自杀。

马小丁

上午上了化学课、语文课、物理课和政治课。马小丁不知道老师们讲了些什么。他沉醉在自己飞扬的意绪里了。他的思维的小鸟根本就不在课堂上。课间操的时候，他就把张小小拉到了一边：

“小小，我有非常非常重要的事要跟你讲。”

张小小问：“什么事？”

“我现在不能跟你说。放了学再说。”

“搞什么这么神神秘秘的？”

第四节课上完，马小丁就在放学的人群中逮住了张小小。他把张小小叫到一家面馆里去吃面。

“你不到外婆家吃饭？”张小小问。

“我要和你一起吃面，我有重要的事跟你说。”

那件事如果从头说起是这样的：马小丁在网上结交了一个网名叫作红鼻子狗的朋友。他们每天中午都会在一个叫“月光小船”的聊天室里聊个把小时的天。红鼻子狗告诉他，他是深圳的一名职高学生。红鼻子狗是个乐迷，他晓得全世界所有重金属摇滚乐队的主唱手，晓得一切乐坛新人的名字和他们的代表作，那个名叫南子的歌手就是他向马小丁推荐的。“你要注意这个人，她唱得太好了。”于是马小丁四处去找南子的ＣＤ，可是马小丁的城市里根本就没有南子的歌碟卖。红鼻子狗从深圳给他寄过来了。马小丁迷信他的网友。他听了南子的歌，觉得的确不错，但是更重要的是，他理解了南子的歌声仿佛就理解了红鼻子狗，他倾听南子就仿佛在倾听红鼻子狗的心跳。他在南子的歌声里听到了叛逆和抵抗，听到了拒绝和轻蔑，听到了对自由呼吸的召唤和对浪迹天涯的向往。马小丁，这个高二的学生，这个心灵里萌发朦朦胧胧激情和朦朦胧胧孤独的孩子，当然对歌声里表达的一切入了迷。于是他慢慢产生了他自己都不清楚的变化。昨天中午，红鼻子狗告诉他，南子要在深圳办巡回个唱。“你来不来？”对于马小丁来说，这就是召唤。这就是让他入了迷的东西对他的极度诱惑和遥遥挥手。“我来，你想办法搞到票。”他在网上回应红鼻子狗。他还敲了一行字：“我可能还带一位朋友来。”

他要带的朋友就是同学张小小。

“我不能去。”张小小把面条夹在空中说。

“为什么？”马小丁问。

“我不能去。不为什么。”

“你总得说出不去的理由来嘛。”

“跑那么远，我没有钱。”

“嗨呀小小，我有嘛。我昨天晚上找我老爸要了八百块钱。够我们两个人花了吧？”

“我不能用你的钱。”

“为什么？我们这么好的朋友。你还分彼此呵？”

“我爸爸妈妈要是晓得了，会打死我。”

“一样，我和你一样，但是我不怕。小小，你怕什么怕的？”

“我们家和你们家不一样，你们家里有钱，我们家没钱。所以我们家要让我好好读书。要是读不好书，考不上大学，我爸爸妈妈会急死的。我是他们的指望你晓得吗？”

“小小，我讨厌你开口闭口就是读书。我讨厌学校，讨厌老师，讨厌班干部，我只想在外面流浪。我一天都不想待在学校里。我肯定要到深圳去。我只希望你能和我一起去。”

“小丁，我也不喜欢学校；我也不喜欢这么多作业，这么多家长座谈会，这么多模拟试卷和模拟考试。我也想和你一起到外面流浪；我还想挣很多很多的钱来替我妈妈还债。但是我不能去，哪儿都不能去。我不能面对我妈妈伤心的样子。晓得吗？”

马小丁又劝了他的朋友好久，但是张小小始终只是摇头。

“是这样好不好小小，”马小丁从口袋里拿出一枚镍币来，“我们投个币。你要国徽还是要粮食？要是你中了，就不去，不中，就和我一起去。我们搭今天下午五点半的火车走。”

“我不投。”张小小表情很坚决。

“投吧小小，你要相信你自己的运气。”马小丁央求的口气说。

“好吧。就试一次。”张小小终于松了口。“要粮食。”

镍币在空中划了个银色的弧线，落到了桌子下头，摇了摇身子，瘓了下去。

“哈，国徽！”马小丁欣喜地叫起来。

陈　虹

昨天晚上马明亮没有来，陈虹心情有些糟糕。为衣裳弄脏了这点小事吼了女儿一下，把小女孩都惊吓哭了。她这才觉得自己有点失态。左哄右哄，把田田哄睡了，一个人坐在客厅里看电视，眼睛望着屏幕，脑子却在走神。来了那个电话，马明亮第二天就回家去了。他是害怕他的老婆吗？不，他是怕老婆受了伤害，回家抚慰去了吧。男人都是这样，两头都要：家庭结构的稳定，婚外恋情的甜蜜。陈虹一这么想，心情当然就没有道理不糟糕。她把马明亮留在茶几上的烟抽出一支来，点上火，闷闷地吸了一口，结果呛了一下。她不会抽烟。但她觉得抽支烟，也许心情能平静一点。她开始怀疑马明亮对她的感情是否真实。她脑子里像眼前的电视一样回放着他们从相识到如今的种种情节和场景，以验证自己的判断。她渐渐得出了结论：这个名叫马明亮的男人是爱她的，但是，还没有爱到能为她舍弃自己的家庭的地步。他说过，他跟老婆刘娟之间已经感情淡漠。这她相信。但她不相信他会因此而和他老婆分道扬镳。怎么说呢？她陈虹好歹也是个明事理的女人，她不会强迫马明亮和他的老婆离婚。这样做，是有后果的。将来他们万一在一起了，万一不幸福了，他会怨恨她。她不会做别的处在婚外恋中的女人通常一意孤行要做的蠢事。

那么，她爱马明亮吗？当然，无可置疑。这个男人身上表现出来的一切她都爱。简单一点说，他就是她心目中最爱恋的那种男人。甚至他不怎么爱卫生，脖子后面一股淡淡的油腻味她都迷恋不已。她经常从他身后搂住他，贴紧他的脖子，像在医院的吸氧仓里吸氧一样地深深吸着那股若隐若显的油腻味。她要他，从灵魂到肉体。她要他，从局部到整体。她要他，从现在到未来。她要他，从秘密的情人到永远的爱人。她一直坚忍地等待，希望他自己解决好自己的问题，然后，奔向她，和她手挽手，踩着鲜花，走向浪漫的婚礼红毯。

她就是这么憧憬着的。不但憧憬，而且也化为日常的行为：她在慢慢地改变着他，增加着自己的感情砝码，使他一点一点倾斜于她，使他一刻也离不开她。

但是，一个电话就击碎了许多许多的东西。她看到了脚边的瓦砾、梦的碎片。

她憎恨他的老婆吗？她不能区别憎恨和厌恶。她也不能区别对方和自己的位置。她只是看到了需要，她需要马明亮，马明亮也需要她。而她呢？马明亮的老婆呢？当然，她也需要。可是问题的复杂就在于，按照陈虹对马明亮的了解，她看不到他需要那个名叫刘娟的女人的地方。那么，她为什么要打这个电话呢？为什么要用那样一种咄咄逼人的语气来说话，她的自信的基础是什么呢？她为什么认定是她陈虹夺走了她的老公呢？笑话，老公是能被人夺走的吗？她拿法律来威胁她，拿他和他儿子的血缘纽带来威胁她，一副胜券在握的样子，她不觉得自己可耻、可笑，而且可怜吗？一个妻子，完全失去了丈夫的爱，她还能被称为妻子吗？她想尽办法挽救死去的婚姻，她不觉得自己徒劳吗？

陈虹又呛了一口。她咳着嗽，把半支烟掐灭了。

她脑子里装着马明亮。因为她爱他。她觉得只要自己努力，马明亮就会同他的老婆离婚。但她从来没有这么要求过马明亮。她知道自己适合马明亮。她看得出来。马明亮喜欢和她说话，喜欢和她做爱，马明亮还喜欢她的女儿田田。马明亮也表示过，他的下半辈子就和她陈虹一起过。有爱情的生活姗姗来迟，马明亮说他一定要好好珍惜。

但她也清楚马明亮内心里的矛盾。要坚决抛弃自己的家庭，恐怕他还没有这个勇气。他不是顾及自己的名声，也不是顾及舆论的压力，他是怕伤害刘娟和马小丁。他为什么越不过这道心理障碍呢？

陈虹越想越烦恼。她的眼泪又淌了出来。马明亮回家去了。他是去救火了。他知道她的感受吗？男人原来也这么辛苦，要两头讨好。他真能做到两头都讨好吗？

陈虹是妇幼保健院的护士长。她穿着白色的护士服的时候显得非常好看。第二天上午，她在病房里巡查，同事小李跑过来叫她接电话。她穿过长长的走廊，来到值班室。是马明亮打来的。马明亮说："你为什么不开手机？"他们刚认识的时候，马明亮每天打来七八个电话。所有的同事都知道有一个男人在热烈地追求她。她觉得太多的目光在盯着自己，多少有点难为情。她和马明亮说了，叫他少来一点电话，有什么话见了面再说。马明亮说，他等不到见面的时候，他太思念她了。"给你买个手机好吗？"于是他给她买了个摩托罗拉的折叠式小手机。这样，她在病房里工作的时候，就再也不会有人在走廊里喊："陈虹，那个男的又来电话啦！"走廊里飘荡着回音，让她觉得自己的私生活没穿衣服。

陈虹不解释为什么没开手机。她只淡淡地说："我在上班。"

"你生我的气了陈虹。"马明亮在电话那头说。

"我不生气。"

"真的不生气？"

"有什么气好生的？"

"你听我解释陈虹……"

"你不要解释。你应当回家。毕竟你有一个家。你有责任回去。”

“陈虹！别这么说好吗？你这么说我心里不舒服。”

“你要我怎么说？”

“陈虹，中午我们一起吃饭，我有话要跟你说。”

“你现在不能说吗？”

“陈虹，你不要误会我。中午我们一起吃饭，呵，我叫司机过来接你。”

“不行，我中午要上班。有话你现在就在电话里说。”

“陈虹，你晓得的，这个世界，我只对你一个人有感情。我……”

“还有你儿子。”

“那不一样。那种感情是血缘带来的。而你是我在这个世界上唯一选择的。不一样。性质不一样。”

“我不想听你说这些。我很多事情要忙。病人在等着我。我在上班。对不起，我挂了。”

电话那边还在叫着陈虹陈虹的时候她真的就把话筒挂断了。她接电话的时候，值班室里坐着的两位护士姑娘识趣地走开了，她们站在走廊上轻声说话，看见她出来了，朝她笑了一下。她们有点羡慕她。她们没有看见过马明亮，但她们知道他是一个热烈的男人、孜孜以求的男人、顽强又有毅力的男人。

龙小梅

龙小梅在家里吃了晚饭才到宾馆里来。十二楼的那间房子里，老沈一个人靠在床头看新闻联播，抽着无聊的中南海牌的香烟。

“你吃饭了吗？”她进门来就问他。“呵，这么重的烟味！”

“不想吃。”老沈说。“我特别不喜欢一个人吃饭。”

“对不起，特别特别的对不起。现在我们下一楼餐厅里去吧，我陪你吃点东西。”

“我不饿。”

“像什么话，空着肚子。”

“我不怕饿，只怕无聊。你来了我就高兴了。”

“那我泡方便面给你吃，行吧？”

桌上就有宾馆里准备的方便面。龙小梅麻利地泡上端到老沈的手上。

“你在家里吃的饭？”老沈一边吃方便面一边问。

“是的。我们家里的那位是大少爷。什么家务事都不知道做。”

“那他有福气呵。”

“你呢？你在家里做饭？”

“当然。我在学校里是校长，在家里是厨师长。”

龙小梅笑了起来：“多么好的男人呀。”

龙小梅在家里吃过饭，收拾停当，就对他的书呆子老公说，她有事要出去，要是太晚了，可能就不回来了。

“你睡在外面？”书呆子老公问。

“不放心呵？”她说。

“放心，我老婆我还不放心？”

“那就不要多问了。我也有自己的生活空间对不对？”

“对对对。老婆永远正确。老婆万岁。”书呆子老公是这么说。

龙小梅看着老公一脸呆相，心里涌出一丝内疚。但很快也就过去了。她对书呆子说："你老婆永远不会在感情上背叛你。你放心。"

"放心，我真的放心。你走吧。"

他们没有孩子。也没有生存上的忧虑。他们的日子过得很平静。也许过于平静，缺少了某种快乐。没有意外闯入生活，也没有激情使生命兴奋。书呆子对性的要求非常之低。他的手触摸她的身体的时候，就像触摸一只实验室里的玻璃器皿。她感觉不到他的手掌的温度。但是她要，他还是能满足她，并使她愉快。然而，很多的夜晚，当他发出轻微的鼾声的时候，她还是把自己的手伸向了自己的下体。

她需要亢奋，需要像焰火一样的喷射。

吃过方便面，老沈问，今晚上他们上哪儿去呢？

"哪儿都不想去。就想和你待在一起。两个人在一起。我想要你拥抱我，彻底征服我。"龙小梅说。

老沈给了她激情，给了她燃烧自己的机会。她喷发了，然后就瘫在床上不能动弹了，就像一堆燃烧过后的灰烬。她痛快地呻吟着，啸叫着，让老沈不得不捂住她的嘴巴。老沈没有见过如此澎湃的高潮。他感觉身子下面是一条被扔在沙滩上剧烈弹动的大鲸鱼。他也亢奋了，变得如此勇猛，如此长驱直入，如此身手不凡。然后，他也成了灰烬。隔了好久，他才在想，只有这样的艳遇，才能迸发男人生命的火山。只有这样了不起的对手，才能使男人真正像个猛士。而他和老婆呢，从来，对，从来，没有过如此的倒海翻江，如此的波涛汹涌。为什么？因为他戴着面具。他在扮演尽责的丈夫。在龙小梅跟前，他摘掉了面具。他成了雄性的动物。他沉睡在生命深处的原始的冲动终于爆发。他成了一头狮子。

龙小梅呢？在变成灰烬之后她脑子里一片空白。等她恢复了意识，她只想到要到龙头下去冲洗自己的身体。她爬起来，像喝醉了酒一样歪歪趔趔地走到澡缸里，把热水扭开。

她的身体被热水淋着多么舒服。她用手轻抚着自己骄傲的双乳，开始回味刚才的那一幕壮烈表演。从她接到老沈的电话的那一瞬，她就知道会有这一幕。就像听到咯嗒一响，她知道有一扇门会被打开一样。电话里老沈的声音一传过来，她的身体就苏醒了。于是她义无反顾地奔来了，就像燕子奔向旧巢，落叶奔向秋天。

她想到了书呆子老公。她在心里说，对不起，我的宝贝，让我的感情忠实于你，身体忠实于我自己吧。

刘　娟

沮丧。刘娟坐在财务室，眼睛望着电脑屏幕上的报表，心情只能用两个字来形容：沮丧。

在这种时候，她的脑子里所幻想出的，尽是折磨自己的画面。所有的画面都晃动着马明亮这个负心汉和那个名叫陈虹的妖精。他们的脸忽近忽远，面目可憎。仿佛她陷入了一条长长的望不到尽头的七弯八拐的胡同，胡同两侧的墙上全是这些画面，掠夺着她的视线。她被沮丧包围了，走不出来了。

于是她忍不住了，伏在桌子上哭了起来。吴大姐从她的位子上走过来，抚着她颤抖的肩：“什么事，小刘？跟我说说，什么事？”

她不会跟她说的。她不会跟任何人说的。这是她的耻辱。从昨天晚上起，她就感到自己彻底失败了。她抓不住马明亮。他的心已不属于她。她败在那个妖精手上了。她在跟那个妖精打电话的时候是怀了决胜的勇气的。可是现在她明白了，真正的对手并不是那个她从未见过面的妖精，而是自己的老公马明亮。她根本战胜不了他的心。就夫妻感情而言，她成了彻头彻尾的弃妇。“弃妇”，这个名字多么可怕。这个名字带着摧毁的力量轰击她的心头。

“遇到了什么伤心事？”吴大姐仍在抚着她颤抖的肩，一副过来人的口吻：“哭吧，哭完了心里就好受了。”

她哭着，耳畔听到同事们的窃窃私语。她感觉到了财务室门口站满了好奇的人们。她止住了哭声，然后，抬起了头。

在她的男同事们看来，她依然是那么楚楚动人。

她告诉自己要坚强。她想到了今后的日子。她当然想到了离婚。这个可怕的灾难当她一想起来心就立即破碎了。没有马明亮她能生活下去吗？她试图让自己回答这个残酷的问题。但是，她不知道答案。尽管她已开始恨他，但一想到真正要离开他，她就不知所措了。茫然，巨大的茫然，她陷在了命运的迷雾之中。

她的男同事们找到了献殷勤的机会，过来帮她处理一些应当是她处理的事情。吴大姐以莫大的热情追问她发生了什么事，以满足上年纪的女人的永远年轻的好奇。每当有人不幸，这位到了更年期的老女人就格外兴奋。你不能指责她不安好心，但她就是有说不出来的兴奋。

“没什么，真的没什么。”她开始平静下来。

有个男同事递了一杯热茶过来让她喝，脸上浮着怜香惜玉的表情。

她在沉默中度过了一整天。

在这一天的沉默里，她回忆了自己的不短暂但也不漫长的一生，回忆了与马明亮相识相爱然后结婚生子的人生过程。她和马明亮怎么了？从什么时候开始，她和他之间的感情变得一点一点淡漠的？她到底爱不爱马明亮？马明亮什么地方值得她来爱？反过来，她有什么地方值得马明亮来爱？回忆使她产生疑惑，产生锥心刺骨的疼痛。崩溃了，这个家庭。一切无可挽回了，虽然她做了挽回的努力，但她知道，那很徒劳。

从前那个名叫刘春的大学毕业生那么热烈地追求她，遭到她无情的拒绝和伤害，她为什么要拒绝和伤害他？她为什么不能敞开心扉去迎接？难道她要忠实于没有爱的婚姻？现在想起来，她真是有一点后悔。她什么都没有尝试过。她对感情生活的全部感受都是来自马明亮。她从来都没想到过要在她和马明亮之外再获得别的情感体验。她为什么那么满足于和马明亮的家庭生活？她认真审视过这种家庭生活的情感缺失吗？这么些年月她原来是糊里糊涂过来的。现在她的生活抛锚了，她这才发现，自己被扔在沙滩上了。

下班后，她回到家里，呆呆地坐了一会儿，想到儿子要放学了，就到厨房里去做饭。她拿起一只杯子到米缸里舀米，下意识地舀了三杯。她、马明亮还有马小丁，他们三口之家平常在一起吃饭就是舀三杯。后来就变得经常只舀两杯。为什么下意识地要舀三杯呢？她在心里责骂自己。愚蠢，犯贱，难道你还对他心存幻想吗？

眼泪又涌了出来。她在模糊的白光里慢慢洗菜。

饭菜弄好了，她把它摆在桌上，凝听门外楼梯上儿子的脚步声。

窗外传来新闻联播播完之后的天气预报声，可是马小丁还没回家。

她站到阳台上张望。一对年轻的夫妇推着婴儿车在楼下的街心花园里散步，这画面让她心里面痛得好厉害。

马小丁

刘娟不知道，马小丁是不会回来吃晚饭了。当刘娟站在阳台上张望他的身影的时候，他正在南去的一列火车上。他买了一盒盒饭，吃完之后就倚着车窗看黄昏中大地的景色。

他动员张小小和他一起去深圳，但是张小小还是没有答应。虽然扔了镍币，张小小输了，他还是不肯来。张小小最怕他妈妈伤心。

“我保证为你保密。我发誓，任何人都不说。但是我不能去。”张小小最后说。

马小丁不能勉强他的朋友，带着一种遗憾，他登上了下午五点半的火车。在这之前，在小面馆吃完面，他就没再去学校了。他也没去外婆家。他直接去了火车站，买了一张座票，然后在售票处对面街上的一家网吧里登陆了他的“月光小船”。他告诉红鼻子狗，他买了下午五点半的火车票。

“我们怎么见面？”他在网上问。

红鼻子狗说，他会到车站去迎接他。“我戴一顶白色的耐克棒球帽，手里拿一张‘计算机世界报’站在出站口的左边。”

想到要见到他的网友，马小丁就非常激动。车窗外，广大的农田和远处的河流浴在夕阳的余辉之下，看着就让人心旷神怡。马小丁觉得自己像一只从笼子里飞出来的小鸟，有一种从未有过的自由的感觉、飞翔的感觉、风在耳边呼啸而过的感觉。哈，多么美妙！他把随身听拿出来，戴上耳机。在南子的歌声里，他又看见了流浪的云朵，看见了白色的世界公民，看见了大地上掠过的树影……

他是什么时候睡着的？他的梦像是在一只摇篮里。逃学的快乐被梦放大着，也被梦包裹着。耳机里的歌声一直播放不停，直到随身听的电池彻底用光。他醒来是因为广播在大声地报站，深圳到了。所有的人都背着行李包站起身来。他看到太阳了。

陌生。第一次离开父母，离开熟悉而厌倦的地方。从车厢里下来，感觉大地还在摇晃。攒动的人头，四处抢眼的广告牌，车站上的广播找人的喇叭声，一切都是陌生。

他随着人流穿过地下过道，来到出站口。验了票之后，他就在大门外向左张望。他看见他了。他一眼就看见他了。果真是戴着白色棒球帽，手里拿了一张“计算机世界报”。而红鼻子狗也看见了他。红鼻子狗一瞬之间就知道他是谁了。他们的目光相遇，马小丁忽然显得很羞涩。红鼻子狗有一米七五的样子，比个头矮小的马小丁高出大半个头。红鼻子狗也比马小丁显得大多了。马小丁觉得奇怪，他为什么取个这样的网名？他的鼻子一点都不红。他的模样长得很酷，有点像马小丁喜欢的周杰伦。

“嗨，瘸子马！”他朝马小丁走过来，“你是瘸子马吗？”

马小丁也想喊一声：“嗨，红鼻子狗！”但他没有这么喊。

他真的有点羞涩。

红鼻子狗捶了他一下。“跟我来。”

他跟着红鼻子狗，走进了这个城市的陌生的阳光里。

“弄到票啦！”红鼻子狗回过头来说，“跟我并排走，别走在我屁股后头。是晚上的票。”

马小丁就靠上前去，与红鼻子狗并排走着。

“是第一回出远门吧？”

“我在聊天室跟你说过了。”马小丁说。

“哦，是的。你说过了。是的。喜欢这城市吗？”

“我暂时还没有感觉。”

“哦，是的。”红鼻子狗说，“白天你是想休息还是想跟我去逛世界之窗？”

“随便。”

“没有随便。你选择吧。”

“那就去世界之窗。”

“也可以去打游戏。想吗？”

“想。”

他们上了一辆公交车。马小丁看到车窗外许多高楼的玻璃幕墙在阳光下闪闪发亮。他于是慢慢兴奋起来。

陈　虹

中午的时候，马明亮真的来了。他自己开车来的。陈虹的年轻同事们没见过马明亮，她们觉得他虽不属于魁梧健壮那一类，但也还是在眉宇之间显得英气勃勃，一看就是稳沉持重有控制局面能力的男人。她们觉得陈虹真有眼光，而且陈虹也很幸运。她们看到她上了这个男人的白色的本田雅阁。

“当着同事的面，我不好怎么说。”在车上，陈虹侧过脸来看着马明亮。“你怎么来了？我没有同意你来。我说了我中午还要上班。”

“你说的都是生气的话，”马明亮说，“我很了解你。”

“你了解我？你了解我什么？”

“我了解你其实很想看见我。”

“放屁。”陈虹忍不住笑起来。

“想吃什么菜？”马明亮微笑着问。

“你讨厌，你就那么看人看到骨子里了？”

“我问你，想吃什么菜？”

“想吃马明亮。”

“巴不得给你吃了，一点骨头都不要剩。”

“放屁。你有骨头吗？”

“你呵，”马明亮笑着望了她一眼，“骂人怎么这么狠？”

“对你太温柔了，你还不晓得狠是什么滋味。宠坏你啦。”

两人打情骂俏着，车停在城南的一家不错的餐馆前。

马明亮点了陈虹喜欢吃的菜，让陈虹觉得马明亮对自己还是很细致体贴的。但她还是要使使小性子，故意跟马明亮斗斗气。

“怎么没穿制服来？”她忽然问。

马明亮莫名其妙：“什么制服？呵？什么制服？”

陈虹忍住笑：“消防制服嘛。昨天晚上你不是回去救火了吗？”

马明亮说：“你真调皮。”

马明亮轻轻叹了一口气，又说：“你应该是理解我的。你要是不理解我，这个世界真是没人能理解我了。”

“我是能理解你，可是谁又能理解我呢？”

马明亮看她一眼：“我呵，我马明亮呵。”

陈虹摇了摇头，不说话了。两个人的气氛于是有点尴尬起来。

“菜凉了，吃吧。”过了一会儿，马明亮说。

吃过中饭，陈虹的心里好受多了。她感觉到自己在马明亮心中也还是特别重要的。马明亮很在乎她。这让她记起有一回马明亮和她一起陪几位外地客户唱卡拉ＯＫ，马明亮在点歌器上点完歌，回到她身旁，轻声对她耳语：“你晓得我要为你唱一首什么歌？”她说：“我怎么猜得着，说给我听吧。”马明亮说：“是邓丽君的《我只在乎你》。”陈虹想起来，那一时，自己真是感动得不得了。那一时，陈虹心里说，她的前夫就从来没有在乎过她。现在有一个马明亮在乎她了，而且是“我只在乎你”，她感到了前所未有的幸福。

下午，陈虹上班的时候显得非常轻松。她的那些刚从护士学校毕业不久的小同事们对她说：“虹姐，你今天特别漂亮。”

“是吗？谢谢。”

“虹姐，是不是女人一恋爱就显得特别漂亮？”

她说：“你们是打趣我是吧？我都人老珠黄啦，还什么恋爱不恋爱的。”

“虹姐，中午那个开车来接你的男的，好不错哦。”

“只是一个朋友。你们不要乱说话呵，小心我铰了你们的舌头呵。”

小护士们笑起来。那笑声让陈虹感到世界有了变化。从前人们都是同情她的，现在有人羡慕她了。

老 沈

清晨，他们又交欢了。积聚了一夜的激情能量再度爆发，于是他们再度烧成了灰烬。

忘我。心理上彻底地清除一切障碍，彻底地解放，彻底地自由，彻底地回归到人之初的动物本性，彻底地放弃一切文明的面具，彻底地在一个人身上释放对于全部异性的性幻想和性能量，于是他们沉浸其中的境界就是忘我。

为什么人们要寻求艳遇？老沈似乎明白了一点什么。在学校，他是校长，因此也就是一个循规蹈矩的人，一个符号化的人；在家里，他是丈夫和父亲，因此也就是一个举止庄重的人，一个角色化的人；在社会，他是知识分子，因此也就是价值的捍卫者，良心的表达者，道德的标本。只有在艳遇中，在肉体的忘我交欢中，他才有了蛾子从茧里飞出来的无限轻松，才有生命的升华感和透心透肺的快乐感。

就这么下去多好。生命的蜡烛被偶然点燃，就让它烧下去好啦，让它真正地成为灰烬。人生的美丽在短暂里获得永恒吧。

“我还想要，”龙小梅咬着他的耳垂说，“我觉得我快要死了。”

“我也一样，”老沈说，“但是我不行了。从来没有这样过。我觉得我一下子把自己掏空了。”

“你真行。你是了不起的男人。”

从来没有人这么评价过他。他是了不起的男人。他了不起吗？

如果单从性的角度说，是这么回事——龙小梅让他成了一位了不起的男人。他和他老婆张素月在最近这五六年里几乎很少有性生活。张素月没有太大的兴致，他也没有太大的兴致。他们互相丧失了性的吸引力，丧失了生命的激情。他们每个月虽然有那么一两回，但伴随着的是完成某项家庭义务的感觉。匆匆忙忙，潦潦草草，淡而无味，全然没有新婚燕尔时耳鬓厮磨阴阳混沌的那种大快乐。后来，他甚至怀疑自己患上了阳萎症，因为他发现自己好些回都成了银样蜡枪头。张素月一点都没有表现出惊奇来。她也没有什么怨艾。她好像觉得这很正常。男人到了四十多岁，似乎只有这几板斧了。反而她觉得这样很好，对女人说来这样仿佛还有安全感一些。

而他却感到了悲哀，感到了生命力的枯萎，自信力的凋谢。他竟遇上了一个龙小梅。她让他重新燃起了生命的火焰，让他振奋了自信，让他感到了自己仍然算得上是一条蛟龙。

这种感觉多么好呵。

她陪了他一整天。他们就在宾馆里吃饭，吃了饭又回到房间里。他们哪里都不去。他们的活动空间就在床上。他们如胶似漆，如痴似醉。房间的门铃清脆地响了。

“谁？”老沈坐起来问，声音里透着不安。

“不要怕，”龙小梅说，“是服务员。”

果然门外一个女孩的声音说她是服务员，打扫房间的。

“跟她说，不用打扫。”龙小梅吩咐道。

老沈照她的话回答了。之后就听到门外传来了推车在走廊上哐啷哐啷移动的声音。

“不会……查房吧？”老沈有点担心地问。

“我不怕，你怕什么？”

“那倒也是。”

龙小梅伸出手掰住老沈的肩，老沈就乖乖地躺下来了。他完全服从龙小梅。这种感觉怪怪的，让老沈事后想起来觉得有点滑稽，但现在他根本就没有思量这样的问题。他和龙小梅在一起，服从就成了他的本能。他是因为感激而服从的吗？服从是对她唯一能做的报答吗？老沈不知道。

他们在这一整天的时间里又做了好几回爱。老沈早已力不从心了。但是龙小梅总有办法让他短暂地亢奋起来。老沈惊异地想：一个人到底有多大的性能量呀？他觉得他经历了一生中最大的也是最持久的一次性考验。他不知道要怎样给自己打分。他想这个权利应当属于龙小梅。不过，他对自己是相当满意的。

晚餐是龙小梅犒劳老沈。她点了两盅虫草蒸水鱼。

“补补身子吧。”她坏坏地笑着说，“亏大啦。”

老沈也笑起来：“下半辈子的事情都给一天透支完了。”

老沈和龙小梅在餐厅的一张小桌上面对而坐，老沈得以认真地观察了一下龙小梅。经过了这场艳遇，他才敢直面地看着龙小梅。他觉得她是那种经得看的女人。她的样子很平常，不过越看越觉得有味。主要的是生动。她那说话时的表情非常生动，让一张平常的脸顿时就不同凡响了。

“笑什么？”龙小梅喝着汤，一抬头就问他。

“我没笑。”他说。

“还没笑。看见你脸上就挂着那种不怀好意的笑。”

“不怀好意？我敢对你不怀好意？”

“那你解释，那是什么意思的笑？”

“我没笑呵。”

快吃完的时候，老沈说，他想明天就回去算了。

“你舍得？”龙小梅望着他的眼睛说。

“舍不得。”老沈说，“真的舍不得。”

龙小梅说：“要是我不让你走，怎么办？”

“你不让我走，我就不走。”

“真话？”

“真话。”

“那你就不走。我让你不走。”

“好吧，”老沈说，“不走吧。”

“开玩笑呢！”龙小梅笑起来，“考验你呢！你走吧。反正后会有期。你不是常来北京吗？”

“是，常来。有你在北京，我会常来。”

“下回来，你就不会找我了。”

“谁说的？”老沈有点着急的样子，“保证找你。一定一定来找你！”

“你找我，还不知道我会不会让你找呢。”

马明亮

马明亮陪一位客户吃完晚饭就开车去了陈虹的家。他给小田田买了一个布袋熊和一盒巧克力。爱屋及乌，他也非常喜欢这个长得很像她妈的小女孩。当然，小女孩也喜欢他这个马伯伯。她总是缠着他，让他说故事，或者要他用手绢做布老鼠。

“马伯伯，我想认识丁丁哥哥。”田田坐在马明亮的膝上说。

“呵，丁丁哥哥学习忙得很。下回吧。下回我带你和丁丁哥哥一起玩。”

“你总是下回下回，从来就不带丁丁哥哥来。我还不晓得他长得什么样子呢。”

马明亮尴尬地笑笑：“田田真有意思。”

“丁丁哥哥爱学习，”陈虹从厨房里出来，“哪像你，成天只晓得玩。”

“我也爱学习呵，”田田翻嘴道，“我在我们幼儿园是三好学生呵。”

“好好好，你不止三好，你八好十好，行么？快下来，别老坐在马伯伯身上，马伯伯会累坏的。”

“马伯伯，丁丁哥哥为什么不上我们家来玩？”田田还是缠着这个令她百思不得其解的问题。

“会来的。”马明亮说，“会来的。”

马明亮和陈虹坐在客厅的沙发上看电视。马明亮把一只手搭在陈虹的腰肢上。陈虹说，小心一点，让田田看着不好。她站起来，到田田的小房间里看了一下，女儿在写字，跪在凳子上，一笔一画，很认真的样子。她退出来，把门轻轻带关，坐到马明亮身边，把头朝他肩上倚过去。

很多的时光，他们就是这么度过的。她的头倚在他的肩上。他呢，把一只手伸过来，搭在她的腰肢上。甜蜜安宁像水一样涣漫，沉浸其间，漾漾的就是幸福。他们总是通过细小的动作感受肌肤之亲。比方，有时候他们在饭桌下勾勾手之类。细节越多，幸福越多。

“陈虹就是好。生生气就没事了。”他扳过她的脸来说。

“谁说生生气就没事了？我的气还没消呢。”

“看你的样子就晓得你的气早就消了。”

“你的眼睛有毒呵。”

“你呵，生气也是假生气。你这样的女人，要真是恨一个人，很难。”

“为什么？”

“你太善了。”

“马善被人骑，人善被人欺。有什么好。”

“你看，人是经不起表扬的吧。一表扬就翘尾巴了是不是？”

田田从屋里冲出来：“妈妈，检查。”把写字本伸到陈虹的面前。

检查完作业，陈虹帮田田洗完脸和脚，就让她睡觉了。

她又坐回到沙发上，仍是把头倚在马明亮的肩上。电视里是一台文艺晚会。歌星们唱着虚伪的生活颂歌，让人腻味。马明亮换了一个频道。正好，有他喜欢看的Ｆ１赛车。他最崇拜的英雄就是大舒马赫。但他今晚上没看见。他多少有点遗憾。

“跟你说话呢，没长耳朵呵。”陈虹推了推他的身子。

“什么？你刚才说了什么？”

陈虹说：“你没听见就算啦。”

“哎，我的女王，请你重新说一遍好吧。我看赛车看得入了迷，没听见，请你原谅还不行嗳。”

“不说，就不说。”

“求求你。求求你还不行？”

“我是说，我们就这么下去吗？”

马明亮沉默了一下。然后，他问：“你是不是觉得这样下去不好？”

“你不要多心。我没别的意思。”陈虹说，“只要和你在一起我就很满足。我只是害怕你离开我。”

“离开？不会。永远不会。”

陈虹摇了摇头：“我好担心。”

“不要担心。有我。我保证永远不离开你。”

陈虹的眼泪流出来了。

“就这样，我很满足。我不敢再奢望什么。多一点我都不敢。”她说。

“怎么流泪啦？嗯？怎么回事？别这么多愁善感的。”马明亮一边说一边在陈虹的脸上吻着，心里涌出了深挚的感情。

就在这个时候，电话响了。

陈虹家里的电话很少，因为她的交际很少。她在妇幼保健院上班，下了班就回家，很少出去应酬。电话还是马明亮给她装的。卫校毕业之后她分到了这座城市，没有亲戚，也几乎没有朋友。她的生活面非常仄狭。

铃声响起来时，她有一种不祥之感，马上联想起了刘娟的那个电话。没有来电显示，所以不知道是谁打来的。“接吧。”响了五六遍之后，马明亮跟她说。

“你接吧。说不定是找你的。”她说。

“扯淡，找我的不会打我的手机吗？”

陈虹犹豫着拿起话筒来，听到那边真是传来了刘娟的声音：

“我晓得马明亮在你这里，请你让他接电话，我有急事。”

她没有吭声，把话筒递给马明亮。

“真是找我的？”马明亮伸过手来。

“马明亮，你好逍遥。”刘娟在电话里说。

“你找我为什么不打我的手机，为什么要把电话打到这里，你什么意思？”

“马明亮，你听着，你的儿子还没回家。到现在还没回家。”

马明亮抬头看了看墙上的钟，十点半了。“是不是在同学家里？”

“马明亮，我们的小丁失踪了。他们同学都说从下午开始就没见着他了。他也没去外婆家吃中饭。他最要好的同学张小小也不晓得他到哪里去了。马明亮，我们的小丁，我们的小丁他……”刘娟突然放声哭了起来。

马明亮冲着话筒喊道：“我就来，马上就来！”

他站起，从沙发上扯过便西装就朝门外走。

“出了什么事？”陈虹追着他问。

“马小丁不见了！”他头也不回地答了一句，就朝坪里的白色的本田雅阁疾走过去，一边走一边在口袋里掏车钥匙。

陈虹看着车尾的红灯消失在宿舍区的大门外，回到沙发上坐下。她把电视关了，就那么呆呆地坐着。似乎憋了好长一口气，隔了好半天，她才深深地把这口气吐了出来。

马小丁

红鼻子狗真是个有意思的家伙。他太会玩了。从世界之窗出来，他们在马路旁的一家小店里吃了一份快餐，要了两杯纸杯可乐。都是红鼻子狗付的钱。红鼻子狗一个接一个地说笑话，逗得马小丁喷饭不已。马小丁现在一点局束都没有了。他开始感到快活了。接着他们就进了电游室。他们打联机游戏，《黑暗破坏神——毁灭之王》，过关斩将，一路涛涛。红鼻子狗不断地发出尖叫，毫不顾忌旁人的眼色。马小丁很佩服地望了望他那种玩得非常投入的样子。

“你就经常这么逃学吗？”他大声问红鼻子狗。

红鼻子狗把白色棒球帽摘下来，戴到马小丁的头上。帽子大了，遮住了马小丁的眼睛。

“那样的课有什么上头？还不如自己看看书。反正考试能过关就行。那还不是小菜？”

红鼻子狗脸上总是挂着一副自信的微笑。马小丁想，怎么他们学校从来就没见过这样好玩的角色？张小小算是好玩的，但是同红鼻子狗相比，张小小的心事太重了，远没有这份轻松和潇洒。何况红鼻子狗一肚子的笑话，好像要多少有多少，永远说不完似的。出太阳，深圳的气温比马小丁生活的城市高多了。马小丁买了两支冰激凌，两个人边吃边打游戏。马小丁感到爽极了。

从电游室出来，两个人坐在街头的石级上，看来来往往的车和人。

“女孩子开始穿裙子啦。”红鼻子狗兴奋地说，“满街都是白白的腿。免费供欣赏呵。”

马小丁不好意思说什么，只是羞羞地笑着。

“看，那边那个，”红鼻狗指着马路对面走着的一个穿有短裙的职业套装的公司白领模样的小姐，“当模特都够资格了吧。”

马小丁轻声地嗯了一下。

“深圳到处都是美女。你们那里呢？”

“我们……我们那里……没、好像没看见有这么多。”

“兄弟，我的瘸子马兄弟，”红鼻子狗拍拍马小丁的肩膀，“别那么害羞。你已经是男人啦！懂吗？男人。”

“我……我还是中学生。”马小丁脸红了起来。

“什么中学生？你遗不遗精？你要是遗精，你就是男人。这还不懂！”

“我是不懂。”马小丁声音很低地说。

“哈，玫瑰！”红鼻子狗突然大叫一声。马路对面的那个公司白领模样的小姐回过头来朝这边张望。红鼻子狗就笑起来，伸出手朝她扬了扬，然后敬了一个党卫军一样的礼。

马小丁说：“你这样，人家会认为你有神经病。”

红鼻子狗说：“你说对啦，我有爱情神经病。我爱全世界一切美眉。”

然后，红鼻子狗站起身来，尖叫了一声：“美眉万岁！”

他这么尖叫就像大呼“救命”一样，让马小丁忍不住笑了出来。太有味了，这个红鼻子狗。

“走吧，我们找地方吃晚饭，然后就去看演唱会。”红鼻子狗说。

“我先跟你说，红鼻子狗，晚饭我来请客。你不要买单呵。”

“要你买什么单，小朋友，我是主人你是客人，我来买单。小意思。”

“不行，我先说好了。不然我不好意思。”

“那就是这样，ＡＡ制。谁也不欠谁的人情。好吗？”

“也行。”马小丁说。

他们在麦当劳吃了汉堡包、菠萝派，还有薯条和可乐。他们各自分担了一半的费用。

“这样很好，”红鼻子狗说，“彼此都轻松。我们吃简单一点，把钱花在别的地方。”

“什么地方？”马小丁问。

“比方今晚上看演唱会啦，还有买ＣＤ碟、和网友通电话啦。这都是大大的要银子的呢。”

马小丁点点头：“是的，是的。”

“明天我带你到一个地方去，专门买打口碟。全是正宗的原装进口货。不是熟人不卖的。”

“那好那好。我要多买一点，送些给张小小。”

“你说谁？张小小？”

“呵，我一个朋友，非常好的朋友。”

“你是好样的，瘸子马，一个人就是要学会爱朋友，有好事的时候都要记得朋友。”

“是的，是的。”

南子的演唱会是在体育馆举行的。人很多，看上去座无虚席。马小丁注意到来看演唱会的基本上都是些年轻人；三十岁以上的都很少见。他用肘捅捅红鼻子狗，把自己的发现跟他说了。红鼻子狗说：“这就叫作青春出动，或者叫青春 Party。”马小丁在喧嚣的人声中用力地点着头。

“有五分之一的人是美女，至少。”红鼻子狗在马小丁耳边说。

马小丁就把头转过来转过去，像一只雷达。

“过瘾吧。台上台下都好看呢。”红鼻子狗又说。

音乐响了，演唱会开始了。

狂热的音乐中，响起来啸声一片。

一个上身穿着白背心，着牛仔裤的姑娘站到舞台中央。所有的灯光和目光都聚向她，青春猎猎，像旗帜飘扬。马小丁知道，她就是南子。

老 沈

火车启动了。北京西客站月台的一片灯火朝后退去。老沈的目光一直望着窗子外头。他似乎期望龙小梅的身影在最后的时刻闪现，哪怕仅仅只是一瞬。

卧铺厢里的广播在放着“鲍家街43号”乐队的一首摇滚《晚安北京》：

晚安北京，
我将在今晚的雨中睡去，
伴着国产压路机的声音，
伴着伤口迸裂的巨响，
在今夜的雨中睡去。
……

伟大的北京退入到一片深重的夜色中了。老沈觉得心里忽然很空旷。他不明白为什么龙小梅不来送送他。她和他在一起的时光那么火热，当他要离开她，却显得一点离情别绪都没有，甚至电话道别也没有。她真是洒脱。她是那种行于所当行，止于所当止的女人吗？像迷一样，这个女人。老沈在心里琢磨她不透。

他以后仍然还会到北京来的。但是北京会有另外的内涵了。要不然它会变得很丰富，要不然它会变得更单调。谁知道呢？一切决定于一个名叫龙小梅的女人，决定于这个无法说清的人生之迷。

老沈把额头贴在窗玻璃上，望着黑暗中的北方大地，心里还在回味着这几天的奇特经历。非常奇怪的是，他越是用力地回想龙小梅，她的面影就越是模糊。就像伟大的北京城一样，沉入到了晦冥的夜色之中。那些经历中的细节也像鱼群一样，在眼前鳞光闪闪地飘游，但是任何一条都打捞不上来，当他努力捕捉时，它们就从他的掌心里溜走了。仿佛这都不是昨天的事，而是几个世纪之前的事。是影子，是虹，无从兜捕。老沈惊异地摇摇头，觉得自己经历的是一场短暂的梦。因为想来想去，所有的一切都具有梦的性质。

车轮空锵空锵地响着，碾向夜的最深处。老沈睡不着，站到两节车厢之间的过道上抽烟。窗玻璃上映着自己的穿白衬衣的身影。他感到了陌生。有两个老沈，一个在梦里，一个在现实中。

晚安，北京。

晚安，所有未眠的人们。

晚安，北京。

晚安，所有孤独的人们……

老沈想起了广播里播放的那首有点苍凉的摇滚。

快天亮的时候，“爸爸，好多电话找你。你怎么不开手机？”

“是哪些人找爸爸？”

“让妈妈跟你说吧。”

老沈听到话筒里女儿在叫她妈妈接电话。“是爸爸来的！”估计老婆是在厨房里做午饭。

“老沈呵，”张素月拿起话筒就说，“学校张校长刘主任他们昨天打了你一天的电话，你怎么关了手机？”

“有什么急事吗？”老沈问。

“他们也没跟我多说，只问你回来没有。还好吧？什么时候回来？你怎么关了手机呢？你从不关机的。”

老沈拨了张副校长的手机。张副校长说，高二四班的马小丁失踪两天了。他的父母报了案，还找到学校来要人，说学校对此事要负责任。马小丁的妈妈还说你们的一把手呢？他怎么躲起来了？他躲得了初一，躲得了十五吗？怎么跟她解释都是空的。她并且说，要把这件事捅到媒体上去，给我们这所重点中学好好曝一曝光。

“行，我晓得了。我马上就要到家了。我下了火车直接到学校来。”

这种麻烦事在他当校长的任期里越来越多了。如今的学生怎么了？男生也好，女生也好，社会上存在的一切问题都在他们身上有明显的折射。学校和书本的影响力已越来越低于社会的影响力。学校不再是只埋头读书的真空之地，反而越来越像只马蜂窝了。上个学期，他甚至还处理过一个初二的女生怀孕的事。新中国成立以来，中学哪里出过这样的丑闻？难当呵，现在的校长！

火车进站了。老沈从车厢里跨下来，一脚踏回到现实当中。这一刻，他把龙小梅忘记了。

刘 娟

刘娟连续两个通宵失眠。她的脸忽然瘦得走了形。她也根本没有心思收拾打扮自己。只有两天的时间，她就明显地老了，丑了。口里神经质地念着儿子的名字。目光呆滞，神情凄然。

“我想小丁不会出什么大事的。他都这么大了。他应当有应付各种事情的能力了。”马明亮坐在她身旁安慰她。

刘娟像没听见似的，眼睛直勾勾地望着天花板上的顶灯。

“我在他这么大的时候都参加工作两年了。那时候我父母下放在农村里，我就是一个人面对社会和生活的。你不要过分忧虑，小丁会回来的。”马明亮不管刘娟听不听，还是继续这么说。或许他既是安慰刘娟，也是安慰自己。

刘娟的眼睛里全是血丝，形成了一张红色的蛛网。她的呆滞的目光就是从那蛛网中泻出来的。

“小丁，你回来！小丁！儿子，回来！”她又开始神经质地这么叨念着，就像一个瞌睡的尼姑在迷迷糊糊诵经。

刚才派出所的人打来了电话，问他们是否有新的情况提供。马明亮说，没有。派出所的人又问，是否你们家庭关系很紧张，给孩子造成了心理压抑？马明亮说，没有。派出所的人哦了一声，说对不起，打扰了，就挂了话筒。

家庭关系很紧张，马明亮对自己说，我为什么不敢承认？但他不认为这与马小丁失踪有什么必然关系。他回想起马小丁问他要八百块钱的事，他同意反映情况时警方的判断，马小丁拿这么多的钱一定是离开这座城市了。这个孩子，他会到哪里去呢？

他问自己，对儿子了解多少。末了他摇了摇头。他承认，从小丁上高中起，他们父子之间就没有好好地坐下来谈过心。在他眼里，似乎小丁永远是孩子，永远没有长大。他就是用看七岁的单纯的小丁的眼光来看十七岁的已发生了变化的小丁的。所以，他从来不觉得儿子会发生什么问题。而真正发生问题了，他这才觉得自己对儿子原来了解得这么少，还停留在十年前的认识上。他有些后悔，还有些自责。但他不能说这些后悔和自责的话，因为他要稳定刘娟的情绪。他要装出泰山崩于前而色不变的样子。他要成为此时此刻可怜兮兮的老婆的精神支柱。她要是再垮下去，就会彻底崩溃。她差不多到了临界点了。

他昨天和刘娟一起去过小丁的学校。他还比较冷静，可是刘娟有些歇斯底里。她冲到办公楼里大吵大闹，而且要校长亲自回答她的问题。“一个好端端的孩子，怎么可能一下子在学校里消失呢？叫校长出来！躲，躲到哪里去！”张副校长一再解释，说沈校长到北京出差去了，还没回来。“你撒谎，叫他出来，我问他要我的儿子！”刘娟眼球通红地叫吼着，引得很多人出来远远地观看。马小丁的班主任被叫来了。教语文的王老师和教数学的屈老师也被叫来了。他们纷纷解释马小丁是中午放学之后失踪的。因为有许多同学证明他们在放学的路上看到过他。他们解释的意思就是马小丁并不是在学校消失的，因此，学校并不担负他失踪的责任。

“他是你们的学生呵，”刘娟喊道，“难道你们的学生失踪与你们学校无关吗，呵？你们拿人民的工资，却教不好自己的学生，管不好自己的学生，这是什么学校呵，呵？”

马明亮扯扯她的衣袖：“莫这样激动，有话好好讲。”

“好好讲，”刘娟仍是喊道，“还是全市的重点学校，我要叫报社的记者来采访！倒看看这是什么重点学校！”

刘娟吼到后头完全是语无伦次了。张副校长急得满头大汗，看上去一副可怜模样。

“我们会配合派出所调查，我们一定会寻到马小丁同学。请你不要急。千万千万不要急。我们相信马小丁同学不会出事的。”

张副校长说得一点底气都没有。他越是劝刘娟不要急，他自己就越是急。鼻头上冒出的热气把眼镜都弄得模糊一片，就好像一下子失掉了人生的方向一样。

马明亮说，不管怎样，学校是有责任的，因为马小丁是学校的学生。他希望学校在马小丁同班同学中展开问询，也许可以寻到线索。

“会的会的，我们正在这样做。”张副校长说，“派出所的民警也在这样做。我们相信很快就会水落石出的。”

晚饭是马明亮亲自做的。他快有十年的时间没有下过厨了，拿起锅瓢盆勺来都有些手生。他不停地大声问：酱油在哪里？味精在哪里？辣椒在哪里？可是刘娟在客厅里懒得回答他。她坐在沙发上，一个人默默地流泪。

“吃吧，先吃吧。”马明亮端上来一道菜就这么说。

刘娟纹丝不动。

“吃吧，饭都给你装好啦。”

搞完了最后一道番茄煎鸡蛋马明亮回到餐桌前。他帮刘娟把饭装好，送到她手上。刘娟嘤嘤地哭起来。

“我要是能帮你吃饭我一定帮你吃。可惜这个忙不大好帮。”他试图弄点轻松的气氛。他不能愁眉苦脸，那样刘娟会崩溃得更快。

他看着刘娟泪流满面的样子，心里有一种难受。他认识刘娟的时候，刘娟是那么青春、娇艳。他和她旅行结婚，去秦皇岛她姑妈家，然后去哈尔滨她姨妈家，一路还玩了沈阳、长春，甚至还上了一趟长白山，在山上吃猴头菌和野味，还有一种他不晓得名字的味道特别鲜美的来自小丰满的鱼。那时候他还是政府机关的一名小车司机。他找了一个这么漂亮的老婆，同事们都非常羡慕，他自己也感到很骄傲。那趟旅行结婚是相当愉快的。他初初尝到了爱情生活的浪漫和甜蜜。那时的刘娟留着短发，一脸的朝气。那时的刘娟让他心生爱意。从什么时候起他们彼此之间就变得那么淡漠，那么无关痛痒了？是时间漂白了他们的情感，还是日常的琐细磨钝了生命的触觉？他们之间甚至丧失了性的吸引，丧失了交谈的渴望，于是丧失了从精神到肉体的一切愉悦。这种变化始于何时？现在，因为这个家庭出现了意外的事件，马明亮突然觉得有些对不起刘娟，看到刘娟那么明显地憔悴，那么明显地身心疲惫，他涌出了强烈的心酸。这都是他造下的孽吗？一个平常的家庭成了如此零落的样子，这笔账应当算到他的头上来吗？在这种时候，马明亮还涌出了一种要与刘娟同舟共济的悲壮情怀。他要把刘娟从崩溃的边缘拉回来。不是出于同情，而是出于责任。在责任之外，还有某种无法说清的复杂心理，包括深深的内疚。

"吃一点吧，哪怕一点点。"他说，"人是铁，饭是钢。你不要把自己的身体搞垮了。"

刘娟缓慢地转过头来，目光滞滞地望了他小半天，然后说：

"马明亮，你不是人！"

陈　虹

她坐立不安。她的同事们都看出她有心事了。

一个小护士问：“虹姐，不舒服？”

她笑了一下：“我很好，没什么不舒服的。”

“你眼睛里有好多血丝，虹姐。”那个小护士还说。

她讨厌别人老是那么观察她。她不是动物园里的猴子。她是有自己的生活隐私权的人。她同时叮嘱自己，要正常一点，别那么情绪化，把什么事情都写在脸上。她以前似乎并非如此。

但她脑子里马明亮的影子总是挥之不去。他那么快地放下电话就出了门，不是她追着问，他甚至都没想着要跟她说明一点什么，上了车就跑了，回到他的家去了。还是他的家重要，他家里的人重要，他家里的事重要。她算什么？她就是他的情人而已。他把感情存放在她这里，但也可以随时取走。她不就是他的感情银行吗？

“我对他太抱幻想了。”她对自己说，“我什么时候起成了一个不切实际的女人了？”

她惨然一笑，站起来，走出值班室，到病房里巡查。

“我不能老是坐在那里想他。我会出毛病的。”在走廊上，她又对自己说。

实际上，她盼着他来电话。她一直没关手机。而且耳朵始终保持了对手机铃声的警觉。一个产妇的陪护家属腰间的手机响起来，她不由自主迅即把自己的手机拿出来看，结果换来了好一阵的怅惘。

她还是太在乎他了。不管她对他的情感如何复杂，但是有一点是可以肯定的，她在乎他。由于有了他，任何别的男人是根本无法进入她的心扉的。他代表了她的一切热望和梦想。她从内心深处渴望拥有他。

她一直在等待。她注视着事物朝她心中的彩虹处慢慢移动。她沉住了气。很长时间以来她都沉住了气。她有时沉浸在对未来的冥想之中。更多的时候则根本不敢多想。她一直嘱咐自己要现实一点。实际上，她心里已经做好了他不离婚，而她只是永远做他的情人的打算。

但是打算是一回事，面对事实又是一回事。马明亮只要一回到他的那个家，她就难受，非常非常地难受。就好像他这一去，就再也见不到他了似的。当马明亮又回到她身边，哪怕没有任何甜言蜜语，只是躺在床上看他的汽车杂志，她也觉得有一种舒心的幸福。她在厨房里忙着，口里会时不时地哼哼着什么小调。

下了班，她接了田田回到家里，心中怅然，因为马明亮今天一天都没来电话。这是极少有的事情。马明亮平时一天至少要打七八上十个电话，问这问那，或长或短。他这是为什么呢？难道他家里真是出了大事吗？如果是这样，她应不应当打个电话去问一问，就打他的手机，表示对他家里的事情的关心？但是，他既然回到了家，那他的老婆也许就同他在一起，他不方便打电话来，肯定也不方便接她的电话。怎么办呢？

自从她的前夫死于车祸，她的生活反而有了一种前所未有的宁静。她没有急于再找个人成个家。她打算先好好享受一下这难得的宁静。她的身心太疲惫了，她要好好休息休息。她带着女儿田田，生活得很有规律。虽然经济上窘迫一点，但比起一个家庭老是鸡飞狗跳，她宁愿要这份窘迫。生活是有弹性的，紧也紧得，松也松得。重要的是宁静。后来她就认识马明亮了。鬼使神差，她爱上了他。当然，她相信，他也爱上了她。她和他在一起很自然。他们彼此适合。只有马明亮回到他的那个家，她的宁静就丧失了。她就有一种本能的焦虑。她会想得很多很多，很复杂很复杂。她告诫自己不要如此。但是做不到。很多事情来到心里头，都是不由自主的，而且是下意识的。

吃过饭，她让田田在里面的房间里做作业。她自己坐在客厅沙发上看电视。她眼睛望着屏幕，但是什么都没看进去。

“陈虹，你要想得通，”她对自己说，“你就做他的情人。安安分分做他的情人。你不要想得太多。你不要拿自己的胡思乱想折磨自己。”

她心里轻松了一点。一会儿，阴云又笼了上来。

“他为什么电话都不打一个来呢？好歹也跟我通个气呵。我就那么不重要吗？”

她又想，假如是田田出了什么意外，他会这样的赴汤蹈火吗？

她又想，要不要到他家门口看看，也许可以碰见他。他家里要是真出了什么大事，她也可以在碰见他的时候安慰几句。就几句。她要在他最危难的时候给他精神上的支持。

“我去干吗呢？我算他什么人呢？假如万一碰上了他的老婆又怎么办呢？”

她把手在自己愁眉苦脸前挥了挥，就好像有讨厌的苍蝇飞了过来。

“不想了，不想了，再也不想了！我这是怎么啦？来毛病啦？”

马明亮

刘娟目光滞滞地盯着他的脸，一连说了三声："马明亮，你不是人！"

她的神情就好像她在说梦话一样。小丁失踪了，这是压倒骆驼的最后一根稻草。刘娟就此迅即地崩溃下来。马明亮知道，她已承受了太多来自家庭的痛苦和烦恼。看到老婆这副可怜样子，他心里头又酸又痛。他想最大的打击还没有到来。万一他真的要和她离婚，她还能承受得了吗？她会彻底毁灭。肯定如此。不会有第二种结果。他想象了一下这样的结果，甚至想到她有可能走上人生的绝路，于是不寒而栗。

他吃完了夜饭，可是刘娟粒米未进。他收拾桌上的碗筷，走到厨房里的时候，他想起应当给陈虹打个电话。他已经一天一晚没给她打电话了。不是没想起，而是他不晓得要跟她说什么才好。他估计陈虹一定在埋怨他了。唉，没办法，她要埋怨就让她埋怨好了。以后再去给她解释。人在这样的焦急时刻，真的是无心去谈情说爱。他看了一下客厅，刘娟还是那么失神地呆坐着。他偷偷摸出手机，按了陈虹家的号码，响了两声，那边就传来了陈虹的声音："喂，马明亮吗？喂！"他把手机关上了，什么话也没说。

他把该收拾的事情都收拾好，在刘娟的旁边坐了下来。

"你不想吃饭，我跟你冲一杯脱脂牛奶好吗？"

刘娟仍是不理他。

他把一只手搭在刘娟的膝盖上，叹一口气，说："何必要这样。"

刘娟把他的手愤然拂开："滚，这里不是你的家！"

马明亮说："怎么不是我的家呢？我还是这一家之主呢。"

"不要脸！"

"刘娟，刘娟……"

"滚到那个婊子那里去！恶心！"

马明亮噎住了。他觉得刘娟这么说话的时候脸上的表情十分丑陋。他立即想起了陈虹，他想陈虹可以肯定，一辈子都不会说这么伤人的话。

他们就这么坐着。电视也没打开。就这么坐着。谁也不再说任何一句话。楼下传来了各种各样的声音，其中还有小孩子的声音，刺激着这两个人的神经。房间里的空气很郁闷，也很滞重。

马明亮受不了这样的压抑，站起来，推开了马小丁的房门。他在墙上摸到了开关，把灯摁亮。他进去之后把门带上，一个人坐在儿子的床上。抬起脸来，他环顾了四周，墙上四处都贴了招贴画，是一个女孩子的，正面，侧面，头像，半身像，全身像，牛仔服，性感，青春，自信，叛逆。她是谁？是儿子崇拜的偶像吗？她是歌星还是影星？怎么没在电视里见过？儿子的房间零乱无比。他妈妈帮他整理，前天整理好，第二天就依然故我。没有办法。零乱就是他天生的生活秩序。你让他整洁，他反而失了序。他其实能从混乱中清楚地知道哪张碟片放在了哪个格子里，哪本书插在了枕头的下面。一个孩子的秩序是和大人不一样的，你得尊重。他突然想起要看看儿子的日记。也许能从他的字里行间看出什么问题来。他翻了半天，书包里，床上，桌子上，全都翻了，可是找不见日记本。

他记得有一回刘娟开完家长座谈会之后发脾气，说教语文的王老师说了，马小丁总是不交日记。那是老师布置的家庭作业之一，怎么能够不交呢？

难道马小丁是带着日记本一起失踪的？

儿子的房间里有一股陌生的气息。那是成长的气息，变化的气息，不再单纯的气息。马明亮坐着坐着感慨起来。他太忽略儿子了。他从没想过要与他平等地交谈。他也从没听过马小丁的任何一句心里话。他甚至不知道儿子喜欢什么，厌恶什么，追求什么，摒弃什么。他不知道他想些什么问题，他受什么事物的影响。

是代沟吗？也许是，也许根本就不是。

他开始回忆儿子，可是儿子在他脑子里是模糊的，不确定的。怎么会是这样呢？

电话响了。是客厅里的电话。他以为刘娟会去接。可是响了好几声，刘娟还是没有理会。他于是冲出门去，拿起了话筒。他心里乱跳着，期望传来马小丁的声音。

"马伯伯吗？我是张小小，马小丁的同学。我晓得马小丁在哪里。"

"你晓得小丁在哪里？"马明亮叫起来。

刘娟一弹就起来了："小丁在哪里？小丁在哪里？"

她抢过了话筒，对着对方喊："快告诉我，小丁在哪里？你是谁？快告诉我！"

"马伯母，我是张小小。我本来不想告诉你们。我答应了替小丁保密，还发了誓。可是我看到你们急成了那样子，就，就……"

放下电话之后，刘娟忽然转过身，一把抱住马明亮，嗬嗬地哭起来。哭过了，她擦一把脸，说：

“马明亮，走，我们马上搭火车到深圳去！马明亮，儿子找到了，我们一家要好好生活呀，要好好生活呀！我爱你们呀！”

“是的，要好好生活，要好好生活。”马明亮喃喃地说。

他看到刘娟打开抽屉，在那里拿钱了。

2002年5月22日

北方落雪，南方落雪

王　东

王东困在这个北方的机场时他的老婆在干什么？这是王东想晓得的，也是你想晓得的。王东在候机大楼的咖啡吧里已不耐烦地喝了四听百事可乐，抽了半包中华牌香烟了，这其间他摸出三星牌的韩国手机给一千六百多公里外的家里打了好几个电话，一直无人接听。他打老婆的手机，可是老婆关了机，打到她的办公室里，接电话的人说她今天没到公司里来。他有点后悔，昨天晚上跟老婆通话的时候到底没有给她说上一声，他今天要回来。他原来的想法是给老婆一个出其不意的惊喜。昨天，他参加一个意大利服装公司的新款皮草发布会，用六折的优惠给老婆买了一件红色的意大利皮风衣。他在电话里忍着没有告诉张璇。真是好看，那件羊皮的风衣，他可以保证在他们生活的那座南方城市里绝对独一无二。当然，价钱不菲，即使打了那么大的折扣，仍然要八千多人民币。这个惊喜小吗？

他开始坐在侯机大厅里翻着一本时尚杂志，他慢慢地看，一张图片也看上小半天，为的是消磨不知所终的等待的时光。后来他实在是忍不住烟瘾了，就到咖啡吧里去，因为那个飘着咖啡和快餐的混合怪味的地方允许像他这样的瘾君子随意地吞云吐雾。

广播里仍在播出一半国语一半英文的航班延误通知。王东吃惊地听出来，起码有十班飞机都被这个突然降雪的天气耽搁了。他耳畔是周遭越来越大的人声，无奈的人声，愤怒的人声，以及拖着旅行箱穿来穿去不知所以的人声。

王东又拨了一个电话给老婆，但是对方仍未开机。这情形是很少的。一般来说，如果老婆不开手机，那她一定就在家里或公司里。他有点莫名的焦躁，但他不想深入这焦躁的原委。他不想自己除了焦躁之外还有别的不愉快。本来，这趟飞行从一开始就应当是愉快的。他爱张璇，从认识她的一刻就爱她，直到现在。为了她，他离了婚，而且，为了她，他甚至辞去在省政府里有很好前景的仕途，下海办公司，他要挣很多很多的钱，要把生意做得很大很大，这一切都是为了她。她是他的爱人，生活的小小甜心和巨大引擎。

他看了一下窗外，飞雪连天，大团大团的雪花把整个世界都涂成了一片刺眼的白。他心里想，今天恐怕是飞不成了。他本来是可以搭火车的。但他急于要回家，他想看见新婚才三个月的张璇。他想给她惊喜，想热烈地拥抱她，想同她澎湃地做爱。他想起了一句老话：欲速则不达。真是这样，真是这样。

广播又一遍响起，毫无工作激情与毫无人性怜悯的女人的声音回荡在沉闷的空气里，告诉像王东这样的羁旅之人，航班正等待下一步的通知，旅客们请耐心等待。但是王东心里清楚，今天肯定是不能起飞了。

陌生女人

那个穿黑色羊绒大衣的女人一直在打手机。她低着头，乌黑的长发披在肩上。但是在一片温柔的黑色里，有一点红色非常醒目，那是她的质地柔软的毛衣的高高的领子。这说明她有非常好看的细长的颈子，就像《罗马假日》里的赫本。她的侧面的轮廓有一种伦勃朗油画笔下的美感。是古典的，也是摩登的，是明晰的，也是含糊的。她一直在打手机，她跟谁有那么多的话要说？她的丈夫？她的情人？抑或是她的闺中密友？要紧的不是她在不停地说话，而是她用说话的方式打发最最无聊的时光。这同王东用拼命抽烟和喝可乐的方式排解羁旅之忧有什么区别吗？相反，同那些发出大家都听得见的愤怒的声音并且焦躁地拖着旅行箱走来走去的人比，她更显出一份沉着与安静。仿佛她要感谢上帝给了她这么好的机会，这么多的时间，让她从从容容地跟她想说话的人淙淙不息地流淌那来自自己心底的泉水。雪在她身后的大玻璃窗外纷纷飘落，就好像她身后飞舞了无数白色的蝴蝶。这情景构成了一幅画图，但分明已经超越伦勃朗那个时代所能呈现的美感了。

假如张璇也是坐在这里，也是在等待的时光里给自己打电话，穿着他跟她买的红色的意大利羊皮风衣，那种姿态多么迷人！她也会吸引陌生男人的目光，就像这个打手机的女人吸引了王东的目光一样。优美的女人的形象，远远地，超过了一本时尚杂志所能提供的给人的镇定和给人的异样的心跳。

在这间哄闹之声越来越大的咖啡吧里，王东的目光四处流连，但最后的落点总是那一片瀑布样的黑色和那一点醒目的红色，仿佛那里有看不见的磁场，有若隐若显的音乐。

终于那女人打完了手机，拿起面前已经凉了的热咖啡来啜了一口。她的动作幅度很大，有着恍若是毫不经意的夸张，说明这个女人虽然衣着华贵，虽然静止的轮廓富于绘画的美感，但实际上她的举止却有某种程度的粗俗。这是一个人的反差，这个反差让王东小半天都没有适应得过来。在适应的过程中，王东好不容易才调整了一个男人对另一个陌生女人的无凭的想象。对，是无凭的想象。这种侯机的无聊等待，这种四处都是声音的环境，还有窗外的白色蝶群般的漫天大雪，都刺激了一个男人对另一个陌生女人的想象，他把他一生所有的对女人的美的理解都掺和进了这种想象的塑造。实际上，在这个女人喝咖啡的粗俗动作完成之前她已经成了女人的标本，女人的经典，和女人的美学符号。

适应的结果就是轻松，就是如释重负。雕塑不存在了，他现在看到的是砖头，是可以弯腰拣拾的坚硬的真实。这样好得多，既可远观，又可近亵。在这不知终点的无聊时间里，王东有事可干了。

也许还有一点要补充:促使王东产生“有事可干”的感觉，还因为他在一瞬之间瞥到了那个女人的眼神。那是一种什么眼神？苍白、空洞、无聊透顶，甚至，招蜂惹蝶。你可以想象你遇见过的世上最空虚的女人，她们就有这种在做爱之后和呵欠之后的眼神。这是刺激男人的野心的眼神，等待进入而不是等待航班起飞的眼神。

“请问这个位子没有人吧？”他一手提着装了意大利羊皮风衣的旅行箱，一手端了半杯可乐，走了过去，像一个刚刚进来要了杯饮料然后找位子的疲倦的旅人。

“没有呵！”她像被人惊醒了似的，声音很响地回答。

“哦，那我不客气了。”

他在她对面的位子上坐下来，四目相对的一瞬，他感到了某种振奋。

正在这时，广播又响了，广播里提到他的航班号，说因为跑道无法清除积雪，飞机只能无限延时，请旅客们到3号侯机口凭登机卡上一辆接他们到机场宾馆去休息的大巴。

他看到对面的女人站起身来，提了一个非常精美的华伦天奴牌的桶式旅行小包朝咖啡吧楼下的侯机口走去。

哦，她和我是同一班飞机，王东想。与此同时，他看到这二十八九岁的女人走了几步之后回眸一瞥。又是一场四目相对。仿佛是毫不经意，又仿佛是别有深味，谁知道呢？

女编辑

我记得我那一整天情绪都非常糟糕。那一天，我们这个南方的城市下起了第一场冬雪。我听到了窗子外头小孩子欢叫的声音。我意识到这个世界发生了某种变化。但直到中午我到楼下一个老太婆开的小卖店里买酒的时候才发现了一幅银白的图画。小孩子的雪团飞到了我的脚下。其中一个雪团甚至打到我身旁的一棵树上，树叶一阵颤抖之后我颈子里忽然有了刺激的冰凉。即使如此，我也没有什么振奋。童年的欢乐永远地离开了我们，眠熟在记忆的最深处，仿佛是僵死的虫子。我在雪地上走的时候就打开酒瓶开始喝酒。如此迫不及待是为了什么？为什么童年的欢声不能召感我们？甚至在南方的城市里难得一见的美丽雪景也不能打动我们？从什么时候起我们的心灵长满了老茧，需要酒精来软化同融解，或者需要酒精来调和与混淆现实同梦境？

起因来自于前一天的晚上。一篇很短的文章让我卡了壳。那天城市晚报的一位漂亮的副刊女编辑找我约一篇书评，她说出了那本书的书名，然后说现在这部小说在我们的城市里非常畅销，居然连不读小说的市民也在争相传阅。

“如果是你说的这种情况，”我说，“那我觉得书评是多余的。”

“不是叫你推荐，”女编辑的声音很悦耳，“是叫你评介。我觉得这部小说有很多值得挖掘的思想和社会价值。我们的目的是帮助读者更深入地阅读。你的评介其实就是导读。”

放下电话之后我就去书店里买了一本她说的小说。花了一个白天的时间我把它读完了。老实说我很不喜欢这样的小说。它完全是一堆生活的素材，没有提炼，没有长篇小说应当讲究的结构，没有语言的感觉，没有深度没有想象没有智慧更没有诗意，但它说了一堆生活中真实的事。这样的事如果不是写成小说而是写成新闻报道也同样会引人关注，就是从一个七十岁的老太婆口中结结巴巴说出来也会有人倾听。文学是什么？文学是生活的事实呈现吗？文学的精神性在哪里？诗意在哪里？发生在阅读中的愉快在哪里？

这就是我卡壳的原因。如你所知，我不能说出这部书的好来，但也如你所知，那么多的人在阅读它，我能够说他们的阅读需要是玩笑吗？我能够说市场是狗屎吗？

但我的确想把书评写出来。我想把它写得很波俏，写得犀利又写得乖巧。这是因为我想讨好那位女编辑。我想我的读者仅仅就是一个人，这个人就是她。曾经她对我的一位朋友夸赞过我的文章，我很在意一位漂亮的女子对我的评价。我想象我把文章写完了，打电话给她，约她在我知道的一个最有小布尔乔亚情调的酒吧里见面，然后看着她当着我的面把电脑打印稿读完，她的稍稍有点儿消瘦的漂亮的脸上浮出了会意和称许的微笑，接下来她就同我讨论文学，一席奢侈的精神小宴，一缕久违的罗曼蒂克。就像一支情调蜡烛燃烧在我同她之间，某种不期而遇的默契也发生在我们的对谈之中。暗示产生了，隐喻产生了，在外人看来和在我们自己看来，我们都像是一对情侣。不需要挑明这一点，我们已分明地感觉到了彼此的需要……如你所知，我是一个富于浪漫主义想象的人。我的本质是诗人。我希望遭遇男女间的情事，从而在内心深处发酵出一片生活的月光，让丑陋的日子因为洒下了这月光而显得不同寻常，显得美，并且温情。

实际上，女编辑除了有一张略显消瘦的漂亮的脸，其他的一切我都一无所知。我和在机场侯机的无聊时光中见到一位打手机的女子就想入非非的王东有什么区别呢？男人和男人之间有什么区别呢？在生活中，男人都有一种猎人的心态。狩猎这种古老的传统一直延伸到了今天。嗅到猎物时的心跳和兴奋古人同今人有什么区别呢？那个女编辑只是出于工作的需要不断地跟我联系，除了谈约稿内容别的从未涉及。我也只是在一次座谈会上见过她一面，在许多面孔中，我发现了消瘦的美。细致的线条，轮廓分明的线条，柔和而有弹性的线条。从那一瞬间起，我就有了时断时续的想入非非。在两个约稿电话之间，这种想入非非处于沉睡状态。这时候，我当然是一个正常之人，每天坐在电脑前，冥思苦想，妄图写一部书，一部超越生活真实的伟大的书。如你所知，这只是妄念。所以我又不能称之为正常之人。关于这一点，只有我老婆看出来了。

张　璇

假如你读过《红字》，那你就了解什么叫作原罪，什么叫作赎罪的努力，而且什么叫作永远的耻辱。但张璇没有读过这部霍桑写得最好的书。她是一个几乎从不阅读文学的女子。这个世界有越来越多的她这样的女子，时尚，新潮，追逐最好的化妆品和最名牌的衣裙，看好莱坞片子，吃西式快餐，打网球听摇滚参加健美俱乐部，知道几千英文单词和几百歌星影星名字，知道汤姆·克鲁斯和妮可·基德曼的婚变，知道贝克汉姆和辣妹的故事，谈论张艺谋但不了解电影语言，谈论美国大选但不懂美国的政治，谈论以色列和巴勒斯坦但不明白中东冲突的起因，谈论玛丽莲·梦露但六十年代她妈妈还刚刚结婚……她们比她们的母亲更懂得女人的魅力，懂得生活的追求，懂得钱的重要和性的重要，懂得游戏的乐趣和游戏的规则。她们是一群有趣的女人，惹人爱怜和追逐的女人，难道不是吗？假如不是，那么王东为什么要为了张璇而离婚呢？为了讨她一个意外的惊喜给她买那么昂贵的意大利羊皮风衣呢？为什么因为跟她联系不上就那么心神不宁呢？

张璇，二十九岁，青春尚未完结，风韵刚刚展开，流光溢彩，满目生辉，此刻正坐在爱丽舍西餐厅靠窗的一张有不锈钢把手的椅子上，看着窗外的雪花，听着蓝调的音乐，稍稍有点走神。

“你有心事吗？”她对面的男人轻声问她。

这男人和王东相比要多一份潇洒，也更显得细腻，更懂得女人，灰灰的眼睛里浮着波澜不惊的柔情。这男人从加州伯克利大学回国后在上海办了一家软件公司，他是张璇的公司的重要客户。

“哦，你觉得我有心事吗？”她反问道，目光从窗外收了回来。

男人温文尔雅地微笑着，拿洁白的餐巾拭了拭嘴角。

“注意力是一种资源，但我没有能力占有这种宝贵的资源。”他说话的时候保持着那种微笑。

“我喜欢听你说话，我一直注意地听着，每一句话都听进去了。”她解释，同时也微笑。

“我喜欢听你谈美国，谈上海，”她又说，“那都是让我心动的地方。”

“你的这个城市，唔，怎么说呢？”他说，“仅仅因为有你我才觉得可爱。其实你应当离开这里，到更广阔的世界去，你应当有更加精彩的舞台。”

“你这是第三十次这么说了。”

他们都笑出声来。接着，笑声停住了，他们沉默地对视着。窗外雪花飘舞，街人行色匆匆，每一行雪地上的足印都是归途。

张璇忽然低下了眼睑，脸上泛起了显然的红晕。与此同时，她还有一种显然的逃跑的狼狈。

男人，那从美国回来的猎者，非常适时地伸出了他的手，勇敢地、却又是温柔地握住了对方的手。那只白皙而冰凉的小手像一只麋鹿，本能地要逃跑——比目光和思想都要快捷。但是，猎者的手是不会松开的。

那只麋鹿不动了，也不想动了。

老　婆

一个作家写不出一部超越生活真实的伟大的书，甚至也写不出一篇用在报纸副刊上的千字书评，他的脾气变得非常糟糕是情有可原的。他没有如海明威那样把双筒猎枪的枪管像一块带血的牛排送入口中不是因为畏惧死亡，而是因为他不曾有过《丧钟为谁而鸣》和《白象似的群山》。一个作家没有伟大的作品就不可能有伟大的死亡。那么，他还能干什么呢？生气，莫名其妙地生自己或不知是什么人的气。这是一种平庸的选择，无奈的选择，同时也是愚蠢的选择。

幸亏现在是电脑时代，不然我的椅子下面会像窗外的雪花一样飘满撕碎的稿纸。电脑显示屏上的字被我悉数删去后变得像是一片雪地，也变得像是我的空空荡荡的脑子。半个小时之内我喝完了那瓶酒。接着我就开始在我的书房里唱歌。其实我知道那不是唱歌，那只是发出一阵野兽般的叫吼。我感到我的胸腔里有一些带利爪的动物跑了出来。而且伴随着这种貌似歌唱的乱七八糟的声音，书桌上的一大堆书被我掀翻在地上。一盏蓝花瓷瓶底座的台灯与此同时也在书桌脚下瓦解成了一堆碎片。

书房的门被推开，老婆的身影像一道黑色的惊叹号直直地刷了过来。

“你疯了，你！”老婆背着光，面目模糊，平静里深藏着愤怒。

我被打断了一瞬，之后仍是接着唱歌。声音像一群蝙蝠在书房里四处乱窜。

“你把你的不痛快转嫁给我们，你吵得你儿子根本不能安心学习。”老婆的声音不大，但是有一种穿透力，箭一样射中了我。

我沉默下来，与她对视。然而我的虚弱已暴露无遗。

“你不是一个正常的人。你给我们带来的是不正常的生活！”她还是那么样一种语调说话，愤怒和抗议也同样暴露无遗。

这时我看见门口的光亮里多了一条身影，那是我念小学五年级的儿子。他的脸也是模糊的，但是他的不安却非常清晰。

“我不想和你吵，特别是不想当着儿子的面和你吵，”我老婆又说，“我只想过正常的生活。我的要求不算奢侈吧？”

我慢慢走向抗议者，他们的脸也慢慢清晰可辨。

“听我说，我也不想吵。最根本的一条是我不知道我们要为什么而吵。我不正常，我哪点不正常？我们的生活不正常，我们的生活哪点不正常？”

我的反诘是我的盾牌，但这盾牌也许是纸扎的。

“走，儿子，”老婆对眼瞳里满含着惶恐的儿子说，“回你的房间去做作业，然后练一小时钢琴。”

“我要他向你道歉。”儿子仰头对他妈妈说，同时一只手伸出来指向我。

“走吧儿子，”他妈妈说，“走吧，听话，你不能让妈妈伤心，啊？”

儿子怨嗔地瞥我一眼，转过了背。这目光让我难受。我知道我在什么地方有点不对劲。这潭浅浅的生活之水被我搅混了。

“我们坐下来好好谈一谈。”我的老婆走进书房，随手把门关上。

王　东

一场艳遇意味着什么？是生命的奇迹吗？是上帝掷中了骰子吗？是人生旅途除了车祸之外的另一种意外吗？是迎接吗？是背叛吗？是两个狭路相逢的陌生人的节日吗？……可以肯定，王东没有考虑这么多。当猎者发现猎物的时候，是什么发动了他的攻击？是思想还是本能？当然是后者。

艳遇是一场心跳，百无聊赖的王东需要心跳。他把烟头扔进烟灰缸里，提着箱子跟在那黑衣女子身后下了楼。

3号侯机口的大门外一片白雪，刺得所有的人都把眼睛眯缝起来。大巴还没有过来。人们站在雪地上跺脚，口中呼出一股股白烟。雪仍是大团大团地下着，显得不慌不忙。

“今天是走不成了，肯定走不成了。”王东站在黑衣女子的身旁，与她并肩而立。

“是吗？”她转过头，朝王东飞快地一瞥。后者冲她笑了一下。

“好大的雪呵！”她仰起脸来说。

“北方都是这样。”

她又飞快地一瞥。后者又冲她一笑。她也抿嘴一笑。他们都从对方的声音里听出了乡音。

“是出差？”他问她。

“你呢？”她反问道。

“我是来开会的。一个看样订货会。”

“生意场上的，”她说，嘴角挂着古怪的微笑。

“你对生意场上的人有看法？”

“那倒不是，我老公就是生意场上的。”

“你老公在哪里发财？”

她看他一眼：“香港。”

王东在心里问：老公？你为什么向我提到老公？又为什么告诉我你老公在香港？

大巴终于开过来了，勉为其难地吼叫着，一点点追近。人们混乱无序地挤了上去，仿佛这是一辆开往天堂的车。

他和她对面而立，各个伸出一只手抓住吊环。人太多了，仿佛他们处在各种力量的中心，或者说他们被各种力量所包围。他们几乎是贴在一起站立。他们感觉到了对方的心跳。他们的脸上停泊着对方呼出的暖气。

“人太多了，”他说，憋了好大一口气。

她点点头。他又一次看到了那种空虚的眼神。这时他想起了张璇。张璇，那双眸子多么动人，那湖水一样的眸子总是波光涟涟，生动，机敏，迷离而又聚敛。那样的眸子射出的光芒让人产生爱，产生柔情。而这位黑衣女子的眼神却只能让人产生征服、追逐和攻击的野性。

他故意靠得她更近，她无法躲闪也不想躲闪。

“人在旅途总是有许多料想不到的事，”他说，同样憋了好大一口气。

她又点点头。她似乎找不出什么语言来回应。她的不断点头表明她赞同他说的一切。就好像她把身体交出去之前先把思想交出去一样。

“小心站好，”他抓住她的胳膊，因为大巴转弯的时候车子倾斜起来。

“你先下，”他对她说，因为大巴在机场宾馆门前停住了。

他跟她说话有一种支配者的语调。她仍是点头。

是猎者支配猎物吗？

点头是被俘获的柔顺吗？

一个穿红衣的服务员走过来，她把房卡或钥匙交到每一个人手中。

“四个人一间房，休息，待命，”她冷冰冰地交代道。

她朝他望了一眼，仿佛忽然无助似的，是暗示什么呢？

张　璇

“别，”张璇说，“别这样。”

但她却没有任何反抗。于是她的声音仿佛不是坚意的拒绝，而是盛情的邀约。

窗子外头仍在白絮飘舞。一场突如其来的大雪使这个南方的城市一下子显得如此干净如此美丽，一切都被某个洁白的意念净化了似的。从酒店十楼的这个窗口看下去这城市完全像一个纯洁无疵的少女。爱丽舍西餐厅就在街对面，但红色的屋顶不见了。灯光射到雪地上，仿佛铺上了一床马蒂斯风格的淡黄布毯。才十点来钟，街上几乎没有行人了。

这家四星级的酒店就在爱丽舍西餐厅对面，有人在大堂里弹钢琴，弹克莱德曼的小品。电梯空无一人，却照样上上下下，递送着某种无可言说的空虚。

他每次从上海过来，都是住这家酒店。吃完漫长的两个人的晚餐，她跟他进了他的房间。她有一种预感，知道这一脚跨进去，会跨入一个蓝色的故事。但她不由自主地迈出了这一步。她的心一直不安地跳动。有一种期待，又有一种恐惧；有一种兴奋，又有一种紧张。

起初她坐在窗边的沙发上。她忽然觉得今天缺少了一点什么。缺少了什么呢？哦，电话，王东的电话。她记起来自己把手机关上了，从下午开始。她为什么要关手机？从下午开始她就和他在一起。当她和他在一起的时候，她怎么可以和丈夫通那么长的电话？那么多缠缠绵绵的废话，那么多重三倒四的爱情表白，那么明显的另一个人的存在。她不愿意他听到、看到、感觉到。她为什么不愿意？

这时候她倒是真的想把手机打开，她知道丈夫肯定在寻找她，她只要打开手机铃声就会响起来。接下来，他就会知道，她有一个多么爱她的男人，她其实一直处在幸福之中。她的幸福已经足够。这时，他的野心会收藏起来，就像猎人把枪筒收藏起来一样。而她隐藏的秘密渴望却是：倒要看看他的野心有多大。或者说，她有一种历险的亢奋，她想遭遇意外之事。

他，这个从美国回来的ＩＴ业的骄子，这个充满了雅皮趣味的男人，按捺不住，激情迸发，向她发动了攻击。这是她渴望的，又是她害怕的；是她需要的，又是她排斥的。

“别这样，”她被他紧紧地搂住，几乎透不过气来，“我想我们是好朋友，我们应当保持一点距离。”

“为什么？”他喘着气，问：“为什么要保持距离？”

“……”

“你真迷人，”他又说，“你是我见过的最迷人的女人。”

“我哪一点迷住了你，你说。”

“一切。还要我说吗？一切！”

她的目光异样地亮起来。她伸出一只手，在他的发烫的脸颊上摸着。他的下颏和嘴唇被吉列刀片刮得干干净净。他整个的人都显得干干净净。而她，最喜欢干净的男人，无论是外表还是精神气质。他们互相凝视，互相欣赏，互相淹没。这是令人迷醉的时刻。

“不行，我不能这样，”她的手突然从他的脸颊上滑落下来，“不能这样！”

“为什么？”他又那么问，“为什么不能这样？”

她想起了王东，那个爱她、而她也爱他的人，那个又远又近的人。她忽然涌出一阵羞愧。这一回她真的是挣扎着反抗着了。

“放开我，”她说，“让我坐起来好好说话。”

他松开了手，看着她坐起，并且整理弄得很糟的衣裙。

“请原谅我的……冒犯。”他喃喃地说道。

“不，你没有错，”她说，“是我错了。我知道会如此，可是我……”

她叹了一口气。

“张璇，张璇，”他叫着她的名字，“你真美，张璇，真的，你——”

“别说了，”她温柔地注视着他的紧张和惶乱，“让我安静一会儿，我们都安静一会儿，好吗？”

“好吧，听你的，”他像个大孩子似的，把头低下来，“我听你的。”

她禁不住又把那只手伸出来，轻轻地，无限柔情地在他的脸颊上摸着。她的眼眶里盈出了泪珠。

他一把捉住她的手，捂在自己的发烫的脸上。

“我爱你，张璇，真的爱你，相信我。”

她含着泪点点头。

“相信你也是爱我的。”他又说。

她仍是含着泪点头。

“但是，”她说，“我不能够。我不能够背叛。”

她第一次觉得自己的声音好陌生。

老　婆

其实我和我老婆之间没有什么好谈的，这是因为她要谈的内容我都知道，无非就是我的脾气很糟糕，朝她们母子俩经常无端地发无名火，我的不正常使我们的家庭生活也不正常，这样下去无论是夫妻之间还是父子之间都会有越来越大的裂缝，我必须面对它，正视它，并且努力改变它。

果然不出我所料，我老婆说的就是这么一些话。

“如果再这样下去，那我和你儿子就搬到我母亲家里去住，让你一个人在这里，随便你自己怎么折腾！”最后她是这么说道。她而且申明这绝对不是威胁。

“我觉得我很冤枉，”我喃喃地说，“我根本没打算让你们不愉快。如果我生气，那我是生自己的气，请你们见谅。”

“你越来越不像一个丈夫，也越来越不像一个父亲。你生自己的气和生这个家庭的气，界限在哪里？你自己不愉快和这个家庭不愉快，区别在哪里？”

这时桌上的电话响起来了。

“你自己再好好想一想吧。”老婆说完就走出了书房。

我拿起电话，是那个女编辑打来的。她问我书评写得怎么样了。

“正在——写，”我回答说。

“我喜欢你的文字。我喜欢一个作家对事物有自己的见解。”

“没有自己的见解能当作家吗？”

她停了一秒，说:“那倒也是。什么时候交稿？我等着发排呵。”

放下电话之后我坐在电脑跟前发呆。我不明白我要做什么。一个作家可以为许多人写作，也可以为一个人写作。如你所知，写作是有不同的动力源的。我的动力源就是这个我仅仅谋过一面的有着消瘦的美感的女编辑吗？是。至少写书评这样的事情上是。但我写不出她要的书评。她推崇的那本书我根本就不喜欢，它不符合我心目中的写作范式。我怎么导读？我引导什么人在文字的垃圾场中迷失自己的心智？我怎样才能赢得她的好感？也许只有一个取巧的办法:我由这本书引申开去，谈我喜欢的文学是怎么回事。我把这本书仅仅作为一个话头。

我开始在键盘上敲下第一行字。

一个小时之后我给女编辑打电话，我说晚上把稿子交给你，我请你喝咖啡好吗？

她稍稍迟疑了一下，说:“这个鬼天气，好吧，几点钟？在什么地方？”

王　东

他把箱子放到房间后洗了一把脸，然后就走到宾馆大堂旁的咖啡吧里，拣一张空桌子坐下抽烟。不一会儿，他就看到她了。果然如他所料，她过来了。

他朝她打了个手势:“请坐，喝点什么？”

“矿泉水。”

他们对面而坐。

“真没意思，四个人住一间房。我从没同这么多的人住到一起过。”她说。

“我十八岁的时候在知青点，十个人住一间土砖房。洗澡要跑到水库里。”

“那是什么年代？现在是什么年代？”她稍许有点鄙夷地说。

“算啦，”她的手在鼻子跟前扇了扇，仿佛有什么怪味飘了过来，“反正我也不会坐在那样的房间里，跟陌生的旅伴聊天。”

王东露出整洁的牙齿笑了：“我们不也是陌生的旅伴吗？”

“那不一样，不一样！”她说得又快又肯定。

“为什么不一样？”他问。

“……”

“说不出来吧？”王东笑意盎然，“我告诉你，这叫同性相斥，异性相吸。就是这么简单。”

“真是这么简单，”她赞同地笑了起来。可能也是洗了脸以后重新涂了口红，她的嘴唇显得格外鲜艳。

“实际上，这个世界有许多事情都是简单的，只是人们把它弄复杂了而已。”

她盯着他的眼睛，鼓励他继续说话。

“特别是男人和女人之间的事，”他接下来说道，“很简单，又很复杂。简单是因为人们的本能需要很简单；复杂是因为社会的道德要求很复杂。”

“你是一个哲学家，是吗？哲学家？”

她的眼瞳里有崇拜的光芒。

他又露出整洁的牙齿微笑："这和哲学无关。"

她的眼瞳里于是又有迷惘的光芒。

"是这么说吧，假如我，"他单刀直入道，"一个你刚刚认识的陌生男人，你在瞬间的接触之后凭女人的直觉对他怀有好感甚至某种程度的喜欢，而他提出要和你一起去酒店开房，你会同意吗？你会把这样简单的事想得很复杂吗？"

"我……我不知道。"

"所以我说，简单的事从来都不简单。"

"假如我同意呢？假如我不复杂呢？"

他反而停顿下来，迟疑地望着她，判断着这里面是不是有玩笑的陷阱。猎人有时候也害怕自己下的套子套住了自己。

"你真的，真的敢于简单？"他问道，声音忽然小了许多。

"我本来就简单，本来就不复杂，"她仍然说得又快又肯定。

"那好，"他终于声音又大起来，"那我们可以做一场游戏，也可以说是一场实验：我们马上去前台登记一间房。——你敢吗？"

她孩子一般调皮地望着他："你以为我不敢是吧？"

他站起来，从西装内口袋里摸出身份证，朝前台走去。

这时大门外的雪下得更大了。

李 霞

红灯笼夜总会是我们这个城市娱乐场中生意最火爆的，它的包厢一般都要提前预定。你也许料到，它的节目庸俗，充满市井趣味，然而这并不妨碍它生意红火，更不妨碍坐在里头的男男女女一边嗑瓜子一边喜笑颜开。浅薄的快乐像胡椒粉一样总是撒在某些人的生活的面汤里。在一个朋友的生日聚会上，有人介绍我认识了夜总会的杜老板，一个三十多岁的胖子，颈根粗得要松开两粒衬衣扣子。他热情邀请我去看节目。“赏脸赏脸，”他呵呵笑着在我肩上拍了拍，手指上一颗很大的钻戒。

虽然夜总会的节目庸俗搞笑，但我仍然觉得有一位歌手的歌和她的演唱的台风非常出色。这位歌手我记住了，名叫李霞。无论怎么看，她都长得像我初恋的情人。我听她唱许美静的《挽歌》，一下子竟被忧伤袭倒。我想起了许许多多逝去的好时光，一些云母一样闪亮的回忆的碎片刹那间堆起了一座往事的墓碑。那一夜，我竟然失眠了。

后来杜老板又邀我到红灯笼夜总会去看节目，我拒绝了。我不想再看见李霞，因为我不想再触动往事，不想再有无眠之夜。

但我却永远记住了李霞。她有一张青春生动的脸。

我也不想再看见杜老板，他的俗不可耐和志得意满以及不断掏鼻孔以显示手指上的钻戒的那种市井暴发户嘴脸让人恶心透顶。

红灯笼夜总会当然一如既往地生意兴隆、夜进斗金。李霞的歌名也越来越大。

但是在这个忽然飘雪的夜晚，李霞出事了。

她的演唱穿插在整个节目三分之二的地方。她唱完了，在后台褪下拖地的纱裙，小心而熟练地把它折叠好，放进一个红色的旅行包里，妆都未卸，就匆匆拧着包走出了夜总会。每天晚上都是如此。只要唱完了歌，她就匆匆离开，从不停留半分钟。仿佛这夜总会被人安放了险恶的炸药，如果不赶快离开，就会爆炸一样。她要回到家里才会安心。她的父母离异了，她和母亲住在一起，但即使是残缺的家也能给她一份完整的安全感。

她匆匆穿过夜总会的装点着霓虹灯的拱门，朝一位把手反在身后走来走去的保安礼貌地笑了一下。那保安漠然地朝她看了一眼，又转过身去。她走到门外，哦，这么大的雪，这么美丽安静的雪夜。她驻足几秒钟，让自己领略一种广大而罕见的美。然后，又匆匆走到了离有霓虹灯的拱门不到二十米远的街角。她站下来，两头看了看，居然一辆出租车的影子都没有。街上又冷又静。除了雪花的精灵，仿佛一切死过去了。

她把热气呼在手背上，跺着脚，等着出租车荧火虫一样的红灯出现在她那并不怎么焦灼的期待里。

忽然，她的背后有个又粗又低沉的声音在说话：

“莫动，莫叫，你要是叫就要你的命！”

她回过头来，看见了不知从哪里冒出来的一个四十来岁的男人，脸上和身上都很脏，像是在城里打工的乡下民工。他手里拿了一把滑动着一粒雪光的水果刀，离她近在咫尺。

“把钱交出来，还有项链、戒指，快！都交出来！”

她站着不动，不是拒绝，也不是犹豫，而是根本不相信。在报纸上和电影上看到过的情景，居然，活活地出现在眼前，她觉得简直像是一场恶梦。

那人低沉地骂了一句外地口音的粗话，一把夺过她手里的红色旅行袋：“快，还有钱包，还有项链、戒指，快，他妈的，快！”

她从梦中惊醒过来，张皇失措，哑口无言。她的粉嫩的颈子像被刀子划了一下，是那人粗鲁地扯下了她的其实并不值多少钱的装饰性项链。接着，她肋下的一个鳄鱼皮的长方形的钱包也被那人呼地扯走。她张开嘴巴，刚想叫喊，那人磨盘一样厚重的手掌打在了她的脸上，痛得她的眼泪一下子溅了出来。

“婊子，你敢叫？”那人把刀子顶在了她的下颏上，“你敢叫？”

她不能动，除了她的眸子。她的眸子里是哀怜，是乞求，是恐惧和无助。

女编辑

也许就是李霞出事的时候我和女编辑正坐在温暖的玫瑰酒吧里聊天。稿子虽然是敷衍的，但仍然得到了她的意料中的好评。这是个迷人的夜晚，窗外飘着南方少见的大雪。酒吧里人不多，一缕新奥尔良风格的爵士钢琴和我指间的香烟一起飘荡在最里面的一角。酒吧的灯光黯淡，而我们的语言闪亮。我知道今天晚上我成了词语的侵略者。我兴致勃勃，侃侃而谈，旁征博引，口若悬河，充分表现我对各种事物的知晓和理解。目的是什么呢？就是用词语的暴力征服她吗？是的。这是个见识不多，历练也不多的女人：好奇、肤浅，单纯而又虚荣。在我看来，她就是雪地上的一只跑不动的可爱的野兔。她的略显消瘦的脸上有一双古典的凤眼，这凤眼里盈盈着惊奇、钦佩甚至崇拜，昭示着自己的被征服。

“你真是渊博、风趣，”她叹了一口气，用小学生才有的口吻说，“和你相比，我的同事太无聊了，太苍白了。”

“那是你没有深入了解他们吧？”我一副故作谦逊的样子。

“认识你我不知道是幸还是不幸。但我知道认识你是一件不好的事。”她自顾自地说道。

“哦，为什么？”

“因为从此我会瞧不起很多人。”

我大笑起来。好长时间来我都没有这么开怀大笑过。

笑过之后，我莫名地沉默下来。我想找话说，却一时找不着话头。

“文章后天见报，”过了片刻，她打破沉默，又谈起了她的工作。虽然那工作十分无趣，她却照样热爱。

高潮刹那间就过去了，我忽然失去了再度攻击的能力。

今天见好就收吧，来日方长，我在心里安慰自己。

她已经在我的把握之中了，我还这么对自己说。

“雪落得真大，”她瞥了一眼窗外。但她说话的意思并不是马上想走。

“我知道一首咏雪的词，写得真好，”我卖弄地念道，“山南山北雪晴，千里万里月明。”

“可是今天晚上没有明月呵，”她不无遗憾。

“有，”我说，“在某两人的心间。”

她朝我看了一眼，当然明白了我的意思。她羞赧地低下了头。我感到周身的血顿时热了起来。

半个小时后我们在酒吧的门口拦了一辆出租车。我们紧紧相挨着坐在后座上，车子吃力地犁向她住的报社宿舍。

在离红灯笼夜总会很近的街角上，我从车窗里看见有一辆红灯闪闪的警车停在那里，有几个人围着，好像有什么人躺在地上。

“他妈的又出了什么事，”出租车司机嘟嘟哝哝道。

当那辆警车和那几个人丢在身后，我转过脸来又和她说话。我说我要写一部书，一部伟大的书，这本书我要献给一个人，当然这个人不一定伟大。

“谁？”她问。

“你。”

张　璇

其实，背叛已经发生。当她第一眼见到他那与众不同的风度就产生了异样的呼吸；当她不由自主地把他和王东在心里做对比因而产生了显然的遗憾；当他单独约她到爱丽舍西餐厅吃饭，她故意装得很平静地接受然后关在办公室里化了半个小时的妆；当她不管是不是犹豫终于还是跨入了他的房间；当她轻轻地、无限柔情地在他的脸上抚摸；当动情的热泪涌出了眼眶……背叛就已经发生。一点都不奇怪，背叛是忠实爱情篱笆外的一朵淡蓝色的野花，悄然地却又是真实地绽放了。背叛必须要付出肉体的努力吗？背叛必须要有性的证明吗？

一朵淡蓝色的野花，一首淡蓝色的小诗，在这南方的雪夜，在上帝的手指间——绽放。

她把衣裙整理好，把芭蕾舞女般的高高的发髻整理好，但她的纷乱的情绪却无法整理。

“我要安静一刻，”她说，“请给我一杯水。”

他起身给她倒水。这个体面的男人，始终有一种尴尬，有一种惶乱。他的勇气在忽然之间消失殆尽。当他听到“背叛”一词的时候，他感到自己在对方的眼中成了一个可耻的坏蛋，一个专事勾引女人的好色之徒。

“我是真心地喜欢你，爱你，”他说，不仅仅是说给她听，也是说给自己听。他要心安理得，必须心安理得。

她伸出一只手来，不是要摸他的脸，而是在有点狼狈的空气中摇了摇，表示对一切解释的拒绝。

“Sorry，”他低下头，手和手绞在一起。

她喝干了杯子里的水，还是觉得口渴。

她看了一眼窗外，轻声地说：“我要走了，谢谢你的晚餐，和你在一起我很愉快。”

“张璇，张璇，”他说，抬起眼来，“真对不起，让你受惊了。我——”

她又伸出手来摇了摇：“别说了。我很愉快，真的很愉快。你是一个很好的人，很优秀的男人。我很欣赏你，你也知道，我不只是欣赏。但是我要走了，我不能再在这里待下去了，否则，我无法自制。”

她觉得眼泪又要涌了出来。她心里特别乱，特别特别地乱。

离开他的房间的时候她也并没有觉得轻松，相反，怅然若失。仿佛她的手指在把握和放弃之间做了一个错误的动作，良辰美景就这样像一只黑猫一样溜走了。她叹了一口气，拭掉流到嘴角的一滴眼泪。

“王东，呵，王东，”她轻声呼喊着丈夫的名字。她为什么而呼喊？

她站在一个人的电梯上沉下去。大堂的钢琴声没有了。浪漫没有了。又期待又畏惧的故事没有了。

她走到门外的雪地上，第一件事就是从包里拿出手机把它打开来。她相信蟋蟀般的铃声会马上振响在这个又单纯又复杂的夜晚。

出租车朝回家的路上走了一刻钟，手机还没有动静。这不可能，绝对不可能。但这是事实。事实是对可能的讽刺。她拨了全世界最熟悉的号码，可是对方关机了。

是生气？是抗议？还是一点小小的惩罚？

她的心里又乱起来，但那是另外的一种乱。

王　东

这是一个空虚的女人，也是一个疯狂的女人，而只有疯狂才能填补莫大的空虚。

他站在浴室的水龙头下不断地让热水冲刷自己的身体。做完爱以后他就有点后悔，他想起了张璇，他的娇妻，他的天使。但是热水再怎么冲也冲不掉他的后悔。

那女人躺在床上，余兴尚浓。她摸了一根王东搁在床头柜上的烟，点燃，悠然地吸了一口。又拿起遥控器，把电视机打开，按到一个正在播演爱情肥皂剧的频道上。这时手机响了。香港来的电话，他老公的电话。她慵懒地跟他说了几句话，告诉他她此刻还困在北方，飞机还不知道什么时候才能起飞。

“还有什么事吗？”她问，口气里透着冷淡。

对方说他最近特别忙，恐怕这个月都过不来。

“你忙你的吧，我会照顾自己的，就这样，拜拜。”

她刚刚挂断，接着，另一个电话就打进了她的手机。

她的神色变了，她说话的声音变得柔和起来，也变得兴奋起来。她滔滔不绝地说话，要不就是无声地听着对方的滔滔不绝。

当王东从浴室里出来的时候，她伸出一只手朝他扬了扬，并用食指在唇边做了个“别作声”的手势。

王东坐下来抽烟，眼里望着电视，心里想着张璇。看到她在打手机，他想自己要不要给张璇也打个电话。犹豫了好久，他还是决定放弃这个念头。他害怕他一说话就会暴露自己的心虚、内疚，还有说过谎言之后的结结巴巴的张皇。

她打手机的样子让他想起白天在侯机室咖啡吧里的情形。那时她多么吸引他呵。那时她是一幅陌生而迷人的图画，是一曲富于诱惑和感召的音乐。那时，她是一个男人的野心的发动机。而那时他又是多么无聊。现在他打到了他要打到的猎物，兴奋过后也仍是无聊。这无聊让他颓丧，也让他悲哀。

他又想起张璇，他想她现在一定在家里，在温暖的台灯下躺着，一边听她喜欢的玛丽亚·凯莉，一边在脸蛋上涂一层乳状的白色进口护肤膏，这是她每晚必做的美容功课。

“你不要和我说话，”这时候她会这么吩咐他，“更不要逗我笑。”

她的模样非常滑稽，像马戏团里的白脸小丑。但即使如此，他也觉得她美、动人，而且风情无限。

可是现在，眼前的这个躺在床上的女人，她打手机的姿式再也不迷人了，再也不是女人的标本、女人的经典和女人的美学符号了。

幻觉、想象，和野心的完成，之后便是生活的真实。这真实呈现的是丑陋，是平庸，是非常非常的乏味。他等待这乏味的结束，就像等待大雪终于停止，跑道清除干净，飞机冲上蓝天。

“怎么，说完啦？”他见她总算收起了手机。

她笑嘻嘻地跳下床，赤身裸体，跑过来抱住他。

“手机都打爆了吧？”他说，坐着一动不动，“是你那位香港的老公？”

“是——”她调皮地应道。

“不会吧，你那种神气不像是跟自己的老公说话。”

“哎哟你的眼力真好。我坦白，的确不是我老公。知道了吧，知道了就不要再问啰。”

“我再也没有好奇了。”

“再来一次怎么样，好汉！”她嬉皮笑脸地骑坐在他的腿上，搂着他的脖子。

他看着她的脸，他想找回在候机厅咖啡吧的感觉，可是找不着了。

“好汉，喜欢我这么叫你吧，好汉。你真是一级棒哎！”

“我现在想的是什么时候飞机能起飞。”他说。

儿 子

当我坐在书房的台灯下抽烟，我还沉浸在一种混和着兴奋与怅惘的情绪之中。一杯有很多泡沫的卡布奇诺咖啡和一场漫长的更多泡沫的文学谈话，使我夹烟的手指微微颤动。我在回味那张略显消瘦的脸在黯淡灯光下的美丽。征服，但征服得不彻底，这就是兴奋与怅惘的缘由。但我有把握，有希望，于是我有明天对吧？我跟她说，我要写一部伟大的书，其实是我对自己说的。许多年来我都对自己这么说。在我心目中，伟大的书要穿透现实，但也要超越现实。不管是写到爱情，写到性，或者生与死，都要浸透精神的诗学。然而我能够吗？中国的作家有谁能够吗？

我注定只能有坏脾气，只能有不正常的生活。因为我知道，实际上我不能写出任何伟大的作品来。如你所知，那是妄念。

我打开电脑，在野心的驱策下每天写作，又每天删除，最后只能应付报屁股文章，赢得女编辑的喝彩，让小小的虚荣抚慰巨大的失落。明天，我即使彻底征服了她，那又如何？

我感觉到身后有动静，回头一望，是我儿子站在门口，也许是他上厕所之后推开了书房的门。

我转过椅子来对着他，他也望着我，但是一言不发。三秒钟，大约三秒钟，他转身走了。棉拖鞋的声音轻轻响在这个万籁俱寂的夜。

他为什么要看我？为什么默然不语？为什么有一种女人般的幽怨的眼神？这个小学五年级的少年，是什么给了他敏感、忧郁和沉闷的气质？

我推开窗子，夜半的雪渐渐小了。冷冷的风像只野猫从远远近近的白屋顶上蹑足走过。这时候有瓶酒多好呵。这时候楼下有小孩子在打雪仗多好呵。打雪仗的小孩子中有我儿子的跳来跳去的身影多好呵。

罪　犯

那个脸上身上都很肮脏的四十来岁的男人，此刻还在没命地疾奔。纷纷的大雪掩盖了他的仓皇的足迹，也掩盖了罪恶本身。现在雪渐渐小了，因此他的足印开始显露。但这时他早已走过迷宫般的城市，到了很远的郊外。他穿过被很厚的雪被覆盖着的开阔的菜地，转入了一个山坳。他站住，朝后头望了望，确信不可能有人跟踪而来，终于出了好长的一口粗气，从裤口袋中摸出皱巴巴的烟来，手颤颤地，点燃了一根劣质香烟，吞下一大口灰色的云，空白的脑海里开始回放一场惊心动魄的暴力电影。

“婊子，你敢叫？”

那时他用水果刀顶着那年轻女子的下颏，抢走了她身上一切值钱的东西。那时他想赶快逃走。他前后左右一望，根本看不见鬼影子。他把刀子从那年轻女子的下颏收回来时朝她瞥了一眼。天呵，她多么漂亮，她那可怜的眼神多么撩人！这可是送到黄鼠狼嘴边的一块香艳的肉呵！他周身血脉贲张，一把抓住她的头发就朝身后的一个门洞里拖。

她浑身发抖，声音战栗，请他饶了她。在一把五块钱的水果刀面前她丧失了一切抵抗的意志。她哭着，泪水淌满了苍白的脸颊。

她越是柔弱，越是可怜，他就越是大胆，越是兽性。他掀起她的毛线裙，撕烂她的纸一样薄的内裤，从后面疯狂地长驱直入。之后，他丢掉水果刀撒腿就跑。

他开始找不着方向，纷飞的大雪遮挡了视线，他跑了半天，不知逃到了什么地方。到处是一片错错落落的白，这城市成了一个巨大的白色的迷宫。

最后，他像一条狗一样嗅到了归途的气息，终于穿越了迷宫。

他，这个每天步行三十里进城来打工的外地乡下的民工，在惊惶的回忆里看过了一场暴力的电影，露出了肮脏而满足的微笑。

“他妈的，老子一辈子没搞过这么漂亮时髦的女人，老子就是被抓起来，就是坐牢，就是吃枪子，都值！”

他几乎是醉意深深地这么喊着。

雪野如此辽阔，雪野上一点回声都没有。

2001年3月17日

耳 语

天宝商号的伙计朱三将最后一块门板嵌好的时候黔江古城片片黑瓦屋上皆升起斜斜炊烟，临沅水码头上，商号运桐油的木船于一团深蓝里泊在乱乱晃动的灯影中，老板严老六一手捉住黄铜水烟袋，一手捏一根一头点燃的细长纸煤儿，从里间走出来，咳一声跟朱三说，要朱三明日晚上来吃小年饭。朱三点点头，连忙答白：要得要得，老板看得起！严老六看朱三一眼，又看朱三一眼，不再说话，转身进里间了。

朱三关好了门板，把油灯点亮，又将柜台收拾一通，呼地吹灭了灯，这才离开天宝商号，沿河边青石板路哼哼着辰河高腔《归朝欢》："有情无物不双栖，文禽只合常交颈。"吊儿郎当地走。迎面遇熟人，蓝蒙蒙里招呼一句：还没吃饭呵你郎家？又唱，走调走得荒腔野板。熟人过了身，回头丢一句：朱三伢子你这鬼，你只晓得快活！

其实朱三谈不上快活，当然也谈不上不快活，他仰起脑壳唱戏文唱歌子，是唱得没心没肺的。他若晓得第二日发生的事，那他就不会随便开口乱唱了。

第二日，腊月二十三，过小年的日子，城里家家户户要祭灶，扫尘，吃灶糖，门上贴灶王爷红红绿绿剪纸像，门联又是"上天言好事，回宫降吉祥"，一派的尘世热闹。老板严老六说请朱三晚上吃小年饭，这一日朱三就穿了件蓝土叽布干净衣裳，做事的时候又还戴了袖套，系了围兜，免得弄脏了不像个出客吃饭的样子，老板请饭嘛，那是何等地看得他朱三起。

朱三对老板严老六是有些敬畏的，严老六开着黔江城里最大的桐油商号，有十几条运油的船，船头上飘着他的黄色滚龙旗好不威武，下洞庭，走汉口，江湖上无人不知晓。严老六又身板紧，青铜脸，少言寡语，不怒而威，做生意，做人，皆严守规矩不乱方寸。这样的角色要请饭，朱三觉得自己好有面子。

饭是在老板家的大宅里开的，那堂屋好大，一张大圆桌架在中间，坐得十几号人。严老六端着黄铜水烟袋，着了马褂长衫瓜皮帽，站在堂屋神龛下，咳一声，说：请，请，请！人们就谨谨慎慎坐下来。人皆是商号里的角色，只朱三是最下等的伙计，他不知自己应当坐在哪里，还站着，严老六伸一根指头指了指他：朱三，你今日坐上首。朱三木了，亦不知上首是哪里，自己如何坐得。严老六那指头又指了一下：坐这里，这里是上首。朱三有些畏缩，坐拢去如坐在针毡上。用人就把菜上上来。那是几多客气的饭菜，鸡鸭鱼肉杂烩样样皆有。严老六把筷子举起，说：吃，吃！众人这才把筷子举起来。这样客气的场合，朱三才看到过，心里头就是咚咚跳，他不晓得自己如何能坐到这上头来吃饭，竟跟老板同桌。而且，而且，老板又举了酒杯，站起来跟他敬酒。他酒杯没端得稳，掉到了地上，陶制的杯子都碎了，酒气冲上来。众人刚才热闹，这一时静了。严老六叫用人再拿过来一只酒杯，亲自斟上酒，递到朱三手里，朱三颤颤地接住，连说不好意思，严老六却道：朱三呵，今日小年饭，我要敬你三杯酒。说完就连饮了三杯。朱三也饮三杯，杯杯是老板亲斟的酒。老板坐下来，咳一声，说：朱三你在商号这一年呵，累了，你回家好好休息，呵，你年轻，后生崽，乾坤大得很，我这里塘细水浅，外头呢江湖无边，你好生作为，呵，明白了吗？

朱三是不明白的，但是后来他就明白了。严老六叫席上众人一一跟朱三敬酒，账房莫先生拍拍他的肩，长长指甲又在他手臂上掐了一把，他忽然就醒了似的，明白了。原来他也听说过，老板若要辞人，就请他吃一餐饭，坐上首，算是东家的客气同礼数。但是听说的事跟眼前的事，他原没想到是同一回事。这下记起来，心里一憬，他朱三就再也不迷糊了。

朱三他一时很乱，严老六夹块盐菜扣肉敬到他碗里，说朱三你莫讲客气，嗳，吃！他于是更乱。这一餐饭就不晓得是如何收的场。总之一席人起身，朝严老六拱手，多谢多谢，纷纷告辞，朱三他跟起拱手，学着说多谢多谢时严老六把他按在上首座上，等众人走了，只剩账房莫先生垂手立在一旁，严老六就跟莫先生说，你领着朱三，跟他把账结清楚。莫先生答白：好的好的老板。严老六又转过头来：朱三呵，你明日就不来了，我送你八个字：江湖风大，后生不惧。呵，明白了吗？

朱三这一时什么都明白了。他脸一红，搓了搓手，说老板你人好，菩萨转世，我朱三一辈子不会忘。我只是想……只是……想……严老六望他一眼，说：想什么，直说，莫吞吞吐吐。朱三顿了顿，就颈根硬硬地说，他只想多讨一个月的工钱。严老六说哦，是么，凡事总得有道理，你把道理讲来我听听？莫先生也把目光射过来，朱三脸就愈加地红。

朱三结结巴巴说话了，他说得很碎，很乱，很含混不清，但严老六同莫先生终于还是听明白了。原来他朱三遭辞退，自觉得很没面子在黔江城里混活了，他要把结账的光洋，加上再多讨要一个月的光洋，去安抚一个人，这个人住在城北灯笼巷里，名叫张细妹，她同朱三是相好，他原打算挣了钱，就讨她做堂客，但现在他一个被辞了工的人，娶不起她，也没颜面去见她，刚才吃饭时候他就想，他还是暂时回宝庆隆回老家，过了旧历年，再到省城长沙去寻活，所以这笔结账的工钱，他想请莫先生帮他送到张细妹手里，让她好生过一个年，买件新棉袄穿。他要莫先生转告细妹，他挣够了钱，就回来娶她。他一定会挣好多好多的钱，所以她一定要等他。

严老六听了这番话，吹口气，手里纸煤儿就燃了，点着水烟袋咕噜咕噜吸了一口烟，喷长长一团蓝雾，于是道：难得朱三你是个义道人，你走吧，这事你莫操心，我跟你办好，我再加你一个月的工钱，放心，我会交到张细妹手里的。

朱三一听，千恩万谢，热泪双流。莫先生领他走，过一会儿莫先生转回来，说，结清了。严老六问有好多钱。莫先生答了。严老六叹口气，指指自己的脑壳道：这朱三人是好人，但不是做得事的人，他这里木，商号里的人，眼观六路，耳听八方，要灵泛活络，我留神他好久，终究不是块料，何况上个月叫他发货，简单不过的事，结果他都发错了，也是没办法，只有辞了他。莫先生点头：那是那是。严老六说那钱，你明后天就给那个张细妹送去。莫先生点点头：好的好的，你郎家放心。

莫先生拂一下长袖，返身走到门口时却被他老板喝住，老板说，你把朱三的工钱拿过来，改天我亲自送去，也尽一回我们主仆的恩义。

黔江城里城北一带尽是低棚矮屋，破破烂烂，东斜西歪，麇集的自然是这城里最穷的人。繁华是傍河边一带，这里却只一片萧瑟。灯笼巷在城北最低洼处。这天刮北风，巷子口上除三四家妓院门口摇摇晃晃红灯笼下有人影闪动，余剩就是尘土漫天，一巷子沁冷。年关近了，天宝商号关了账，船泊了锚，伙计就放了假。严老六这天无事，吃过夜饭想起朱三的托咐，也不跟哪个招呼，从书房屉子里摸出一个牛皮纸包，插进小衣袄子的斜袋里，捧着黄铜水烟袋径直出了门。虽说黔江城不大，但他平素不往城北这边来，这边贩夫走卒之流，人家认得他，他不见得认得人家。走到灯笼巷里，就晓得那张细妹是如何的人家。一阵北风吹过来，细沙打得脸上是麻麻的。冬日里巷子黑得早，他左边看看右边看看，慢慢就寻到了张细妹的家。那真是穷人的家！叩开门，张细妹手里举了灯，把他让进去，他一望只角落里坐了一个老妇人，大约是张细妹的娘，只一张挂了灰灰帐子的床，一张方桌，余剩什么皆没有。细妹把灯举高一点，严老六的脸就亮了些，于是细妹问：你郎家是……？看来她是连黔江城里的闻人严老六都不认得的。严老六就自报了家门。张细妹呵呀叫一句，说你郎家就是天宝商号的严老板哦。娘，娘，来了贵客咧！屋角那老妇人脑壳都没抬，袖着手，看是困着了。张细妹就说：我屋里坐的地方都没得，你郎家不嫌弃就坐到床头来。严老板说不坐不坐，站一下也要得。张细妹说你贵人何事到我们这种穷地方来呢？严老板就说，有一个人，他托我来找你。张细妹说哪个？哪个这样天大的面子？

严老板就说：朱三。

北风愈刮愈紧。灯笼巷家家屋瓦呜呜地响。严老六耸肩勾头走巷中过，如走过一片废园。慢慢他到了河边上，傍河一带就亮起来，四处酒绿灯红，嚣声晏晏。他只觉得刚才他是走过了两个世界。他脑壳里这一时晃动的是张细妹那一张鹅蛋脸。那脸上齐眉的刘海下是一双水波泱泱的眸子，还有就是玉米样结实细密的牙齿。想起来这张脸他严老六心里就有种热烘烘的感觉。他对这种感觉有点奇怪。他严老六走南闯北，又不是没有见过女人。他刚才在张细妹家里，摸出了那个牛皮纸包，他看到张细妹迟迟疑疑接过去时脸上飞起一层红晕。他跟她说，朱三辞工回老家去了，过了年，他不回黔城来，他会到省城里去寻事做，他说他挣够了光洋，就过来娶你，他叫你一定等他。朱三，嗳，朱三，他是个心地蛮好的后生崽。他严老六还交代，这纸包里的钱呢，是朱三给你过年的，他叫你买一身新棉袄，他要你穿得喜气一点，过个热热闹闹的年。他就看到张细妹那水波泱泱的眸子里漾动了羞赧同感动。张细妹轻轻叹口气，也说不出什么话来。她最后只轻轻说谢谢你郎家，还亲自送过来。严老六说，应该应该。严老六又望了望她黑黜黜的屋里，说，以后你家里有什么事需要照应的，尽管跟我打声招呼。张细妹答：那不敢麻烦你郎家。严老六说，我不是乱答白的人，答白的事，我就会办，你记住了，呵。

他回到家里，家里炭盆里火旺旺的，映得堂屋都是红的又和暖又贵气。他堂客刚刚在神龛上插了一炷檀香，满屋里都是沁肺的香气。

堂客严毛氏是常德城里做凉席同棉麻生意的和一商号毛老板的独生女，娇生惯养出要星星要月亮你就要爬楼梯去摘的横脾气。她嫁过来带了厚厚吓人的嫁妆，在黔城轰动一时。她百事满意，只一桩事让她跟严老六烦心不已，就是嫁过来十五个年头了，他们还没有后嗣。家里头这么大个摊子，无后怎么行呢？莫说周围几百里，就是汉口长沙，名医也是看尽了，方子也是吃遍了，那白白肚皮下仍是没有任何的蠢动。所以严毛氏每日里只有拜佛烧香，求菩萨保佑她肚子里暗结喜珠。

严毛氏问他到哪里去了，刚才尚德街上五叔公来过，问他找你有什么事，他也不说，喝了两盏茶才走。严老六说，只怕是来借钱的。他今年流年不好，生意做一单亏一单，过年边上，他连伙计的工钱都开不出。明日我到尚德街去一下，问问他要借好多钱。严毛氏说五叔公亏得那样子，听说把祖上传的几样珍宝都当了，你借钱给他，那还不是肉包子打狗？严老六说，人总有措手的时候，帮帮人家也是积德，他还得起就还，还不起就当我少赚了几船桐油。严毛氏高高地哼一声，道：你以为你是观世音再世是吧？扭身就进里屋去。那腰身圆滚得如同船上装桐油的柏木桶。

黔江城过年是热闹的。爆竹从三十晚上一直响到正月十五，日日是喧阗。吃过了元宵，一年的新事就开了端。他严老六正月十八就押了五船桐油同山货，从沅水过洞庭，下到汉口，做了新年第一单生意。一切极顺遂。这天又太阳天气，汉口像刷了桐油一样四处闪动日子的光芒。严老六心情好，带了个跟班的小五就上街逛去。他走到黄陂路，看到那些洋人建的领事馆，弧形拱的门窗，涡卷纹雕饰的檐廊，八方形的角塔，并不晓得这叫巴洛克风格，唯晓得好看，气派，且神秘且庄严。再过去是一排商铺，红红绿绿，极是繁华。他走到一烟摊子跟前，把水烟袋交到小五手中，挑了包汉口英美烟草公司出的三炮台牌香烟，又挑了包华资南洋兄弟烟草公司出的爱国牌香烟，又买了盒泊头火柴，付了钱，开了包，各抽出一根点燃来试试，小五就说老板你郎家要改抽纸烟了？严老六笑笑说，好玩，好玩。抽了几口，丢了，仍要回水烟袋，说纸烟抽不惯，太洋派，还是这个好。又一掀门帘进了一家店，里头卖珍玩杂货。他给严毛氏挑了个双龙戏珠的香炉摆件，又挑了个配了绿松石的鎏金嘎乌，抬头四处望了望，就望到架子上摆了一件吃腰好看的水田衣，这水田衣由各色锦料拼合缝制，一块一块色彩错杂，状如江南的水田，他想象这样式若是穿在张细妹的身上，会是如何样的鲜丽照人。他就问了价，摸出光洋来买下。小五问：老板娘穿得这样细的衣？严老六横他一眼：你不说话会死人？小五舌子一吐，立即噤声。严老六又横他一眼，拿了那件店家打了个青布小包袱的水田衣，转过身来一掀门帘到了街上。小五紧步跟在身后，想帮主人拿那件衣裳，又不敢伸手拿，心里正七上八下，严老六手一扬，青布小包袱越过他头顶飞到了身后，小五一步上去接住了，心下这才妥当。主仆二人一路游逛，又随意买了些零碎，就到了断黑时分。汉口城里，灯火三五成群地亮起来，叫长江上寒风一吹，闪烁不定。严老六自己跟自己说了一句话：张细妹，你会喜欢的，张细妹。

回到黔江古城之后生意开始渐渐忙起来。这天吃罢了夜饭，戴瓜皮帽的莫先生夹着算盘进来跟严老六算了一气这半个月来进进出出的账，又夹着算盘走了，瓜皮帽在门庭里一闪。他严老六转身到他的书房一个上锁的屉子里开了锁取出那个青布小包袱，夹在胁下也出了门。严毛氏在堂屋里跟下人说话，看见了，喊：茶都不吃到哪里去呵你？严老六头也不回，答道：有点事，就回来。

严毛氏站到门口的石狮子旁看着他沿着傍河的司马街走，背影就朦胧了。

他当然就到了灯笼巷。张细妹的娘这回没打瞌睡，正倚门而坐，看样子是刚刚吃过了夜饭。她仰起脸来望着严老六，也不问话。张细妹呢，在那张方桌上收拾碗筷，抬头望到严老板来了，眼睛就亮亮地说：呵呀你郎家来啦？娘，娘，贵客来了咧！娘呆呆地望一望，亦不答话。严老六现在看出来张细妹的娘是个呆人。张细妹连忙拿过一张板凳，袖子在上头一抚，说：请坐，请坐，我家里真不好意思！严老六就一拂马褂的长下摆，坐下来，呼地吹燃纸煤儿，把水烟点上，一口蓝雾飘在眼前。

严老六说：走这边过身，进来看看你。

细妹说：不简单哦，你郎家还记得我们这烂茅屋。

细妹去烧水，准备给贵客泡茶。贵客摇了摇手，表示不吃茶，你莫忙。

严老六问：年过得怎么样？

细妹答白：搭帮你郎家送来了朱三的钱，过了个好年，买了五斤猪肉咧。

严老六问：朱三要你买身新棉袄你买了么？

细妹嗯嗯了两声，脑壳一低：没……没……。我……我舍不得用朱三的钱。

严老六呼出一口蓝烟，道：你也是，过年嘛，穿新衣服是讨个喜气。

细妹点点头：嗯呐。我是……我是不敢乱用钱。

严老六将水烟袋放在地上，把青布小包袱慢慢解开，咳一声，说：我呢，前几日到汉口一转，在一条街上看到一件衣裳，我觉得穿在你身上会蛮好看，就买了下来，你在身上比比试试，看大小合不合适。送给你的。他就把水田衣打开了。

细妹说呵呀咧，我如何受得这份礼哦。不要，不要，我受不起！

严老六说：你先比比试试，再说。

细妹只管摇手，好像那水田衣会烫人。

严老六就站起，一手捉住一只衣袖，展开那衣裳，在细妹胸前比了一比，道：太合适了，简直是量身子制的，哦，好看得很呐。你看我这眼光，我这眼光，真的是！

严老六好高兴样子，把水田衣往细妹手里塞。细妹一只手反到身后，一只手努力摇：不敢不敢严老板，不敢不敢！一脸涨得通红。

张细妹的娘仍倚门而坐，呆望着外头，屋里说话好像她全没听到。

严老六说，莫要我拉拉扯扯，若邻人看着不好。本来过年时节我想过来看看，跟你们俩母女拜个年，我家里人客太多，人情南北，一时抽不出身，心里也就欠欠的，这回到汉口，这衣服也只是顺便买的，也不贵，就算是补个过年的人情礼数。受了嘛，不要紧的，呵！

仍是拉扯了一气，到后来张细妹终于还是双手恭敬地接住了那件水田衣，一边将脑壳摇个不住，说怎么得了，这人情太重了，太重了，还不起咧！

严老六就笑，说细妹，莫讲客气，朱三到底做过我的伙计，我商号里，伙计同老板都是一家人，所以你就莫见外。我来看你，就同来看朱三一样。

细妹说你老板人太好了，我没什么报答的，跟你郎家磕个头吧。说完就朝地上跪，严老六连忙扶起，说这是为哪端呢？我上回来说过，我如今再说一遍，你家里如有什么事需要照应的，跟我说一声，对你可能是大事的，对我可能是小事，呵，记住，跟我打声招呼。

细妹说哪里敢麻烦你郎家哦。你郎家是黔城有名的大老板，小民女何德何能，居然劳驾你郎家来看望，还送这么漂亮的衣裳，我哪里还敢再添麻烦呢？哎哟我都不晓得要如何来讲话了。

严老六出门的时候跟细妹的娘打招呼，那老妇人只呆呆望他一眼，目光是一片夜色样的迷茫。张细妹要送客到巷口上，严老六挥一挥手，叫她止步不要送。细妹望到严老板身影消失了，转身跟娘说：娘，贵人走了咧！她晓得娘没听见，但她还是接着说，说上回贵人来送了钱，这回贵人来又送了花衣裳。又说娘，一定是你郎家积了德，如今我家这烂茅屋都有贵人来登门咧！又说，娘，我试试新衣裳给你郎家看好么？

她家里没有镜子，窗格子是纸糊的，连块玻璃都没有。她只有平日到井里去挑水，才会在井底看看自己。那井是百年老井，沿口长满凤尾草同满天星，凉沁沁的，她一探头，那磨盘大圆圆的蓝天空里就伸下来一张白白的鹅蛋脸，她笑，就看到自己细密的牙齿，像星子一样闪光，她也看到了齐眉刘海下自己的青春同美丽。她把长辫子从脑壳后头甩到前头来，她还看到了自己的妖娆同明媚。如果打水的只有她一个人，她就要在井台上照半天，照得满意了，再把水桶放下去，咚的一声，蓝天同自己的白脸就变成了一井的碎银子。

她困到床上，灯笼巷好安静，娘的鼾声就起来了。她横竖有些困不着，眼前晃动的是那件水田衣，一块一块的颜色明丽鲜艳，想象在井里一照，就看见凡间一位仙女了。她心里好激动，亦好感动。严老板，严老板，他对我为何这般好呢？他为何晓得这件衣裳穿在我身上就会如此合身呢？她眼前晃动的就换了严老板那一张雕刻了皱纹古铜样颜色的脸了。那脸上满是风霜跟城府，亦满是贵气同和气。她不解、疑惑、又仿佛有一点点明白，但明白的是什么呢，又仿佛什么都不明白。她慢慢就听到巷子里有鸡的啼叫了。她对自己说，你困觉哦。又还是没有困意。她还对自己说，你想得多了，你不应当想那么多。

她慢慢也就困着了。她做了一个梦，梦见她穿了水田衣走在灯笼巷里，一巷的人都围了拢来，说咦呀细妹穿新衣呵！说咦呀细妹你比辰河戏里的旦角还漂亮呵！说咦呀细妹你这是九天仙女下凡尘呵！她后来就醒来了。她听到胸口咚咚地跳。

她起来，到井里去挑水。她低头，在井底照见自己，白白的一张鹅蛋脸，刘海齐齐的像一片瓦一样搭在眉毛上，眼瞳里两点光在井水深处烁动如萤虫，就看到自己十八岁的美丽，终究还是动人的。

张细妹的美丽在灯笼巷当然是数第一。这个她自己也清楚。出了灯笼巷呢，在黔城城里头呢？这个她张细妹心里就没了底。她反正也不在城里头四处走动，她就待在灯笼巷里。

她坐在窗户下纳鞋底，绣十字绣，靠着一双巧手养活三十五六岁上就守寡、如今已呆了的娘。她的十字绣绣得几多好，总有绣庄老板上门来收她的货。她绣彩凤，绣牡丹，绣梅兰竹菊，绣蝴蝶同鸳鸯。她日日绣这些美丽的东西，日日就变得如绣品一样美丽。

朱三是如何认得她张细妹的呢？是去年的端午节，沅水边上几多热闹，日里是看划龙船，夜里是河边上搭台看辰河高腔“目连戏”。河边上人挤人，松明子火把戏台照得一片通红。张细妹踮脚从人缝里望去，颈根左左右右地移，看那台上尼姑思凡，台下啸声四起。前头一张板凳上站了几条汉子，忽然哗的一声，那板凳断了脚，几条黑影一晃，其中一个人仰面就倒在了张细妹身上，张细妹跟起也倒了。两人坐到地上，那人就说对不起来，对不起来！连忙扶她起身，预备跟她拍身上的沙土，手在空中忽然打住了。他看到张细妹原来是这样美丽的一个妹子！他目光瞪瞪的，舌头也僵住了。这人就是朱三。她后来晓得他是天宝商号的伙计。她后来也晓得他是宝庆隆回那边的人。她后来就告诉她自己住在灯笼巷。后来的后来，灯笼巷里就经常看到朱三壮实的身影了。

细妹挑了水回来，就淘米煮饭。饭上了桌，她把一只碗里夹满了菜，递到娘手中。娘就慢慢吃，也不说话。火有点急，饭有点糊，她就将锅巴装到自己碗里，饭瓢子只刨上头一层没糊的，装到娘的碗里。她张细妹就是这样孝顺娘的好妹子。吃完了饭，她就端来一盆水，帮娘擦嘴巴擦手，抽把矮板凳放到门口，扶娘过去坐下，她再来收拾桌子，收拾干净了，就坐到桌子边上绣花或是纳鞋底。她家里一日只吃两餐。中间要是娘饿了，她就煨一只红薯，拿在手里烫，吹吹拍拍冷下来，就掰开皮，一点一点喂娘吃。问娘:还饿不饿呵？娘也不作声，望她一望，目光像河里早晨的雾，飘飘冉冉的。她就晓得娘又饱了，仍复去绣她的十字绣，绣的是一朵月季，红得像一听到朱三的脚步声就飞起云霞的脸。绣了月季，她又来绣喜鹊。她绣的十字绣，总之是一派富贵又一派喜气。

这便是她张细妹的日子。这日子清苦、静谧、本分，她就在这清苦静谧同本分中生出一种等待。她不晓得她等来的将会是什么，但是她希望一切将要来的如同她绣在十字绣上的花鸟虫鱼，多少也有那么一派自在同喜气。至于富贵不富贵，那真还不是她要一力奢望的东西。

大年初八的时候账房莫先生带来过一个算命的瞎子。那瞎子戴着圆圆的墨镜，指甲长得让人想起天上的鹰隼。他要了严老板的生辰八字，撮起吓人的五根长指甲掐了小半天，然后说了一堆话。那一堆话皆是吉祥话，总之就是今年你严老板流年大吉，一切顺风顺水，要什么就有什么，上天取得月亮，下海捞得龙珠。说得严老板夫妻笑眉大展。每年这时节，严老板都要叫人来算一回运程。他生意愈是做得风声水起，就愈是相信一个人行事终究是有运势的。瞎子既这样说了，他心里就一派艳阳明媚。严毛氏就叫瞎子跟她也算一算，她期待的只一桩事，就是严家的香火。她心里头说，阿弥陀佛，阿弥陀佛。

瞎子就掐指算了算，算出了她的心结，说严家要香火绵延，福缘不断，从初十到十五，连续六天要天天到河里头放生，还要请和尚做一场法事念一天经，然后就会云开见日，吉光当头，天宫里就会有一仙童子转世投胎到他严家来。说得严毛氏大喜，连忙封了一封光洋送给这瞎子。于是从初十到十五，她就照瞎子说的那样，连连放了六天生，又办了一场大法事，到夜里跟严老六行了房事之后就仰面躺着，两只肥肥的手掌在肚子上摩挲，想象着里头的动静，同时又默默念着阿弥陀佛阿弥陀佛。

所谓同床异梦用到此时是再确切不过，她严毛氏想她肚子里的事，他严老六闭着眼，脑壳中一片墨蓝，却时时灯笼样闪出一张脸，远处晃一下，近处晃一下，那张脸是鹅蛋脸，留着齐眉的刘海，那脸白白的，莹莹生辉，让他心里头一阵一阵地热起来。他翻过身来，朝左边困，那脸也闪动，朝右边困，那脸也闪动，无论如何避不过。他明白，他是喜欢上这个名叫张细妹的妹子了，而且，喜欢得相当厉害。

身边严毛氏鼾声动了，起起伏伏，搅得他愈加地困不着。严毛氏从常德城里嫁过来已是十五个年头，这个和一商号毛老板的独生女，生性骄横，他有些畏她，是因他得罪不起毛老板，他生意做起来，起初依靠的就是毛老板。所以多年来，他对严毛氏都是百依百顺。他无子嗣，一直也想讨一房小的，多次只要暗示到这个话题上，她严毛氏便大发脾气，摔东砸西，吓得他不敢再开口说下去。这就使他有了心结。他严老六在江湖上也算个狠角色，但他对这么个堂客却是毫无办法。天宝商号上上下下的人，亦都晓得他惧内。

他听到严毛氏又磨牙齿，又说梦话。那梦话说的什么，他一句也听不清楚。他辗转困不着，总是想起张细妹那一张鹅蛋脸，一想起就仿佛春风吹动了窗户纸，让他觉到有一种生气扑面而来，心就有些跳跳的，血开始发烫。

这天夜里好晚他还困不着，他起身披衣坐到太师椅上抽了一袋水烟，又复钻到热被窝里，依旧还是困不着。

好几夜也都是如此。瞎子说他要什么就会有什么，上天取得月亮，下海捞得龙珠。他对自己说，上天若是眷顾我，那我就只要一个人。

黄昏时候他又来到灯笼巷，张细妹仍是一脸讶异。她母亲吃过了夜饭，坐在门前不知呆望着哪里，目光浑浊又木然。她好像并不晓得屋里又来了贵客。细妹连忙给严老板烧水泡茶，恭敬捧到他手中。严老板说：就是来看看你。望着手中的茶，并未抬头。

细妹低低说：太麻烦你郎家了，太麻烦你郎家了。余此她不晓得要说什么。手就拉扯自己的衣角。

严老板问试了那件衣没有？

细妹说：什么？

严老板说就是那件水田衣，你穿了必定好看。不过倒不是这个季节穿的，天气还要热和点才穿得。

细妹一脸彤红，说：实在、实在不好意思穿。

严老板说：哎，莫讲客气，送你你就穿，什么叫不好意思嘛。

他端起茶来啜了一口，慢慢跟细妹扯谈，就晓得细妹靠的是纳鞋底跟绣十字绣过日子。他拿过细妹今天绣完的一幅牡丹看了小半天，连连点头说绣得好绣得好。问：这个卖给我好啵？细妹说你郎家看得上？看得上，就拿去。严老板摇摇脑壳，说你靠这个吃饭，我不能白要你的。就要到衣襟口袋里掏钱。

细妹捉住他的手：要不得！要不得！你郎家那么贵的衣服都送了给我，我送件绣品给你郎家，我还敢收你郎家的钱？细妹急得说话都结巴了。严老板望到她又是一脸彤红，模样愈发地好看。他说你看你急得，哎，你坐下来陪我讲话好啵？细妹就坐下来，却不敢望严老板。

河里吹来的风刮过屋顶呜呜地响。严老板打了个寒颤，问细妹你娘不要烤火？细妹说我娘她从不烤火的，再说我们穷人家也没得烤火的习惯。严老板说要不我叫人跟你拖几篓木炭来？细妹说不要不要，留着你郎家自己烤火。严老板说细妹你绣花，手指头冻着会绣不动吧？细妹说没事的，呵口热气就要得了。两只手伸出来，在冷冷空气里抓动着，确是灵活得很。严老板说细妹你这是一双巧手呵。细妹说：手不巧，会饿死去哦。我娘跟我两张嘴，就靠这十根指头吃饭咧。

严老板说：那也是。又说：我也是靠一双手。

细妹说：那不一样哦。我们靠一双手只能混口饭吃，你郎家靠一双手能够撑起江山，人跟人哪里能随便比得。

严老板坐了一气，起身告辞，拿了那幅牡丹绣品，叠起来，放进衣袋里，说这个我就收了呵。细妹要送他到巷子口，他挥挥手说不要送。他又跟细妹的娘打声招呼。那老女人反正也没听到，仍是呆坐着。细妹说：娘，贵客走了咧。

细妹望到严老板身影消失在巷口，就进屋里洗茶杯，却看到桌子上刚才她不晓得的时候严老板偷偷放了两块光洋。她连忙拿起那光洋追出灯笼巷，严老板早走得不见了人影。

冷风吹过来，四处灯火在张细妹乌黑的眸子里迷离闪跳。

她低头看看手心里两块光洋，不晓得要如何是好。

日子自然过得快，转眼间春去秋来。天宝商号如那瞎子所言，这一年里顺风顺水，生意比往岁要兴隆。严老板的桐油一船船从沅水下城陵矶运往长江各处码头，上到宜昌重庆，下达南京上海，总之手忙脚乱。严老板做事必亲历亲为，凡三只船以上的货，他就自己押运，一走就是个把两个月。到了大码头，他就要买一些漂亮珍稀回来，说是带给严毛氏，其实好看东西里，每藏着一两样是买给张细妹的。

严毛氏虽每日里烧香拜佛，放生也放了，法事也做了，大半年过去，肚子里却依然动静全无，哪有什么天宫里仙童子转世投胎！她自觉得有些对不起严老六，不孝有三，无后为大，他严老六不能背着不孝的名声。她就开始寻思要不要给严老六找一个小，来延续严家的香火。但一想到这桩事，她心里头就像扎进了棘刺，一阵阵的痛。他娘的居然会有一个小骚货横在她同严老六之间，续了香火生了崽，她竟也不是亲娘。唉，未必是我毛家前世造了什么孽么？

严老六从外头回来，必找个空子到灯笼巷去，一般照例也就是黄昏边上。那时节人都在家里头吃夜饭，吃过了也还是在家里头歇憩，他到那巷子里去，不致招人显眼。毕竟那灯笼巷口，有几家烟花馆。

他给张细妹带一些好看的布料，也带过苏绣的团扇，还带过西洋产的发夹同雪花膏。

细妹起初坚拒，但她横竖拗不过严老板，他总是能够说服她收下这样的礼物。这礼物并不如何样贵重，在黔江古城这地方却也是稀奇，她接到手中仿佛这东西好烫，她不敢用力地握住。她也不晓得要如何样讲客气话，只晓得谢谢谢谢谢谢，腰弯下去，一脸又是彤红，细密的牙齿显得白。

等严老板走了，她拿这东西给娘看，说：娘，贵人又送了我礼物。娘，贵人为何对我这般地好呢？

她娘自然一脸茫然，目光呆呆望住空气。

严老板给张细妹讲重庆，讲汉口，讲南京同上海，那世界好大，又好新鲜。她听他说话如听天书。严老板跟他比划黄浦江边上外国人的洋轮船，比划那船上的烟筒，冒好大的黑烟，还喔地一叫，声音传得好远好远。又比划江边上外国人起的洋楼，这样高呵——严老板就站起来，站到板凳上，再把一只手举到脑壳顶上。细妹仰起脸来，望到严老板那样的威严的脸上居然也有小孩子一样的神情。这时候她就觉得严老板也不是那样叫她害怕的。他也有朱三一样的表情。

朱三走了之后就再无音讯。她问严老板晓不晓得朱三如今在哪里。严老板摇脑壳，说真的不晓得，他走的时候只说要到长沙城里找事做。严老板又说，他下回到长沙城里去，托人打听打听看。细妹说，那就拜托你郎家啦！

严老板来得多了，细妹也不晓得从什么时候起，她不再把他当外人了。他来，他走，她觉得好奇怪，严老板就仿佛远房的一位叔叔，来走亲戚了。有一回严老板到汉口，又到南京，走了两个多月，快到端午了，细妹一边拿青皮粽叶包糯米粽子，一边忽然就想起严老板来了。她心里头说：你要回来过节吧？她后来又对自己奇怪，无缘无故，你为何想起他来了呢？

她居然先想起严老板，后想起朱三来。

严老板回来了，他到灯笼巷来看细妹。他给细妹的娘送了一盒南京城里出的鸡蛋糕。那鸡蛋糕真是好吃，细妹跟娘各吃了一块，就又舍不得吃，仍复包起来，那包鸡蛋糕的纸上浸出了一层油。后来细妹再拿出来给娘吃，鸡蛋糕已长出了厚厚一层绿霉。

严老板坐下来抽水烟袋，细妹就跟他吹纸煤儿点烟。她本来不会吹，严老板就教她，轻轻的，噗的一下，那纸煤儿的头上就冒出了明火。细妹一学就学会了，噗一下，一朵细火跳出来，就给严老板点着了烟，严老板呼噜呼噜吸长长一口，然后从鼻子里喷出一股蓝烟来，呛得细妹咳咳侃侃，拿手在脸上扇，逗得严老板就笑，说细妹你真是又聪明又笨拙，你聪明也可爱，笨拙也可爱，你总之是一个可爱的妹子。

细妹笑笑说：你害我咳嗽！

严老板说我舍不得害你咧。

严老板走的时候，舍不得的倒是细妹。她晓得他不要她送，就倚在门上看他走，长袍马褂闪动在灯笼巷穷巷子里，她觉得真是有点屈了他。他是几多贵气的一个人。

后来有一天，严老板到省城长沙，转回来告诉她，他托人在长沙城里找朱三，码头上各行各业里找，也找着了从宝庆那边来的人，但是没人晓得朱三的消息，且问到的人里，没人认识朱三这个人。严老板说只怕朱三并没到长沙城里来。细妹就怅然若失，低眉喃喃道：他这个人太没良心了，他是把我忘记了。两只眼睛红起来。严老板就安慰她，说朱三是个义道人，他不会忘记你，你这么好一个妹子，哪个能够忘记呢？细妹低声说：那他为何信都没一个呢？严老板说朱三不识字，他如何能写得信？细妹说街上有代人写家书的呀。严老板说人都有自己的性格，有的人喜欢托信，有的人不喜欢托，不喜欢托信的未必心里头没有话说，只是他不随便说罢了。细妹咬咬下嘴唇，道：他若是忘记我，那我也忘记他！严老板就笑，说细妹你真是一个小孩子。说得细妹也笑起来。

严老板看细妹笑，那刘海之下有一片云霞。他心里冲冲的，禁不住抓住细妹的手。细妹紧张得一抽，却被他握住。细妹再要抽，他严老板就说：帮你看看手相。细妹就不动了，手掌张开，拿眼看他。他这里深吸一口气，心里头慢慢平静，就好像真的一样给她看手相，握起她那只粉嫩却又生着茧的手，说她命里头有贵人，将来不愁吃不愁穿，日子会过得好。细妹说我这样生在穷人家的妹子，如何遇得到贵人呢？严老板说这不遇到了么？细妹说在哪里呵？严老板说：远在天边，近在眼前。细妹瞪眼望他，忽然眼睛一亮，道：你呵！你郎家呵你是说！严老板就点脑壳：正是，正是。细妹叫道：呵呀我高攀不上呀！严老板说：你要攀什么，我是自己找上门来的。

平素细妹一挨床板子就困着了，那一晚，她横竖半天困不着。她把两只手臂枕在脑壳后头，眼前浮起的是严老板一张脸，那脸上有威严，亦有亲和。她好早就从巷子里人家口中听说过码头上天宝商号有个严老板，生意大，名头也大，家道阔绰得很。那时她不认得，唯是听闻，莫名地就觉得这个大老板一定是个胖子，所以严老板头一回来，她就呵呀一叫，因他不是她想象的模样。如今这个大老板竟是连常来，跟她带东西，跟她讲地北天南种种新奇的事，她现在一点都不觉得他是个什么大角色，唯觉得他是她家里的一个亲戚，他来走动，她就高兴，他久久不来，她于是就有点念想。他今天说了那样的一番话，她过后愈想愈觉得不是玩笑，他未必真是她遇到的贵人么？贵人……贵人……她未必真是好福气，命里头遇到贵人，而且时运就会到来？她心里头乱，打鼓，热闹。过后她又在枕上轻轻摇脑壳，自己跟自己说不可能，不可能，细妹你就是穷人的命，你就是灯笼巷里一个靠纳鞋底绣十字绣讨生活的穷妹子，你不要异想天开，以为真是有贵人来到你命里头。她慢慢有些静下来，静下来之后又对自己说，可是你说怪不怪，他那样一个贵气的人，他为何总是来看我又送我这样那样新奇贵重的礼物呢？他日夜在江湖上走，什么样的女子他没有见过呢，他来坐，看到我，好喜欢的样子，亲口说他正是我遇到的贵人，而且他还说他是自己找上门来的，这不也是真真实实的事情么？

她愈想愈缠夹，那张脸浮在墨黑的空气里一会儿远，一会儿近。她长到了十八岁，却是头一回困不着觉了。

严毛氏对自己失望得很，这肥肥肚子争不来气，怪得哪个？医也寻遍了，药也吃遍了，放生也放了，法事也做了，家里头佛堂也是天天高香，一日三拜，有什么用！那瞎子是骗人的，说鬼话的，哪里有什么天宫里仙童子转世投胎！严老六押桐油下城陵矶去了，她就托人四处物色有什么良家女子，品相端正的、身体康健的、主要还要又勤快做事又老实听话的。她想他严家横竖是要有人传宗接代，她既自己不争气，续不来严家香火，那她就要找一个女人来接替她完成，这是何等的大事！日子如门前沅水，看着看着就流了过去，这事也就等不得了。

账房莫先生这一日就来找她禀报，说在下游的草尾镇上，打听到一户人家有个女儿尚待字闺中，这人家一般殷实，不惹是非，女儿呢，虽个子生得矮小，但手脚伶俐，家里头样样事情做得开，从小亦极听爷娘的话。她爷娘说了，不是好人家，他们女儿是不随意嫁了的。严毛氏问：她长得什么样呢？莫先生说，那倒是一般得很。严毛氏就说：俗话讲，矮子矮，一肚子崽。看样子这妹子还对路，能生崽。这样，你亲自去她家里说说看，跟我们天宝商号的严老板做个小，那是她家里祖坟开了坼，天大的福气咧！莫先生说那是那是，那还用说！我明日一早就下草尾去。严毛氏说：你去吧。事办得好，我这里有奖赏。

听账房莫先生的介绍，草尾的妹子还是蛮合她心意的。她只是把她当个工具，用完了，她就打算找个借口把她赶出严家。她尤其满意的是这妹子长得一般得很，若是长得好，她就不会派莫先生去草尾了。她晓得男人天性好色，讨来的小若是比大婆子长得好，那大婆子就会被冷落到一边去。若她又长得好，又替男人生了崽，这严家就基本上没自己什么事了。

第二日，莫先生早上走，严老六下午回来了，一脸江湖的风霜。

河风吹老少年头。严老六这么些年南来北往，银子是赚了不少，但人也因此沧桑得很，虽是壮年人，两鬓却也青丝夹白，连常眼珠子里飘满血丝。严毛氏性格虽彪悍，却也极是心疼老公。所以严老六一进家门，她就叫丫鬟煮了银耳莲子羹端上来，待慢慢凉了，她就一匙一匙喂给老六吃。老六说我自己来自己来！严毛氏就看他吃，吃完铜盆里搓了把热毛巾给他擦脸，又站到他背后，跟他轻轻捶背。

严老六说你去把莫先生叫过来，我跟他对对账。

严毛氏说他到草尾去了，今日早上走的。

严老六问他到草尾去干什么？

严毛氏说我叫他去的。

严毛氏就把那桩事跟老公说了大概。又说，还不是为了你严家有后，香火永续么？

严老六怔了一气，慢声道：这事你也要跟我打个商量是吧，你如何自作主张呢？

严毛氏说我这是替你急呀。你以为我想要是吧？

严老六说：我不急，是你急。

严毛氏哼一句，声调高起来，道：那是，你不急，我急！你看你头发都白了一半，还没个崽女，那你还忙什么忙呢，这么大个家产，万一你我有个什么不测，谁来接这个摊子？

严老六说：反正，我不要！

严毛氏就说：哼，跟你讲不进油盐，你是个木脑壳！

一扭肥腰身就往堂屋外头走，抬脚跨门坎时劈面撞到端茶进来的丫鬟，泼了一身的茶水，就破口大骂，骂得那丫鬟哭了起来，一院子人都听得见。

当日吃罢夜饭，严老六喝了两口茶水，屋角铜盆里拧个毛巾把子擦了擦手脸，就抬脚走出门。严毛氏在身后喊：屋里坐不住人嗳，你又到哪里去？严老六不回头，道：尚德街找五叔公有事！严毛氏叨叨地念：有事有事，你日里夜里都有事，哼！又喊：五叔公那里你莫要借钱给他来！

严老六就来到灯笼巷。张细妹一看到严老六，脸上放出了毫光。她对着娘的耳朵喊：娘，娘，严老板又来看你咧！娘这回仿佛听到了，散散的目光聚了一聚，皱巴巴嘴角浮出来一团古怪笑意。

严老六坐下来，吸了一口水烟袋，就把烟袋放到凳子下头，仰面望住细妹，望得细妹不好意思，连忙转身说我跟你郎家烧水泡茶。

她把茶递给严老六，严老六一只手接住，另一只手就捉住了细妹的的五根指头。细妹这回没往外头抽，让这只手停泊在严老六的掌心里。但她脸上仍是飞起一片彤红的云。严老六坐在板凳上，朝一边让了让，说：你坐边上。细妹坐下，又站起，说人家要是看见了她会羞死去。严老六咳一声，说断黑了，你屋里又没点灯，哪个看得见？再说你家里在巷子最里头，没得人过身的。来，坐下坐下。

细妹就又坐下。她挨着这个让她好几个晚上困不着觉的男人坐下来，心里头咚咚咚咚跳。

她娘坐在门坎上，望着巷子外头，呆得如同木头做的。穷人的巷子，人都在自家屋里，隐隐地有些声响，只远处巷口上几家烟花馆，灯笼红着，人影飘着，天暗暗的垂得好低。

严老六从衣袋里摸出拿红绸子包的一样东西，轻轻放到细妹手心里，说你打开看看。

细妹问：什么东西？

严老六说：你自己看，我不讲。

细妹说：你郎家不讲，我就不看。

细妹又说：你郎家每回来都要送我厚礼，我下辈子再下辈子都还不清咧！你郎家叫我欠这么多的情，如何得了哦！

严老六咳一声，说：我喜欢这样。除了堂客，我还从没送过任何的礼物给别的女人。你是个好妹子，我走到好远好远的地方，总是不由得想到你，我觉得你一直就好像跟着我到江湖四处走，形影不离一样，所以我觉得送你任何的礼物都是轻的，都不能表示我心里头对你的一份感激。

细妹听他这一说，就有些动情，说：我是灯笼巷里几多平常的一个妹子，你郎家大贵人，百事诸样都忙，居然还会想到我，我真的不晓得要讲什么，呵呀，这比你郎家送的任何礼物都要重咧！

严老六笑一笑，道：这就叫礼轻仁义重对啵？

细妹点脑壳，说：嗯呐。

严老六说那你打开看看。

细妹就慢慢打开那红绸，原来包的是一只玉镯子。

细妹呵呀一叫，闭紧眼睛，一时语塞。

隔了小半天，细妹喃喃说：受不起，受不起，这礼物太重了，我不敢要！

严老六说：叫你受了，你就受了，你再讲客气我就生气了。

细妹说你郎家不要生气，我是真的受不起这样重的礼，我没得这个福分。

严老六说：什么话！你这样好的妹子，你应当有人疼！

细妹说天底下好妹子多的是，轮也轮不到我有这样的格，来受这样的礼。

严老六说你尽讲傻话，对我严老六来说，天下好妹子虽然多，也都不及你一个。我就是喜欢你，你要怎样？

细妹的脸又炸出了一片红晕。她还是摇脑壳，只是再也说不出什么话来。

严老六拿过细妹的左手，将那玉镯子轻轻穿在她的手腕上，推远一点，看着，一脸满意神情，道：几多好，几多好，你戴着几多好！

细妹呆呆望着自己这只手，仿佛那手不是自己的，是别的妹子的。

严老六望着细妹这模样，愈看愈觉得好看，心里头就陡地一热，一把将细妹抱住了。

严老六回到家中，堂客严毛氏刚刚在佛堂里敬完一炷香，她转身问：五叔公没找你借钱吧？严老六答：没咧。严毛氏又问：他找你还是你找他？严老六说你管得这样宽干什么？严毛氏说我就是问一问。严老六说我还不晓得你要问什么。严毛氏说那你说我要问什么？严老六说你是要罩住我，晓得我什么时候在什么地方，跟什么人干什么事，是啵？你那几根肠子，我还不清楚？

夜里他躺到床上，眼前就浮出细妹额头上的刘海来，血就热热地在周身跑。先前的一幕仿佛又从头来过一遍。他冲动地一把抱住细妹，细妹哑声挣扎，到后来她身子就软了，瘫了，任由他了。屋里没点灯，又黑又静，细妹的娘坐着一动不动是一截木炭样的影子，了无声响，唯听得细妹的呼吸好重好急，这呼吸让严老六胆子大起来。

他抱着她亲，感觉得她像发烧一样浑身又烫又抖。他的手伸进了她的衣裳，她闷闷地叫唤了一声，抖得愈加厉害，亦烫得愈加厉害。她仿佛要着火了一样。

最后，一个女子一生最要紧的事情就这么发生了，好快呵，快得严老六都不晓得刚才发生了什么。

他在黑暗中抱起张细妹，细妹像死过去又活过来。唯呵呵地叫了两句，再无话说。

严老六躺在床上，他都回忆不起怎样离开了细妹的屋，走出了灯笼巷。

一切如梦一样。

严老六就掐了自己大腿一把，确切地晓得，自己并不在梦里头。

第二日，账房莫先生从草尾回来了。

他窝起一只手掌，跟严毛氏耳报：她那边答应了。

严毛氏说：我会赏你的。

吃过午饭，严老六半斤苞谷酒上了头，躺到床上要困觉。严毛氏这时就坐到床头上来，她手里也端了水烟袋，吹纸煤儿点着了，嗬啰嗬啰吸了一大口，就说：跟你讲一件事。

严老六翻身朝外头侧过来，问：什么事？

严毛氏就把账房莫先生受她的命到沅江草尾跟他找姨太太的事备细说了。

严老六本来脑壳晕，要困觉，听她这一说，霍地坐起来，厉声道：跟你讲过，你不要自作主张，这样的事，不要你管！

严毛氏素不是省油灯，她亦圆瞪双目，道：嗬哟，你不要我管，未必你自己管嗳？你向来只管外头商号的事，家里头的事，大大小小，未必你也管过一桩？这事我告诉你，老娘管定了！

严老六晓得堂客从来就是小姐脾气，惹毛了她，会闹翻天，于是调子低下来，说好好好，你管你管，但是我要告诉你，你找来的小，我不见得认账！

严毛氏在火头上，说：你认账也是她，不认账也是她，我相中的，保证你严家事业有后人，传宗接代，香火永续，你还有什么话说！

严老六晓得避锋芒，说我喝酒喝高了，你等我醒醒酒再来说，我要困一下，脑壳晕。这事不急嘛。

严毛氏站起身，说：草尾的那个妹子才满十七岁，也是清白人家，反正她爷娘答应了这桩事，择个日子我就叫莫先生去给她家里下聘礼聘金。

一扭腰身抬脚走人。门外头丫鬟迎着，跟在她背后，一边走一边拿团扇跟她扇风。

这样又过去了小半年。

起先严毛氏叨叨着要请城南有名的刘半仙来择日子。严老六就急忙找刘半仙，塞了两块光洋到他手中，跟他说若是严毛氏来请他，问讨小的黄道吉日，就一定要跟她说这事今明两年都办不得，若是办了，会冲掉他严家的财喜，切切不可。

果然隔了两天严毛氏就请刘半仙到家中来跟她算时辰择日子。半仙就按严老板说的那样，把严毛氏唬了一唬，说你严家财运当头，金银广纳，正在势头上，若这事一办，则冲财喜，扼财运，生意上的运势就完了，往下坡路上走了。过了今明两年再说吧。

严毛氏是十足守财奴，一生只认真金白银，余剩一切皆不值价。一听这事会冲财喜，唬得额头上汗都出来了。连说呵呀呵呀，你不说我还真不晓得咧！

于是这事就暂且端搁下来。严毛氏照旧每日在家里佛堂中烧香拜佛，祈愿有后，祈愿有财，总之是祈愿人财两旺。

这小半年里严老板长途的船运他就不去了，只去了些短途的，这样转个七八天的他就回来了。他一回来，就往灯笼巷去找张细妹。严毛氏耳闻得老六总往灯笼巷跑，她晓得灯笼巷有烟花馆，她以为他是去寻花问柳，想一个男子汉玩玩女人，那也没什么好稀奇的，就没当回事。倒是莫先生心思细密，打听到了个中真切，但他是绝对不敢告诉严毛氏的。

来来往往中，张细妹同严老六既日久生情，也就同老六慢慢酽稠，如胶似漆。她不再对他一口一个你郎家，只说你如何如何。她说巷子里的人如今都看到你到我屋里来。老六说那又怎样？细妹说我怕他们闲言碎语，坏了你的名声。老六说，我不怕。问：你怕么？细妹答：你不怕，我就不怕！老六说我就喜欢你这样。一把又搂过细妹，跟她耳鬓厮磨。细妹的娘呆坐在门口，屋里一切她俱无听闻。

一日他们亲热过了，老六就把细妹抱起来，坐到自己膝头上，圈住她的细腰，说：细妹，我想我应当给你名分，你愿不愿意做我的小婆子？

细妹望定他，半天，才说：不愿意。

老六问：何解？

细妹叹口气，低眉道：我没那样的命。

老六说如何讲？

细妹说：你太贵气了，我做你丫鬟莫管他，做你小婆子，想都不敢想！

又说：我是穷人的命，富贵于我是享不来的，我没那样的福气。再说……再说……

老六紧问：再说什么？

细妹说再说……再说朱三呢？朱三不是搭你口信，叫我等他么？他会回来娶我的。

老六说你是说你只合跟朱三这样的人做夫妻？

细妹轻轻点脑壳，眼帘垂下来。

老六说细妹你傻咧，朱三他回不来的，你不要等他，等是白等。

细妹说他为何回不来？他是守信的人咧。

老六说：是，他是守信义的人，但他也是个无用的人。我现在告诉你，你晓得朱三为何离开我天宝商号么？

细妹说：何解？

老六说：他人好，也不懒，但做不得事，交代他的事，样样做不好，连常出差错，发个货这样简单的事，叫他发芷江，他就往沅江发，差点误了大事。所以我也是不忍心辞了他。他这个里头有毛病咧。

老六指了指细妹的脑壳。

又说：这里头有毛病的人，到哪里都一样，迟早要被老板辞了去。人好又有什么用？男人在江湖上混饭吃，不灵泛，不眼眨眉毛动，是赚钱不到手的。他赚不到钱，如何能回来娶你？他心好，喜欢你，要赚钱来讨你做堂客，但是你想想看，这不是光天白日做梦么？

又说：所以呵，你也不要做梦。

细妹就哭起来，起先是嘤嘤地哭，接下来就是张开嘴巴哇哇地哭。

老六衣袖子横过来，跟细妹抹脸，道：哭吧，心里头难受就莫憋着，放开来哭。我告诉你的，都是实话，我这人不打诳语。你听得进就听，听不进那也没得办法。

哭过了，细妹静下来，怔怔地坐着。隔了好长一气，才说：你讲的是对的，他是回不来了。

老六咳一声，说：他没本事，到哪里都难找到饭吃。他可能到过长沙，你想长沙那样的省城，藏龙卧虎之地，人人都三头六臂擎天地，愤怒哪吒扑帝钟，一只饭碗十个人抢，怎么也轮不到他。我估计他是寻不到事做，只好走了。至于走到哪里去了，只有天晓得。所以我说你不要等他。你等他就等于白白浪费了一个妹子的好光阴。

细妹又哭起来。这回哭了不多时，就又住了。问：那我怎么办？

老六又咳一声，道：如果你不嫌弃，我讨你做我的小婆子。

细妹仰面叹道：只怕我没得这样好的命咧！

第二年夏初，严毛氏愈来愈感觉得老六在家里头总有些魂不守舍。从去年秋初到今年春末，老六忽然变得不大爱出远门，装桐油的船队上往重庆下往上海，平素无不是他自己押货，这段时日他却撒手让商号里他一位堂弟老九来随船押运，他顶多只跑跑长沙汉口，转个七八上十天就回来。回来白昼虽在商号里掌柜，到夜里总总找借口出门。归到家里时，人就显得六神无主，你跟他说话，他答是答白，眼神却飘飘的，目无定珠，显是有些走神。她问他近来有什么事不顺心么？他答说没有没有，一切安好。严毛氏是心细的人，也看出老六虽是飘浮模样，但这一年多来他又显得后生了许多，脸上有生气，眼眸深处连常闪出精光来。不过有一桩事总总八九不离十，就是他若夜里出门，归家后倒头困觉时，他是不挨她的边的。她若是想跟他亲热，伸手摸他，他就把她的肉手拿开，说我困了，明日还有蛮多事，我先困了。

严毛氏不是糊涂人，她当然清白这变化一定有来由。她叫来账房莫先生，跟他耳语了一阵，意思很明白，就是要他暗地里查查，严老六夜里到底去干了啥。莫先生当然了解，只是他一定得装糊涂。他答说好好好，心里头却打鼓，这事怎么办呢？若是他说了实话，那么就卖了东家，若是他说假话，那么就骗了老板娘。他骑在墙上，不晓得要朝哪一边倒。在天宝商号，严老六信任他，他当得半边家，于是他对东家有知遇之恩，他自己晓得若是出卖了东家，那他在天宝商号就做不下去了，并且他亦问心有愧。而老板娘严毛氏呢，更是不拿他当外人，凡有要紧事，若老六不在家，必定同他来商量。她对他并且有些亲狎，两人关起门来也做些支手动脚的事。莫先生寡瘦一个人，生性却喜欢胖女人，严毛氏那一身肥肉，正是他碗里喜欢的菜。但他每回过后一想，总总惊出一身冷汗，心里头说，下不为例，下不为例！不过只要严毛氏召他商量事情，她把里屋的门一关，他望到她眼瞳里的火星，他又顾不得那么多了。他就成了缠夹不清的一个人。

他晓得严老六夜里头去的是张细妹的家。他亦晓得张细妹的一切底细。他只觉得男人好点色，不算个什么事。再说这也符合黔江城里的风俗，男人有了堂客，照样四处觅野食。男人同男人聊天扯谈，说的大多也是这种男女裤裆事，几声哈哈，几多快活。

他看到张细妹时亦是小吃了一惊。这张细妹长得就是一副叫男人垂怜的模样，清秀、皎丽，春意勃然。他想他东家还是蛮有眼力的。

他在天宝商号干了小半辈子，晓得严老六一向严谨，只认做生意，生意之外，唯好抽烟喝酒，偶尔搓几局麻将，亦是见好就收，倒也极少寻花问柳，这么些年来江湖往返，各处码头灯红酒绿，他也不大去声色犬马，反而好静，一边抽水烟袋或者一边喝几两小酒，一边坐在船头想生意上的事。他见到张细妹后心里头寻思：这妹子到底有如何手段，生生就叫东家给她迷住了呢？

隔了几日严毛氏问莫先生，莫先生就说东家夜里是去了灯笼巷。严毛氏问那他在那里干些什么？莫先生答：还不就是男人们喜欢干的那些事？又说：灯笼巷新开了两家妓馆，从常德长沙来了一批女人，个个新鲜，城里头有点钱的男人就去那里玩，喝花酒，推牌九，跟新鲜女人打情骂俏，也就是图点人生快活，不是什么大不了的事。

严毛氏问：那他有不有什么固定喜欢的女人呢？

莫先生答：照我看，没有。今天姓张的，明日姓李的，男人的口味不就是图新鲜嘛。

严毛氏说哦，是这样。

莫先生本来想说你就放心吧。话到唇边又咽下来。他想我还是不能把话说满了。万一哪一天她晓得张细妹的事，说我欺她瞒她，我可就吃不了兜着走了。

严毛氏恨恨道：你们这些臭男人，吃就吃着碗里的，看就看着锅里的，哼，没一个装像的！

莫先生说那是那是，世上的男人无不这样德性。

严毛氏伸手拧了一把莫先生的耳朵，说：老娘不许你这样！

夜里，灯笼巷口有喧声，巷子深处倒也安静。多半人家卖了一天苦力，断黑吃罢夜饭，抽几口烟，喝几口茶，倒头就困，手脚伸得长长的。严老六坐在张细妹家中，跟细妹讲他年轻时节孟浪的事情。他那时节做水手，到岸后总喜欢跟人打架，不是把别人，就是把自己脑壳打得血湖血海。他说后生子呵真是天不怕地不怕，你晓得人家叫我做什么？细妹说：叫什么？就把手肘支在老六的膝头上。老六雄气道：叫我严六猛子咧！

细妹起身把油灯点燃，举到面前，笑笑地说：看看这位严六猛子着。

老六就故意瞪眼鼓嘴，做出来凶猛豹子样。然后又噗地一笑。

细妹问：如今呢？如今还有人叫么？

老六道：只有在江湖上走，老码头的角色才会这样叫，如今英雄辈出，新出来的英雄是不晓得我这样的老英雄的了。

细妹说：你老了么？

老六又雄气道：还不至于，还不至于。哪个不怕死的惹毛了老子，老子就要叫他晓得江湖上严六猛子不是浪得虚名的！

细妹说这才像个男子汉讲的话。

老六就颇有得瑟，道：如今骂娘打架的事，是我手下小的们的活了。不过我也不喜欢他们干，如今我是生意人，做生意不是靠臂力，是靠这个。

指了指自己的脑壳。又说：我只是跟你讲我年轻时节的事。你不要笑。

细妹说：我没有笑。

又说：你猛一下给我看看。

老六说：我不会猛给女人看的，尤其不会猛给你看。我要给你看到我是一个温柔知礼的人。

细妹娇娇地道：猛一下嘛你。

老六性起，抱住细妹就往脸上啃去，一边啃一边说：猛不猛？猛不猛？

细妹笑得咯咯的，说：不猛！不猛！

老六就把细妹横抱起来，扔到床板上，说：看我不把你压成烧饼！

……

如此快活的戏文，灯笼巷张细妹家里连常就演出，一不扯幕布，二不敲锣鼓。观众只有一个人，就是细妹她的娘。但是这个观众呵，戏文演到高潮动人处时，她靠着门框脑壳一斜就困着了。

老六不只是跟细妹讲故事，也唱各处听来的山歌给她听。老六声音沉，嗡嗡的，轻声唱时自当别有一番情意。

他唱：土墙开花细绒绒，妹恋郎哥莫嫌穷；

只要两人情意好，冷水泡茶慢慢浓。

又唱：映山花开花儿红，年年开在半坡中；

若是开花不结籽，到老还是一场空。

细妹听了，说好听好听，还要你唱！

于是又唱：进山看见藤缠树，出山又见树缠藤；

藤生树死缠到死，树生藤缠死死缠。

细妹听得一身热热的，只叫道还要听还要听！

于是又唱：月儿弯弯挂半天，船儿弯弯停河边；

船要下水赶大水，妹要嫁郎赶少年。

唱完这一首，老六叹道：可惜我已不是少年郎了哦。

细妹说：少年郎比不得你咧！

老六说：如何讲？

细妹说：朱三不就是少年郎么？朱三怎么可能跟你比？他

是什么本事，你是什么本事?

老六说：那你就嫁我，做我的小婆子，省城里的人叫姨太太。

细妹听了这么多歌子，本来好高兴，老六这一说，反如同一瓢凉水浇下来，顿时冷了。半天，才说道：唉，我晓得我的命，我只配嫁穷人咧。

说完一脸怔怔的。屋子里好安静。

老六一把抱住细妹用力摇，说细妹细妹你几多傻哦!

细妹蚊声蚊气答：我不傻。我晓得麻雀子困不得凤凰巢。

老六道：我跟你讲的是真的咧!

细妹摇脑壳：真的也是假的。

堂弟老九屋里堂客生了龙凤胎，要做百日酒，天宝商号有几船桐油跟苎麻要发往南京，他不能去，只好严老六亲自走一趟。他好久未走长途水路了，河风一吹，他就有些兴奋。望到水手爬到桅杆顶上，望到风帆一截一截扯上去，鼓得像他在汉口吃过一回的洋面包，船上水手们又齐齐地喊号子，他就把水烟袋一放，袖口一捋，仰面唱辰河高腔一般唱道：走起来哦——

这一走就走了个多月。

他回来，从南京城里带了两样好看首饰，就到灯笼巷里来看张细妹。

他看到细妹心里头就跳跳的，血往脸上来。他抱她，亲她，一双手在她背上熨着。激动了一阵后，细妹跟他说，她只怕是有了。目光里有些惧惧的。

老六问：什么有了？

细妹拿过他一只手放到自己肚子上，说：这里头有了。这个月外婆没有来。我好怕。

老六眉毛一跳：真的么？真的么？

细妹说：我诓你做什么！

又说：我好怕。

老六说：呵呀，我严家有后呐！

细妹说：我好怕，真的，好怕好怕。

老六说你怕什么？我横竖是要娶你的！

细妹说：不，不，你不会娶我的，我也不会嫁给你。

又说：怎么办呢？纸会包不住火的。怎么办呢？

老六说：细妹，你听我一句话，我一定要——

细妹打断道：不听不听，你不要说下去。我只问你，怎么办？

严老六到城南观音桥下找到刘半仙，把他扯到里屋，低低说了一通话，又塞给他两块光洋，一掀帘子，走了。刘半仙把光洋放在手心里摩挲小半天，晓得自己如何来办事。

午饭时候，严老六跟严毛氏说：你上回说的讨小的事，如今又过去了一年多，只怕也可以办了吧。

严毛氏说想通呐，呵？铁树开花，石头发芽，你终于也有开窍的一天。我就说嘛，你也不是后生了，这事情重大，等不起了，是要赶紧办。只是刘半仙说了，要过了今年再说，不然会冲了你的财喜。我也是急得心肝痛咧。

严老六说：要不把刘半仙再请来问问，何时办得？

严毛氏说那是那是，我这就去请。

又说：哎，告诉我，你如何一来忽然就想通了？

严老六说：少啰唆，不然我就不办这事了。

严毛氏说：嘿哟，这是你找我说起的呵。

严毛氏就叫莫先生把刘半仙领来了。刘半仙掐着指头，仰起脑壳，默了半天神，启口道：财运依旧喜事动，柳暗花明又一村。你严家恰好过了时间坎坎，迎新纳喜的事可以办得了。

严毛氏就细眉细眼地笑，跟莫先生说：那你明日就到沅江草尾，把聘礼婚书送过去，把人迎回来。

刘半仙举起一只巴掌，喝一句：慢点！

严毛氏问：何解？

刘半仙道：这新人呐，东南方向的找不得，西北方向的也找不得。天干地支，五行大义，何时何地，总之要找对人，找得不对呵就会犯煞，于严家那就不是喜，反是祸了。

严毛氏一听有些急，说：那你讲要如何办呢？

刘半仙又掐指头，仰脑壳，默半天神，启一口黄牙道：我算了一下，三五里之内，不出东南西北门，必有佳人，合八字，契时辰，续香火，旺财运，只要寻到她，你严家就是万福加持，一门兴盛。

严毛氏说那草尾我看好了一门好人家呢？

刘半仙摇脑壳道：要不得要不得，东北向来的是罡煞气，风着鬼体，其重如山，那草尾正在东北向咧。

严毛氏说那你的意思是要在黔江城东南西北四门里找啰。

刘半仙道：正是，正是。

严毛氏说这一时如何找得到手呢？

刘半仙道：天佑吉照，你总归会找得到。我刚才算了，十日之内，你若没找到，你就来找我，我那时一点，你就会晓得在哪里。

严毛氏说那何必要等十日，你现在就告诉我不好么？

刘半仙道：凡事必要讲时辰，时辰未到，东风不起。再说吧，兴许你十日之内找到了呢？

严毛氏于是多谢多谢，把刘半仙送出了门。回头来跟莫先生说：你明日就不必去草尾了。你安排个人走一趟，给点财礼，把那人家的信退了。

严老六一直在一旁抽水烟袋，不作声，这时候说话了：那就按刘半仙的意思办吧。

他转身到里屋，暗自窃笑，刚才这出戏文乃是他一手导演的。他心里头说，这刘半仙真是个好戏子，精彩得很咧！

严毛氏不要莫先生去草尾，着他在四门城内寻访。莫先生说明日就派人去。严毛氏说你要亲自去办这桩事，着下人办，不放心，也办不好。莫先生说好好好，我亲自，我亲自。

莫先生其实是明白人。刘半仙这出戏文，唯他看出了底细。他当然晓得这是东家严老六使的法。他也当然不会点破说出来。明摆着，东家看中的人是灯笼巷里的张细妹。他暗地里跟着，晓得当日夜里东家又去了灯笼巷，在张家待了两个多时辰才出来。第二日白昼，他装作收破烂的，来到张家门口，说是口渴了，讨要一碗水喝。细妹正好刚从井边挑了水回来，就拿葫芦瓢勺了一瓢清凉井水递给他，一边看他喝水，一边拿一只手抚了下肚子。莫先生何等灵泛，看她下意识里这个动作，立即搭话，说妹子你真的长得金枝玉叶，将来是有大福报的人。细妹道：鸡窝里飞不出凤凰的，哪里来的福报。莫先生说：妹子莫非有喜了？细妹一听吓一跳，忙问：有什么喜？急急地把那抚在肚子上的手放下来。莫先生就说：我这人走南闯北，什么样的人没见过，什么样的事没经过？我呵，一看就晓得，妹子你珠胎暗结，喜从天降。你将来母随子贵，养尊处优，你说不是福报是什么？细妹呵呀叫一句，说你郎家莫不是算命先生？莫先生喝完水，把葫芦瓢还到细妹手中，说：算命的倒不是，但是麻衣柳庄，阴阳八卦，前生后世，贵贱荣辱，我倒是略知一二的。老话说得好，背靠青山好砍柴，背靠大树好乘凉。你这一辈子算是祖坟开了坼，遇东风春来，遇贵人运来，你背后有不得了的堂堂伟岸角色咧！

当日莫先生乔装探访，终得知张细妹又一惊人底细。但他是不会禀报老板娘的。他搓手皱眉，为难得很，不晓得此事要如何办。严毛氏问他，他只答：不是一时寻得到的，性急不得。严毛氏吸一口气，道：也是奇怪，这城中好人家有数，我怎么就没看出来哪一门哪一户有这样的入得我严家门槛的千金呢？莫先生说那倒也是，不是随便什么人困得来金银床，撑得起绫罗帐。

莫先生心里想的是，此事只能走一步，看一步。墙头草，看哪边风大就往哪边倒。

严毛氏把里屋门一关，扯住莫先生衣袖往床上拖。事毕，捏住莫先生鼻子道：小妖精若进了屋，他老六只怕连不得沾老娘的边了。莫先生说那也不见得吧？严毛氏说反正他不沾我边，你要喂饱老娘我。莫先生狎笑道：必定，必定。

严老六夜里当然又去了灯笼巷。自从他晓得张细妹怀了他的龙种，真是高兴莫名。这几日就夜夜去安抚细妹。细妹仍不知要如何是好，自觉得纸包不住火，终究一日街巷里的人会晓得的，她会丑死羞死。老六说：莫急，莫急，我有办法的。细妹气气地说：什么办法？还不就是讨我做你的小？老六说：你不愿意么？细妹道：不愿意！老六说为何不愿意？细妹说没道理，就是不愿意！

细妹闷闷坐定，泪珠子就滚落下来。老六忙横过衣袖跟她擦脸。细妹脸一扭，说：不要，你随我！隔一气，泪干了，又说：你做的好事。你要还我清白身子来！

老六说我明媒正娶你，你还不清白么？

细妹说：你严家的门，我踏不进。你太太是母老虎，四邻皆知，我若是进了你的屋，不会吓死也会怕死。

老六说：莫怕，莫怕。我太太是刀子嘴巴豆腐心，她每日里拜菩萨咧。再说，有我在呵，我在，哪个敢欺负我张细妹？

细妹说我不信我不信，反正你家豪门深院，我是不会踏进去半只脚的。我只是穷人命，认了，找个靠力气吃饭的嫁了，了此一生才是本分，任何别的都不敢奢望。

老六说细妹呵细妹呵，我怎么嘴巴说破你都不信我的呢？你做我的姨太太，帮我生个崽来传宗接代，我保你一世荣华富贵，我也会好好疼你护你，保你无忧无虑。

细妹仍是摇脑壳，横竖不肯信。她不想攀龙附凤，只想守个清贫，冬去秋来，日子寻常。做大户人家的妻妾，她哪里敢想！就是严老六每回跟她提这事，她斗胆一想，浑身都是怕！

但是到了夜里，她就困不着了，她把手抚在肚子上，觉到了一个细小种子正勃然生长，这种子破土，抽芽，躁躁动动，一刻不得安宁。她心里缠夹不清，一阵子高兴，一阵子沮丧，一阵子骄傲，一阵子伤悲。她跟老六说怎么办，这不是为难他，这是她的真心话。

老六却是晓得要如何办。他又到城南观音桥下找刘半仙，提了一瓶老酒，带了一包花生米，两人杯来盏去，低语了一气，走的时候又塞了两块光洋到刘半仙手中。

眼见得十日只是一瞬，说过去就要过去了。每日里严毛氏皆要来问莫先生，莫先生只把脑壳摇。他哪里会不晓得，他只是不敢讲。到了最末一日东家走到账房里，把门一关，闩子闩上，咳一声，说：莫先生我有话跟你讲。

莫先生心下一惊，几乎要出汗。这一刻只觉得他跟严毛氏的事情东家业已晓得，祸到临头了。他就结结巴巴道：什什什么事东家？

严老六一掀马褂下摆坐到太师椅上，吹纸煤儿，点火，呼噜呼噜吸水烟，吐浓浓一团雾，然后又咳一声，说：你每日都去访了么？莫先生说什什什么访了？严老六说你怎么今日说话有点结巴呢？莫先生说我喉咙痒，痰卡着。一手抚住细长颈根，用力咳了咳。又呵地一句，说你郎家是问太太嘱咐我的事么？访了，访了，这城里好人家东南西北也就一二十户，我户户上了门，好一点的妹子要不就订了亲，没订亲的那些妹子要不就没一个入得了你郎家法眼的。严老六又吸一口水烟，说：真的么？莫先生道：真的真的，我都看不上，你郎家如何看得上呢？

严老六把手招一招，要莫先生把脸凑近来，低语道：你真是踏破铁鞋，无本事觅到。我来告诉你，这户人家在哪里。莫先生故作讶异道：愿闻其详，愿闻其详。脸就凑得更近些。

严老六说：听好了呵，有户人家，远在天边，近在眼前，就是灯笼巷最里头那一家，姓张，有个妹子叫张细妹。我今日跟你讲实话，这妹子我早就看上了。我要娶了她来跟我养个崽。

莫先生说呵呵呵，东家，恭喜恭喜，这是你郎家亲自相中的么？

严老六说：那当然。这妹子藏在贫巷，不显山不露水，你们自然看不到，其实是出落得如花似玉的一个好妹子。你晓得我不把你当外人，我今日跟你讲这事，你不要跟我太太讲，她若问你，你就答白，说是访到了，是灯笼巷中的张细妹，人好能干，又老实听话，纳鞋绣花，样样做得。她若问你她长相如何，你莫说她长得好，只说长得不是小姐样，是丫鬟样。你是晓得我太太脾气的，总而言之，这事你要一力促成，商号里这样多人，我太太只听你的。明白了么？

莫先生舒长长一口气，心下即刻轻松起来，点脑壳说明白了明白了。东家你放心，我保证玉成美事，玉成美事。

又说：真的是恭喜恭喜，菩萨保佑，我们天宝商号一定会人兴财旺的！

严老六又招手叫他凑近来，耳语道：还一事，我也索性跟你讲白了，那张细妹如今已怀上了我的骨肉了。我严家一门有后啰。

莫先生依旧故作讶异：真的么？真的么？呵呀那真是喜从天降呵！我说咧，我东家的事业是千秋万代，怎么会没一个人来传接光大呢？这是老天开眼呵！

严老六竖起一根指头，嘘一声，道：细点讲话，隔墙有耳咧。

账房莫先生晓得墙头草，风一吹要往哪边倒了。这事他本应当禀报严毛氏，但一禀报就会得罪严老板，如今严老板自己要他告诉太太，岂不正好么？他既帮了东家，又帮了太太，真是两头可以讨好。他只在心里头琢磨，如何样来回答太太，促使她接受那张细妹，如此就功德圆满了。

翌日便是十日期限到，严毛氏一早就招莫先生来问，他就装出一副高兴模样，说太太呵你香没白烧佛没白拜，菩萨保佑，老天开眼，这人家还真是找到了。刘半仙说的没有错，她就在东南西北四门内咧。

严毛氏眉毛一跳，说：真的？我不信！

莫先生早已编好了话，故事一样讲给严毛氏听，说他梦里得了天启，就往城北一带去寻访，那地方多半是下苦力人家居住的，但天意告诉他鸡窝里也总是藏住凤凰的。他就如何乔装一番寻到了灯笼巷，如何找着了张细妹，张细妹是如何样的一个妹子，这妹子来做偏房，又如何地合适不过。总之说得水上能点灯，母猪能穿针，句句话里有锦绣。

严毛氏听得云腾雾翻，亦不知是应当喜还是应当忧。喜自然是喜在严家终于可以找个传宗接代的人，好歹一门香火可以延续。这可是大事，躲也躲不脱的。忧则忧在接一个年轻妹子进门，他严老六会见新忘旧，将她冷落到一边，她横竖咽不下这一口气。她严毛氏何许人也，常德城里堂堂和一商号毛老板的千金女，嫁鸡鸡变凤，嫁蛇蛇变龙，没有她就没有严家今日这一切！恨只恨自己不争气，不能孕出严家后嗣来，才落得如今这般田地，眼睁睁看着一个小妖精要走进来横在她跟严老六之间，想起来真是憋气呵！

她怔了一刻，才说道：灯笼巷那是什么鬼地方喔！

又问：那妹子长得怎么样？

莫先生说长就是长得一副丫鬟样，哪像太太你，一看就是贵贵气气千金小姐相，论气度模样，那是天上地下无论如何不能跟你相比的哦。

严毛氏说真的么？

莫先生说那当然，当然。

严毛氏说：不诳我？

莫先生说：我有这样的胆子么？

两人说话间，严老六从商号里回来了。莫先生演戏样的跟严老六说东家呵，好事来了咧。严老六也故意不知情模样，道：什么好事嗳，说来听听？严毛氏就扯高声调说：还不是要跟你讨小婆子进屋的事！你好过咧！

就让莫先生把原委详详细细又禀报了一遍。

严老六听了装模作样道：这事情我看还得请刘半仙来测一测，我严家婚丧嫁娶是大事，不仔细定夺不行。莫先生你去观音桥把刘半仙请来吧。

莫先生前脚出门，严毛氏就说：我算对得起你严家的吧，十几年风风雨雨，哪一天不是我陪着你过？你主外，我主内，把你个里里外外经营事业做得一团子红火个个夸赞人人羡慕，没有功劳也有苦劳。我只是欠你一个崽。你欠我呢我就不说了。我今日跟你把话先说白了，这张细妹进了屋，你不要只闻新人笑，不闻旧人哭，呵！

严老六说哪里的话，你是大太太，她是做小的，她进我屋来还不只是为了跟我生个崽，有个严家后人来接着打江山。谁轻谁重我未必分不清？你就一百个放心。

严毛氏说我如何放得心，你们男人家天性就是好色的，狗婆子翘尾巴，狗公子爬上去，都是一样货色！你若是只理她不理我，莫怪我严毛氏无情无义，我这是丑话说在了前头呵！

严老六咳一句，说：你要这样讲，那这事就不办了好不好？我无所谓咧。我严家若是无后，那也是命里注定，没办法，就算家财万贯，到我伸脚要走的那一天，我就来他个生不带来死不带走，千金散尽，把钱分给四邻乡亲，唱他个好了歌走人，也算没白来人世一回。

严老六这是知根知底的话，捏住了严毛氏的七寸处。严毛氏果然道：呸！呸！呸！你这话赶紧收回去。你严老六一门富贵人家，岂能没了后！我前前后后张张罗罗，不就是为了让你严家有个千秋万代，永世繁华么？你看你说的，呸！害得我又要烧高香拜菩萨，消了你这不吉不利的晦气话！

二人正纠纠结结，莫先生把刘半仙领进来了。

刘半仙进屋就是拱手作揖，说恭喜恭喜，我算了十日之内你们会寻得到，这不果然？

严老六故意跟刘半仙讲，凡事理应顺其自然，水到渠成，万不可勉强。他们按你说的四门之内寻到了一户人家，我看我是不信。万法讲一个缘字，我不信这人家跟我就硬是有这个缘。你是半仙，你测测看，跟我解了这疑难。

严毛氏也说：老六说得对，凡事不可勉强，这灯笼巷的张家妹子，她同老六八字合不合，阴阳对不对，有不有前世姻缘，半仙劳你仔细测测，测出准头来我给你重赏！

莫先生一旁搭腔：刘半仙上知天文下知地理，人生在世，前因后果，没他测不准的。不然如何叫得半仙呢？

严毛氏就喊她从娘家带过来的用人王嫂：王嫂，王嫂，给刘半仙看茶！

刘半仙也不喝茶，坐下来，撮起左手五根指头掐了半天，屋子里静静无声，半仙忽然呵呀叫一句，道：好！好！好事！喜事！这灯笼巷张家妹子张细妹，合八字，契阴阳，前世欠了你严家的债，今世做牛做马来归还，她只合做你的小，侍奉你两口子，处处周到，样样殷勤，又还跟你传宗接代，让你严家香火旺盛，财运亨通。你说这不是好事喜事么？

严毛氏眼睛鼓得溜圆道：真的嗳？真的嗳？

刘半仙捧起案几上的茶，轻啜一口，说道：未必我刘半仙还诓过人么？

严毛氏说不是那意思，我是不相信还真的就是这人家。

刘半仙说我刚才掐指算了算，方圆五百里内外，这样同你严家合契的，还真就是这一家，就是这个张细妹。上回记得你提到沅江草尾那一家，我把话说得难听点，那妹子若是进了你严家的屋，那你严家就会处处犯煞，时时冲利，没一日会安宁。

严毛氏说呵呀菩萨保佑阿弥陀佛，我还差点犯了煞咧。

刘半仙说：如今没事了，你就择个吉日，把这张细妹迎进来吧。

严毛氏说那就再有劳你，帮我测测日子。

严老六坐在太师椅上抽水烟袋，心里头笑，这戏文还真是愈演愈精彩。

严老六就把这一切备细告诉灯笼巷里的张细妹。然后道：我说了我有办法，这不是都安排妥帖了么？

他要细妹答应，但细妹仍是摇脑壳，半天不说话。

老六催道：你倒是答白呵。事情都到这种地步了，黄道吉日也都测好了，况且生米都煮成熟饭了，你未必还不肯答应我？

细妹叹口气，说：我再三再四地讲，我没有那样的命，就不能享那样的福。一想起要进到你严家的豪门，我心里头都是怕。

老六说你怕什么哦！

细妹说我不晓得是怕什么，总而言之就是怕。

老六说你这妹子真是讲不进油盐，你又不是入了魔窟进了虎穴，好歹我严家天宝商号在江湖上也是鼎鼎有名的，重情义、讲信誉，那是谁都晓得的，你有什么好怕的呢？再说你清楚我喜欢你，又看得重你，给你个这样的名分，穿绫罗着绵缎，那可是别人想都想不来的咧。

细妹说：别人想，我不想。

老六道：那你想什么呢？

细妹说：我只想清清淡淡，守着我的娘，是那凭力气吃饭的后生看得上我我也看得上他，就招他进门，平常过日子。我没得大富大贵的命。别人想，那就让别人去过呵。

老六说哎呀细妹我的祖宗菩萨哎，我把我的心挖出来给你看好不好？

细妹说：我晓得你的心，你对我好，心疼我，看重我，我是明白的，你跟我好，我也是你情我愿的，但是……但是……你要我进你严家的门，做你的姨太太，我着实、着实不敢。

二人这样你来我去，一方要如此，一方偏不如此，纠葛了小半天，无果。

老六看细妹脾气也是蛮犟的，就转个弯，问起她肚子里的孩子。细妹说：只怕是个伢崽，夜里头总总有动静。

老六就眉开眼笑，道：是伢崽几多好，伢崽就接得了我严家的大业！

细妹说你不喜欢妹崽么？

老六说：喜倒也喜欢，只是妹崽传不得香火，横竖是要送给别人家的。还是伢崽好，伢崽好。

细妹说：我倒宁愿是个妹崽。

老六说：你就是喜欢跟我怄气。

细妹说：对，我偏是喜欢。

老六叹深深一口气，道：细妹呵，我是得了你的身子，没得你的心咧！

细妹看他一眼，伸手抚他一把，说：没得我的心，怎么能够得到我的身子呢?

老六就把细妹搂入怀中，摸着她的脑壳说:细妹呵细妹呵，我对你一片诚心咧。我长到这般岁数，还从来没对哪个女人动过心，见到你以后，我才晓得世上还有这样好的妹子，让你心甘情愿守她一辈子，疼她一辈子。

细妹深情望她一眼，说:你是好人，老六，你懂得体贴女人，我晓得你平素威风八面，说一不二，但是你跟我好了这么久，重话都没说过我一句，着实是对我太好了。我张细妹也是个知好歹的人咧。

抽一口气，又说:我只不晓得要如何来报答你。

老六说:那你就嫁给我。

细妹就不作声了。

老六也沉默下来。

细妹的娘仍复倚门而坐，望着虚空中天晓得是什么东西入神。

老六后来跟细妹说，她嫁给严家，帮严家生个伢崽，那之后她若嫌在严家日子过不顺畅，随时可以走人。老六说保证不留你，你走就是。

细妹说那在别人看来不就是休了我么?我若是被你严家休了，我还有什么脸面见人呢?

老六一听也觉不妥，说就当刚才这话我没讲，等于放屁。不过我的意思你是晓得的，我是诚心要娶你，我跟你恩恩爱爱过一辈子。答应我好么细妹?

细妹如她娘一样，凝神望住屋外墨黑的虚空。过了小半天，才低低说:看来我是拗不过你的。

老六忙问：你答应了是么细妹？

细妹仍望住虚空，面色有些恍惚，自言自语道：凡事拗不过的，都是命。

老六又问：你答应了我是么，是答应了对么？

细妹脸上就流下来两行清泪，在暗处莹莹闪闪。

这一天就是刘半仙测的黄道吉日，灯笼巷里唢呐嚣闹，鼓镲齐鸣，爆竹响过之后一巷子鞭炮碎屑从浓浓蓝雾中飘落下来如纷飞雪花。大人小儿皆哦嗬喧天，跟着严家迎亲的八抬大轿一路紧跑。灯笼巷从来就没有这般地闹热过。

严毛氏见披红挂彩的大红轿子进了院子，帘子朝两边掀起，一只绣花鞋伸出来，她才头一回见到了张细妹的模样。

那张细妹掀了红盖头如辰河戏里的公主样，上上下下是一派清丽，好看得不得了。下得轿来，她就朝严毛氏伏地一拜，严毛氏扶起她，朝她觑一眼，心下立即就麻辣火烧。她真是没料到这张细妹长得如此娇好，艳若桃花，暗暗地就生了莫大的恨意。好在她掩得住罩得住，不让这心机露出半点来，堆一脸惺惺笑意，打几声仰天哈哈，又妹子长妹子短领她入堂，那一壁已是张灯结彩喜气一片。

严毛氏望到严老六那一脸喜滋滋合不拢嘴模样，自然心中腾起妒焰，灼灼地烧得她痛。这一时她只觉得她的地位在这严家院子里正摇摇晃晃，失了牢固根基。新欢进了屋，他老六眼睛里便只有新的，没有旧的。他甚至连望都不望她一眼。严毛氏岂能咽得下这口气。她表面应酬张罗，里里外外，风风火火，依旧一副泼辣模样，将下人喝来差去，声调好高，为的乃是让人听到后仍觉得这个家不是她谁还做得主。

喜宴从严家庭院里一直排到了外头街上，总有百十余桌，人声鼎沸，热闹非凡。上不了桌的，也立于街头观望，黑压压一片着实壮观。严毛氏想起她进严家门时，喜事亦是办得满城争睹。其时她同老六行合卺之礼饮交杯之酒，饮完后将两只酒杯扔到床脚底下，那账房莫先生连忙蹲下去瞧，见一只酒杯杯口朝上，另一只则杯口合地，站起来就拍手喊道:哎呀不得了，你们看你们看，大吉大利呵！因两只酒杯若是一仰一合，就象征了天覆地载，交欢美满，阴阳和谐，婚事大好。于是所有人皆站起来拱手恭贺。之后，所行的结发之礼，亦是庄敬端肃，让观者动容感沛。严毛氏想起这往事历历如昨，只觉得胸口憋闷，血滞气堵。

又想起昨日她还领了城中公认的两位福厚命好的妇人到姨太太新房内安置婚床，并将床褥床单及龙凤被铺得熨熨帖帖，铺完床且又将桂圆撒在床上以喻圆满，将红枣花生撒上以喻早生贵子。彼时做这铺床安床之事，她心里虽有纠葛，却还是有种终于替严家做成一桩大事的欣慰感觉，哪里像现在，她心里是野火烧山，江河倒流，翻翻腾腾的且还要装作无事一般。此时此刻那真是人人快活，唯她愁闷。

这一日合城热闹，自旦至夕。夜里洞房花烛，又是风流无限。严老六端起细妹的脸，仔仔细细地瞧，仿佛头一回见到，心里是一阵狂跳。他说细妹你真的好看！又说细妹你是九天仙女下凡尘吧？又说细妹你比谷酒还让我醉！细妹只是低眉垂眼不作声，一脸羞红。老六说细妹你看窗户外头！细妹才将眼帘抬起，哦哟，那窗外天空深蓝如绒，正悬着圆圆一轮淡红满月。老六说月亮圆了，我心事也圆了，真的是快活咧细妹！

细妹喃喃低语：我想我娘！

老六说放心啰，你娘我早安排了一个妇人专门照顾她，跟她扫地煮饭，洗衣浆衫，夜里还陪她困。

细妹说我还是想，我要我娘陪我困觉。

老六刮一把细妹的鼻梁，说：你真的是小孩子！你现在是嫁给我严老六了咧！

说了一阵话，俩人躺在婚床上，四处皆是暗香，月辉如油菜花，金黄一片开在床榻旁。

老六把脸贴紧细妹着红兜兜的肚子上，轻声道：我要听我崽的动静。

细妹笑说他今天倒是蛮安静。

老六亦笑，说：我崽他蛮晓事咧。

细妹忽然说：我怕大太太。

老六问：怎么呢？

细妹说：她望我的眼神，我好怕。

老六说：你莫胡思乱想，她又不吃人。她是正房，你恭敬她一点，保管无事。

细妹说我反正好怕的。

老六说莫怕莫怕，有我咧，莫怕。

喜事办完，一切过去，日子又如往常，同河水一起慢慢流走。

这日南京那边急要几船桐油，严老六就亲自押运，过洞庭下长江了。临走时同细妹道别，一番亲热，诉了衷肠，告知她有专门的丫鬟四妹子服侍她，凡有事就嘱四妹子操劳。细妹说你在外头要照顾好自己，记得我。老六说记得记得，把你放在我这里。指了指自己胸口。

这一走就走了一月半。

老六走的时候是上午，他走了细妹只觉得仿佛一下子心里头都空荡荡的了。她无事，就在轩窗前呆着，望定窗外一棵玉兰树。这季节玉兰没有花，但叶子如河里的船一样，浮在一片安静上。她有点挂牵娘，她娘是呆子，这时节应当就坐在门坎上望天。不晓得那个妇人肯不肯细心照料她，天凉跟她加衣，天热跟她擦汗，又到井里跟她挑水抹澡。没人照料，她娘连屎尿都会屙在裤裆里的。

但她晓得规矩，刚刚嫁到了严家，是不能随便回灯笼巷去的。近在咫尺，却不能轻易回去看看娘，她心里好不惆怅。

想了一阵娘，她就开始想严老六。她想他此刻启了锚不久，应当走得不远。她小的时候娘牵着她的手站在河堤上看船来船往，她看到那些大船挂着一面风帆，鼓起风，在眼前滑过去，船尾水花哗哗地响，有水手喊号子，就像唱着辰河高腔，锐声锐气，几多好听。她就想象老六站在一面大帆下，正指挥水手们喊号子，那阵势十分雄壮。她想她哪一天，要跟着老六跑船，到汉口南京上海去，看看外头的世界。老六带着她四处走，看店子，买新衣。她穿着新衣几多好看，她就在想象中看到老六望她时的眼神，闪动了讶异同惊喜。她晓得老六好喜欢她，好怜爱她，他说过他要把她打扮得跟得天上的仙女一样。她想老六是这么说的也会这么做。他又会跟她在南京买好看的布料跟衣裳。

她就这么像她娘一样呆呆坐着，想这想那，后来她就肚子饿了，也不晓得时间。她问丫鬟四妹子，怎么还不吃饭呢？四妹子说她也饿了，就到堂屋里去看看，过了一气回来说，大太太她们早吃过午饭了。细妹说怎么也不叫她一声呢？四妹子就有些吞吞吐吐、想说不敢说的模样。细妹觉得不对劲，说有什么事只管说，到底如何呵？四妹子只好说了，她说大太太说的，除了老板在家里，其余日子二太太不许跟大太太同桌吃饭，以后，大太太叫厨房里熊爹等她吃完了再额外送饭菜过来。细妹哦了一声，说我晓得了。她心里就笼上了一片阴云。她想起大太太望她时的眼神，凌厉得分明像射过来一把她绣花时用的针，刺得她浑身一紧。她好怕。她凭女人的直觉，感到了大太太对她的不善。所以她未进严家的大门，一直就有种不祥的预感。她莫名地觉到怕，任严老六如何抚慰，她仍是怕。现在她晓得她怕的缘由了。这大太太仗着自己在严家的威严，开始整她了。此时此刻她只盼着一桩事，老六你早点回来！

过了一气，伙房熊爹端了一个竹篾篮子，篮子里盛了一碗米饭，一碗煮南瓜，一碟擂辣椒，再一碗苦瓜酸菜汤，放到房中央一张嵌了大理石桌面的小圆桌上就走了。细妹早饿得不行了，端起碗来就扒了一大口饭，鼓着腮忽然想起来说：哎，如何只有一碗饭呢，四妹子你吃什么呵？四妹子说我刚才在厨房里吃过了。细妹不说话了，脑壳低下去，把饭菜吃了个精光。

那一月半里，大太太娘家来过一回舅舅，严家屋里摆起宴席，但也没有喊细妹到堂屋里去吃饭。只是熊爹送的菜里头，多了一碗有几坨鸡肉的鸡汤，多了两片肥腊肉。

一日三餐，细妹一个人在自己屋里吃饭，冷冷清清。除了四妹子在身边，严家院子上上下下一二十号人，没有哪个敢到她这里来坐。连常四妹子还被严毛氏叫去捶背，一去就是小半天。细妹不是蠢人，晓得那些跟她一样穷苦人出身的下人不跟她讲话往来，背后一定有大太太凌厉如针的目光。

她又想娘了。她原先的梦想就是跟娘相依为命，若有哪个诚实可靠以力气谋食的后生看上她，她就招他入赘，夫妻共侍她那苦命的老娘。朱三那时节就是这样的人选，他答应赚了钱来娶她，娶了她就住在她家里。如今这梦无法圆了，因为半途上来了严老六。老六疼她爱她，她也是十分知足，另无所图。但她毕竟是做小，上头这位大太太跟她过不去，她明白日子其实是难捱的。她把四妹子叫到跟前，嘱咐她到灯笼巷走一遭，看看她娘如今怎么样。四妹子于是就去了，转回来说她娘躺在床上不起来，听服侍她的妇人说，她娘就这么躺了三天了，只喝点米汤，什么都不肯吃，只怕是病了。细妹一听就着急，她娘从来不这样，她娘一定病得不轻了。她问四妹子那妇人如何不请巷子口上的老郎中给她娘看一看呢？四妹子说妇人也说了，她娘不肯让老郎中看，一挥手把老郎中的眼镜都打飞了。细妹说，不行，我要回去看看我娘。

她就来找大太太。账房莫先生正好从严毛氏房中出来。他看到张细妹，就色色地望她一眼，想到底这妹子年轻，水嫩如豆腐，好像在她身上随处捏一下，就会捏出汁液来。他清一下喉咙喊了声二太太，侧身立着，看细妹跨过门槛走进去，抬脚那一下腰肢如柳，闪出袅娜，就咽了一口口水。

严毛氏手里端着水烟袋，看张细妹走进来，也不招呼，撮起嘴咕噜咕噜吸了口水烟，又朝天喷了出去。

细妹低低喊一声：大太太。

严毛氏望也不望她，嗯一句，道：妇道人家，最要紧的是守本分，知规矩。我这房里随便进来得的？若是哪个下人这么随随便便招呼不打就走进来，我一扁担要打脱她的脚！

细妹吃这一下，哽了哽，仍是低低地说：对不起，大太太，我是有急事，要当面向大太太禀报，不好叫四妹子来，我怕她讲不清。

严毛氏声音吊起来，道：我这院子里丫鬟佣姑伙头轿夫，没一个不伶俐的，有什么事会说不清道不明的呀我倒要看看。

细妹脑壳一直低着，不敢望严毛氏那凌厉如针的目光，她说她娘病了，她想回灯笼巷去看看。她娘从不生病的，这回一定病得不轻。请大太太允她回娘家一趟。

严毛氏说：哪个不有个三病两疼的，用得着那样娇贵？灯笼巷里的人都生得贱，你让她在床上困两天，她自己就好了。嫁出去的女，泼出去的水，想回去就回去，还成个什么体统！

又吸一口水烟，喷细妹一脸的雾。

细妹说：求求大太太，我只一个娘……

严毛氏打断道：嗬，你的意思我有两个娘是么？

细妹说我不是这个意思，我是说我娘守寡把我拉扯大，如今她是个呆子，不晓得照顾自己的，她粒米不进在床上困了三天三夜了，我想带她看看郎中，拣几副药，只半天就回来，请大太太开恩。

严毛氏说你真的以为你是乌鸡变了凤凰么？我严家好客气，专门派了人招呼你那呆子娘，你还不知足，还吵吵闹闹地要回娘家去，得寸进尺是么？

细妹就哭起来了。又朝地上一跪，双手抱拳，仰起脑壳说：大太太，求求你好不好？

四妹子倒是个善良妹子，看着大太太欺负二太太，不准回家看娘，她心里亦有不平。又晓得她帮二太太到灯笼巷去看她娘，大太太会生气，她就只好借着到街上买东西的时候偷偷去看细妹的娘。这天回来她告诉细妹说她娘躺在床上讲胡话，句句念的喊的都是细妹。她娘依旧只喝点米汤，人瘦得剩一把干骨头，模样好可怜。细妹听了就仰天大哭。院子里的人皆听到了那恸哭声，也是暗自同情。伙夫熊爹中午额外给细妹加了一个荷包蛋，埋在饭里头。他端了竹篾篮子走堂屋前过身，被严毛氏看见，喝住他，她要看竹篾篮子里的饭菜，却看到米饭里露出了一角荷包蛋，拿筷子挑出来，道：跟老娘送回伙房去！熊爹说二太太好像瘦了，是不是要吃好一点？严毛氏眼睛一瞪，道：瘦了？灯笼巷里面出来的贱女人，吃口井水都长得胖，配吃这么好的东西么？熊爹只好把荷包蛋又送回伙房里，摇脑壳，自语道：人心未必不是肉长的？

严毛氏连常借打骂丫鬟，站在院子里指桑骂槐，细妹隔窗听得，句句如刀，剔入骨头。严老六要娶她为小时她一直说怕，其时她也说不出来为什么要怕，如今她是明白这怕的缘由正是严毛氏。严毛氏说白了就是一只母老虎，叫她逮住，必咬得遍体鳞伤，生不如死。细妹不敢看见她，一看见就浑身起栗。她只好每日里躲在自己的房子里，说话的唯有四妹子一个人。她叫四妹子给她买来绣线跟细麻，她就给严老六纳鞋子，绣烟荷包，又给腹中的宝宝织瓜皮小帽、绣有龙凤祥物的衣裳。除了这个事情，她就只能呆坐着想娘，盼着老六老六你早点回来。

老六就真的回来了。

老六是行了一夜船，早上回来的。他在严毛氏那里坐了片刻，把些从南京城里买的值价东西交给她，径又来到细妹房中。细妹一见老六，眼泪就掉下来，她自己也不晓得这是哭还是笑。老六捧住她的脸左看右看，说我要看你变了样没有。又说我想你想得好要命。又说我的崽他长得乖不乖？就滑下身子把耳朵贴在细妹肚子上来听。细妹抽了抽鼻子说：他好会闹，每天晚上闹得我困不着。老六说：那将来他就是个调皮角色。江湖上但凡有点出息的，哪个不是调皮角色？好好好，细妹，养个崽不易得，你辛苦了，我要慰劳慰劳你！

老六就打开一个包袱，哦哟，里头花花绿绿的一大堆衣物，还有一对小小金镯子，一对小小银镯子。细妹拿起金镯子银镯子看，老六就说：若生的是崽，就戴金镯子，生的是女，就戴银镯子，男戴金，女戴银嘛。细妹说你想得真是周到呵。老六说，但是我猜呵，必定是个顶天立地的崽！又抱住细妹，贴住她肚子说：我再来听听。哦，他现在怎么不闹呵？细妹笑笑说：你回来了，他就不闹了，他怕你咧。老六就仰起脑壳呵呵地笑。

老六返身把房门闩上，抱起细妹就往床上倒。

事后细妹笑说老六太猴急了。问老六，你在外头真的就没沾过别的女人？

老六整理好身上，一只手从上到下拂一把，然后答道：我要沾上别的女人，还能这么猴急么？

细妹说那倒也是。来，你进来茶都没喝一口。

老六一边喝茶一边问细妹，他不在这段日子过得怎么样。

细妹抽了一口气，摇摇脑壳，说：没怎么样。

老六望住细妹道：跟我讲实话，大太太有没有欺负你？

细妹说没有呵，蛮好呵。

老六一直看着细妹，说：你说话不望我，你没讲实话。我晓得大太太的脾气。

细妹就抬起眼来望他，说：我心里头想着你跟我肚子里的崽，就什么日子都过得下去。

老六把细妹抱住，亲了亲她的脸，叹道：你真的是个好妹子！

四妹子在外头敲门，老六把门打开，四妹子说饭菜上了桌了，等六爷跟二太太过去用饭。老六说就到中午了？好的就来。他走出门，没听到后头细妹跟上来的脚音，转身一看她还坐在床头，就说你快点走呵细妹。细妹说你一个人去吃吧，我不去。老六说怎么啦？细妹不作声。老六就问四妹子二太太这是如何一回事。四妹子犹豫了一下，欲说不敢说的模样，老六就厉声喝斥：何解？四妹子只好低低禀道：你郎家不在屋的时候，大太太不让二太太同桌吃饭。老六一听，跺脚道：那还了得！走拢去一把拖起细妹。细妹指四妹子说：你看你嘴巴多，惹事！又对老六说：我在自己屋里吃饭，安心些，真的我不意怪大太太，她管着这么大个家，凡事必有她的规矩，我是做小的，总得服从她的管束。你千万千万不要责备她，不然她会以为我在中间挑是非。老六愤愤道：规矩，什么规矩？老子要掀掉她的饭桌子！细妹说：答应我你不跟大太太发脾气，好吧？答应我！她捉紧老六的衣袖。老六只好答应不发脾气。又说：那你跟我去吃饭吧。

这边严毛氏见严老六跟张细妹一同走进堂屋来，就尖声唱一句：哦哟一对好鸳鸯呐！老六一脸铁紧，也不答白，闷声坐下。细妹叫了一声大太太，但她仍是不敢朝严毛氏望。

老六左边坐严毛氏，右边坐张细妹。账房莫先生同堂弟严老九及另两位商号里管事的亦在座。伙夫熊爹做了几样下酒好菜，清炖了一只鸡，摆上来一瓶陈年老酒。大家就起身来敬老六的酒。莫先生一边吃饭一边禀报了商号里这一个半月来生意上的往来账，总之流年好，财势旺，银子又赚了不少。老六有城府，听着高兴也不在脸上表露出来。

严毛氏夹了只鸡腿到老六碗中。莫先生说还是大太太晓得疼老公。老六将鸡腿夹起，戳到细妹的碗中，说：你吃了它。老九说哎呀呀六爷呀！六爷说：她要跟我养崽，不吃好点行么？严毛氏把另一只鸡腿夹起，放到自己碗中，说：我没得人来疼，我就自己来疼自己。几口就把鸡腿咽下了肚。莫先生跟老九一看气氛有点不对，就都不说话了。老六望细妹一眼，说：吃呵，把鸡腿吃了呵，趁热。细妹把鸡腿还回到老六碗中，说：你在外头辛苦了个多月，风餐露宿的，船上难得吃到像样的饭菜，这鸡腿还是你吃，莫辜负了大太太一番美意。老九说是呵是呵六爷，还是你自己吃吧。六爷又夹起那鸡腿，硬戳到细妹碗里，说：你吃呵，我就是不疼你，也要疼你肚子里我的崽呵！吃吧细妹！

莫先生故意高声说呵呀，二太太就有喜了？

老九也说：这么快就有喜了呵，我严家真是老天保佑喔！

严毛氏看老六跟细妹你让我我让你，又听老六说这样的话，心里头就打翻了醋罐，把筷子朝饭桌上一拍，大声道：你们高兴吧，我吃饱了，我要去困觉了！起身就到里屋去。

老六对莫先生说：大太太发混账气了，你过去安慰安慰她。

莫先生就走到里屋，见严毛氏横躺在床上，好大一座肉山。刚欲开口说话，严毛氏霍地坐起，指了莫先生鼻子道：你高兴个屁嗳！她一进老娘的门老娘就晓得她怀了他的种，呵，你们是瞒着老娘是啵，呵，天下还有比老娘更明白的人么，呵？气死老娘呐！

莫先生看了看门外，就坐到床檐上，伸手在严毛氏肥屁股上摸了一把，说：大太太不要生气嘛，生气伤自己，对啵？她就是帮六爷生了崽，她还是个小老婆嘛，这个家里的主人是哪个？还不是你大太太嘛！

严毛氏朝自己肉勒勒肚子狠捶了几捶，仰天叹道：你这不争气的家伙，不争气的家伙呵！

莫先生又摸了摸严毛氏的肥屁股，说你不要这样跟自己过不去嘛。

严毛氏恨恨道：对，说得对，老娘不要跟自己过不去，老娘要跟那小贱人过不去！

外头堂屋里，老六看着细妹一口口把鸡腿吃下了，说这才像话。伸出手在细妹背上抚了抚，一副怜爱模样。

饭吃完了，老六叫四妹子过来，吩咐她陪二太太到房中休息。又跟细妹说，他刚回来，商号里好多事要等他处理，他晚上再来陪她。

晚饭老六没回家，他在黔江城里的五福轩请水警署的几位官老爷吃饭。细妹见老六没回来，就不想到堂屋里跟严毛氏一起吃，但严毛氏打发四妹子来喊她，她只好也就去了。见到严毛氏她叫一声大太太。严毛氏哼一声，说：坐呵。细妹就坐下。熊爹把菜上齐了，退身下去。桌上就坐了她们两个人。细妹不敢看严毛氏，紧张得身子颤颤的。严毛氏说：吃呵，你未必还要我喊人来喂还是怎么的？细妹就去拿筷子，却没拿稳，掉到了地上，连忙起身捡起来。严毛氏一直瞪住她，目光如针，讥刺道：富贵了呵，筷子是不是也要人跟你捉？细妹低声说：大太太，见笑了。严毛氏尖声道：见笑！哈！见笑！灯笼巷里头出来的人，如今也晓得讲这文绉绉的话啦？好，长进了！又道：吃呵，莫见笑，吃呵！细妹哪里敢吃，只说大太太先请。严毛氏哈地一笑，说晓得要大太太先请，你还蛮懂规矩的呵？又说：肚子里有喜呐，呵？细妹低声答：是的大太太。严毛氏又哈地一笑，道：是还没有进我严家的门就有了，对么？细妹不作声，身子颤得好厉害。严毛氏喝道：说呵！细妹点点脑壳，说是的大太太。严毛氏说：灯笼巷还有什么好货么？勾引我们家严六老爷，让他下了种就来娶你，算盘打得蛮圆满呵你！细妹涨红了脸，说：大太太你不要这样说，我虽是灯笼巷里出来的人，但我也是清白人家的好女子，勾引男人的事我天生不晓得做咧！严毛氏霍地站起来，叫道：你敢回我的嘴？好大的胆子！我严家院子里上上下下几十号人，哪个敢回我的嘴？信不信我把你的嘴巴撕得稀烂，信不信？说着就挽衣袖子。

堂屋里动静这么大，一时惹得院子里的人跑拢来。严毛氏大喝一声：看什么看！老娘今日管教这个小贱人，都跟老娘滚远点！

账房莫先生走进来拉住严毛氏，说大太太莫生气，六爷今日刚回来，你就息点事吧，呵。

严毛氏朝莫先生啸道：你也跟老娘滚，你们这些臭男人，没一个有良心的！

莫先生一脸谄笑：是是是，总归是我们男人家不好。你就息息气吧大太太，莫让下人们看热闹。

严毛氏又是一声吼：老娘就是要让他们看看，哪个敢回老娘的嘴，了得！

严老六喝了蛮多酒，走路有点东倒西歪。他回来就先到了细妹的房里。他一进屋就说细妹你这是怎么了？

细妹坐在灯前呜呜地哭。

细妹抽抽泣泣道：我要回灯笼巷看我的娘。

老六说：看呵，明日你回家去看呵。

细妹说：我想我娘。

老六一把抱住细妹，横过衣袖给她抹泪。问：哭得这样伤心，就是想娘？

细妹收住泪，想告诉老六晚饭时分大太太欺负她的事，但欲言又止，只说：是，就是想我娘，她好命苦的，一个人孤孤单单。

老六说你的意思是要我把你娘接过来住？

细妹摇脑壳，说：她来不得，这里不是她这号人住的地方。我只有回去看看她。

老六说：回去看就是呵。

细妹说：大太太不准。

老六说：是么？她若是为难你那就等于是为难我，我跟她说一声，她不会不讲道理的。

又把脸贴在细妹肚子上，问细妹，小东西在里头闹没闹。

细妹说小东西怕你，不敢闹。

老六就笑得嗬嗬的，说崽怕爷那是天生的。

细妹起身拿出跟老六纳的一双青布鞋跟一只蓝绒烟荷包。老六接过来在灯下细细看，说你的手真的巧。细妹弯腰捧起老六的脚来，说你试试这鞋看合不合脚。一试，刚刚好。老六摸着细妹的脑壳说：你又没量过我的脚，如何就做得这样的不大不细呢？细妹说：我拿眼睛量了。老六说细妹你好聪明喔。

细妹又拿出她织的一顶小小瓜皮帽跟一套绣了龙凤图案的小儿衣裳，羞羞地说：这是给你崽做的，喜欢么？

老六看了呵呀叫一声，道：好看好看，喜欢喜欢！他穿了，扎扎实实像个富贵少爷咧！

细妹也叫一声，说：呵，他动了，快来听快来听！

老六连忙把脸又贴紧细妹的肚子，听了半天问：我怎么没听到呢？

细妹说奇怪了，你一听他就不作声了，他是真的怕你咧。

老六亲了一口细妹。细妹说你酒气好大，我跟你泡杯酽茶吃，解解酒。老六说我抱抱你亲亲你就解酒了。

又说：我今天拿给你的那些衣裳，都是我在南京城里精挑细选的，你穿穿看合不合适？

就叫细妹把今天早上的那个包袱打开，挑了件粉底起细碎蓝花的洋布衣裳让她试试身。细妹在灯下试了，接着还试了一件缎子旗袍，老六身子朝后仰，眯起眼来看，只觉得细妹真是如仙女一般姝丽，好看得让他血热。他就站起身，一把抱起细妹又要把她朝床上头扔。细妹说你早上要了，现在又要，会伤身子的。老六说老子身子壮得如一头牛咧！细妹说：你不能都给了我，你也要给大太太呵。老六捏了一把细妹的脸，说：细妹细妹你真的是好良心，这事情上你还想着大太太。

老六吩咐细妹叫四妹子打洗脚水来，洗了脚上床困觉。

细妹说：今晚你还是跟大太太困吧。你若是困在我这里，我心里头会不踏实的。

老六叹一声，道：你真的懂事，细妹，你会有福报的。

细妹说：你若心里头有我，就是福报。

当晚老六还是回大太太那里去困觉了。

他推门进去时严毛氏说哦哟还记得我喔！

老六说这么晏了还没困？穿戴得这么齐整，等我？

严毛氏道：等你？料想你今晚也不会回这里来困，我是打算这么坐着到天亮咧。

老六说你这人就是这样子的，当初要我讨个小的也是你，现在我讨了不高兴的也是你，何必呢？

严毛氏说：是呵，是我催你讨的小，为的也是你严家一门不能断了香火。但是讨小总得讨一房清白好人家女子，总不能讨一只狐狸精进屋来兴妖作怪，你们还瞒我欺我，以为我不晓得，这妖精进门来时肚子里就有了你的种了！你老实跟我讲，你是什么时候被这狐狸精缠上身的，讲！

老六按住严毛氏的肩，说：你这是发的哪一门子的飙呢？人家也是好妹子，端端正正，清清白白，人前人后没有嫌话，如何就成了狐狸精了呢？你说话呵也真是缺口德。我本想今晚歇在她那边，她还叫我回来跟大太太困呢你说她是不是狐狸精？

严毛氏说你没回答我什么时候被这狐狸精缠上了身的。你倒是讲呵！

老六说没这回事，也没什么好瞒你欺你的。当初要寻访二太太，不是你跟刘半仙测了八字掐了时辰又算了阴阳八卦才最后找到的么？你说她缠上了身，你不找她她又如何缠得上呢？真是，不怪自己，倒来怪我！

严毛氏说咦呀，平素你笨口结舌，如今倒变得嘴巴子利索了呵！不管你如何讲，老娘我晓得你们早有勾搭，你是叫这只野狐狸精缠住脱不开身了！

老六道：你拿凭证来呵，乱讲话是要遭雷公劈的。

严毛氏颈根一硬，厉厉地说：劈呵，劈死了我，正好，她就顺势做了正房了不是？严老六你这个没良心的！不是仗着我娘家的势，你生意如何起得来，如何会有今天的腾达，呵？你唯愿我遭雷公劈杀，是吧？你过了河就把桥来拆，是吧？你娶了只狐狸精，就把老娘我晾到一边了，是吧？告诉你，严老六，老娘我明日一早就回常德娘家去，再也不回来了！

老六连忙扶住严毛氏，帮她捶背，说：你就是喜欢冲我发混账气。你平静点好不好？这种气话说着有什么益处？你明日一早冲回娘家去，我明日晚上就八抬轿子把你接回来。你晓得我严老六是不能没了你在左右的，我有今天，自然也是因为有你在我后头撑着，我腰杆才硬得起来的。莫生气莫生气，有话慢慢讲。

这一夜严毛氏泄尽了心中的嫉恨同愤怒，看着严老六在自己跟前一截一截矮了下去，及至温温软软说尽好话，这才转了脸色，晓得严老六本色上还是惧内的，终究他还是她掌上握着的。吹灯的时候，她对老六说：帮我脱衣，老娘要你今晚好好伺候一回。

老六说好好好，我堂客就是个明事理的人，晓得见弯就拐。

严毛氏在黑暗中道：屁，是你欺软怕硬，见弯就拐！

老六说是是是，我见弯就拐，见弯就拐。

两只手伸出去，在严毛氏胸前摸衣扣，慢慢剥解它。

细妹回到了灯笼巷，这是她嫁到严家做姨太太之后头一次回娘家来。虽然只有几个月时光，却仿佛隔了几辈子岁月，一切于她皆是激动。街上人看她回来就跟起看热闹，跟了一串人在她身后进到了巷子深处她娘屋里，围在门外叽叽喳喳。那严家派来招呼她娘的妇人正坐在门前飞针走线，看细妹来，连忙起身，把她迎进屋。细妹跨进门槛就大叫一声娘。

娘躺在床上，背对了她，一动未动。

细妹又叫，娘，娘，我回来了咧！

她不是不晓得娘听不见，但她就要这般彻心彻肺地叫，这般叫着仿佛才解了她对娘的日思夜想。

她扑到床上，把娘的身子扳过来。娘的眼睛就睁开了，口里呵呵呵地呵着就好像有什么东西卡在了喉咙里，欲吐又吐不出。同时细妹就望到娘的眼角里滚出来了一滴浊浊的泪。

细妹扶起她娘，抱住就哭，哭得嗬嗬的，让门外看热闹的街邻亦动起了唏嘘。

哭了好一阵，慢慢平复下来，细妹朝娘喊：娘，你妹子回来看你了！娘，你妹子好想你！娘，你何解瘦成了这个样子，妹子心疼咧娘！

娘不语，只拿眼睛呆呆望细妹，伸出柴棍样的手，摸了摸细妹的脸。

细妹又喊：娘，你妹子带你去看郎中，抓几副中药，你吃了就会好的，娘！

她扶娘起来，娘弱得站立不住，往她身上倒，她就叫那妇人过来帮一手，两人一左一右，搀住娘，往城南有名的四怡堂去看坐堂的老郎中郭四爹。

细妹就这样从早晨到断黑边上，带娘看了郎中抓了药，做了饭菜熬了汤，给娘一口一口喂饭，又给她捶背捶膝，还煎了两道汤药，哄小孩子一样哄着她皱眉皱眼喝下了。灯笼巷里灯火亮起来，细妹这才打道回府。她一早出的门，没叫四妹子陪她，四妹子这时却站在严家大门口打望，望见细妹回来了，叫一声二太太，把她迎进了门，低低说：六爷吃夜饭的时候还在问，二太太为何还没回来。又说六爷问四妹子，为何没有陪二太太回娘家。四妹子感叹道：六爷对你真是牵肠挂肚咧！四妹子不是是非人，有些事她并不会同二太太讲，比方六爷叫她去接二太太回家时大太太说，未必她自己不晓得回来，还要人去接，好大的格？宠人也不是这样宠的！六爷就不再说话了。四妹子晓得这样的话过了她的嘴，那就是祸。她见过大太太打丫鬟罗三毛，拿铜尺劈头盖脑打，打得罗三毛皮开肉绽，血湖血海。那真是下得狠手！

夜里严老六又到细妹房中来，同她耳鬓厮磨了好一阵，又贴着她肚子听胎动，反正他不听，细妹就觉到肚子里有热闹，他一听，肚子里就声息全无。细妹笑笑说：崽还是怕爷的。老六摸她的肚皮，说看着看着你肚子大起来，要显形了。细妹说是呵，一天一天地大，你的崽长得猛咧！老六好高兴，说我严老六终于有崽呐，几多好的事，上苍保佑我咧！细妹忽然捂住嘴巴，干干地哇了几下，说我口里没有味道，想呕，我想吃点辣辣的东西。老六推门喊四妹子进来，说你叫厨房里熊爹下碗面来，多放点辣椒多放点豆豉跟葱蒜，呵！慢点，还叫他盖两个荷包蛋在上头！

四妹子一会儿就端了面过来，热气袅袅的。她放下面，退身出去，把门合上。老六说吃，趁热吃，凉了面就巴起了。细妹说：这样大一碗，我吃不下。老六说你吃啰，若是吃不下我帮你来吃。拿筷子夹起面来就要喂细妹。细妹说我自己来，自己来。老六说先把荷包蛋吃了。细妹说你吃一个，我吃一个。老六说：你吃一个，我崽吃一个。结果细妹虽说吃不下，却一个人把一大碗面吃得精光了。老六吸着水烟袋，笑哈哈地道：其实不是你吃得，是你肚子里我的崽他吃得。细妹说是的是的，我连常半夜里醒来有些饿，就是他想东西吃。老六说好好好，男子汉，要吃得才做得咧！

青花面碗空空的，盈满了微红的烛光。两人又说了一阵话，细妹打呵欠了。细妹问：今晚你就歇在这里了？老六说：我只怕还是过大太太那边去好一点。她呵，这两天也不晓得吃了什么火药子，总是冲我发混账气，过两天就会好的。过两天我再过来歇。

细妹望老六，老六不敢对望，只把眼睛看细妹微微隆起的肚子。细妹喃喃道：我以为只有我一个人怕她，没想到连你都是怕。好好好，我明白了。你早点走吧六爷。

老六抱住她说：我舍不得走。

细妹说：在我眼里你向来是敢做敢为的男子汉，从不黏黏糊糊，左左右右，你如今为何这般的儿女情长了呢？这还是堂堂的天宝商号的严大老板么？早点走吧，呵！

到第四个夜晚严老六才到细妹房中来宿夜。他身子虽说强悍，到底还是力有不逮。细妹温柔体贴，总拿热毛巾给他拭汗，要他好好休息，莫累坏自己。她做姑娘时节在井旁打水洗菜，也听得妇人聊天时说到女人若有孕在身，还是要少行房事，莫要躁坏了胎气。她把这个就跟老六说了。老六说：我不管，我要你，你是我的堂客！细妹说：我不是你堂客，我是你的小婆子。老六说：我不管，小婆子也是堂客！但他到底人到中年，毕竟不再后生。他回来连续三个晚上，严毛氏都找他要。昨夜她要了一回还要二回时他说他累坏了不行了。严毛氏说：我晓得，你是要留着，给那个狐狸精是吧？你看着办老六！说完转身朝里，撅着屁股对他。老六只好又安慰她一回。之后他起来小解，只觉得脑壳都有些晕。

这晚上他终于头一回听到了他的崽在细妹肚子里动。他高兴地叫着：细妹！细妹！他在里头打拳哦！细妹有些困了，喃喃道：他连常还翻筋头咧。她要翻过身去，老六叫：莫动莫动，我还要听！激动得眼睛都闪出了泪花子。又叹道：哦，我的崽哦！

这夜里他好激动，竟横竖没有困着觉。他隔一阵就伏在细妹肚子上来听，若是听到了动静，就恨不得把细妹摇醒，同她来讲话，讲讲这崽生出来，会不会跟他一样，在风浪里飘一世，会不会在江湖上也受人尊敬，会不会也吸水烟袋，也讨一个像他的娘一样漂亮的堂客……总之会不会这样，会不会那样，他都想跟细妹来慢慢打讲，讲到天亮亦无所谓，因为这样讲话他是好不快活的。这快活唯有细妹可以带给他。

但细妹困着了，困得沉，困得香，发出匀匀的鼾声好比老六身边困了只细猪崽。

老六到天亮才困着，一直困到吃午饭才起来。他下午到商号里去办事，夜里又是请警察署的长官吃饭，吃完饭陪长官去听辰河戏《破窑记》，一日下来总是忙。

隔了些时日，老九告诉老六南京那边又催着发几条船的货过去，接连来了两封电报。老六看到窗外河边上商号的伙计正顺着跳板往船舱里滚油桶，就说明日一早就走吧。老九说好，我来押船。老六说:还是我来。一旁莫先生说战事最近打得凶，外头不太平，老板不宜亲自出去，我看还是老九去好些。老九也说那是那是，六爷你在家，我去。老六说：莫争，说了我去就是我去。莫先生说老板你要小心，世道不比往常。老六说：晓得，晓得，这天下不是往日太平天下了。

翌日老六就押了五条船，沿沅水下洞庭了。

临走之前老六来看细妹，说这一走又要个多月，你要好好照顾自己，照顾好自己就是照顾我的崽。我不在若是大太太发混账气，你躲开点，她就是那样一种小姐脾气，我平素都让她的。记住，呵。细妹看他转身走，眼泪莫名地就流了下来。她晓得老六不在身边，自己的日子又是难捱。

日子果然难捱。

老六一走，严毛氏又不让细妹同桌吃饭，只叫厨房熊爹送几样简单饭菜到她房里来。细妹倒觉得这样还自在些，若是与严毛氏同桌，她会一点胃口都没有，浑身就是怕。她不想看到严毛氏那一张长着凶凶的横肉的脸。

当天她就听到严毛氏打她贴身丫鬟，就在院子当中打，拿一把黄铜戒尺，一边打一边破口詈骂，句句话隔窗听来都是骂的张细妹，又骂得尖刻阴毒。那挨打的丫鬟哭爹叫娘，好不凄惨。细妹把耳朵捂住，眼睛闭上，在心里头说：老六你为何要走开人哦！她这时想起昔日朱三来。她想若是朱三不离开黔江城，就是在码头上当个搬运夫，身无几个钱，那要什么紧，只要他娶她，答应住到她家里来，同她一起侍奉苦命的娘，她必定就会嫁给他。他为何非要走，又非要赚足钱再回过头来娶她呢？朱三若是娶了她，那她再清苦再劳顿，也好过在严毛氏这样的母老虎跟前捱日子，穷人也是一世命，不求富贵，但求平宁。细妹于是在心里头有些怨恨起朱三来。她说朱三呵朱三呵，你害了我咧！

夜里忽然落了暴雨，雨豆子打得屋檐窗子响了一整夜，细妹被惊得醒来好几回。天气一下子就凉了，她蜷缩着困，觉得寒气从脚底下浸过来。她就想起了娘，想过娘之后又想起老六，这么大的雨，她推己及人，自己冷得困不着，娘跟老六是不是也困不着？她就这样辗转反侧，及至天明。

到早晨雨住时她就跟四妹子说要换床大被子了。天气已入冬，眼看那凉是往骨头里凉了，薄薄秋被明显是御不住，索性今日把它换掉。

四妹子听了便到大太太那里禀报，因严家不论大小事情，无不要经过大太太准了方才行得通。不料大太太听了，眉毛一挑，道：灯笼巷里出来的人也晓得娇宠自己了，呵？如今不过是落了一夜雨，她就喊要换被子，若是过些天再落雪，她未必要换狐皮大衣？再下冰雹子，她未必恨不得要住到皇宫里头去了，呵？

四妹子就说：二太太昨夜里着实一夜都冷得困不着，她早上眼窝子都是黑的咧。六老爷吩咐过我，二太太有孕在身，一定要好好照顾。照顾不好，他说他回来有我好看。

严毛氏道：呸！你这贱骨头，你倒是蛮晓得替你主子讲话的，呵？你回去告诉她，大被子还没添置，老娘我都没得盖，她有什么格来盖！呵，滚！

夜里又是刮风，吹得四处乱响。细妹昨夜就觉得凉，今夜就愈加地凉，她想爬起来去喊四妹子过来陪她困，暖暖脚，却又不敢喊，严毛氏若是晓得了，岂不会把四妹子打个小死？她就忍忍地捱过了一宵。这一宵除了窗外风声动静大，她肚里的崽动静也特别大。她想象他拳打脚踢的模样，心里才有一点快慰。一种即将做母亲的骄傲充盈了自己，抵消了周身的寒冷之气。她想象这崽哇地一叫就出生了，想象他大声喊她娘，喊老六爷，脚抬起好高走路，跌跌撞撞，想象他慢慢就长成了一条汉子，身上结满了古铜色的肌肉……她嘴角在暗处就悄悄绽开了油灯样闪亮的笑意。还有什么比想到未来更能忘忧的么？

但是熊爹没送早饭来。细妹自从怀了崽，食量就变得特别大，而且动不动就感觉饿。熊爹没来，她两腮都有些酸，想吃东西。就叫四妹子去问。四妹子转回来，说大太太交代了伙房，二太太这边反正也不做事，一日就只吃两餐，所以要等一阵才有饭菜送过来。细妹说，不是我要吃，是我肚里六爷的崽要吃咧！

等到细妹吐酸水了，熊爹提个竹饭篮进来了。细妹揭开盖布一看，只有一碗稀粥，一碟咸菜，两只蒸红薯。平素熊爹过来，把竹饭篮放在桌上返身就走，这回他没走，垂手立在门前，仿佛恭听二太太发话的样子。细妹问：没有米饭？熊爹答：一切都是大太太吩咐的，我其实……细妹打断他说：晓得了。熊爹就叹一口气，摇摇脑壳走了。

熊爹穿过院子时正遇到严毛氏，他就喊一声大太太。她那里哼一句，也不看他。熊爹趋拢去，说刚刚跟二太太送了饭。她那里又哼一句，仍不看他。熊爹又说：二太太的饭菜是不是……太……太那个了？她那里把脑壳仰起来，道：如何？她吃什么，轮得到你一个伙夫来讲话么？熊爹脸一下红了，垂腰说：不是不是，六爷吩咐过在下的，说二太太她身子怀了六甲，饭菜要做好，她不是一个人吃，是两个人吃，她……严毛氏打断道：放屁！她以为她怀了六爷的种，就做得了人上人了是么，呵？老娘就是喂只鸡喂只鸭，也晓得下蛋，什么了不起！身在福中不知福，她还要吃人参燕窝熊掌鱼翅是么，呵？还托你来传话，你叫她自己来跟老娘讲！熊爹说不是不是，二太太没叫我传话，是我自己看着想起六爷的吩咐，觉得有点……有点……严毛氏道有点什么？熊爹说：有点不好意思。严毛氏细眉一竖，喝道：跟老娘滚，你这老屁股要是再多嘴多舌，老娘就让你两个“山”字打跺，请“出”！熊爹走的时候她又冲他背影喝骂了好一阵，骂得细妹隔窗都听见。

自然地，严毛氏就是要让她听见。

过了半个月，黔江古城下起了入冬来第一场小雪。满城屋顶由黑染成了白。沅江两岸，寒风瑟瑟，树影萧萧。细妹望着窗外总是想起娘来，又不能随便回灯笼巷去，连常打发四妹子就便去看娘。娘如今起床了，仍是如昔年一样坐在门槛上发呆。那个妇人安排她一日三餐，倒也周全。细妹也想老六，想河风如刀，刀刀割在老六的脸上，他又添了皱纹么？南京城是什么样子的呢？老六不赌不嫖，那他除了驾船，平素如何打发长日呢？总之细妹无事就胡思乱想，一阵子想娘，一阵子想老六，一阵子想肚子里头的崽。那崽长得快，她肚子明显翘起好高了。他长得快，她就感到饿。她一饿，肚子里头动静愈发地大。她晓得崽在里头是吵着要吃东西了。

但大太太不给她东西吃，也就是不给老六的崽东西吃。细妹想你恨我可以，你如何要恨我肚子里的崽呢，他是我的崽，他也是你们严家独独的一根苗呵？大太太只允她娘崽吃两餐，两餐吃的也就是严家院子里下人们吃的。大太太她自己倒是一日三餐，餐餐山珍海味，叫着账房里莫先生陪她吃。厨房里熊爹提竹篮来送饭，连不敢望二太太，就仿佛他在做一桩见不得人的事。四妹子看着二太太吃起来狼吞虎咽，亦是一番心疼。她晓得她是饿坏了。但如今谁个又敢作声呢？

天愈来愈冷，细妹就受凉咳嗽，侃侃侃侃地咳，咳过之后又发起烧来，一脸潮红。四妹子见到这样，就来禀报大太太，严毛氏听都没听完就说撒娇呵，嗳？灯笼巷里头出来的人，你以为你是金枝玉叶呵，嗳？好笑，滚！四妹子挨了斥，就到厨房里找熊爹，要熊爹熬一碗姜汤来给二太太喝。熊爹听四妹子说了，就说这是伤了风，着了凉，姜汤里还要放干紫苏同干葱须，叫四妹子把汤端过去，要二太太趁热喝，喝完蒙头困了，发一身汗或许就会好。

二太太照吩咐也就喝了，但终于还是不见好转。过两日，愈发咳得厉害。到半夜，亦是愈困愈冷。她仍是盖的一床薄薄秋被，四妹子也不敢再找大太太开口，只好跟细妹说二太太，你要是冷得受不住，我就来跟你困，跟你来燠脚。夜里，四妹子就抱着她的被子过来了。两床被子两个人，这才不冷了。但细妹仍是咳，咳得胸口都是痛的。她说我咳不要紧，就怕咳坏肚子里的崽。四妹子听了，说：六爷早点回来吧！又合掌垂头，求菩萨保佑。

第二日四妹子到城里观音桥办事，顺便到灯笼巷去看细妹的娘。她回来跟细妹说，她娘又病了，上吐下泻，在床上业已躺了三天了。头天那招呼她娘的妇人叫吉祥巷的老中医来给她把脉，老中医探了半天脉，亦不晓得脉在哪里，就摇脑壳，跟妇人说脉息都摸不到了，只怕凶多吉少，家里人要准备后事了。细妹听了就哭，愈哭就愈咳得厉害。她梳了一下头，就去见大太太。她跟大太太说她娘病得要死了，她要回娘家去看一看。一边说一边仍是哭。大太太抽着水烟袋，望也不望她一眼，冷冷说：规矩上，出了嫁的女人，是不能随便回娘家的。这个你也晓得。我严家派了人专事招呼你娘，这就够意思了吧。你要回去干什么？她病了，你回去她就会好？你是神仙，起死回生？我看你还是不要回去，省得街坊四邻讲闲话。我们严家向来是没有闲话给人家来嚼舌头的。呵，就这样，不要说了，听天由命吧。说完严毛氏转身就进里屋去。细妹一下伏地恸哭，求大太太放她回娘家。哀声大放时，院子里却无人敢拢来劝，各各立定，侧耳细听，却听得严毛氏忽然发了飙，斥二太太滚，在这里哀天哭地，既无规矩，又不吉利，你就是把个天哭塌下来，老娘我也不准你出这严家大院的门！

只有四妹子拢近去，扶起二太太，那二太太这一晌本来伤了寒，身子弱，一下就晕在了四妹子的怀抱中。四妹子喊：大太太！大太太！严毛氏已经进到里屋，坐在太师椅上吹纸煤儿，点着了水烟袋。

第二日一黑早，严家派去招呼细妹娘的妇人推门进来，告知一个噩耗：细妹的娘撒手归西了。

细妹由四妹子搀着来到灯笼巷。北风呜呜地响，巷子口上仿佛有无数细伢崽吹口哨。细妹嚎啕大哭，泪眼中看一切皆是模糊的。

但她还是看清楚了自己的娘。

娘蜷缩在床上，如一只煎熟的虾，已是瘦得只剩下一把老骨头。白发盖了一半在她嶙峋的脸上，薄薄嘴皮下露出几颗乱乱的黄牙。那样子仿佛要说什么话，欲言又止。

细妹发一声喊：娘！跪在床前，俯身抱住那把没有了呼吸的骨头。又是一声喊：娘！妹子没给娘送终，妹子大不孝呵娘！之后就晕死过去。

她睁开眼来时已在自己的床上，旁边立了四妹子。四妹子叹一声：二太太你终于醒来了！细妹道：我如何在这里，我娘呢？四妹子说二太太，我到熊爹那里去给你弄点吃的东西来，你晕了大半天了。细妹叫道：告诉我，我娘呢？四妹子这才说：二太太，你娘已抬到城外三里桥山上埋了。细妹朝空中叫一句：娘！又晕厥过去。

她再次醒来已是半夜，北风大，窗户响，她一时觉得自己像一朵棉絮，飘在了半天空中。幸有四妹子困在身旁，不然她会冷得彻骨。她肚子里小崽子又闹事了，拳打脚踢如辰河戏里的齐天大圣孙悟空。这时她才感到真是饿了，饿得不得了。她碰碰四妹子，叫醒她来。四妹子披衣起床，点上灯，很懂事地说二太太你必定饿了。细妹喃喃道，小崽子在肚子里吵吃了。四妹子说饭有，但是凉的，我去叫熊爹起来跟你到厨房热一热。细妹无力地说：凉的就凉的吧，快点跟我端来。四妹子就到几案上把那只竹篮子提过来。那里头是一碗冷粥，两只蒸红薯，一小碟辣椒萝卜。细妹掀开盖在上头的印花蓝布拿起只蒸红薯三口两口就吞了下去，一眨眼那竹篮里就只剩两只空碗碟了。四妹子叹道：二太太你好像班房里头刚放出来的人哦。细妹道：只填了肚子一角角，饿，还是饿，饿得肚皮粘了背！四妹子说那我去叫醒熊爹，让他到厨房里再给你弄点吃的东西来？细妹摇摇脑壳，道：还是莫去叫醒他郎家，大太太要是晓得了，他会挨骂的。

细妹又想起了苦命的娘，嘤嘤地哭起来。四妹子就来安抚，劝她节哀，富贵有命，生死在天，人要走，一声喊就走了，你是没有办法的。又告诉细妹，严家出了一口棺材，敛了她的娘，八个船工把棺材抬过三里桥，抬上了山。这事是账房莫先生安排的。到了头七，我陪你去上坟烧香。

细妹只是听，不答白，仍嘤嘤地哭，一直哭到天明。

她后来饿得哭不出了。

严老六回来的时候黔江古城又落了场大雪，船靠岸时码头一片白茫茫。他从跳板上一闪一闪走下来，踩到地上雪把脚踝都埋没了。

账房莫先生领着商号一干人早早迎候在堤上，一抬轿子把老六抬进了屋。

照规矩他先到大太太房间问礼，把从南京带回的杭州丝绸拿了几块给严毛氏，又拿了几盒西式糕点给她说这个真好吃，你尝尝味道。

叙了些事，喝了一盏茶，他着即就往二太太那里去，说我要看看我的崽。

细妹一见老六扑到他怀中就哭。老六抚她的背说莫哭莫哭，我回来了。

细妹说我的娘，我的娘，她没了！

一边四妹子就备细述说了二太太娘亲故去的事。老六安慰细妹道：这只是迟或早的事，你娘要走，天也留她不住。想开些，我们都有老的那一天，人老了，说走就走，连不奇怪。又说，世道最公平，有人往西去，就有人从东来。你娘虽是走了，我们的崽或者就快来了哦！连忙抱住细妹的肚子，把脸贴上去就要听崽的声音。细妹的肚子如今就是穿着棉袄也隆起好高了。老六大声道：怎么他不作声呢？是怕他的爹么？崽，崽，你出来看看你的爹呵！听得细妹噗地笑出来。细妹说：你也真是，当着人的面也这样。四妹子一听，连忙转身走开去，顺手把门关上了。

老六回来，毕竟细妹高兴。这世上娘没了，至亲的人就剩下老六一个。老六想当爹想得好厉害，说他困在船上头，夜里做梦就梦到崽出世了，好胖好结实一个崽，生下来就朝他喊：爹！他笑得醒过来。

他又抱住细妹，隔了棉袄来听崽的响动。当然他是听不到的。但他这个听的模样，细妹见了就觉得心里头一阵温暖。她伸出双手来摸老六的头发，那头发已起了霜白。又摸他的额头，那额头已皱纹如刀刻。她说老六，老六，你不要再出去了。你就守在屋里。外头风大浪大，你也不是后生了。你让老九他们去押船吧。

老六这时才站起来，说我要抽袋水烟。细妹就跟他吹纸煤儿，点上火。老六舒服抽一口，半天才吐出烟来，咳一声，说：细妹你不晓得，如今外头兵荒马乱，日子已不太平，我不亲自押船，放心不下。再说我十三四岁就当水手，驾了一辈子船，虽然办了天宝商号，做的生意也仍是运货行水，我在岸上待久了，手脚都会肿，只到了船上就浑身舒泰自在，我命里是风浪里走的人，离了江湖就失了魂。

老六又还跟细妹说，这年月眼看要变天了，国府的军队连连顿挫，节节溃败，南京那边相当吃紧，所以要货也要得勤也要得急，他若不出面，老九这号小角色去，只怕讨不回货款。

细妹说你是说你还是要不停地出门啰？

老六点脑壳道：只能如此，命当如此，钱从险处来嘛。

老六又叫道：你看我只顾得说话，忘了拿礼物给你！

就把从南京城里带回来的一个包袱打开来，这回除了给细妹带的绫罗绸缎新式衣裳及一只绿松石手镯外，且还跟未来的崽带了西式海军裳，帽子衣服并裤子，上下一套，展开举在手中让细妹看，一脸皱纹漾开来。细妹没见过，问这是什么新鲜东西。老六就告诉她这是海军裳，杨子江上头他见到过外国人的兵舰，好大铁家伙喔，老六打个手势道，有我一二十个人高，那上头的水军，一色就是穿的这衣裳，风一吹，帽子上头的飘带就呼呼地飘好不威武。又道：将来我崽要接我的班，他要穿这一身衣裳在江湖上行走，那才是英雄模样！细妹笑一声说：你想得太远了。老六说不远，不远，日子过得快，一眨眼我老了他就大了！又摸细妹的肚子，说你看他长得好快，才一个多月不见，他就长得这样大啰。细妹叹口气，道：你日子过得快，我日子过得慢。老六问：何解呢？细妹说：你不在，我守着空屋子，一个人难得捱。老六说你绣花呵，纳鞋子呵，人一做事，日子就过得快。细妹摇脑壳，也不想将这话讲下去。

老六抱细妹坐到膝头上，左亲右亲，又来解她的棉袄。细妹捉住他的手，说你气力太大，会躁了你的崽，灯笼街的老人讲过，妇人身孕大了行不得房，会坏事。再说你今日才回来，大太太那里你要交代她。老六手就打住，望一眼细妹，说我想你想得要命咧！细妹轻语道：我也是。

两人坐下来说话，细妹并未将严毛氏如何待她说与老六听。她喜欢要老六讲外头江湖上的见闻。她问老六你说要变天，怎么样个变法呢？老六说我也不晓得，总之天下会大乱，如今的政府压不住台了，或者又有新的政府要上台，不晓得那会是什么样子的。我们做老百姓的，也不管这些，世道愈乱，愈好赚钱。我们生意人，只要有钱赚就是好。

说了一气话，老六起身，到商号里去办事了。

过了半个月，天寒地冻的，老六仍是押几船桐油，往上海方面走了。

行前的头一晚他是困在细妹屋里的。他回来这半个月，细妹就像过节一样，天天有喜色。大太太严毛氏做着假样，同席吃饭时当老六的面亦不给细妹难堪，仿佛一家人也还是和气生财的。

老六一晚上都抱着细妹的大肚子，念着他的崽将来如何如何。说这一回出门，再回来，要等崽出世了再出去。老六说：我就等着这个后生子到世界上头来。细妹笑老六变得好缠绵，不大像个江湖上头的老大。老六也笑，说男子汉也有缠绵时。二人躺在床上说笑了一夜，到天明老六就上船了。

他一走，细妹的难捱日子又来了。

严毛氏看着细妹肚子愈来愈隆，心下妒意亦愈来愈甚。她虽然唯愿严家有后，但有后不是自己嫡出，怎么着也是气有不顺。她这时有些后悔，不该引妾入室。就是抱养一个崽，也比这院子里多出个年轻漂亮女人要强得多。对呵，她常德家里有堂兄表弟，找他们过继一个崽来，岂不是更好么，到底是自己毛氏一条藤上的瓜呵！为何当初就没想到这一层呢？唉唉唉，聪明一世，糊涂一时喔！她愈这么想，就愈恨张细妹这个小妖精。她夺她的爱，且还要做严家二代的生母，她严毛氏岂能咽下这口气！这时候她恨从心头起，恶向胆边生，毒毒地想着要把张细妹那小妖精弄死，她腹中那一点严老六的血肉也索性一并弄死，再到常德家里找堂兄表弟过继一个崽来，她就还是从前的严毛氏，是这严家江山的女主人。

她脑壳里从这一刻起就一直黑蝙蝠一样飞旋着这个恶念。

严毛氏不让细妹同席吃饭倒算小事，她还特事叮嘱厨房熊爹，给细妹送的饭绝不能有油荤，只能是小菜同粥薯，连米饭亦不能有。熊爹听了，作声不得，晓得一作声，严毛氏就会发飙骂人。他偶尔会煎一个荷包蛋，淹在粥里头，偷偷带给细妹吃。细妹仍是一日两餐，时时感到饿。她年轻康健，本就食量好大，如今要吃的不是她一张嘴，肚子里还有另一张嘴。熊爹送来的这点东西，如何能填得了她的肠胃呢？四妹倒跟着用人们一日三餐，有天她见二太太饿得吐酸水，午饭时就端了一碗饭，上头夹满了菜，想带给二太太吃。她穿过院子，被严毛氏看见，喝她过去，问她端着饭是干什么。四妹子支支吾吾，不会撒谎，一脸彤红，只得从实说了。严毛氏扬起手中黄铜水烟袋就朝她脑壳上头砸过去，四妹子一闪，却砸了额头，立时鲜血突了出来，流了一脸。严毛氏还在破口詈骂，叫四妹子从地上把黄铜水烟袋给她拾起来。

后来细妹看到四妹子额头上扎着布，眼睛哭得肿泡泡的，问她她又不肯讲，心里似乎明白，就说是大太太打的吧？四妹子本装着没事模样，这一听眼泪就又流下来。细妹说：打你就是打我呵！

隔夜又落了一场雪，严毛氏站在院子当中雪地上，不知又在咒哪个，叫骂声声钻入细妹的耳根来。明显就是指桑骂槐，好吃懒做，狗婆养的，等等骂了一堆，愈难听的就愈骂得起劲。细妹本忍着，不想听亦不想招惹，但后来严毛氏走近了，就走到她窗子外头，骂道难怪你娘不得好死，生了你这么个不要脸的小婊子，一世就是个呆婆子，这就是天报应，死得难看，死得活该！

细妹也不晓得是为何，拉开门就冲了出去。或许是她在严家院子里压抑得久了，更或许是因为严毛氏咒了世界上她最心疼的娘，她一时也想不得那么多了，骨子里的野性一来就凛凛地站到了严毛氏面前，吼一句：你骂惯了这张嘴是么？你骂我犹自可你还骂我娘，我娘她惹你了么？

严毛氏遭这一吼先是一怔，半天回过神来，肥腰一叉，双脚一跳，厉声道：哎呀哎呀哎呀，你这吃豹子胆的，你敢跟老娘我顶嘴呵，我叫你顶，我叫你顶，我叫你晓得这严家院子哪个敢跟老娘顶是什么下场！说完冲上来就抓细妹的脸。细妹肚子大，闪身不便，一下就叫严毛氏又长又尖的指甲把她一张俏丽的脸抓烂了。严毛氏这一来，倒也吓着了张细妹，她刚才不晓得哪里来的胆气跟严毛氏对打，这时反而泄尽锋芒，心中生出来了莫大的早已熟悉的怕。她捂住被严毛氏抓得生痛的脸，耸肩朝后头退。严毛氏则步步进逼，两只尖利的爪子不停地挥舞，欲再要抓那张让她透心嫉恨的脸，她非得把它抓得稀巴烂才可解恨。细妹退着退着脚绊到了门槛，人一闪，仰面倒地。严毛氏冲上去，抬脚就去踩她的肚子。一脚，又一脚，又一脚，一连几脚皆踩在细妹隆起的肚尖上。细妹一声惨叫，晕死过去。

细妹睁开眼来时只觉得脸发烫，下身疼，喉咙里像着了火。她喃喃地喊：我要水，水，我要水……一张脸出现在眼前，忽然好大。那脸是四妹子。四妹子说：二太太，二太太，你终于醒来了，唉，吓死我了！我以为你都……唉，菩萨保佑菩萨保佑！她端过一碗水来，扶起细妹，细妹一口就把水喝光了。一摸自己的肚子，哇地一叫：我的崽呢？我的崽呢？我的崽呵！又晕了过去。

她再次醒来时已明白了一切。她的肚子遭严毛氏脚来踩，腹中的胎儿就流产了。这小崽子还没看到世界是什么样子，就已死在了娘腹中……

她疯了似的哭喊，爬起来欲与严毛氏拼命。但她已虚弱到了极致，全身无力，一动就像要散架了一样。她跟四妹子说：我怎么没有死呢？呵，我怎么没死？说完恸哭，闭过气去。

她在床上躺了八天。这八天里她还时常听得严毛氏在院子当中詈骂，无不是冲着她来的。严毛氏这回真是解了心头之恨。她仍是不放过张细妹，简直欲置她于死地而后快。她不许厨房熊爹送好饭好菜给细妹，一日两餐仍是稀粥跟两只蒸红薯，亦不许院子里除四妹子外任何其他人去看细妹，哪个若是去了就要打断他的腿。她横蛮、霸道、凶狠，人人皆服了她的淫威。看着细妹如此惨状，没人敢作半点声。只熊爹送完饭回厨房，叹气道：作孽呵作孽呵，人不善，要遭雷劈呵！

这样过去了大半个月，严老六转回来了。

他一回来，就感觉到他严家院子里气氛不一般，人人望他，眼光皆躲闪。他就奇怪，直问严毛氏，他不在家院子里发生了什么事情么？严毛氏冷冷答白：这个你要去问你的二太太。他说二太太她怎么啦她怎么啦？严毛氏吹纸煤儿，点上水烟袋，吐一口烟慢悠悠道：我说了你去问你的二太太。

严老六急忙跑到张细妹房中，细妹正躺在床上，四妹子俯身给她一匙一匙喂汤药，屋子里亦是一股中药味。细妹见老六进来，哇地一叫，从床上爬起来扑到他怀中，哭道老六老六，我们的崽！我们的崽他没啦！老六扶直她，大声问：什么什么你说什么，我崽他如何了？！细妹大放悲声，哭得说不来话。

老六掉转脑壳问四妹子，四妹子就把过程备细说了。她不想隐瞒什么，只有照实说，她才觉得对得起自己的良心。再说严毛氏欺凌她多时，她也压抑得太深，她说出来，不管后果如何，她是痛快的了。

老六跺着脚喊：老天爷！老天爷！就捶自己胸脯，捶得咚咚地响。

又喊：老子要拿刀砍人！老子要砍死她！

但细妹一把把他抱住了，哭道：不要！不要！不要这样！这是我前世作了孽，天报应呵！

老六仰天啸道：天报应！天报应！我老六做了什么亏心事，呵，要让我断子绝代，呵！

老六还是动手打了严毛氏。这严毛氏自小娇生惯养，她爹富甲一方，亦逞霸一方，但对他这宝贝女儿一句重话都没讲过，这回老六居然动手扇她耳光，还一脚把她踢倒在地，她就发起横来，拿起桌上的剪子就来跟老六拼命。老六说你敢还手？你敢还手？又是一脚把她踢到床脚下。严毛氏起不来了，剪子丢到一旁，横在地上放声嚎哭，哭得惊天动地。她咒老六，咒灯笼巷里的那个妖精，咒得嘴角白沫翻滚。

严家院子里闹腾了整整一夜，到天明闹音才慢慢平息下来。

他们也累了，只能互相怒视着喘粗气了。

隔了两天，老六押着几条装满了桐油的船，又上路了。北风呜呜地吹，看样子又要下大雪了。

走之前他来到细妹的房中，细妹因为丧儿的创痛，仍病倒在床侧。老六扶起她来跟她说，水上行船讲规矩，带不得女人，不然他就要带着她四处飘流。他说他走了，她一定要照顾好自己，如果那个母大虫要欺负她，她不要怕，等他回来收拾她好看。又说，他这一走，也不晓得要什么时候才回来。他心里火烧火燎，哪一天火灭了，心里头平息下来了，或许就回来了。总之，他让细妹在家里头养好身子，慢慢等他回来。或许哪一天，他带着她一走了之，到世界上别的地方去，了此一生。

细妹也不晓得要说什么好，只是流泪，凝望着老六。老六是模糊的，日子里所有一切，皆是模糊的。

老六真的就走了。细妹只觉得老六是冲气走的。男人气大，走了也好，不走这气要发在这个院子里，发在谁也不晓得是什么人的身上，反而不如发到外头去。见天他气发尽了，就又如平素一样转回来，什么事情也没有。

细妹只有四妹子可以依傍，她让她索性住到自己房中来，有个伴，可以说说话，人没个说话处，是要活活憋出毛病来的。

但是老六走了没两天，严毛氏打发人来叫四妹子过去，从此四妹子再也没有在院子当中出现过。她是后来才晓得，四妹子被严毛氏当下辞退了。她老家是泸溪乡下的，她哭着回去了，手里只挽了一个包袱。她不敢来跟二太太辞别。她怕二太太受不了。

告诉她这桩事的是厨房里的熊爹。熊爹说完就说我也不能跟你多讲话，不然大太太也要把我辞退的。

并且熊爹告诉细妹，这是他最后一次送饭来，以后没人送了，二太太吃饭要等大家吃过了自己到厨房里去吃剩饭剩菜。

细妹也不是愚钝的人，她晓得严毛氏挨了老六的打，这怨恨必定会发到自己头上来。老六临走时跟她说要她不要怕。但是她怎么可能不怕呢？她那回横了一回胆子顶撞了严毛氏，结果却是那样子的悲惨。她恨严毛氏，恨得咬牙切齿，但是这恨却无论如何转不成愤怒，且将这愤怒火一样喷在严毛氏身上，她仍是怕。这怕是她一进这严家院子就如影随形一路跟从了她的，她摆脱不了。

她又想娘了。这天落鹅毛大雪，从窗子里望出去外头一片刺眼的白，白得她浑身打了个寒战。她想她娘的孤坟在山上几多寂寞。她愿意陪在娘的坟上，守一阵子，跟她说说话。娘生前就耳背听不见，死后只怕是愈加听不见，但是那要什么紧呢？她跟娘有话说，她说呵说，娘总会听进去一句半句的，就是没听见也不要紧，她心里头装了那么多话，总总是要说给一个人听的，娘不听，那就自己一个人听。

她也想老六。她嫁给他做小，到底也是心甘情愿的。再说老六也还是蛮疼她，总是呵她护她又逗她开心。她想老六那天模样真是凶，真是一副要拿刀砍人的架式，她从没见过老六那种模样，他那种伤心欲绝与那种肝火怒烧，看着让她害怕又让她心痛。老六他如今到了哪里呢？雪下得这样大，天寒地冻，滴水成冰，她那天看到老六的手背上都有冻疮，现在她想起那只像烤红薯一样的生冻疮的手，心里头一阵阵地紧。她想她为何不是男儿身，若是男儿身她就可以上到船上，跟老六一起顺水飘流，随他到哪里，反正她就跟到哪里，一刻不离开他身边。她想老六如今在哪里飘呢？这样冷，这样大的雪，他何时把气消了又转回来呢？她在灯笼巷娘屋里做姑娘时节老六来看她，跟她讲故事唱山歌，那是她最开心的时节。后来嫁到严家做小，他行船回来，给她带各地新奇礼物，那也是她最开心的时节。这样的时节，今后还会有吧？细妹对自己说，只要老六回来，就会有。老六老六，你早点回来，好么！

细妹饿了。如今身边已没了四妹子，她一个人好凄清。隔着窗子，她听到院子里的人已吃完了午饭，她起身到厨房去。她出门，雪刺得眼睛睁不开。厨房里，熊爹正蹲在地上抽旱烟歇憩。案板上，有只蓝花菜碗，盛了半碗剩菜剩饭，样子形同猪潲。熊爹叹口气，转背走开。细妹冲过去，端起碗来，几口就扒进了肚子，根本没看清那碗里都有些什么东西。因为饿极了，所以那东西真是香得很。她转过身正要回自己房中去绣花，抬头就望到严毛氏站在厨房门口，手里端了黄铜水烟袋。严毛氏开口说：养条猪可以杀了吃，养条狗可以看院护家，养了你，你可以做什么，呵，做什么？

细妹不敢跟她吵，只想出去，但严毛氏堵在了门口，她就只好站住。严毛氏骂道：妖精婆，看你妖，妖呵！

细妹不说话，拿眼睛看面前这个人。严毛氏说：看什么看，看老娘吃了你，呵？老娘吃你，连骨头都不会吐，妖精婆！

细妹移开目光，望着地上，仍不答白。她朝前走，想从严毛氏身边挤出去，严毛氏仍堵着不让她走。挑衅道：说话呵妖精，哑了喉啦妖精？哼，看你这样子，呵，二太太，哈哈，二太太，说话呵。怎么啦，听不见，跟你那死鬼聋子娘一样，呵？

细妹慢慢慢慢抬起脑壳来，一字一板，清清楚楚道：你骂我我不答白，任由你骂，你凭什么骂我的娘？你是骂惯了这张嘴是么？我娘是你能够骂的是么？

严毛氏吃这一梗，怔得半天没回过神来，忽然里，她跳起来，咒道：好呵你这个烂婊子，臭妖精，你敢跟老娘回嘴，看老娘今天不教训教训你！就拿起黄铜水烟袋，朝细妹额头上砸去。细妹没闪躲，额上顿时就砸开了口子，鲜血流了下来。细妹虽近时身体极虚，但究竟是穷苦人出身，她娘从小将她当作男儿来用，挑水劈柴，样样要气力，所以她再虚弱也有劲道。血流下来，糊住了一边眼睛，细妹拿袖子一抹，接着双掌只一推，那严毛氏就仰面八叉倒了下去。她像被杀的猪一样嚎叫咒骂，又一滚身爬起来，一头朝细妹冲撞过去。细妹亦未躲闪，也被她撞得朝后倒去，恰好后脑壳撞在了厨房一张板凳角上，立时晕过去。这严毛氏整个人被嫉妒跟怨怒烧着了，红了眼，铁了心，今日非你死我活不可，何况那恶念此刻又蹿上了心头，就将滚圆肥胖如商号里装满桐油的柏木桶样的身子跨坐在细妹胸口上，抡起巴掌左左右右，扇晕死过去的细妹的耳光，一边扇一边咒道：你还跟老娘斗嘴，你还跟老娘装死，老娘要叫你明年这个时候是你的周年祭日你这个不要脸的婊子，专门勾引男人的臭妖精！她把手扇累了，就站起来，跳起脚来朝细妹的肚子上踩，一边踩又一边咒道：老娘叫你永世怀不得崽，老娘要把你的肚子踩得稀巴烂，你这个灯笼巷里的贱种，老娘要把你卖到妓院里头当婊子，千人操，万人捅！跳起踩她又踩累了，于是到锅灶旁拿起熊爹炒大锅菜的锅铲，没命朝细妹的脸上砸，又一边砸一边咒：看你妖，看你魅，老娘要把你砸得变成黔江城里最丑的女人，把你砸得鼻子不是鼻子嘴巴不是嘴巴叫你骚！她用平生最大的仇恨与蛮力，拼了命地朝地上这个无辜女子拿锅铲砸去，把她的脑壳同脸，砸得一片血肉模糊，及至把锅铲的木把也砸断了。她还不过瘾，还没有泄尽心头的妒火，又在厨房里寻到一把剁骨头的刀，疯了般地双手高高举起来朝细妹脑壳顶上就是一下子。厨房外头围了好多人，没人敢进来阻止她。这时账房莫先生闻讯赶过来，冲上去一把抱住了严毛氏，大叫道大太太大太太，要出人命呵大太太！扭脸又朝一个伙计喊：还不快把刀给我拿下来！伙计跑来，把剁骨刀拿下。又帮莫先生将业已把力气使尽了的严毛氏拖起来。地上细妹已是在一大滩血泊中了。

莫先生又叫伙计，快叫人来，把二太太抬到县城里教堂的洋医院去。

严毛氏被几个伙计抬回堂屋，一路摇摇晃晃，还一路呼着粗气说，老娘要叫你死，早就要叫你死！

这边一众人把张细妹抬起来，账房莫先生拢去把手掌放到她的鼻孔前，已感觉不到二太太有呼吸了。就叫：快快快！快快快！快点抬到洋医院去！一脸吓得苍白，声音都是颤颤的。

又拍着膝盖道，不得了，不得了，出大事了，出大事了呵！

灯笼巷的张细妹就这样死掉了，死在了严毛氏的毒手中。

严毛氏自己也大病了一场。她从未这样大病过。雪住了，风却大起来，夜里窗子门棂四处吹得响，她困不着，吓得缩在被窝里，哆哆嗦嗦说张细妹的鬼魂找她来索命了。莫先生到城南观音桥下找来刘半仙，刘半仙说要做法事，各个屋角要放大米，要一童男一童女披麻戴孝每日里跪在院子当中一人面南一人面北一连跪十天，还要买七七四十九条鲤鱼放到沅水里头去。

莫先生照着做了。严毛氏看着看着也慢慢好起来了。但她晚上还是不敢一个人困觉，叫两个丫鬟一左一右陪着她困。有时候她又把丫鬟喊开，叫莫先生陪着困。

她每天在堂屋里烧高香，磕长头，念阿弥陀佛。一闭眼脑壳里就是张细妹那张血糊血海的脸。

她叫人把张细妹葬在她娘一起。她在坟前跪了一上午。隔了些日子，头七，她又来跪了一上午。毕竟妇道人家头一回杀了活生生一个人，她一直都不敢望自己一双造孽的手。

账房莫先生不知封了多少银洋给县里的警察局，这事就摆平下来了。他跟严家院子里的下人们说，哪个要是把这桩事透出半点口风来，立即辞了他，一分钱工钱也不给。

第二年春天过完，眼看夏日又来，严老六回来了。

不晓得这么长时间，他飘到了哪里，又是从何处回来的。失了即将出生的崽，他伤心到愤怒，愤怒到孤绝，又孤绝到虚无。他在风雪里飘，在波涛中飘，白昼水气，夜阑雾气，他望着眼前的虚空，心里是无尽的落寞。

有时候，他通晚一个人坐在船头，喝退要陪他的伙计，就那么呆坐着，一直到天亮。

但他还是想张细妹，想着有朝一日要带着她离开黔江城，往一个别人不晓得的地方去。但这地方是什么地方呢？他心里一直没有数。因为世道乱了，江山乱了，四处烽火，四处兵灾，有什么地方岁月安好吗？

他回来，严家大院里一片肃静，上上下下没人敢说半句话。他踩着一片死寂来到天井中。那天井上的一方天空是铅一般的黑灰。

后来的一切情形，只有厨房里的熊爹记得清楚。他望到六爷冲进了大太太的房，俄顷那房子里就爆一声惨叫，然后是哗啦啦砸东西一片乱响，六爷冲了出来，大声叫拿刀来拿刀来，老子要砍人！他衣裳上头尽是血。他站到院子天井当中仰起脑壳来喊：天老爷呵天老爷！反反复复就是这一句。喊得撕肝裂肺，喊得喉咙都嘶哑了。那一方天空仍是铅一般的黑灰。

严毛氏被莫先生他们抬到了教堂洋医院。她脑壳被严老六一只元清花胆瓶砸得血朝外喷。她厉叫一声就晕死过去了。

老六来到细妹的坟前，他扑到那堆新土上嚎哭到渐渐没了声音，被老九他们抬了回家。

他醒来，身子一倾，吐了一口血。

过了一日，他驾了一条船又走了，只带了一个伙计小五。没人敢问他要到哪里去。

他这一走就没了音信。后来传说，有人在扬州看到过一个人，有点像严老六。

这样又过去了一年。到秋末时节，这个国家已是江山易帜，换了人间。

江山虽依旧，人事已全非。

那年镇反，黔江古城好热闹，河边上原先唱辰河戏的土戏台周围围满了人，看台上跪了十几个衣领上插了木签的人。身后皆站了穿黄衣背大枪的军人。

一阵口号之后，那些插木签的人被军人押到了沅水河滩边，接着是枪子响的声音，惊得水鸟四处飞。

河滩上倒下了一排尸体。其中双手反绑着伏地流血的一具胖女尸，就是严毛氏。还一具瘦男尸身边有副被人踩碎的圆眼镜的，那是天宝商号的账房莫先生。

过了没多久，天宝商号老板严老六被两个军人跟两个民兵押回了黔江古城。他的脸是黑的，头发是白的。他身上绑了麻绳。

仍是在河边的戏台上召开公审会。一个军人在台上举了一张纸，念上头写的严老六的罪行。下头看热闹的百姓交头接耳，说严老六怎么看着不像严老六了，瘦成了这个鬼样子。还有人说，严老六平日里除了耍点威风，倒也不怎么坏，如何有这样一堆罪行了呢？

接着也是一阵口号，接着也是推到沅水河滩上一枪崩掉。严老六自始至终一直闭着眼睛，戏台上一个民兵在身后叫他睁开狗眼看看，他仍是闭着。后脑壳挨了几枪托，血流了满脸，但他仍是双目紧闭。他是不想再看到什么吗？他心里头想着的是怎样的事呢？

无人知晓。

老六被枪毙的第二日，有个男人从一条客船上跳下来。河边上杵衣的女人里有人认出了他，说他好像是从前在天宝商号里当过伙计的朱三。

朱三穿的是一件洗得发白的军装。他跳下船来的时候有个当兵的看到了他，就向他举手敬了个军礼，他立定，也回了个军礼。他摘下军帽，拿在手里，在码头上站了一会儿，看到沅水上船工们仍沿着跳板往船上滚桐油桶，让他感到熟悉而亲切。这地方的繁华似乎依旧如昔。岸边上最大的一栋两层的楼房，发黑的红砖上也依然是士林蓝颜色的四个广告字：天宝商号。只是风雨剥蚀得太厉害，字迹有些模糊了。严老板同商号里的人，他现在不急着去看，他急着的是要往灯笼巷去，他要去看他日思夜想的那个人。他心里已是热乎乎的了。

他根本不知道严老板已经在前两天被他的同志们镇压了。

灯笼巷亦是依旧如昔，还是显得穷窘，显得脏乱。巷子口上那些人，他看着也面熟，但他们看着他，目光是陌生的，却并不讶异。他就朝巷子深处走去，步子慢下来，心里头跳得厉害。他想他见到她头一句话就会讲：我说话上算，我回来讨你做堂客啦细妹！第二句话会讲：让你等得太久啦，这是我欠你的债，不过我会拿一辈子来还的细妹！这是不晓得好多个夜里他困在床上心里头琢磨着要讲的话。他业已默默讲过无数无数遍了。

但是眼前这个熟悉的矮屋，门是虚掩的，门框四角尽是蛛网，窗台上亦是叫蛛网织遍了。他推开门，挂了一脸一身的蛛丝。屋子里篾黑的，除了屋角一张空床，什么东西皆没有了，一看就是久无人居的弃屋。他怔了片刻，喊:张细妹！张细妹！惊得几只蝙蝠从屋顶暗处飞出来，掠过了他的额头。

又喊：张细妹！张细妹！你在哪里呵张细妹！

他走出来，在巷子中间敲开一家人的门，那人告诉他，张细妹早就没了，她娘没得更早。问：你是她什么人？呵，你好像有些面熟喔，你是……朱什么，朱……？

他给了点钱给一个细伢崽，让他带路，过了三里桥，往山上走，来到张细妹跟她娘的坟上。这地方真是荒凉，老鸹呱呱地在脑壳上头叫，叫得人心里头都是慌的。那坟就是个土坟，一块麻石碑上大约写了张细妹跟她娘的名字，染满青苔，几不可辨。坟上瑟瑟地伸满几尺长的乱草。朱三让那细伢崽打转回去。他一把一把将那些乱草拔掉，扔在脚旁，堆起一堆。他没有流泪，咬肌在脸颊上一闪一闪。四下里安静已极，天地似乎无物。

他坐着，看着那捧黄土，那里头就永远地困了他一生所系的那个人。他跟她的日子尚未开始便已结束。他多年来的一个梦，一个生命所寄的梦，于此时此刻完全破碎。这让他的心里一下子虚空起来。那是无穷无尽的虚空，竟无一物居中。

他不晓得坐了好久，只觉得周边暗了下来。就起身，朝山下走去，脚步很沉。

山下，黔江古城已升起一片灯星，闪闪的，跳跳的，城里无数的人家，照例开始吃夜饭了。一切江山纷乱中亦有如常的人事物事。

他就这样走了，这地方从此以后再也没有看到过一个叫作朱三的人。

他到哪里去了呢？

夜里，一颗流星划落下来，仿佛掉入沅水中，但人们尚在梦中。

2013年写

2016年改

散文

—白色鸟—

忆江南

第二次去镇江，在感觉上，似乎很与上一回不同。那一年，我旅行结婚，携妻子烟花三月下江南，从扬州乘汽车抵镇江时，已入黄昏颇深。就在一僻静的仄仄老街，找了处有天井的两层楼的旧式旅馆，住二楼，木格子窗，望出去是一片黑瓦屋。稍事安顿，即下楼去寻东西对付肚子。不料霏霏的竟有细雨，无声染须发。妻子折转身，回楼上取来一把小红伞撑开，二人便如一蘑菇，顺了那老街弯弯曲曲飘。天已是大黑，街灯远近数颗毛毛地亮。两壁的店铺，多已打烊，遂一街是空寂。路面为青石所铺，因湿了雨，自然是幽幽泛亮，黄的灯光，又流得蜿然，仅我二人影子，在上头长长短短地滑。上一石桥，就驻了足。这正是江南方可见着的那种小小石拱桥，有青青石级上而且下，有暗暗流水在拱洞里唱。一巷水影，两厢皆是人家的墙，细看来片片为青苔染成浓绿。其时想，倘使有一乌篷船泊在桥脚下，则此番情景，不免要叫人想起鲁迅夫子描写故乡的一些文字来。那些文字亦是有着溪水同青苔的气味的。

过桥，路面渐渐亮起来，就到了人多地方。

随便拣一小面馆坐下，便在满耳媚好吴音里，不慌不忙呷一碗阳春面，呷一小盅黄酒，然后酣酣地作别灯火归去。时雨已歇止，青石路面依然湿湿地幽亮。我走得有些轻飘，妻子就说，醉了吧，你不该呷酒，你是呷不得酒的人。我笑一句，就告诉她，其实不呷酒，我也有些醉。你想想这江南的夜，江南的雨，不叫人醉才是怪。

今年春上，得机缘与三五文人再临镇江，正是太阳的日子，长江在天底下瘦瘦地流。却不知缘何，登了焦山，便连金山同北固山都懒得登临了，敛住豪兴与送远的目光，独自一人在城中横横竖竖地走，茫然是想寻觅旧日的缈缈萍踪。

终于那老街同旧式旅馆，找它不到。所能找到的，唯记忆当中，有一微雨江南夜。当然地，也有朵小雨伞，红蘑菇似的，在那青石板的夜里静静静静飘。

星期天

与妻儿登天心阁，春光正好，远望岳麓山如一着蓝衫孩子，扑地而卧；太阳下长沙城虽则大，却归拢到眼底下，任你拿指头点来点去。人是固然极多，便茶楼雅座，也尽皆探春的人。因此各处廊下的楹联，黄黄绿绿也甚觉闹热。额头上汗便纷纷了。

回家来时皆说疲劳，唯半岁小儿不会言语，只黑眼珠子滑得颇滞。妻于是说她要困了。就去困。

独我与儿坐立在庭院里望四四方方的天，因他不睡，我焉能睡。

走空了人，院子更贮一个静。一只雏鸡唧唧叫，伴到足边来；又绕了足，淡黄地走，却又并不觅食。忽然忆起邻居日前买的雏鸡是一对，不幸折了一偶，便形单影只徒剩了它。院子空落无人时，相比它也殊寂寞。见人归来，忍不住立即来图亲热了，唧唧叫声，其实是说了好些话的。

我儿欲睡了，将手指衔到口中去。轻轻拍他醒来，又一手托起淡黄雏鸡，叫他与它笑闹。这天生朋友，果然亲近。而且我儿那高兴，比之在天心阁看天看人看屋顶，要更甚几分。

也使我心乐了。

当年素笺有余温

1987年我受美国“国际访问者计划”之邀单独访美，条件倒也优渥，访程一个月，访地任你挑，亦就是你爱去哪儿，请便，反正他老美来埋单。行前我给旅居洛杉矶的作家朋友阿城写信，因我闻说阿城驾车做过环美游，遂询他阿美利加哪些地方值得一看。他旋即回书，我至今记得一句话：以美国之大，我以为你可以随便乱走，多遇意外之人，多遇意外之事。我后来按他所说，在美国本土画了大大的一个十字，一顿乱走，果多意外之收。

上世纪八十年代初至九十年代末，是我跟作家朋友之间通信颇为频密的一个时期，回想起来也真是美好。像阿城这样，那时节与我通过信的作家有王蒙、汪曾祺、史铁生、马原、莫言、韩少功、叶兆言、陈村、赵玫、苏童等等，有询事问安的，有谈文学谈生活的，亦有天上地上胡拉乱扯的，短则几行草字，长则洋洋千言，鱼雁往来，音问互通，实在有一种纸上的愉快。这样的通信，是证明人世里青山长在，友谊长存，亦是生活中时不时便来那么一下的快活。

写信是一件相当随性的事，想起谁了，就把信纸铺开，潦潦草草的挥洒里是认认真真的情谊。唐诗：“马上相逢无纸笔，凭君传语报平安”，是说同道亲友，天各一方，相互间的音问是何等重要，即使无纸笔来传鸿雁，有人捎个口信亦是意思。所以杜工部说了，“烽火连三月，家书抵万金”。写信，写完了折叠好，到邮局，封口，贴邮票，然后掷进春天一样颜色的邮筒里，整个过程，乃是一件相当愉快的事。收信，拆封，展开，点上一支烟，灯下慢慢细读，纸上浸过来暖红色的意绪，过程亦是相当享受。

韩少功跟叶蔚林、蒋子丹、张新奇等一干湘地作家迁往海南时我常给他们写信，蓝墨水的乡音，于他们是一种亲切。所以韩少功每每接了我的信，就打电话给在海南的其他湘人，在话筒里大声念给他们听。这样的情形，想想是几多的温馨而有趣。

八十年代中我给史铁生写信，写得图文并茂，亦就是写的漫画信，大抵说的是我的近况，比方有一回我写长沙暑气太盛，热不可当，那时节我家里还没有空调，风扇扇来亦是热风，就画了我缩在冰箱里，冰箱门夹住两只乱抖的赤脚。下面一行字形容我热得没地方躲，只好躲在冰箱里。这样的漫画信看得铁生哈哈大笑，每有朋友来访，就拿出来“奇文共欣赏”。马原等人到他家来玩，也都看过，亦是颜色大快。朱伟那时筹办《东方纪事》，来找铁生约稿，铁生就把我的漫画信给了他，说这个你拿去登，一定好玩。于是朱伟就拿去登了。这便是我最早发表的漫画。随即我在台湾一报纸上开漫画专栏，一开开了八年。那时我给赵玫陈村等人写信，也都写的是漫画信。后来有一次苏童还回过我一回漫画信，用笔拙拙，甚是有趣。有几回春节前，收得铁生的信，亦是他自己手绘的贺卡，画得也真是好。记得有回因什么事写信给莫言，那时莫言的军衔是上尉，回信说他刚生了个“上尉的女儿”，有着他山东人的冷幽默。

唉，可惜呵，几回搬家，这些朋友的往来书信大多丢失了，我真是一个马虎至极的人。这事情上我只佩服我友陈村，他始终珍藏着朋友们的每一封素笺，护爱有加。年前铁生去世，他在九久读书人网他主持的“小众菜园”上贴出了好几封铁生给他的信，读来真是感慨。一回他也贴了我给他的两封信，我看了我自己写的草草的字，又熟悉又陌生。那就是我们的昨天，就是我们这一代作家朋友的有体温的历史。韩少功出的有本散文集里，亦收入了我给他写的两封信，其中一封写的是我在残雪家看她父女练气功的事，极是好笑，让我回想起了80年代我们长沙一帮文学青年的快活日子，俱往矣。

时移世变，星移斗转，自上世纪末进入互联网时代以来，世界改变了，被改变的还有人们的情感交流方式，人们不再写书信，代之而起的是伊妹儿通讯，再接下来伊妹儿又几被手机短信和越来越便宜的手机直接通话所代替。快捷、方便、省时、省力，然而书写的快乐不存了，字里行间的暖流亦不存了。尤其过年时节群发的问候，问候者只有格式化的礼貌，而无可触可感的体温。那种接到朋友来信后展读过程中纸张在手中窸窸窣窣的声音跟气味，那种隔着遥远距离亦能听到的心跳，那种同道好友之间耳语般的低诉与呢喃，如今还能领略么，真是“春花秋月何时了，往事知多少”，往事不再了。

当代的生活，皆在一个“快”上做文章。但生活中有些人事物事的好处妙处，恰在一个“慢”字上得境界。唯有“慢”，才有细细的品味，才能往人心里头浸渍，所谓润物细无声。

越来越多的人怀念书信的年代，就是因了书写的“慢”，慢得奢侈，而且华丽，乃是人世的一大享受。

父与子

一眨眼我儿子高三就要毕业了。我带他到上海，见到老朋友马原，马原张开东北人憨厚的嘴：哎哟，你儿子都长成帅哥啦！那一瞬，时间很模糊，我都不晓得这小东西是怎么长成帅哥的。十八年，弹指一挥间。别时君未婚，儿女忽成行，我们速朽了。

同济大学办了广播电视编导专业，我儿子喜欢这个专业的趣味，决定到上海来考。有个考前班，十天，我陪他来读。这是十八年来我们父子第一回结伴而行，虽然此前也一同到过北京同桂林，但那都是同许多人一起，而且心境也大不一样。游玩同命运是没有什么关系的。

在火车上，我发现儿子大了。吃完饭，他就收拾快餐盒，寻找车厢尽头的垃圾桶，帮我泡茶，还嘱咐我别在车上看书，影响视力。他很快就同邻座的人熟稔起来，聊天，海阔天空，夹着不少新鲜的识见，很得他人激赏。

报名当天没有课，我带他到外滩看了看，又沿福州路走到人民广场。在福州路逛了几家书店，儿子买了几本书，《天文学简史》和《梵高书信》，还有新译的马尔克斯小说。我有点高兴，世界上有辽阔新鲜的东西，他想一点一点装到心里去。我们在人民广场看了一会子广场鸽，坐着喝饮料，又去马路对面看达利画展。我儿子很兴奋，他喜欢有想象力的事物，喜欢天才的不拘成法同狂放不羁。有一回他母亲开完家长座谈会，同儿子说起他的一位同学成绩如何好，班上名列前茅，年级也名列前茅，意思是榜样当前，理应效法。哪知儿子歪歪一笑：那算什么？从初一到高三，他才看过一部电影！儿子从来不欣赏死读书，视野狭仄而少识见的人。

每天他去上课，我无事可干，就去泡网吧、走神，或者睡觉，卷成一只懒虾。黄昏时候他回来，我们一同上街寻馆子吃饭，在升起的灯火里露出笑容同牙齿。上海的菜没辣椒，若是在家里，儿子的脸上就会有愤怒，但是出门在外，他忽然变得平和，埋头努力地吃，说，我要习惯外头的饭菜。他还跟我说，他在那个考前班，已结交了两三位朋友了。他和他们很聊得来，还说，上海的学生很不错，眼界很开阔，并不读死书，新交的一个朋友，还是天文迷，暑假里一个人背着望远镜去野营，观察星星，差点走失。他拿了我的手机，跟这位朋友发短讯，你一句，我一句，乐得哈哈地笑。

考试的前一晚，我儿子一点不紧张，我们一同在街上散步，有霏霏细雨飘下来，灯光毛毛的湿亮，儿子的情绪有一点诗意，他说他喜欢这个城市了。他没有一点陌生感，完全像一块方糖，溶入上海这杯巨大的夜咖啡里了。

回来的火车上，他的朋友给他发来短讯：我们有缘在上海相识，相信还会有缘相会在上海。儿子很感动，说他一定要考到上海来，就为有这样的朋友。

火车穿过黑夜向面包一样新鲜的明天奔去。我失眠了。想起一松手，儿子就要单飞了，像一只鸽子，飞到生活的云朵里去，真是有些感慨。回忆他的成长，影像却很破碎，如窗外的星光，连不成整体。

他还是幼儿园的时候，有一回老师告状，说他顽皮，我就厉声呵斥他，他哭了，说，他要到舅舅家里去。舅舅家在很远的地方，他说了一句很狠的话：我去了，不许你想我！

他现在长大成人了，不会不许我想他。我坐到儿子的卧铺上，把他一只手从被子里抽出来，一直那么握着。黑黑的窗外，有孤灯如流星，斜斜划过，落到我心里。或许我是在准备一些细节，供以后的漫长日子，慢慢回想。

世界寂寥，唯有车轮空锵，如时光流水，永无止歇。我们是什么时候老去的呢？

几时饭菜几时人

我父亲家亲戚多，我少年时不喜到其他亲戚家走动，只喜去我姑妈家，为的就是想去吃她老人家做的红烧肉。我姑妈是家庭妇女，别的本事百无一样，就是做得一手好菜，尤其红烧肉，肥而不腻，样子又好看，四四方方一坨坨，筷子夹着颤颤的，落口消融；而一股兼有八角茴香同桂皮味的肉香遂氤氲于齿颌间让你眉张眼闭，仿若那一时是做了神仙了。星期天，知我们要来，我姑妈一清早起来即备饭菜，红烧肉一烧要烧一上午。文火，陶钵，细细地煨，须将五花肉的油从里煨出来，酱油则一调羹一调羹慢慢添下去，真要耐得烦。哪里像如今的做法，拿高压锅把肉先焖烂了，再去“烧”，省略时间同工序。我姑妈烧红烧肉亦间有变化，四时里又煨入不同的瓜蔬，如莴苣、茭瓜、芥头、板栗、冬笋等物，各是各的色香味，无不馋人心魂。吃到只剩下钵底一点油水了，我还要拿来拌饭，吃得一嘴放光。

我外婆的菜亦是做得好，只红烧肉烧不过我姑妈。但我外婆拿手的是做扣肉，把肉皮煎炸得起皱，故称“虎皮扣肉”。下锅之前，且在肉皮上抹上酒和糖，这样的扣肉，肉皮最是入味好吃。扣肉亦要是五花的，一层精，一层肥，样子也是好看。肉煎炸好了，放到蒸钵里，再敷上一层盐干菜，置到篾笼里细火蒸。放学回来，我外婆把篾笼罩揭开，一股香气冲了一屋，我口水就流了下来，便是“江州司马青衫湿”。扣肉从篾笼里端出来，另拿一个钵子盖上，反扣过来，于是干菜在下头，肉在上头。因有这道手脚，故得“扣肉”之称。

“文革”中我父母下放农村，我留在城里寄宿念书，一个月十块钱生活费用。正是发育时节，学校里伙食清汤寡水，洗碗，自来水一冲，一点油花子皆没有。肠子里头咕咕响，时时报道饿消息，前胸贴了后背。遂想起我姑妈的红烧肉同我外婆的虎皮扣肉，两边腮帮子紧得痛。有个周日，同我一位周姓同学去看他亲戚，走了很远的路，直走到郊外浏阳河边的东屯渡，堤外一片菜地里有间茅屋，亲戚是菜农，就住在河堤旁种菜为生。脸黑手枯，正弯腰在灶间。时在冬日，茅屋外雪光灼眼，风又从河上一刀一刀割过来，我是又冷又饿，仿佛要虚脱。那亲戚见我们来，又是吃饭时候，拿了镰刀，到雪中菜地里割了一蔸大白菜回来，烧了柴火饭，又拿猪油炒了大白菜。只这一样菜，却是吃得我成了世上唯一晓得幸福的人。那白菜因是打了霜雪，有一种甜味，又格外脆，拿柴火猪油炒来，绿生生的叶，白生生的帮，其味至美，我一生再也没有吃到过。

后来我做了文学青年，有位文友的老婆最会做家常菜，豆豉水煮冬苋菜，红辣椒大蒜炒肉皮，韭菜炒螺蛳肉，俱是寻常东西，却到她手上成了佳肴，吃得我们咂舌甩头，称颂不已。我们每到下午四五点，便去他家里谈文学，分明是捱到吃饭时分，要吃他老婆做的饭菜。而他老婆也特别愿意为我们下厨，叮叮哐哐忙得很快活。这朋友后来写小说，有篇小说里他夫子自道，说一个男人的幸福，莫过于找个贤惠堂客，堂客不但贤惠，尤其又会搞饭菜，日子方才有滋味。我信他话里的体会，有人间烟火缭绕。

一生走过了许多地方，亦吃过了许多珍肴，犹是怀念记忆深处的食物。那食物也不只是食物，因是有情，有人，有回忆，故不能忘。

匆遽之间，我姑妈早已辞世，而我外婆比姑妈走得更早。那周姓同学后来去了外地，不知所之，迄无音问。只我的文友如今尚有过从，但亦有了两点变化，一是他不再写小说，当年的激情已化为乌有。二是到他家里去，若到吃饭时分，他贤惠又会搞饭菜的老婆就站起来说，走，马路对面新开张了一家饭店，我请你们去吃香辣螃蟹！

世风大变，如今来了客人，吃饭皆去外头的饭店里，体面又排场。这自然是社会的发展同进步，但这发展同进步，也是减去了昔日的一种家的人情暖意。我是宁愿在家里头吃饭，三四个朋友，五六样荤素，七八瓶啤酒，欢谈笑聚，自是别一处地方没有的快意。

红烧肉虎皮扣肉及大白菜也是时时有，只无另一时的人生况味了。

这乃是没有办法的。

日月盐水豆

我儿时吃过很多有味的吃食，如今是很难得吃到了，比方，盐水豆。我外婆因是农村中长大，承祖训，修得来女人最大的妇德，就是持家，尤擅“衣食住行”里的“食”，即做得一手好饭菜，又养鸡养鸭，六零年过“苦日子”时，竟还在后屋里养过一头猪，使人人面有菜色的日子里我家比别人家多出几分鲜见的红润来。我外婆说:“有吃就是福。”又还一门本事，就是闲来便给我们细伢崽制零食吃，免得我们找父母讨钱，鼻涕口水流一脸模样不好看。制得好的零食是盐水豆。

把黄豆洗了，置盐水中煮到微糜，沥干，拌以辣椒粉（又少许甘草粉）以及紫苏叶跟干笋丝，于是取个竹篾大簸箕，摊在上头，拿筷子一粒一粒拨得匀匀爽爽，放到太阳下头晒，晒到豆皮起皱，仿佛全体思考哈姆雷特的那个人生大问题的苦恼模样，且内里豆肉硬硬的将干未干有嚼头，遂收拢来，装到一只泥陶小罐里，每在教育了我们一通细伢崽要听大人老师的话之后，便一人赏一把盐水豆，将指甲很长的五指聚成鸟喙，朝罐口里啄去。所以盐水豆对我外婆来说，除了好吃解馋，还是施教之物。但我们细伢崽是全不理会“豆以载道”，只觉得这东西美味至极，天下难有，握在掌心里，一掌心的汗，吃完了盐水豆，还来舔掌心。我外婆斥我:“哪里见你那副样子，一把把地吃，要一粒一粒地吃来！”意思是不要贪，不要馋，要慢慢品味，好吃东西性不得急。我妹妹是照她的话来吃，然而我做不到。我于是挨丁公，坐到地上嚎。嚎的结果，是外婆摇摇脑壳又回身去抱泥陶小罐来。

我今想起来，盐水豆确应慢慢吃，一粒又一粒，因为有嚼头，因为细嚼之下，其味悠长，异香满颊，可体会到平常日子的好。豆子好吃，拌在一起的紫苏好吃，干笋丝亦好吃，但要合在一起吃才是五味俱全。我有时把它装在口袋里带到学校，跟邻坐的女同学谢三毛兑梅子来吃。梅子也是她家里外婆做的，染了色，红红的，又湿湿而脆，我亦是看见不得，说得文气点叫“望梅生津”，说得难听点叫一见就流哈巴涎。我吃了她的梅子，点点头：“好吃好吃！”她吃了我的盐水豆，亦点点头：“好吃好吃！”这种“好吃好吃”的易货而交，从一年级直至六年级。我的小学如果要说有什么味道，那即是盐水豆跟梅子的味道。吃还不是明目张胆地吃，是在老师眼皮底下偷偷地吃，有冒险的刺激同快活。

我外婆做完了家务，天气好，就抽一把竹靠椅坐到院子的太阳下头，手心里握一把盐水豆。她牙齿不好，于是慢慢磨，眼睛微闭，嘴角嚅动，长日亦有滋有味。

我外婆早已不在人世了。盐水豆也仿佛同她一起去到岁月的尽头了。

去岁末，我一位经商的朋友老罗，在圣诞节的第二日跟我大发感慨，说如今的年轻人，过起洋节来比过中国人自己的传统节日还起劲，又天天晚上来蹦迪，喝洋酒，吃咖啡，好不数典忘祖。他于是冒出了想法，说要来开一个茶社，名字就叫“复辟”。凡洋必拒，一律复古，佐茶的统是传统的吃食，比方灯芯糕、交切、红薯片，比方寸金糖、蚕豆、小花片……末了，又说，还有盐水豆！只听得“盐水豆”三个字，我心里便锵然一震，仿佛岁月如巨浪卷来，将今日摇撼。我外婆遂从记忆深处走出来，苍苍白发，眉目依稀。

但是动过感情之后，我也分明晓得，复辟其实是复不了的。古人说得好，人事有代谢，往来成古今。许多的人事物事被时间卷走，是再也不会回到今生今世岸上来。年轻人没有历史，于是亦不会有记忆。正因为盐水豆是我的个人历史，所以它只是我记忆深处最美好的吃食，何况与它襟连的，是我的老外婆，她将指甲很长的五指聚成鸟喙，朝泥陶小罐里啄去，那罐子里恰有我的天性天趣，以及童年少年。

俱往矣。

湘水亲亲

我童年时亦即上世纪五十年代，长沙城还真是古色古香，闾巷深处，麻石青幽，人声隐隐；人家檐头，黑瓦青砖，粉苔茸茸；白昼里阳光，夜阑里月光，皆将百姓脸面及日子照得清清朗朗。而那一时长沙城里少有自来水，布衣人家，除了吃井水，多半还吃湘江河里的水。于是专有一类肩头有力的汉子，从事挑河水沿街叫卖的生计。我那时住藩后街，只闻得麻石街上整日里有人叫唱卖河水，一分钱一桶。挑水汉子，家织布的青衫敞开来，胸膛是岁月的铜色，又裤脚卷起，赤脚草鞋，一边喊一边来来回回走，竹扁担在肩头吱吱地叫。那水桶里的便是湘江河里的水。又扔一把筷子在桶里，为的是防止那河水漾来漾去荡了出来。

那时的河水清清冽冽，无有污染。长沙百姓人家又家家皆有大水缸，我家里的那一只是铜官窑的，青绿的釉色，蹲在厨房门边上闪着暗暗的淡光。我外婆叫住汉子，汉子便急步拢来，左手一桶，右手一桶，将河水哗哗倒进缸里，收了硬币，道声谢谢你郎家，又复沿麻石路走出巷子，往西行，影子在身前或身后，再到河边上去挑水。印象里挑河水的汉子又有力气又极乐观，走在街巷里如同走在戏台上，无不有生活的得意。

所以我说我是从小喝湘江河水长大的，一点不夸张。似我这般年纪长大的五十年代长沙人，又哪一位不是喝湘江河水长大的？

到月亮升起来，万户灯影人影，我们巷子里院子里的细伢崽便出来玩官兵捉强盗游戏，沿了藩后街跑，穿过东牌楼药王街太平街，追追杀杀于是就到了河边上。那湘江河水正无古无今地流，河面上明晃晃亦不知是水光还是月光。那时又无湘江大桥，人过河要坐轮渡，就望到对岸岳麓山如一只卧虎，在明光万里中伸脚伸腰自在而眠。只想着哪一天坐了轮船，呜的一声，就到了对岸，于是爬到麓山上，采糖罐子采鬼爪子来吃，做梦都是甘甜发腻要长虫牙的。

及我念小学，湘江河上亦还未修桥。我只喜春游秋游，因可以坐轮船过河去爬岳麓山，那山上有座五轮塔，男孩子便毛手毛脚往上爬，塔内这里那里拱出一些石块，滑滑的，我们是手脚并用缘了石块爬，好危险，而上去不易下来更难，有同学朝下一望便嗬嗬大哭，下头女孩子亦掩面不敢望。下得塔来我们又朝山顶响鼓岭上跑，要听得自己的脚声如鼓响。到得那上头回身一望，呵也，一带湘江正从脚底下流了过去，河面上白帆片片，如同日历纸一样翻动岁月。那时亦不知古人有诗云：“西南云气来衡岳，日夜江声下洞庭”，但只觉得河上凉风吹上来，人间又是春秋。那河水在天底下闪闪亮亮，仿佛是本命年里缠在腰间的绸带，亲得系住了我的一生，亲到了命里头。

同学少年

我念的大学是湖南师范学院，今叫湖南师范大学，正在五岳之一南岳七十二峰之最末一峰岳麓山下，云生雾起处，亦正藏匿了湖湘历史文化上诸多人事物事，且山下又有宋代四大书院之一的岳麓书院，门庭的楹联是八个大字：惟楚有材，于斯为盛。气势上比岳麓山上云麓峰有更高的海拔。想当年湖湘子弟读书人，有怎样的胆魄同自豪，今人也不可越过。山上任何一处放眼出去，便是湘江河由南往北长流不息，所谓“西南云气来衡岳，日夜江声下洞庭”。青春年华俨如一枝花，日日开在这样的江山胜景同厚重文化氛围里，于长长一生不无教益。人同自然人文的环境便是如此之呼应，相看两不厌，你入到它骨头，它入到你心里。

又有诸多同学，年华正好，意气相投，使日子在以后的岁月回忆中如一堆镍币闪闪发光。我以为大学的好有三个条件：一是生态环境要养心，二是师资力量要强大，三是同学里三人行要有我师。我母校的生态风光自不待说，中文系的老先生们摇头晃脑也是满腹经纶，而我更看重的是要有好同学，年轻学子之间的相互影响，近朱近墨，甚至重于前二者。

我同窗里有二位好友，一叫湘生，一叫顺久，我感念的是大学生活里他们对我的影响要胜于师长。师长影响是知识跟怀抱，同窗影响是人性同人生。

湘生是好读书又情感丰富之人，且爱诗歌同写作，人又俊白内向，引不少女同学倾心，然他有端端正正的人品，如电视里的唐僧。我们到湘西沅陵搞工作队睡一个地铺，别人皆青春笑闹，唯见他在一红壳笔记本上每日里静静记些什么。我就来好奇，一回趁他不在偷偷翻开来看，却是日记同短诗。那诗写得真是好，使我一下惊呆，仿若武陵人捕鱼误入桃花源，为眼前世外风景所撼动，手脚不晓得要如何安排。湘生爱诗爱到骨子里，也长日偷偷地写，但只是当作练手，从那时到以后，并不投搞发表，这是奇怪的事，好比一个人爱一个女子爱到要发疯，却从不跟她说我爱你。但湘生对诗歌的热爱迅速传染了我，使我于懵里懵懂间一下子有了人生的一个方向。我于是见贤思齐，也拿过小本子来偷偷涂鸦。我后来走上职业文字客的人生路，现在想起来应是偷看湘生的诗歌开始的。同窗好友的一种私心爱好传染给另一个人，并不惊天动地，但一个树蔸却改变了一块石头从人生山上滚落时的运动方向。我或许有诸种人生的可能，然这一瞬决定了诸种可能中的一种，我也就顺着它往前走了，一直走到如今也不悔。

湘生读书甚多，而我那时还是贪玩不用功的人，我听他讲这讲那皆是我不知，引得我就去寻这寻那寻些书来看，不觉得这又是一种深深的影响，像蔡琴唱的歌：“而你却不露痕迹”。

学校后头山坡上，是国民党七十三军抗日将士公墓，荒草萋萋，阴风瑟瑟，少有人迹，我却同了湘生常坐在绿苔茸茸的石级上聊天到夜深。山高月小，水落石出，这人生风景只青春年少时有，今后则不会再有。

顺久是另一类型的好友，世面见得多，阅人阅世广，看人看事常看到骨子里。然他世故却不圆滑，有辩才却口不损德，他倒是像司马太公《滑稽列传》中的人物，生趣盎然，谈笑风生，又大方慷慨，有极强烈亲和力跟接人待物能力。这样的人物你跟他日日相处，开心之外料必要受到潜移默化的人格影响，我如今爱同朋友笑闹相处，料必亦有他的人性影子。这些影响皆大于书本的影响，也大于学校师长的影响。年轻时节交了什么样的朋友，你有可能从此就成了什么样的人格，有了什么样的人性色彩。

顺久那时爱上了一个在出版社搞校对的女子，他带我从河西走到河东去看她，脚都走到抽筋，然见到她却是一身都清爽，是几多明丽的一个女子。那一时我只觉得人生在世只要遇到这样的人，我就什么皆不要了。

他们说话我只是听，我佩服顺久口才好。那女子也是读了许多欧洲的文学名著，但她有她的心得，并不说人人皆晓得说的话。我这时才明白所谓红颜知己，原要这样你来我往，有说也说不完的话。那笑意里的默契，眼神中的交流，是人世最奢侈的享受。

想那时节黄昏后我同湘生顺久又常到湘江河堤上散步，风吹来头发飞扬衣襟摆动，灯火又在对岸长沙城里睁开了亮眼。秋冬间河水退了露出黄白的沙滩，我们便从堤上下去，在沙滩上赛跑，或者摔跤，笑声叫声盖过河上波浪声同轮船汽笛声，几多快活。这快活也只年轻时节有，今后必不会再有。想一想那快活几多透明，几多水晶，青春的友谊是没有渣滓的。

大学毕业后湘生留校教书，后读研，后做了学校负责人，再后又做了教育厅负责人。他还爱诗写诗么？我遇到他，胖了，但依稀也有青春时的内向同诗人气质，面善的人终归还是面善。顺久先到电台工作，后去了深圳，如今退休了，在深圳的关外盖了别墅，据说每日里在家做木匠，把别墅弄得日日新，月月新。他是谢绝了年轻时节他最喜欢的人世往来把酒啸聚么?

我呢，不必说了，我只觉得麓山依然在，湘水依然流，我的母校每年进进出出的皆是新人。

但新人也会老去，老到同我一样，每年再看青山碧水，看世界总有新人。

雪峰山

我们在队长家里住了一宿。四层楼，上头还有大天台，天明上去时山风一吹，冷得脖子顿时短了一截。地上有沥青填了坼缝，灰湿的地面上宛若弯曲爬了一条大蟒蛇。张卫拿相机拍下它，晨极静，快门声清楚听得见。他喜欢拍有形式感的图像，线条在画面中有几何感，抽象得相当哲学。脸是湿的，不知是细雨还是雾气。凉，人于是清醒得过分。电线绞着，横在眼前，延伸出去不到一米，就什么都看不见了。水滴晶莹，吊在电线上，仿佛是一串玻璃珠，老匡调焦对准它，按下快门。老匡拍慢照，取景极严谨。张卫喜欢拍雾，所以我们就住在山顶上，也所以我们要起早床。结冰的天气，昨晚盖两床被子还一身抖，上牙碰下牙，响了大半夜。我说雾有么子好拍的。听得老匡笑。张卫不答白，又听得他那一边快门响。雾有么子好拍的，我喃喃重复了这句话。我的意思是我想下去接着困觉。四下里是白色的，浑浊，但是静极。我说你对着一张纸来拍，就是拍雾。张卫和老匡就笑了，那笑是湿湿的，同时模糊。

雾一直不肯散，一直稠稠的那么白里透着铅灰。我先下楼，他们还在天台上拍雾同雾里能见度很低的东西。一楼队长亲自做早饭，正煎荷包蛋，好香。柴火灶，火一团团从灶洞口蹿出来，队长的脸一阵一阵红得发亮。老罗早已坐在灶屋间板凳上，手里端了一碗酒。呷酒是他人生第一件事，才不管你们这里那里拍照片。他穿了美式海军陆战队紧身棉袄，看上去像是一个逃兵。逃兵说，你试试队长屋里的辣椒萝卜啰。这才看见他面前八仙桌上有一只碗，里头是他说的辣椒萝卜。他用这东西下酒，口里嗞嗞抽气。我拈起一条送到舌头上，立即两眼紧闭，半天睁开，大叫一句：咦呀！亦是嗞嗞抽气。蛋煎好了队长接着下面。楼梯响，张卫同老匡下来了，队长娘子也进来了。她刚刚开车送崽去山下头的学校。昨天晚上，她陪崽做作业，一直陪到零点。而她老公陪我们扯谈，天上地上也一直扯到零点。张卫说老罗你也不上去看看，雪峰山的雾真的好看。老匡说就是就是，出来就是看风景的嚜。老罗呷一口酒，说，怕冷，没你们身体好。队长说呷面呷面。几菜碗面就摆上桌了，队长把荷包蛋夹到每只碗里，一碗两个蛋。猪油面，又香又热，有辣椒萝卜咽，几筷子就下去了。吃饱没？队长问。我们答吃饱了吃饱了，偌大一碗。队长说没吃饱就再下，好东西没有，面还是尽量。我们又说吃饱了吃饱了。雾没散，窗子还是棉花样的白。我们就在灶屋间聊天，队长娘子给我们一人泡了一杯她自己种的茶，有好闻的柴烟味。队长娘子说起自己的崽，读初三了，高中要到长沙读就好。你们帮得忙上不呢？老罗说，搞个把人读书还是冒问题，教育局我认得人。队长娘子说真的呵，那我今天就遇到贵人了咪。老罗也不是吹牛皮，他人面广，各路神仙都认得倒是真的。而且就如同他喜欢呷酒，他也喜欢跟人帮忙。队长就进到里屋，一会儿进来，手里拿了本子和笔，在油沥沥的八仙桌上写字，一笔一笔，用劲，写得慢。写完把那一页扯下来，递给老罗，说那就拜托咪。上头写的是他崽的名字，年龄，性别，及联系地址同电话等等。老罗看一眼，折好，递进海军陆战队棉袄里头的口袋里。老罗说，你记我的手机啰。队长又一笔一笔用劲记下。贵人，队长娘子说，贵人，真的是贵人。我何解咯样好的命！队长就说你们带点我屋里的萝卜干还有菌子回去好啵？山里头也没有别的什么，就有点土特产。我们全体摇手，说谢谢谢谢谢谢，一副不拿老百姓一针一线的样范。

张卫出去解溲，进来说，看得清路了，走吧。我们就起身。老罗说，还有两口酒，等我呷完再走噻。就等他呷完。他呷酒，三两可以呷得四五个钟头。

终于把车窗摇下来，跟队长并他娘子告别，队长娘子说拜托咪拜托咪。队长说莫啰唆啰，他们会记得的啰。老罗喷着酒气说，记得啰，回去就跟你联系。队长娘子说，我会跟你打电话的。队长教育她道，你急什么噻。老罗说，好啰我会上紧的啰。队长娘子好动容的样范，说，我崽的前程就靠你们几位贵人咪。

车子开动了，队长的四层楼的屋子同他门前的一棵大树被游动的雾气从地球上抹掉了。老匡说，农村里头的人，就只有靠读书一条路可以成为城里人。转头对老罗说，你答应了帮忙，那就一定要帮咪。老罗拖长声音说，小菜啰，搞个把人读书。车开得慢，因为雾散得慢。渐渐世界显出了本来面目。我们又开始讨论摄影。老罗不说话，他对此不感兴趣。但我们在说各自喜欢的摄影师，我说的是弗兰克，老匡说:寇德卡，张卫说:杉本博司。后来老匡也说他喜欢杉本博司，我说我不喜欢，太理性了，我反而喜欢感性一些的荒木经惟。在我们争论的时候老罗掀开了瓶酒盖，并且说，卵味。拿酒瓶的手有些轻微的抖，那是酒精中毒的征兆。

到山顶的时候，天光大白，四野青蒙，我们下车，连忙把衣领竖起来。有风，脸仍是凉得痛。巨大的高压线铁塔立在跟前，五线谱在天上。我们慢慢走，隔了好久，有辆货车经过，轰轰的声音从身后一直移到身前，轰了好长时间。声音消失时，世界更显得静。前面一个像是给路人歇憩的凉亭，有顶，有三堵墙。走进去看，一地垃圾，尿骚味极浓，墙上呢尽是黑炭涂鸦，画的男女那要命东西，我们就笑，晓得性压抑在山里是几多严重。老罗戴眼镜，却比我们眼尖，发现上头一行歪歪斜斜的字，也是拿黑炭写的，就结结巴巴念，拼出了如下一句话：

妈妈，要过年了，远方的儿子想你呀，妈妈！

接下来还一句，显是同样一个人写的：

天上好多云。

念完，突然我们都沉默了。

张卫把它拍了下来。老匡也拍了。我没有拍。我记下了，在心里头。

后来我们在雪峰山顶上走，看见高压线桩，看见远处的屋子，看见公路像蟒蛇一样蜿蜒，好长的时间都没有再说话。

风早住了，脸仍是凉得痛。

老赵来信

我在赴花鸟画协会的团拜会途中接了一个电话，是大安打来的，我的第一反应就是老赵找我来了。

大安是老赵的表妹，住在东瓜山互近，我跟老赵去过一回。与老赵失去联系多年，我曾想找大安，但是不记得具体方位了，又没有她的电话，以前老赵回国来，都是通过大安通知我，所以这条线也断了，老赵在这个世界算是消失了。我接大安电话时吼着说，大安呵，我一直要找你咧！

我的潜台词是，我一直要找老赵咧！

果然，大安说，老赵要你的电子邮箱，你告诉我好不好。我说自从老赵搬离纽约，就再也没有他的消息了，怕有七八年了，他还好吧，你告诉他我很想念他。大安说，他会给你写邮件，我等一下就会把你的邮箱发给他。

老赵在纽约时经常跟我通信，尤其上世纪八十年代中他刚移民美国时我们之间鱼雁往来很频繁。他总是用一种黄色带蓝杠杠的大信纸跟我写信，述写他在太平洋彼岸的生活。我喜欢读他的信。进入新世纪了，他开始用伊妹儿和我联系，信写得短了，但我仍可以了解到他生活中的一些大事，比方大宝的工作很不错，比方二宝大学毕业也参加工作了。他父母的身体还好，他陪伴老将军的父亲住着，跟他讲他在大陆曾经的生活。

他最后一次回大陆是2003年，两口子到我家来，那时我刚搬家，他感叹地说，你现在住得很好呐。我说一般，跟你走的时候比，大家现在都好呐。他跟我说他可能会搬到弟弟的那个州去住，父母也一起去，那地方比纽约漂亮得多，互近还有一个高尔夫球场，一大片森林，松鼠乱窜，蘑菇满地，空气新鲜得不得了。那时，他退休了。我猜他是想过一种安静的田园生活。他回去不久，给我发来一封电子信，说他搬离纽约了。还附了一张新居的照片，美得像明信片。我给他回信，结果邮件被退了回来。他的电子邮箱不能用了。过了一段时间我再试着发去一信，仍是退回。就此，我跟他失去了联系，时间有抗日战争那么久。

但我时常想念老赵。上世纪七十年代末，我跟老赵在长沙郊外一座工厂的子弟中学教书。那时我偷偷地开始写诗，老赵坐我对面的办公桌，他发现我经常在一个本子上鬼鬼祟祟地写写画画，就问我在干什么，我说没什么，好玩。他戴眼镜，却是明眼人，说，你在写东西，一行一行的，是写诗吧。我很不情愿地点了点头。他说看看可以吗？我环顾周围没人注意，把本子递了过去。他看了一会儿，把本子递了回来，没说什么。那时我们下了班就骑车回城，要穿过豹子岭和金盆岭两座高坡，时间须个多钟头。我们总是两个人结伴，上坡时骑不上去，就下来推车走，一边聊天。那天我们在豹子岭半坡下来了，他推车靠近我说，你的诗写得不错，真的不错，虽然我看不大懂，但我凭直觉觉得不错。老赵是个对任何人、任何事，轻易不臧否的人，他忽然表扬我，让我觉得讶异。老赵说，他其实从小喜欢文学，他念小学时日的作文就被登在县报上。后来他中学同学中出了个在全国都有点名声的同学（那是的确的），但在中学时，那同学都很佩服他的文学才能。可惜呵，这个梦一直未能圆。就我所知，他有许多梦都未能圆，包括大学梦。因为他父亲是国民党的高级将领，曾当过台湾空军的训练司令。台湾的空军军官，不少都是他父亲的学生。这样的出身，在讲阶级成分和阶级斗争的年代，即使他的成绩在全年级名列前茅也读不成大学。他成了个不但在政治上，在任何方面也都看不到出路的人。所幸他中学的一位革命烈士出身的漂亮的女同学爱上了他，而且不管组织上如何劝导她都死活跟定了他，才使得他感到了人世的温暖和生命的意义。他后来高中毕业不能升学，就到工厂做了扫盲班的文化教员，再后来就留在了工厂子弟中学。他是一个才华跟梦想都被现实残酷消灭的人。从那天起他跟我谈诗，他读过不少拜伦、雪莱、普希金和惠特曼的诗，但他对我当时学着写的朦胧诗却多有不解，不过我们谈起来诗来，他心中熄灭的火焰仿佛又燃烧了起来。他情绪很高，一只手推着单车一只手在空中挥动。他把我的诗拿给他的邻居也就是诗人于沙看，于沙很是欣赏，当即推荐给《星星诗刊》，后来发表了，整整两个版面。所以我的文学之路一开始就是跟老赵联系在一起的。我很感激他，因为不管他读没读懂我的朦胧诗，他都鼓励我。他说诗人都是伟大的。我于是起了要伟大一把的年轻的兴奋。

老赵的父亲从台湾退休后移民美国，跟老赵的两个兄弟团聚。1981年老赵去美国探亲，分别三十多年的骨肉相聚了。他父亲想让他们夫妇留在美国不要回大陆了。但他还是回来了。因为他们的两个儿子都在大陆，他备尝了骨肉分离的痛苦，不想让这人间悲剧再度上演。他等全家移民，一直等了四年才成行。那时我开始发表小说，并获得了全国短篇小说奖。老赵非常高兴，就好像我帮他圆了一个他曾经的梦想。1988年我到美国访问，在纽约他家里住了一晚，他还在跟我谈文学。我说你的信写得很好，有散文的优美。他听了笑得很灿烂。

在与老赵失去多年联系后，他终于给我发来了一封信。在信中他特别怀念了一把当初我们一起每天踩单车翻越豹子岭和金盆岭时一路激越的攀谈。有意思的是他退休之后开始写一些回忆的文字。在信中附了两篇在北美中文《世界日报》发表的以1949年为背景的“时代故事”的征文，其中一篇《一句童言命运迥异》，述写了他的骨肉分离的身世，他童年是在老家沅陵度过的，他父亲有回带他们兄弟到杭州西湖去玩，他说了一句童言：“我家的堂屋比西湖好玩。”他在文章的结尾处写道：“如果时光回到当初，命运之神让我再做去留的选择，我想我还是会说：‘我家的堂屋比西湖好玩。’”我理解其中的潜台词，就像他在信中说的，他的亲情、友情、爱情都留在了大陆，所以美国再好，他仍是觉得故乡好。

老赵的心中，是有故乡的风雨和艳阳的，而且是永远的有。

无目的，亦无目的地的行走

有朋友在微信里约：去东北避暑好不好？答曰：好好好。又朋友街头遇见，说起邀伴出游，“到土耳其怎么样？”答曰：好好好。又那日同匡国泰张卫在好友罗奇处宵夜，罗奇说待在长沙冒卵味，出去玩啵？答曰好好好。罗奇说，好什么好，要走立刻就走！二日天一亮，一台陆地巡洋舰，咚咚地就坐了我们几个，径直奔雪峰山去。当年打日本，王耀武的司令部在山脚下，指挥雪峰山战役，歼敌三万余，为抗日战争最后一场会战，硝烟尽散去，旧址依然在，墙外一层黄泥斑驳，仍露出底子是青天白日旗，国破山河在。凭吊之后找到一农家，吃走地鸡、腊肉、油菜苔，又喝自酿谷酒，一嘴油沥沥，拍两百块钱到桌上。农家朝后退，摇手，鼓眼，说，不要这么多，不要这么多！又走，无目的，亦无目的地，便是最自在的行脚。车开出一山坳，田地如手掌般摊开，是一种辽阔的迎迓。远山且淡淡，亦如细语呼喊。于是罗奇，就把膝盖一拍，说：直接往西藏开算了！这厮便是如此，脑壳一热，想干什么就干什么，八头骡子也拖他不住。有回他同学生日，他趿双拖鞋去赴宴，吃完走出酒店大门，想，过几日老子也是生日，就这样酒肉一顿，嘻哈一顿，很是无趣。就朝身边司机小王说，走，上车，往高速路开！小王问，去哪？答曰：上了高速再说。于是上了，小王问，老板，到底要到哪里去？答曰：往西藏开！小王笑得难看，说，老板，你还是穿的拖鞋，再说我没带银行卡，现金只有两三千——话未说完，他罗奇说，打电话，叫公司姜会计把钱打到卡上，再特快专递寄到成都。慌什么慌，先往成都开。到了川地，拿到银行卡，遂添了旅游鞋、冲锋服，并一应用品，果然就去了西藏，游了一个月才回来，面如关公。生日是在布达拉宫脚下过的，一餐吃了一斤半青稞酒。与小饭店藏族老板称兄道弟，勾肩搭背照了相，一脸好似高原红。所以他这一说要直接往西藏开，并不是玩笑。但我们几位都有事，出来玩也只做了十天左右的划算，往西藏去，这点时间来回跑路都不够，怎么玩？我遂极力打消他的冲动，说了一堆磅礴的真理，旁边两位亦帮腔，刚开始他还硬着颈根说非去不可，到后来，真理淹没了他，他也明白少数要服从多数的规则，遂哑默下来。刚才在农家他吃了差不多一斤谷酒，上了车又吃了半茶缸自带的茅台，他脑壳发热，显是酒精的作用。说了几句话之后他舌头就大了。我说你还是先到后头躺一阵，做梦也可以做到西藏去。他猫腰，从副驾驶位钻到后排去，终于躺下，那是他说的"卧铺"，垫了薄薄毛毯。在吹鼾之前呢喃了一句话，大家都听清了：去西藏几多好，车都是往云朵里头开。

虽然没按他的拍脑壳冲动去西藏，这躺雪峰山之行也还是蛮快活。后背厢里一箱半茅台，被他一路吹了个精光，大着舌头吼：哦呀几多好，往山里头开，往山里头开，找个农家去吃走地鸡、腊麂子！清晨，满山乳白浓雾，我们在雾里走，递烟，递声音，人生此刻茫目，然而亢奋。夜里，星子如石榴籽，一颗一颗掉在酒杯里，风凉凉的，蟋蟀在灶屋壁角唱夜歌，一句一句，解释古久的风月。

这便是我们人生的节目，说声往哪里去，拍屁股就走人。

因此凡有朋友邀约出游，我第一的反应就是好好好。其实旅行对我来说就是一种名义好听的逃避。逃避什么呢？日常莫名的压力同无法释怀的焦虑。青山绿水，或异域风情，是生命最速效的解毒剂。服了，就神清气爽，当风而立。

旅行当然要找到好地方，但是更要找到好旅伴。人有生气，江山便有生气，人无意味，江山亦无意味。有几回到好地方，回来人问，怎么样？答曰：不怎么样。原因就是去的人里头，有至为无趣者。此人将无趣传染给大家，亦顺便灭掉了风景。此处我也不打算下回再来，再来，勾起回忆，亦是不快。纵是名胜依山，风流伴水，也枉然。

比方罗奇一类角色就是好玩的旅伴。出行，随便定个大概的地方，这一路便是如苏东坡所说的行于所当行，止于不得不止。消消停停，随遇而安，条条道皆走得，故多意外。那年我们去云南，开了两台车，到一山上，已无行路，遂下车，进到寨子，原来是一寨子的傈僳族。见到一小学，小孩子跑出来，男男女女，一脸锅黑，但眉目好看，大热天，有小男孩竟戴了大皮帽，亦有不少小孩子，穿过膝长的衣服，红的红，绿的绿，显是接了哥哥姐姐或大人的穿，如要演出，穿了戏装。我们拿相机来拍照，孩子起哄，雀噪一片，老师说：排队！排队！就挤挤地排成队，探头探脑似杂树生花。后来老师说，他们长这么大，从来没有照过相。照完了，相机连接到手提电脑，呈现给他们看，他们笑而且叫，看见了自己，像被烫着，呼地朝后跳。老师又说，他们长这么大，从来没看见过电脑。老师是在昆明读的师范，吃国家粮，后来就当了我们的导游，在寨子里四处转。转之前，罗奇问老师，这附近有商店没有。老师说，只有一个小卖部。就跑到小卖部，买下所有的糖果、饼干、一切吃食及文具，甚至连高压锅也买下来，就是说，把整个小卖部买空了，我们捧着，让老师叫小学生排队，一一分发。然而不够。又问老师，还有哪里有小卖部，老师指了山脚下，这里，那里。于是我们又开车下山，这里那里把方圆十几里的三个小卖部的东西买个精光，送给学校，让老师分发。接着呢，我们各人认领两个低年级的孩子，每个学期负责他们的学费，直到小学毕业。

之后我们在寨子里走，孩子们就跟在我们屁股后头，这是他们的节日。我喜欢那个皮帽子，一直就牵了他汗津津的手。

老师带我们到队长家吃饭，一只大鼎锅，墨黑，锅里煮了什么，看不清，亦是墨黑。队长说，好了，吃！筷子夹出来的东西，黑黑的认不出，扔进嘴里，怪怪地香。想必是肉。上头沾了树叶，必定是香料。罗奇把茅台倒进陶碗里，与队长碰碗，队长仰头喝光，脸如树皮，在暗暗的堂屋里闪着绿光。饭后我们坐在木晒台上，看群山青青蒙蒙，云在树顶上走。这时候世界皆在山外头了。我也喝了点酒，头有些晕乎，正好，日子只须醉眼看。

怀想汪先生

我家书房里只挂了一幅斗方，是汪曾祺先生的《芍药图》，墨色不浓，花色亦淡，题识是“七月七日夜曾祺赠立伟”，画于一九八五年，我第一次去汪先生在蒲黄榆的家。那一回，也是我第一次去北京。

汪先生的画，如同汪先生的人，清淡，不浓烈，但内蕴极深，格调上有高士气，于爽性之中暗藏了一种倔。也是那一年，我出版了第一本小说集《小城无故事》，是汪先生作的序。他觉得我的小说有诗意，重感觉，且有哀愁，有些像废名。我到他家，聊天时他亦跟我谈起废名。但那时我还没有读过废名的书。我后来在三峡的船上读废名，只觉得文风极独特，清峻奇拙如夔门吹来的风，用笔极简，又字字句句有讲究，氤氲了一脉天真同一脉淡淡的惘然。他的小说同文章如古字画，只合慢慢把玩。但他那种小说中散文化的诗意构成及他的那种文字之美，恰是我那一时节的文学追梦。汪先生在序里还夸赞我的作品像唐人绝句，聊天时他亦聊起唐人绝句的好，让我觉得高兴，亦觉得不安。汪先生对年轻作家寄予厚望，让人感到他的善良同慈爱。他谈起阿城，谈起贾平凹，谈起那一时涌现出来的许多新生代作家，觉得年轻人起点高，来势猛，前途不可限量。其实他谈起的好些人，包括我，都受过他的美学趣味的影响，但他不倚老卖老，但开风气不为师，在年轻人跟前表现出辽阔的谦逊同襟怀。

聊得兴起时，汪先生铺纸展墨，为我画了这幅斗方。三下两下，逸笔草草，而画风瘦劲高古。我家里来过几拨画家，我给他们看汪先生的芍药，他们说，这不是一般的手笔，大器得很！

但汪先生的好我以为不在他的画，而在他的文字。他的文字才真是有韵味，比他的乃师沈从文公更白，更现代，更畅达，但同样的，有着从几千年传统和从自己个性里生发出来的文字神韵。汪先生的文字魅力，于当时，于现在，我以为尚无出其右者。他的白话之白，是非常讲究的白，行云流水的白，有着真正的文字的贵气，常人可追他的白，却追不及他的贵气。

他的文字的贵气渊源有自，因他是传统文化的薪火传人，在文脉上是没有断过气的。故汪先生写小说，写散文小品，文字虽白得不能再白，却字里行间释放得有一泓古人性情文章里才有的文气、雅气、书香才子气，仿佛是“间关莺语花底滑，幽咽泉流水下滩”，好东西藏在底里。凡汪先生的小说文章，我见之必读，读之必爱不释手。我喜欢他文章里有而别人文章里无的那样一种调子，那样一种气场，及那样一种温度。

汪先生的《受戒》《异秉》，出现在以模仿海明威、福克纳诸西方大师为时髦的八十年代初期，其实应当算作当年的文学事件。它让人意识到小说的作法，除了西洋的可以好，中国的同样可以好，且可以好得特别。当其时，有许多青年作家受汪先生小说的启发，从本土文化传统资源里寻找新的路径，以期达到当时人们意识到的文学高度。汪先生当时的文风，可以说是开了一代新风。那新风其实不新，但久违熟悉的笛音出现在一片铜管嘈声中时，它便是新。小说还可以这样来写，这是当时许多文学青年读了汪先生小说时的第一反应。

但汪先生的小说自成风格，学是学不来的。你没有他的阅历，没有他的学养，没有他盎然诗意的性情，你如何来学？汪先生给当时盲从西方现代派的文学青年点燃了另一盏灯，照亮了另一条路。这便是汪先生在上世纪八十年代出现时的意义。

汪先生的文学，是真正的高品，然即使是当时，亦很边缘，欣赏者有，盖不多也。我有时揣想，汪先生若果活到如今，他的作品会有几个人来读呢？真正的好东西是流行不起来的。黄钟喑哑，瓦缶雷鸣，现实便是如此无情，亦是如此可笑。然星光即使遥远，也总是有人抬起望眼。汪先生不热闹，但也绝不寂寞。生前身后皆如此，因他是活在了时间中。

汪先生八六年来湘，我到宾馆去看他。可能是贪了杯，他红光满面，说话极多，然憨态如儿童。他真的是个老小孩。谈起湖南的吃食，谈起湘西的山水，继而又谈起各地的吃食同山水。他的记忆力非常好，又识见极不凡。听汪先生聊天是一种大享受。

过了几年，北京城里开青年作代会，我带了叶兆言等一干人去看汪先生。他还是住在蒲黄榆，很小的居室。拿现在的话来讲，去看汪先生的皆是他的“粉丝”。汪先生那时刚好出了本散文集，兆言拍拍我，轻声怂恿道：跟汪先生讨书呵。那一回汪先生极高兴，谈笑风生，还聊起了兆言的父亲同祖父。后来汪先生文章里还写了：何立伟领一帮青年作家来，如何如何。

九十年代初又见过两回汪先生，都是在北京。头发花了许多，老了，但精神仍是好，笑，而且喝酒。有回就是在席宴上见到的，众人皆散了席，他还同两个人边喝酒边聊天。我走过去跟他招呼，他拉住我，说坐坐坐，来一杯？我不擅饮，我记得我没有喝，但是坐了下来，就是陪一陪汪先生。

我不知道我没有机会再陪他坐了。

九七年我在北京住了半年，有天我在的士上，广播里说，汪先生去世了。我当时心里一紧，泪水从时间里涌出来。我想起汪先生写过一篇纪念他的老师沈从文公的文章《星斗其文，赤子其心》。他说他参加沈先生的遗体告别式，看着沈先生，面色如新，他说这么一个人，就这么样地走了，他哭了。这也正是我听到噩耗传来时的情状。

我极冲动，想去汪先生家，但我终于没有去。这么一个人，就这么样地走了，我会在心底纪念他。仪式不重要，记住这个人，才是重要。

有些人你是不会忘记的，也不应当忘记。

纪念史铁生

这个人走了，我不相信。就像他曾经说过的，死亡是一个谣言。

我相信这是谣言，关于一个好人的、关于高贵的文学的谣言。但这是一个有着谣言性质的事实，无法更改和删除的事实——我们的朋友、兄长，和永远在精神的高度遥望我们的史铁生，在新年即将到来之际，因脑溢血在北京宣武医院去世了。

虽然对于自青年时代起就与疾病顽强缠斗并且超脱到视死如归的铁生的离去朋友们都早有心理准备，但悲伤仍然具有足够震撼心魂的爆炸的力量。我回头北望，在长沙冬日的寒风中默然伫立，半天无语。

长沙本土的媒体朋友第一时间发来短信，约我写一篇纪念铁生的文章。好几天了，我一直也没有回他的信，因为我不能确定能不能动笔写他，敢不敢写他。在元旦那天九久读书人网我朋友陈村主持的“小众菜园”上，在他前一天发布的讣告上，我留了如下几行字的跟帖：

昨天，我们长沙当地的媒体要约我写写铁生。我没答应。我不敢写，一写会很难过。铁生给我的漫画集《失眠的星光》写过序，我也给他的随笔集《病隙碎笔》画过插图。1987年我们到海南参加笔会，居然把他连同轮椅一起抬到登陆艇上出海。我带我太太曾到雍和宫他的老屋去看他，那时他父亲还在，后来我去过几回水碓子他的新家。再后来我在北京待了一年时光，不敢再去看他，因那时他每隔一天就要做全身血液透析，相当疲乏，我怕打搅他。想起这些往事，悲凉入骨。文章我是不敢写的，真的不敢写，就像他睡着了，不敢唤醒他。

这就是我真实的心情。今天起床的时候，我对自己说，还是写一篇文章吧，这个人真的是应当纪念的。

在铁生去世的当天，韩少功给我发来了铁生的一张照片和一组诗，还有蒋子丹多年前写的一篇关于铁生的印象记。他什么话也没说，我想他的心情也是到了不知说什么才好的地步，只能无声胜有声吧。我其实二十多年前也写过铁生，主要是记那次海南笔会上铁生给我的印象。那次到海南时海南尚未建省，还很原生态。去的作家不少，有李陀、林斤澜、陈建功、戴晴、谭甫成、韩少功、苏童、储福金以及后来到法国去了的高行健等，最令人欣喜和意外的是苏童（那时他还是《钟山》的编辑）和范小天居然把轮椅上的铁生抬上飞机飞到了海南，而且后来我们坐南海舰队的登陆艇出海，铁生也被朋友们弄上了船。大家把紧铁生的轮椅，让他迎着海风看蓝色的大海和白色的波涛。韩少功后来有次跟我一起回忆这么些年来参加过的笔会，都觉得那次海南之行令人印象最深（这次海南之行，也是他后来移居海南的动因之一）。我想，这个印象之深，最主要的一个原因，就是因了铁生。这可能也是铁生一生中唯一一次远行的笔会。铁生的气质在所有的作家中是最深沉凝重的，我们在海水中嬉戏的时候不经意回头一瞥，铁生坐着轮椅，在沙滩上抬头凝望，像一尊佛的剪影。在这天之涯，海之角，他看什么，他想什么？那剪影让我心头一颤。我觉得我们是用脚在大地上行走，而铁生是用思想在大地上行走。他走得比我们都远。我们在海军大院的一间大房间里抽烟、争论文学，铁生总显得沉默，偶然插上一句话，却是相当的警僻，他说的都是经过深思的话，令人回味再三。但铁生也喜欢笑，他笑起来，像个孩子似的无邪，没有赤子之心的人，是无法笑得那么透明的。在海南那次，我们都争着给铁生推轮椅，都想跟铁生多待在一起，也喜欢跟铁生待在一起。我阅中国当代作家可谓无数，唯觉得铁生有很特别的气场。你挨近他，就会觉得自己脱离了低级趣味，会觉得自己有向上的欲望，会在一瞬间追求崇高和美，真的是相当奇怪。他身上有种电磁会传递给你，让你当场忘了俗念。我后来想，这就是人格的感染力。在中国当代作家中，对生命做终极思考的人，大概没有谁能超过铁生。正因为了透了生命，铁生的人格才淬了火，达于真正的宽厚和仁慈，达于一种对众生的神性的大爱。于是他的生命的境界，传达到他的文字，无不显出了文学的高贵、深沉和温暖，同时也显出了他的人格上的伟岸和力量。在中国的作家中只要见到他的文字我就会去读的，实话说，只有很少的几位。他们要么在文化上有厚度，要么在思想上有锐度，要么在情感上有深度，要么在视野上有宽度，要么在艺术上有纯度，铁生永远是排第一位的。他走得最远，达于哲学、宗教和文学的遥遥的极地。在后来的某个重大的国内的文学奖项（我就不点名了）中，竟然都没有铁生的名字。这是中国的文学奖的悲哀，也是中国的文学奖的堕落。好在明白的人还有不少，都清楚铁生在中国当代文学中的分量和价值。铁生是寂寞的，热闹和鲜花和市场畅销从来没有簇拥过他，但他在我心中仍然是中国文学的精神标高。他是那些出镜率曝光率居高的明星作家们不能望其项背的。我还可以说，铁生是当代中国赢得最广泛尊敬和爱戴的作家。

我的漫画集《失眠的星光》出版的时候，铁生给我写下温暖的序言。他一直喜欢我的涂鸦，跟许多朋友都说过。上世纪八十年代末期我常给他写文图并茂的信，他拿给到他家里来玩的朋友们看，欣喜之情溢于言表。我最早发表的漫画就是他拿给朱伟在《东方纪事》上刊出的给他的漫画信。铁生也给我回信，也寄他手绘的贺年卡，在贺卡上画下他的漫画。几年前他的《病隙碎笔》付梓前，他没我的手机号，特事托陈村嘱我为书稿插图。我感到非常荣幸。能够为铁生做一点事情，一生都会光荣。现在铁生走了，这本书还留在人间，封面上有“何立伟插图”五个字，应是永远的纪念吧。

我去过铁生家很多回。从八十年代末到九十年代，我到北京总要去看看他。起先是雍和宫，后来是水碓子。铁生逝世后有许多人把铁生和朋友的合影贴到网上，其中一张是我和孙甘露、何顿、陈染一起去看他时的留影。我吃了一惊，我自己都没有这样的照片。真是感谢上传照片的朋友。有一回我去看铁生时遇到李陀、余华、朱伟，我们在水碓子互近一家餐馆吃饭，那次铁生和李陀为一个什么文学问题发生了争论，我才发现铁生真是有辩才，当然李陀也有，两个有辩才的人谁也不能说服谁。但他们都捍卫了自己的真诚的思想。那是一次水平很高的论争。后来铁生开始做透析了。我再去的时候看到他很疲惫，以后就再也不敢去打搅他了。但我很挂记他，希望他能康复，并多多写下中国真正需要的文字。

铁生的文字是最诚实也最勇敢的文字。他面对生活，面对生命，面对自己，都是最诚实最坦白的。我尤其敬服铁生面对死亡的人生态度。他直面它，思辨它，穿越它，最终获得圣徒般的勇敢和达观。也因此，他的文字可以照亮自己的和别人的人生。

在韩少功发来的铁生的诗里（我倒是很少看到铁生写诗），铁生写道：

呵，节日已经来临
听远处那热烈的寂静
我已跳出喧嚣
谣言、谜语和幻影
最后的祈祷
是爱地重逢

这是他生前的预言。铁生在他十多年前写下的著名的散文《我与地坛》中曾说过："死是一件不必急于求成的事，死是一个必然会降临的节日。"他在2011年元旦到来之前，跳出了喧嚣、谣言、谜语和幻影。他的前世今生已在爱地重逢。这是他的终于降临的节日。

铁生的遗嘱是捐出有用的器官和不开追悼会。但我1月3日在"小众菜园"上看到陈村贴出了一则启事：1月4号在上海复旦大学光华楼由王安忆主持，召开史铁生追思会，读者自由参加。我给陈村留了言：村座，如果可以献花，请帮我献一朵花吧，拜托！

1月6日晚8时，全国十几座城市同步举办“铁生之夜”烛光追思会。我也策动了在长沙的响应，通过晨报的朋友联系了一家咖啡馆，召来了与铁生有过交往或对铁生有敬意的作家朋友，以及铁生在长沙的读者。有一位在岳阳的铁生的读者得知消息已晚，不能赶来长沙，就在追思会上打来电话，朗诵自己献给铁生的诗。主持人把手机对着麦克风，放大着他的心声。朗诵毕，他失声痛哭，并一再说：谢谢你们！他谢谢我们给他提供了表达哀思的机会。如果没有机会表达，他会非常难过。还有一位企业家，也是铁生的读者，带了二胡来到会场，当场拉了一支悲凉的曲子表达心情，拉得满座戚然。

我想，这样的情形，在全国各地的追思会上，一定会有很多。铁生的去世，是中国文学的痛，也是中国读者的痛。我注意到，各地对铁生的追思活动，几乎没有官方举办的，都是民间和社会团体自发组织的。有许多参加追思活动的人的留言感人至深。

铁生走了，留下了他的作品。这些作品，只要是对生命存有敬畏的人读了，他的心灵都会被照亮，并感到温暖和明沏。

忽然想起韩少功

近来我人在京城，时常却接到包括湖南在内各处朋友电话，问我韩少功现在何处，又如何与他联系，倒好像我对少功夫子的行止很是知底。我说，不晓得，真的不晓得。

但我晓得少功夫子现下在湖南而不在海南。他回桑梓，或许找过我，或许没有。他在长沙朋友多，想起哪个找哪个，只由得他，由不得我。不过一个人让许多人牵挂，念兹在兹，这人必定是蛮有意思的一个人。

少功与我是湖南师范学院先后同学，在学校时我并不认识他，认识他之前是认识他的小说:《月兰》《飞过蓝天》《西望茅草地》《风吹唢呐声》。其时湖南写小说的人甚众，写得风声水起的亦不少，但我独独喜欢他的作品，因他的作品有一种别人不及的质地同气息，思想与情感格外深沉。他的小说中有一种比呜咽更能打动人的声音。“感时花溅泪，恨别鸟惊心”，或者“戎马关山北，凭轩涕泗流”，他文字里每每有杜工部的这种忧时情怀同人道力量，让人生出的怅触于是深远而广大。当其时，湖南及全国各地文人中，“玩”文学的很不少，而你读少功夫子的小说，你感到他不是“玩”，是借了文学来阐扬他的人世关怀与现实立场。他在思想上远比一般作家走得远，而他的目光亦比一般作家要沉郁。在我不认识他时我猜想这个人将来必是一个背影在地平线上的人。

后来我也写小说了，遂与他相识。别的不说，值得记的是我同他一起参加过三次笔会。一次是湖南本土作家在湘西天子山开创作讨论会，大暑天气，在山顶白云生处喝茶聊天，一面居然还要怀抱炭火。在猛洞河里乘船顺水漂，吃刚刚从水里打上来的鲤鱼。那时节生生猛猛谈文学是一种兴味，消消停停游逛亦是另一种兴味。而文人友谊也正是在这两样兴味中不知不觉绿生生抽了芽。那一回少功是带了他太太去，若干作家亦是带了太太去，他两口子在人群中显得极简朴，有一望而知的当过知青的生活痕迹——这痕迹一直保持至今，殊为难得。他的兴奋不在生活的奢华，在思想的怀远追高，见贤思齐。还一次是去海南，时在1987年，海南尚未建省，《钟山》杂志组织起一个笔会，去的倒真是有意思的一群人：李陀、陈建功、高行健、林斤澜……时在《钟山》做编辑的苏童范小天也是一起厮混得热闹。最有趣的是苏童范小天他们把一尊活佛样坐在轮椅上的史铁生竟也从北京推来了。坐潜艇，坐登陆艇，游泳，吃椰子同西瓜，在海边星空下大声说话，言笑晏晏，话题比天上的星子还多还璀璨。聊到半夜了意兴阑干，回到海军招待所，我同少功住一间房，又接着聊。少功是一个私人话题不多的人，仿佛一枚坚硬的核桃，任何人皆不容易深入到他的内心世界里去。那一夜他跟我说，他喜欢海南，假如生活在这里，他情愿。少功不是一个乱弹琴的人，两年以后，海南刚一建省，他即举家南迁，来到这当年苏东坡的流放之地，亦应了他那一夜的话。

最后一次笔会是去越南，这回却是少功组织的，他先前允诺过，有好玩机会叫上我，果然叫上了。在船上同陆地，我都是同他住一间房。我们聊起天来已是非常随便。那时节《马桥词典》的官司正在进行，我有一些疑惑，我先前认为少功不是一位好斗争锋之人，他亦没有必要来打这场到头来没有赢家的官司。后来少功正色同我说了一席话，我始明白他坚意捍卫的是什么。我无言以对，但私心里已极赞同，可以说站在他的角度同站在法律道德的角度，他起诉他的对手皆是被迫、唯一，而且不能不说是正确的选择。我估计很多人不会理解到这一点，这是因为要理解韩少功不是一件容易的事。他的思维达到的层面亦不是一般人所能深入进去的，况且看上去他又显得是那么样的有城府。后来有不少作家签名声援少功，我毫不犹豫也签了名。我必须站到他一边，反对无聊的诽谤同别有用心的陷害，同时也是反对文坛的一股邪气同浊气。

少功去海南后我们倒常常有些书信往来。据说少功读我写给他的有乡音的信大感快活，且还把我的信在电话里读给在海南的其他湘人听，让众人亦快活则个。他出的散文集里把我的信收了进去，让我也快活则个。我觉得古人的文字写得好的，一是序跋，二是书信，因为随意，因为不拘，因为心情如水，泼地而出。

法国汉学家安妮·居里安极喜欢少功作品，少功每有新作，她必译介到法兰西去。有一本新译的作品要付梓，安妮问他，请一个熟悉你的人写序，请谁呢？少功想了想，说：何立伟吧。后少功同我说，我也跃跃欲试。开了几个头，都没写下去。为什么？因我觉得要说透少功的人同作品，其实都是一桩难事。少功比我认识的大多数作家皆要复杂，他的学养、思想、知识结构、道德情怀、包括人格魅力及眉宇间的正气与三言两语间的睿智，无一不丰富，以我的浅薄，是绝对谈不出少功的深邃来。马马虎虎，不如不谈。此事虽后来不了了之，但我是一直萦绕于心，不能释怀。

少功去海南后，其实小说写得并不多，差不多二十年里，长篇就写了两部:《马桥词典》及《暗示》，还有就是今年刚出的乡居随笔《山南水北》。他产量少，但样样是高品，且走的是一条人迹罕至的路。他不屑于谈先锋，但在我看来他才是真正的中国文学的先锋，因他的思想及艺术皆超越了同时代的大多数作家。他在文学中的独立的品质与内蕴，他个人的思想与才情的发展，及他的与众不同的对世界人生的洞察与小说文体不懈探索的价值，却常常被文坛同市场低估。他对写作极认真，亦极求完美。作为中国最严肃的作家，他从不生产文字垃圾。写作对他来讲不是个人意兴的挥洒，而是对中国人，对中国文化，中国历史与社会人类的道德承担同理性观照及追问。有时写小说太绕弯子，于是有那么一阵，少功开始写直抒胸臆的思想性随笔，论域之广、质疑之深，又风格之恢弘，理路之明澈，同代中国作家中少有比肩者，让人读来每每血脉贲张，拍案惊起。从那样一种淋漓痛快的文字里，人必感受到什么是中国文人的道德良心及人格力量，感受到一个公共知识分子的文化视野与辽阔关怀，人类立场同社会批判。

少功夫子也经常回湖南，有时找我，有时不找，视时间与心情而定。把聚之时，每有朵颐大快。说起海南来，他必用“客居”二字，说明他无论如何也融入不了那种商业味甚嚣尘上的异乡“主流生活”。他拿海南话说一二三四五六七八九十，称自己一去经年，却只会讲这几个佶屈聱牙的数字，还是为了买菜时与农妇讨价还价之实用。

许多年前，少功出了一本小说集，由他太太梁玉立写的跋，我记得那跋里很含蓄提到少功同她有一个梦想，这个梦想迟早要实现。写跋之时少功一家还刚刚南迁椰岛，新的生活同新的事业还刚刚起步，但显见得那梦想与海南并无关系。我那时也听说少功喜欢田园归隐的生活，他在长沙时有一位我也认识的朱姓朋友对佛学颇有心得，据说少功同朱姓朋友亦到长沙开佛寺与主持戒圆大师谈佛论道。朱姓朋友同少功的姐姐一起下放江永农村当知青，少功与他一起重返江永，一路之上的谈资莫不与佛家思想有关。就是那一次踏返，回来之后少功即写了《西望茅草地》。但是，或许有比一部小说的发想更重要的人生设计同生命觉悟在那一段行脚里悄然产生了亦殊未可料。我总隐隐有一种感觉：少功人格里出世的东西比入世的东西更多，亦更真实。他对人生参悟得太透彻，他知道生命的安息之地在何处。

后来，也就是三四年前，少功辞去海南作协主席及《天涯》杂志社社长等一干职务，真的归隐到了湖南。他在他当年同梁玉立一起下放的湘北农村，亦就是屈子当年自沉的汨罗江畔造了房子，有山有水，茂林修竹，与世隔绝，沉潜于一派绿幽幽的恬静中，种瓜得瓜，种豆得豆，遗世而独立。这就是他太太梁玉立在当年的那篇跋里所提及的梦想么？

“寻梦，撑一支长篙”，这是志摩的诗句。

如我这样恋恋红尘的侪辈，皆是手无长篙，到哪里去寻得梦来？

故我等只能望到他的背影。他背影是越来越远了么？

关于阿城

程德培兄托巾帼英雄残雪转来一信，要我给他的那个《文学角》写诸如印象记一类的文章，最好是写一写阿城，因为“我认为你和阿城比较熟”。但是阿城已被人炒得糊了，我再炒，出不了什么新鲜味尤自可，而且仿佛还很有一点子惨无人道。然而，朋友之情不可却，朋友之命亦不可却，好吧，姑且也炒他一炒试试看。阿城，你忍一百回就忍这一百零一回，怎么样？

阿城现在洛杉矶，××街××号公寓的一间不大不小的房子里，继续地戴眼镜，继续地不修边幅，继续地大智若愚，继续地在能不说英文的情况下奢侈地过着国语瘾，继续地热爱郑板桥、八大、弘一法师、沈从文、意大利歌剧、阿根廷足球以及他自己做的既不麻且不辣的号称川味的麻婆豆腐，因此，继续地祖籍四川。若是哪一位君子怀想起他来了，给他写信，一个月两个月以后他给你的回雁，是拿电脑打的。这是近年可以看出的阿城的一个显著的变化。他给我的信里说，拿电脑写东西，为的是增删方便，又省却了誊正的苦役，而且，立即可以见出印刷的效果来。他现在，衔着烟斗——像斯大林或丘吉尔那样，在太平洋之滨，深深的美国夜里，用电脑写他的

《中国民间艺术史》，写痛悼已故钟惦棐先生的《父亲》——真是极好文章，写暂不示人的他的小说，也写些给朋友帮忙应急的幽默的文字。时人风传阿城见好便收，不再写作了。这不对。阿城不写文章，是不会蠢到花那么多的钱去搬一架于他无甚用途的机器的。我今年六月访美，在他那里小住四天。我睡了，他开始写作。我在他的电脑轻轻的嗡嗡声里眠去。我醒来，他刚睡熟，桌子上是他完讫的可以见出印刷效果来的文章，《意大利皮萨》，俨然以一学者口吻，考证风行美国的意大利煎饼（披萨），馅何以敷衍在上面而不夹于其中，原来是马可·波罗同志忘了元朝皇帝教给他的中国北方馅饼的制法，而草草从事，以致谬种流传，时至今日。这自然是阿城给世界上可爱的人民开的一个更加可爱的玩笑。这也正是上面提及的他给朋友帮忙应急的幽默文字。阿城的玩笑通常可以骗人，看不出来是玩笑，譬如这一篇《意大利皮萨》，引经又据典，考证来推论去，仿佛煞有其事，只有一本正经卒读毕了才发觉上当终于不浅。这便是他的连聪明人也骗一骗的更加聪明处。还有就是你若发觉他开的是玩笑，你笑然而他不笑：他居然愕然惊坐，脸上仿佛写着讶异。咦，笑什么，未必我说的好笑么？我想起来若干年前在南京聊天，听他山南海北，众人一阵阵笑得要抽筋了，他木木坐着，望望这个，望望那个，简直很无辜的样子。我心里想阿城你真真是一个鬼东西！另一回我在长沙，听“美国之音”，恰好放出来的是他和台湾李昂去年在爱荷华国际写作中心的对话：李（热烈无比）：阿城呵，你真是多才多艺，我知道你什么都能干，但是我不知道你什么不能干。阿（立即）：生孩子。我就听到收音机里跑出来李昂同志嘎嘎嘎嘎鸭子似的笑。我没有听到阿城笑。我晓得猫在老鼠跟前同样也不笑。

不记得是前年还是去年，阿城来了信，说他搬家了，新址如右：北京西单 ×× 街 ×× 巷 ×× 号：有电话一部，号码如右：××××××。我不能想象阿城住有电话的房子里会有怎样的神气。我只要不去看他的新居和新的生活秩序，脑子里永远的是德胜门外四合院里他那一间幽黯破旧小平房的情形：墙上是朱乃正的悍然的一幅中堂："法无法"，是板桥的"删繁就简三秋树，领异标新二月花"，以及与左恩原作等大的色彩还原又奇好的出浴少女的油画彩照，是羊头，兽角，和细细结梦的蛛网。案几上乱得只有他自己才能找到秩序的文房四宝，纸张册页，和各地赠来的期刊杂志。四处是书，是古今中外，是写着字的废纸条和混和着烟草气息的乱七八糟的嗅味。还有那友朋来了随时可以打开来伸展手脚做奇奇怪怪梦的地铺——我就在这地铺上做过几堆梦。还有那窗子上别人留给他或他留给别人的话——我看见过北岛、滕文骥、朱伟以及一些有名之辈或无名之辈给他的龙飞凤舞的留言，都是找他忙这样忙那样的。我也看见过他给我留的话：立伟兄，我去天津，明天转来，钥匙和面在老地方。大约他自己，以及王侯将相布衣平民，一律地只能在这里拿挂面对付身子内有关部门，无贵无贱，无长无幼，共产主义。我于是同他说：长期地吃面，营养不良呢。他仿佛极不经意，说道：还吃水果呵，维他命在水果里。但是，我没有在他的家里发现水果。只一回他从湘西王村转道长沙，一伙湘人轰轰烈烈去看他，说着话他忽然站起，说，对了，袋子里有橘子！于是把一大旅行袋的红如彤云的维他命拿来倒在床铺上。他看这些曾国藩的后人在那里猖狂地营养，自己倒端坐着，抽烟，徐徐吐出些同他的公案一样其妙莫名的玄雾来。阿城抽烟实在太猛。一九八五年春上我们两人住在上海作协小阁楼，陈村来了，聊天，竟至终夜，频频地推开寒意的窗子，把不清不白的云雾放出去飘逸，放出去缱绻。翌晨一看，地上的烟头，多于激战后壕堑中遍洒的弹壳。当然我也抽，陈村也抽，然二人之和亦难及其一半也。所以我那时看到的阿城，面有烟色，实在就怪不得社会主义的。

去年，我到沪上，去陈村家里玩，听他说，他听得别人家从美国回来说，阿城如今了得，大张旗鼓地胖了起来。我问胖到什么程度。陈村说，他听得别人家形容，胖得像一个港商。所以我们一面呷啤酒一面探讨阿城胖得那样猛烈的原因，归结到两点，一是吃洋餐，二是戒烟。结果我这回在洛杉矶，看到他根本就不吃洋餐——他带我上过两回馆子，都是吃中餐，他问慈祥的结着领结的侍者：有没有辣椒酱先生？而且，抽烟派也正在抽。甚至不抽纸烟，抽起“更过瘾”的烟斗来。然而关键的问题不在这里。关键的问题是，他根本就没有胖起来，虽然他有那么多应该胖起来务必胖起来并胖得一塌糊涂的道理。我找到他在墨西哥移民聚居区的寓所，喊他，他从我的背后苗苗条条地拱出来，真是有朋自远方来不亦乐乎。他穿着一件北京老头的圆领汗衫，一条“Made in China”的牛仔裤，瘦得一如既往，从容得一如既往，好脾气得一如既往，也邋里邋遢得一如既往。谁也不会晓得这个像刚刚打工回来的家伙，竟是在海外名声奇大的叫钟阿城的人。我的翻译后来问我：这就是阿城？我说一点不像是不是？他一面开车一面低语，这就是阿城，这就是阿城。这位翻译才真是胖，但是，胖得毫无道理。

自然我又一如在北京德胜门外的他那间陋室里，睡地铺。所不同的是房间里有地毯。阿城说：我不喜欢地毯，我喜欢地板。而且，自然又听他身如楷书一般端正，竖起一根指头移来移去的悠悠的聊天。听他聊梵高的用笔，郑燮的乱石铺阶、白石先生的艺术人格、江浙新文人画的脂粉气……也听他聊起陈丹青、朱新建、莫言、马原和陈村——还记得起陈村的《有一个王安忆》，记起来时还好笑，笑过了又说起有一回他与陈村遇到王安忆，其时王正发表了她旅美三个月的如乡村小道一般漫漫修长的日记，陈村幽了她一默：安忆，你有什么权利折磨你的读者？！阿城就叹曰：陈村调侃起人来真是第一妙手。于是，就又再接再厉，缅怀这个缅怀那个，在凉意深深的美国西海岸之夏夜。他还拿出他收藏了很多年带到美国去写书的民间剪纸给我赏看，说这是陕西的，这是山东的，这是贵州的……宝贝成那么一副样子，叫人不免起了感动。这是一个对中国民间艺术不但有着广博的研究，而且有着深深感情的人。他在洛杉矶寓所里唯一的艺术品，即是贵州苗民的一件绣花衣裳。他把它剪开，装饰在墙上，对造访的人说，你看这花纹，图案，如何如何之了得。聊天；抽烟——我差一点在四处标有 No Smoking 的美利坚把烟戒了，但在洛杉矶，在美国本土的最末一站，在这条大烟虫这里，仍复开了戒了；吃墨西哥人做的很中国风的葵瓜子，吃他冰箱里的加州水果。有时坐在折叠椅上，有时则席地而坐。我喜欢这时候的阿城，冲淡、平和、渺远且又亲近。我不喜欢报纸上和人们添油加醋传之纷纭的那个烟雾腾腾的阿城。喜欢《三国志》，不喜欢《三国演义》。还喜欢阿城喜欢的一句禅言：平常心是道。

烟花三月间收到的阿城的回信，大意为：收得你的信，很高兴。知你要来美国，更高兴。我意以为，以美国之大，四处可以看。最好当是见意外之人，遇意外之事。我有旧车一部，你来时可以陪你在洛杉矶玩玩。我以一个乡下人的见识，读了信心里想，阿城你阔了呢，你居然地竟敢有了汽车！到了美国方才晓得，买一部旧汽车，正如在我们这里买一部旧单车，便宜得很，容易得很。何况，洛杉矶是全美汽车按人计算平均数最高的地方——那位胖翻译夫妇俩无端地有三部小车！洛杉矶也是一个地域广阔的城市——从飞机上，左右望不到边！顺着任何方向的公路一气行驶四五十英里，还走不出市区。所以，阿城没有汽车是不行的，没有汽车寸步难行——洛杉矶真是怪，极少公共汽车。阿城说，洛杉矶，根本就不是个可以随便串门的地方。因此，阿城开着他的米黄色丰田，去读英文，去买食品，去圣地亚哥海边看水看云，以及看这儿那儿的公立或私立的艺术博物馆。我走的前一天，他就开着这车，风快地带我去看一“极好的”私人艺术藏馆——惜乎其门未开。去海边温柔的长滩上照相，背着他那极为昂贵的西德相机——阿城说，好相机一定要用一个随便什么破袋子装着。阿城一共买过两部旧车，前一部出了车祸，坏了；买来后一部，把前一部的好玩意儿装到后一部的非好玩意儿位置上，合二而一。据他说，成了一部“极好跑”的车子了。我说，你什么时候学会修车了呵？他说没呵，没学过。我说没学过你怎么晓得这样搞那样搞呵？他说看书呵，看书搞呵；这东西，很逻辑，你就很逻辑地搞就是呵。我说怕没有这么简单吧？他说，简单！简单！简单到你把书看完了，气得在屋子里来来回回地走，原来这东西这么简单呵！一面说，一面来来回回地走，扮演果然是气得要寻短见的样子。我就笑，心想你阿城是世界上顶顶鬼气的人精。这一天还来了一男一女两条华人。男的在日本的某电子公司谋饭，女的，据阿城说，在国内要算得是数学奇才，男女来向阿城讨教电脑用法上的若干问题。阿城如此这般地指点迷津，叫男的女的频频点首，说是的是的，哦，哦，哦。我后来才晓得，几个月以前，是这男的，他教给阿城电脑操作ABC。是故弟子不必不如师。

阿城也不是没有吹牛得意的时候。我就见他逢人夸耀，说他的那辆车，如何如何地越跑越好跑了。今年七月，他计划开着这合二为一的旧丰田，只身环游美利坚。他的路线已大抵拟定——但也只是大抵而已，因为，他喜欢随意，喜欢车到山前必有路，喜欢一路地见意外之人遇意外之事，以丰足他那本已十分丰足的人生。这个计划，倒不是什么牛皮。我在他那里的时候他已在做着种种准备。阿城，你现在一路风尘地回到洛杉矶了么？

洛杉矶的天，真是蓝得叫人头晕；西海岸的空气，也真是新鲜到一吸入肺部人就想唱歌，想发癫，想幸福地去寻短见。

阿城，他就安安静静地，瘦瘦地，住在洛杉矶。他要住多久呢？

1987年秋

关于马原

都说马原这人很怪，很狂。我也见识过马原的怪和狂。我觉得这没有什么不好。一个人有点怪，有点狂，尤其这怪与狂又集合到一个叫作马原的一米八三大块头关东汉身上，居然就不是可恨而是可爱。又，有些人的怪与狂，真的，没什么道理，而在马原那一壁，就有道理，就适得其所，否则就不是马原，就是牛原，或者鼠原。马原的怪与狂，其实是愤世嫉俗，是一览众山小。这也许说明了马原的孤独。马原作为新时期文学最具革命性，并且启发了许多后来甚至红得发紫的新进作家的文体家，没有几个人能与之比肩，且没有几个人能真正了解他。即使他在西藏时最要好的文友扎西达娃也同他推心置腹地说："马原，我一直没能读懂你的小说。"扎西是我们这个时代最有灵性的重要作家之一，并且他同马原还有过相当密切的过从，尚作如是说，就遑论其他了。我一直喜欢马原的作品，但是，我也不能说我就如何之懂得马原。喜欢是一回事，懂得是另一回事。不过有了前者就够了。懂得，何必呢？要懂得卡夫卡，必须有卡夫卡的沉痛的灵魂，要懂得马原，至少也要有马原的小说的智慧。许多评论，一家伙把马原捧红了，也一家伙把马原捧死了。马原有些口吃地说，这是我——吗？

我十年前认识马原，之后，很有缘分，隔上三两年就遇见一回，很亲切，很轻松，很随便，很愉快，互相捶捶肩，“又见上啦？”“又见上啦！”“你现在在哪里？”“在西藏。”“你现在在哪里？”“在辽宁。”“你现在在哪里？”“在海南。”不知道下一回问马原时他会说他在哪里。别人不知道，他自己也不知道。马原是一个懂得并且舍得放弃一些东西的人。“立伟，”有一回，马原问我，“你就没有想过要挪动一下地方吗？”而我是一个旧事旧物的眷恋者。我的生活的半径非常之小。我的翅膀仅仅是想象。我为苏维埃节约了许多鞋子。我只有希特勒那么高，所以同马原说话要仰着头。这时我希望马原坐着，我站着。实际上这是让鹰保持一种鸡的姿式。马原一开口谈小说就让人尴尬，因为你永远没有读过那么多的作品——尤其是长篇。马原是我见过的作家中读长篇小说最多的一位。世界经典小说大凡有中译本的，几乎他都读到过，而且说来头头是道。虽然马原的表述能力从来都很笨拙，但笨拙的精辟显得更为锐利。我在几次座谈会上听马原聊小说，聊着聊着马原就说，这个话题，我说不好。而实际上他把他要表达的意思都混混沌沌地说出来了。但马原的意思总是让人产生歧义，于是十年前一个很重要的文学会议上一个很重要的人物就同马原争论起来了。马原不是辩家。马原是小说的禅师。你要那么理解，你就那么理解好啦。针尖对麦芒，对着了是斗争，对不着是误会。“这是我——吗？”这就是误会的结果。马原似乎特别喜欢霍桑，喜欢大仲马，喜欢有广泛读者的作家和风格特别的作家。风格特别不是怪异，倒是平实。马原还似乎很看重情节。对于小说的叙事性，马原有很多很传统的观点。听马原谈这些观点，你会以为马原一点也不新潮，或至少不摩登。我就想，一个作家，谈观点是一回事，写小说是另一回事。我见过不少能从表口袋里掏出一把新观念的人，但这种人能不能写出像他的观念那么新的小说来，我很怀疑。小说就是小说，若把小说目为观念的载体，那恐怕写出来的就不是小说——按马原的话说，那就是“狗屁不是”了。

我同马原在一起待得最长的一次是1986年夏天在长白山，参加《作家》的一个笔会，有十来天。那时节马原带了一个很好的尼康相机和一个更加好的老婆。在路上，他还带了些长篇小说在读。我印象里，他几乎一个晚上读一本。老婆，也就是冯丽，也就是皮皮，也一个晚上一本。皮皮我觉得非常聪明，她应该是马原交谈长篇的唯一对手，至少在当时那一堆人里面。

待得次长的一次就是前些天，马原到长沙来，住到我们共同的一个朋友家。我们在一起玩和聊，在一起深刻同肤浅，有个把星期。在此之前，一年前马原也来过，是为了拍他的那个“中国文学梦”，拍了残雪和我。后去了广东和海南，再后来就留在海南了，并且怀抱了一个什么影视传播公司。数月前韩少功告诉我，说马原是“海口唯一骑单车上班的老总”。但是这一回马老总说他终于有一辆“皇冠3.0”了。“还好，只跑了五万公里，”马老总说，“有一边车门他妈的打不开。”他的“中国文学梦”长达九十多个小时，后期制作尚须大量资金。马老总说：“我是打算干它五年，现在是第二年了。”我们说马原你不写小说多可惜呵。我们说老总成千上万，而你马原只有一个呵。我们说，唉，你这个马原呵。马原说，“只打算干五年，只打算干五年”，这么说话时很多东西都离他而去了，包括皮皮那么好的女人；这么说话时他仍像流浪汉而不像一个老总；这么说话时是在我们共同的一个朋友家的地铺上，蜷在被筒里聊天，因为马原害怕长沙冬天不讲道理的寒冷。马原在被筒里说：“我今天就在附近转悠，发现拐角的那个小腊味店里有一个女孩，真是很好看。湘女真是好看。我上午买了一堆腊味，下午又去买了一堆腊味。腊味是很好吃的。”我们就真的看到墙上挂的一大堆腊味了。

马原又要同我们分手了，让人想起徐志摩那句什么“匆匆”的诗。我们晚上就去陪马原聊天。我们说不回去了，打牌打牌，马原，你睡。马原不睡，一会儿看书，一会儿凑过来看牌。马原说他不会玩牌，但是马原会在你的身后忽然说：不打这张，打那张！后来，看着看着书，马原睡着了，睡得很香。蔡测海一面看着手中的牌，一面问：你们说马原这会子是不是在做中国文学梦？大家就笑，然后就感慨。这时天亮了。几小时后，马原就会摇晃着他的大个头出现在海口的街上，被人称为什么老总，而不是什么作家了。

1995年元旦

关于残雪女士

读了残雪女士的小说，再来认识她这个人，一般是要吃惊的，会想到一句话：文其实不必如其人。而且一个人精神上若号称有“洁癖”，来读残雪的怪东西，结果大把地出香汗，吞止呕宁，蹙眉皱眼，甚而至于翻箱倒柜地来寻寻裤腰带之类，都不是不可能的事。去年的岁末，从 × 地来了一个胖的和一个不胖的编辑，他们读了残雪的小说，怀了种种的奇怪，一定就要去见见这位女士。几天的以后，那个胖的编辑见了我，同我扯起谈来，我明显就看出他是变得分外的温柔了，真是怪莫大焉。他而且侃侃地道：“咦呀呀你看，我认识这么多女作家：×××、×××、××，×××（他列举一大串叫人小便失禁的名字），都没有一个可以同她相比的。她真是文静嗳，端庄嗳，气质好得不得了嗳！”说罢又亲自拿舌子咂出一屋子的声音——他原来是见到了我们的残雪女士！

我在四年前认识残雪，当时从一个朋友手中得到她一部中篇小说《黄泥街》的手稿，密密麻麻写在一个敝旧的日记本上的。我第二日去上班——我其时在一个中学教书——同事的说：你的面色不好，只怕有病，要去看一看咧。他哪里晓得，昨天的晚上，这万恶的《黄泥街》，实在折磨了我的神经及床板几近通宵！

这自然不是我一个人的感觉。蔡测海君读了她的《苍老的浮云》，一个月不敢上街买排骨吃，也可以佐证的——当然是极端一例。

残雪女士为什么要写小说，而且一定就要写这种恶梦般的小说呢？于我一直不能不说是一个谜。她只是偶尔同我谈到她写小说，从来没有什么构思的，也没有什么结构的，只有一种非常复杂非常难言的情绪，人浸到这情绪中，梦似的录下些什么来，这便是叫作小说的东西了。每日也并不多写，一两个小时，八百千把字而已。之前同以后，做着种种别样与文学几无干系的事情。我还真不大明白她如何一来竟可以随随便便走进恶梦里去又随随便便走出来，正如阿里巴巴走到宝洞里又走出来。她是不是也怀得有“芝麻开门”一类符咒呢？读者一个不小心，陷入到她那梦谷中去，无论如何是要动魄惊心的，毛骨悚然的：

> 一个人困着困着耳朵里忽然长出来了桂花树；
> 一个人死了然后成了壁缝里渗出来的淤血和声音；
> 一个女人同一个男人性交时努力把一只臭虫压瘪；
> 一个人无止无休地刨着墙基……

这便是残雪小说里常见的意象。一位女士，长得又这么文静嗳端庄嗳的，大白昼眼睛睁着，如何可能浮出这一类的意象来的呢？倘说马尔克斯的被单同人升天一类的怪异，尚有印第安民间传说做了依据，那么残雪女士这么样地来孵着而且写着她的怪梦，则简直是空无所傍了！

所以残雪便有了魅力。不过残雪女士的小说可不是那么样好评说的，大约只能去感受它，而一张嘴，感受就逃之夭夭了。一定兜开理性的网来捕捉破碎而迷乱的梦，那结局自然如水中捞月，十分徒劳。因此一个极聪明的人叹了，有一回同我说："小说写到这份田地，写梦，还有什么好评的呢？！"我听了默然，实在一时三刻想不出打倒这句话的话来。残雪女士心造幻影的不同常人的心理机制，我想倒是应该让研究家来发一点研究癖的。又想残雪的小说，若忽略残雪本人的不同常人的心理因素，那实在是有一点缘木求鱼了。

我曾经倒很是留意过残雪女士的种种行状，看看她的这样肆无忌惮地来夸张来变形来荒诞着笔下的人物，究竟她自己是否变形得很，夸张得很，荒诞得很呢？然而又竟不能够有得。她在家里做她的裁缝，衣裳倘无巴尔扎克似的精确，那可是要去喝西北风的。而她的精工手艺倒也名声渐渐在外了。便是××、××那样赫然的大都会，也都有大作家大编辑遥遥托她做衣服。所以倘是××、××的文艺界盛会，有人因衣服的硬挺直括而不能随意地将颈根可爱地扭动，此人所着，必是残雪女士的杰作无疑了。

湖南这个地方，固然楚才济济，但终于因地理方向的闭塞，作家中极少有绅士风度的，所以倘以作品取人，倒应该高看，倘以衣帽取人，则可以哂之；作品多写乡土，人也就固多乡土气息，于是残雪女士有言了："我们要把你们的装束通通搞上去！"果然刘心武君今年初夏来湘，发现湖南的作家，如何一个比一个地穿得风流倜傥了？而残雪女士本人，那是简直光彩眩人的。所以残雪的家中，近来墨客文人盈门，就可以想见了。

但虽是时有聚会，所谈却不过仍是衣服，那是几乎不论什么文学的。若一定谈文学，则残雪女士只是一味埋头地听。不过从她那眼神中多加考察，不难地发现她简直是纯粹的听而不闻的。她吧，一定要她说话，那话大概就说得极其简约。你说是刚刚读了一篇什么小说，如何如何之好，如何如何之髦得合时，要么她就说："没看过。"或者就是："哦，看了，那篇东西！"从这语气里，把你那如何如何之好与如何如何之髦得合时便是判了死刑。因此，大家渐渐明白，不到拚命关头，同残雪最好是不谈什么文学，免开尊口的妙。残雪女士取舍作品好坏高低，只有一个标准，即是否"现代派"。残雪最喜欢的作家是卡夫卡，怀特以及川端康成，后来便是马尔克斯。这几位其实很不一样，但是，他们都是"现代派"，这就好。残雪对朋友的东西普遍都是称道的，称道的语言就是："你这个东西，现代派！"朋友于是一遍一遍地高兴。残雪对国粹，几乎怀得有一种厌恶，她是从来就不去读一读的。这大概也是很厌恶的原由之一吧。

残雪有一回忽然说："小说，写到最高境地了，纯粹是哲学的，是感觉的！"

我们听了一式地点头，因为一，她是戴着眼镜讲的，因为二，我们其时正被她拿一根皮尺浑身上下量来量去的。况且当时蒋子丹君的裙摆一定要做成九尺，蔡测海君的西服一定要是细格子。

残雪女士因为是个体户，就有了从来不开会的光辉历史。今年的春上省作协开一个作品讨论会，三天的会期，特邀了她来参加。好吧，来了，一个上午，脸憋得通红，中午就拂袖一去不再来。她后来同人说："这下子我才搞清楚了，开会，原来就是你讲几句话我讲几句话呀！"所以后来，有财大气粗的某编辑部邀她参加笔会，而且遍游江南，她结果懒得去，其实她是完全没有到过江南的。

残雪简直就是足不出户，而写出一系列她的小说来的。这么看来，文学概论一类书是要彻底地重写过了。不过这也并不奇怪。西班牙的阿莱克桑德雷·梅洛和美国的迪金森，都是二十多岁就或者瘫痪或者隐居，一辈子与世隔绝，而写出世人称道的诗篇来的。迪金森的作品在美国据说被称为“国宝”，阿莱克桑德雷·梅洛则是拿了1977年的诺贝尔文学奖。如此看来，大概有了欲望同内心的压抑，就不会没有文学的。又何况残雪的小说，极少有“再现”的因素，她纯粹是情绪同感觉的梦幻表现。她的想象力是惊人的，而且是非常独特为她一人所拥有的。

我近来读到一篇宏论，论者从“五四”到如今，大概只表扬了两个人，鲁迅同残雪。如此的一来，读者怕要对残雪抱极浓厚兴味了。

这倒是确凿的，残雪的小说很值得一读。

残雪女士连市文协的会员都不是。

然而，要这做什么？！

你若不读她的小说，也可以找她做衣服，你说你喜欢“现代派”，她或者只收你七折工钱，也是完全可能的。你就试一试又何妨。

1987年冬

闲话丰子恺

丰子恺先生据说他心中只藏住四件事情："天上的神明与星辰，人间的艺术与儿童。"怀了这样四件事情，子恺先生是怎样心态的一个艺术家，众人不会不明白。

子恺先生早年师从李叔同与夏丏尊，这不免证明着他那颖极慧极的性源由来有自。他后又负笈东瀛，所习为西画同音乐。子恺先生的音乐我没有享受过，怎么地好，一概的不知晓。但我想，那总一定是很不错很入得耳的，因为子恺先生的画与文，实在脱俗超拔。子恺先生的画——漫画，我真是非常热爱。念小学时见过他那有名的《瞻瞻底脚踏车》，喜欢得不得了。小孩子将两把葵扇拿到开裆的胯下来做了脚踏车，这天真想象的可爱模样，一见之下要努力忘却是一辈子都不可能的。子恺先生的童心，在这样的漫画里荡漾，令每一读者不会没有亲近，并因为这亲近而倏忽间也几几乎透明了起来。儿童的聪敏处是不存着机心，子恺先生的漫画尤不见机心，于是臻于艺术的妙境。

故我将子恺先生的漫画庄严压在了写字桌的玻璃台板下面了。

我也曾取了子恺先生的漫画同外国的漫画来做比较，以为在人类皆有慧心，于人生与社会中擅发现幽默处，而给这幽默处以艺术的响亮表现同夸张，又注以暖意如微笑的讥评，这一点上，似乎中西两方面并无大的不同。但子恺先生的漫画，所多出来的，则有一种中国的诗的精致，一种古韵悠悠的意境。这正是外国漫画里不可以见着的。这一个差别，我想倒还不是子恺先生用毛笔同墨来作画的工具上的差别，而是审美情味和艺术精神上的差别，如果拿目前时髦的话来讲，也可以说是文化上的差别。而子恺先生漫画的依依不绝的清韵同余响，正赖于这种文化上的差别而产生。子恺先生的漫画，不用说体现了他的传统文化的精湛修养，具体而言，便是中国古典诗词的修养。他有些画，甚至直接拿古诗句做了画题，譬如“红了樱桃绿了芭蕉”。予人的悦泽实在久远。

子恺先生的漫画，我佩服他的取材的随意和细小，譬如《教室里的设计》，这儿童天真的恶作剧，叫人忍俊不禁是在半掩的教室门下置一只鞋子，尚未在画中出现的先生，将在这鞋的倏然袭击下如何惊惶失措，尚未在画中出现的学童，将在这狼狈先生的窘态下如何掩口窃笑，我们想象起来并无困难。做过调皮学童的人，对于这一景象不免要有联想，要有记取，蓦然间便跌入到难忘的童年时代里去。这么样地来取材，细小中以诗的情味加以发现与表现，于是生活与童趣如水蜜桃一般的甜蜜，实在不难悠然心会。

对于子恺先生的文章我也极喜爱。我曾听一位朋友藏得有《缘缘堂随笔》，而去他家里抄家似的四处翻寻，但终是未果。不过数年以前，还是买到手了一本上海文艺出版社出的《丰子恺散文选集》。固然收入集子的比较恬淡的文字不多，但那所选入的《渐》《谈自己的画》《怀李叔同先生》诸篇，我仍是十分的喜爱。读那样文章，想象写那样的文章的人，可以说也算得是一桩乐事。在一个朋友的什么书里，一回我还翻到了子恺先生的一篇极有趣味的小品，篇名叫什么我倒忘了，但总而言之是写子恺先生的“丰”姓的故事的。丰姓极少，因此每每闹出些笑话来，譬如把“丰”听成了二马“冯”。一回子恺先生在船上，遇到一个钱庄商人问他的姓，他答说丰，咸丰皇帝的“丰”。然而钱庄商人茫然不解。想来是时代相去甚远，叫他无从记起。于是又补充道:丰，五谷丰登的“丰”。五谷丰登，大概钱庄上用不到，他也一回不曾听得，所以仍是茫然摇头。只好子恺先生取了笔来在纸上写了一个“丰”字，钱庄商人看了才恍然明白道:“嗐，不错不错，汇丰银行的‘丰’！”结尾地方，子恺先生自我调侃说，不错不错，汇丰银行确比咸丰皇帝时髦，也比五谷丰登通用，以后别人再来讨姓时，便可以这么样来回答了。

从一个姓，闲闲地写过来，终于也见得出人心世态，时风炎凉，这就是难得。

我读完了它，而且忽然也想起我儿子的名字的一则真实笑话来。我儿子取名何宽。宽者，君子宽而不慢也。嘱他立人先立德，有一个并不逼仄的襟怀。那一日他不满半岁，去派出所给他上户口。签户口的户籍是一个年轻女同志，问道:“kuān？哪一个 kuān？”我总不能说是君子宽而不慢也的“宽”，只说是宽广的“宽”，并张开两臂作无垠状。这女同志也正如那钱庄商人的茫然，我于是照子恺先生那样在纸上书了大大一个“宽”字。派出所的这个女同志见罢，朝后一仰大声道:“哦——

不就是宽大处理的‘宽’啵？！”

是的是的，别人以后来问，我也要这么来答了。

子恺先生的文章每每叫人读罢会心一笑，乃是因为联想起了这样一些应该好笑的事情。笑了好似轻松了，然而细细反刍，又未必真是轻松了。这正是真文章。

菜根香

念小学时记得有两件事情一定要认真，开不得玩笑的，否则老师若发小小一点亲爱的脾气，就不是没有道理的了。一是放了学，由矮到高布成路队，整齐步伐出得校门，一定目不邪视——校门两边排了卖零食的摊子好长一溜，使一个健康细伢子唾液分泌得猖狂的东西，几乎红的绿的全在那上头坐了躺了——也不交头接耳，唯有一门：唱歌。文娱委员出队来，嘹亮一声："×××××——预备——唱！"一致地于是都×××××了起来，令路人侧目，兼及狗跳鸡飞，是当然的。并不多唱，一首两首而已。也整齐，也豪壮，俨然有模有样的。把若干的房子走到了屁股后头去，有人悄悄地就出队，朝左边或右边的通幽的麻石小巷里一闪不见了——他就到了家，方才可以把沉重书包同严肃暂且置到堂屋里八仙桌上，去打弹子或是弹弓，真真有意思。这样的队伍，走到只剩下三个两个人物了，也还照样地看齐，踏步甩手井然一致。第二日学校的黑板上，便公布在什么年级什么班的名分下，可以贴上红旗了。原来各个路口，放学时都站得有值日生，拿了本子，小大人似的堂皇而又鬼祟地做登记。不过我们的班，历史是都是标了红旗的，这大概与老师的小小一点亲爱的脾气不无关系吧。

第二件事情是星期二同星期六的下午，去学习小组集体做作业。这可也是不得马虎的。一是作业本上可以见出分明；二是不晓得什么时候，忽然地说不定老师就在门口出现——这种事变也不是没有先例的。所以一般情形下，各个学习小组，做作业时候只能听到铅笔声音或橡皮擦子声音。我们那学习小组凡六人，当然一致的都是男同学，选定了地方是一个姓李的同学家。这同学住的巷子名字很好听，叫作“菜根香”，大概有些咬得菜根则百事可做的意思在里头吧。吃得苦，当然吃菜根便也香了，这原是很哲学的。这细长巷子所居，大概也都是些可以把菜根吃出若干香味来的人。我的这位同学的父亲便是其一。他的职业是踩人力三轮车，每天的清早，无论风，无论雨，都一圈一圈地踩了他的半新不旧的车子去到火车站的大门外头候生意，从口袋一个小铁盒里拈几绺发黑的烟丝卷成喇叭筒叭叭地吸，显出一份从容和自信。我记得他的纱袜子很长，荸荠色，总是如马靴似的把很大裤裆的裤子扎实插了进去，拿很宽一条箍带箍住；还记得他几乎一年到头着的是一套黑色的粗布长裤，头戴一顶遮阳细草帽。这样的装扮，在新潮的如今终于是不能够随随便便地看到了。而且他的眉心处，似乎也一年到头的有一道寸把长的紫痕，便是扯痧时留下的印迹。夏天的傍晚，当他摇了一把烂蒲扇，一条深蓝的短裤头坐在小小庭院里歇凉，就可以见到他那一双腿了。腿其实很瘦的，然而偏偏显出结实。他便是用这一双瘦而结实的腿，上恤父母下抚妻儿，养活着他的一家六口人！若是太阳的天气，他家堂屋里幽暗的壁上，一定就巨大蝙蝠似的张了他的一件蓑衣，这蓑衣的下头，便是我那同学一家人的平和而微暖的日子。我们在这里温习功课，实在也将这样的日子默默温习了。只是在小小年纪，心湖中还远远不能够掀起什么感慨的涟漪，如是而已。

但老师是果然地来检查了一回，非常的突然。幸好其时我们正团团围着桌子规规矩矩做作业，脑壳埋得低低的。老师没有看出什么非常处，第二日便在课堂上表扬了一番。这老师种种方面不错，书也教得仔细，但有一样叫我们痛恨，就是学生出什么事情，大事小事鸡毛蒜皮事，一律的都要禀告家长，如此一来学生的后脑壳若是挨了家长的丁公，那是非要并她的祖上也小心小意咒一回不可的。有一个冬日上着课，要做练习，忽然不晓得铅笔到哪里去了，我于是大叫，老师便号召我们那一行的学生全体参加找铅笔运动，找了小半天竟是徒然。老师就问你到底带了铅笔来没有。我说带了呵，刚才还拿在手里玩呀。但是，忽然，我又叫：找到呐，在这里咧！我的手无意触到棉帽子，原来那笔正被我方才不晓得是哪一时插在了帽耳里。结局自然是老师的脸立即沉下来，对了大家说道：你们看看你们看看，这是搞的什么名堂！又恨恨指定了我的鼻子：你给我站着，不许坐下来！这天的夜里，若不是我的外婆的讨保，我的额角有一回造山运动那是简直必定的，我的父亲敲起丁公来，向来舍得花一点气力的。他大概可以从丁公的响声里，听出一些五千年的小小回音的吧，就很高兴的。

六人中有一同学姓陈，一贯穿一件绿灯芯绒的夹克，给人印象仿佛是坚决不换衣裳的。其实是他母亲给他做了两件一模一样的衣。这个同学非常滑稽，极擅模仿老师发脾气或是告状样子。我们去他家里，望到壁上挂了一把小提琴，又望到他的桌子上，整齐摆了他拿火柴盒做的桌子柜子，做得十分的精致，是很慧心的。他是一个独子。他的母亲大概是什么文工团里的，模样十分清丽。有一个星期二，下午上小组做作业，他没有来，我们都不晓得他为什么没有来。做完作业，不记得是哪一位提出意见，说我们六个人玩得这么好，去照一张照片吧。大家一致地都说好，姓李的同学也尤其高兴，只是末了添了一句话：不晓得我的爷（读 yá，即父亲，长沙方言）肯不肯把钱。不料得第二日上课时老师的脸上很沉痛，低沉了声音，告诉我们那姓陈的同学昨天死在医院里了，什么病不晓得，总之是急性，暴病。老师没把话说得完全就哭了起来。我记得我们当时虽然愣住，然而简直并不哀痛。因为活脱脱一个滑稽角色，你说他死了，这是什么意思呢？死是什么呢？在那时候，或许就同一个同学转学了去一样吧？只是隐隐地觉得，是不能够随随便便的再看见他了。

以后固然我们的小组照了一回相——姓李的同学的父亲在这种事情上很慨然地排出了他的血汗钱。五个人站成了两排，前面三个后面是两个。但那穿着绿灯芯绒夹克的同学，他是不能站在其中，留下他那永远的滑稽可爱的影像了。

我们把作业做完，也还是略略的有一些时间来玩耍。若一个细伢子的天真不被遮天蔽日的功课全然没去，那么种种的快活名堂就不会无由产生。我们那时候一个最有意思的节目，便是到浏城桥上头去看火车。从菜根香上去一百米处，就是浏城桥，非常喧阗的地方，终日摆了麻油猪血担子，馄饨担子，白粒丸担子，臭豆腐担子，香了一个世界；也是最热闹繁华的一个菜市场，农人的大嗓门破空而来：菠菜呐——芹菜呐——芽白呐——四季如斯。桥下头是铁路，火车来而且去，哐咚哐咚的。一群细伢子喜欢看火车，为什么呢？大概这钢铁东西呜呜叫着，是可以把人的想象带到极遥远的地方去的吧。

六年级时姓李的同学的父亲不幸得了肺病，我们上他家做作业，时常就看见他那已经敝旧的三轮车停在小院子里面，同时从里屋间，侃侃侃侃的可以听到这做父亲的焦灼而苦楚的咳嗽声音。这年夏天的一日，我们从李家粉苔茸茸的竹篱笆缝隙间觑到隔壁人家的门口，贴了好大一张纸，上首两个字墨色赫然，写着：勒令。这家人家平素在小小庭院里种了好多花，尤其一株美人蕉，红得极是温暖。这家人家总很安静，也不大与人相往来。因此我们也就只好隔“墙”观花。这一回不料竟是观得来这样的一等场面，当然就不晓得，这是“文化大革命”了。

这以后的日子可想而知。我们的学习小组也不复存在了。只听说姓李的同学的父亲被人从床上一把拖起来狠狠打了一顿，伤得极重，几乎死掉。后来又听说菜根香也不叫作菜根香了——现在，不晓得恢复过来了没有。

谢三毛

已不大记得从哪一年级起——只怕是三年级或四年级的时代吧——男同学务必要与女同学同座了。新学期的伊始这么样一坐，屁股们似乎立即就长出来毛刺若干了。现在想起来，那么一种忸忸怩怩样子，仿佛一概地便做了新娘子新郎公，实在好笑得厉害。鸳鸯谱点得来与我同座的女同学姓谢，大家叫她谢三毛。仿佛营养不良的缘故，头发极黄也极稀疏。而且间常掣出衣袖——衣袖一贯老长，后来才晓得是接了她姐姐穿剩的——努力那么一下把鼻子下头一线闪亮东西揩出一个半干净的，是谢三毛。若在离学校不远叮咚哐咚一个极热闹的制钉厂隔壁，矮矮的门前一站，眼睛要隔了好久才可以将这屋里东西慢慢看出一点轮廓来的，是谢三毛的家。从这样人家出来的谢三毛，穿老长的姐姐穿剩的衣裳，头发稀疏而黄，又流不长不短的闪亮鼻涕，仿佛就是完全应该的。但我那时的痛恨她，倒不在这些，而是她居然这么一坐，竟坐出来了一番坦然。她有时背靠在椅子上，头仰出一种高昂，有时则伏在桌子上，占我大片好河山；而且，简直不能够容忍，是她间常还从什么口袋里抓出来一把炒黄豆，老外婆似的嚅着下巴无声地磨出来一个满口香，使得我在应该骂娘的当口喉咙里很不争气地呱出来一声悠长，实实在在的很可恶。

我们上体育课，男女同学分开来活动，女同学远远地在操场一角跳橡皮筋或是踢毽子，一阵一阵地把笑声泼过来，就中每每可以听出谢三毛的笑是最为放肆而最响亮的。所以我那时简直认为这个人的存在真是对于我的一种侵略。而且我又觉悟到了，只是板脸主义恐怕还不行的，因此便在桌子的正当中，很公平又兼很霸道，画了一条直线，正告她道，这可是三八线，我不过你那边去，你也切莫过我这边来，不然就要——旋做一奋力下斫的手势，生了风的掌刃合于桌中央的线，于是闷闷一响。“小心！”而我其时就看出来了她的害怕，她大概没能料到我居然这么样的不友好，但只好也就尽心照了去做，时时地却又忘记。若伏在桌上占我大片河山，那是没得说的，自然便是那么恨恨地一下，往往斫出她厉厉一叫，以及我的掌刃的剧烈一痛。

不过后来我们简直非常的友好了——这大概是过了半个学期以后的事。至于如何一来痛恨渐渐冰释，三八线而且也来了一番撤消，现在要很分明很层次地忆及已是不大可能。但有一点，非常清楚，那便是我那时一定受了她的喷香的炒黄豆的贿赂。她有时拿肘轻轻碰我一碰，从课桌底下，低头我就看见，她一双喜欢出汗的手掌上，湿津津的一把黄豆幽幽亮着。可以想见的是，在课堂上，老师眼皮下一面听课一面居然不为人知地吃零食，那零食当然是世界上最最有味道的东西了。我那时心跳跳的不晓得吃了几多她的喷香炒黄豆！而这个谢三毛，变戏法似的，总能从那很长的衣裳的什么口袋里变出她的可以永远香在别人记忆中的黄豆来！

我与谢三毛同了两个学期的座，后来又换了同另外一个女同学座，就再也不曾吃过炒黄豆了，这个福气叫另外的人消受去了——不过也是从这时起，我的成绩倒是渐渐又好了起来了。

我的后排所坐的男同学，我们从前算是玩得不错的，但后来，简直便连话都不说了。这人同女同学同座，时时要弄出许多惊吓来，所以我的身后就有了许多的不太平。期末得了老师的评语，说我的缺点是上课喜欢回头，殊不知其因盖在于此。女同学大都不爱与他同桌，一个个神经十分紧张的。我后来所以不同他讲话，是因为他不但惊吓女同学，连男同学也不放过的。有一回下了课，他手拿一把可以射出东西来的玩具手枪，叫我张开嘴，给他看看舌头。我居然极端老实，把嘴努力张到很大，脑壳也仰起来，就听得叭的一声，一颗石子射到了我口中。我吐出这万恶东西时他已是逃掉得没了踪影。我其时最美丽的一个愿望，便是要捉住他，把他耳朵用力气揪下来，还要踢他的屁股。而且非常狼狈是，我发觉周围有那么多的人在笑，包括了他的同桌的女同学以及谢三毛。没得说的，笑得最为放肆而最响亮的，当是谢三毛无疑。不过，要我现在如何的来痛恨那男同学，是不大可能的了。因为这事情实在已成了回忆。什么事情一成了回忆，都变成温馨而美好，真是不可思议。

一本影响我的书

实话说，有很多的书都对我产生过影响。人生的不同的时期，有不同的书可能影响人的性情、心绪、生活态度或是价值取向。有些影响是短暂的，有些影响却亘久存在。我静静地回想了一下，不得不承认，沈从文的《边城》应当是对我影响最深远的一本书。我读它的时候是上个世纪八十年代初期，那时的文学和现在一样，概念繁荣，价值芜乱，各种口号热烈而浅薄，却能赢得莫名其妙的掌声。人们几乎不知道什么是好的文学，却知道什么是热闹的文学。

我爱文学，但也同样感到迷惑。因为当时那些风头出尽的作品，我很少有读得下去的。我觉得我应当仰望的文学的永恒价值的星辉，根本不可能在这样的作品中闪烁。它们喧嚣，但将短命。但是我现在回过头来看，那个时代也只能产生这样的文学。因为人们有太多的被压抑的政治热情和积怨需要通过文学的样式来宣泄。从某种意义上说，那时的文学的确成了时代的传声筒。它依然是积极的，并且是革命的。这也是它为什么赢得那么多喝彩的原因。

但文学就是文学，它不是政治学，也不是社会学，它是人学，属于人的心灵，属于深邃的情感和灵魂的悸动。这是我读《边城》之后的一种感悟。那时这部名著被收在一本供内部阅读的印刷粗糙的书里，和它在一起还有《塔里的女人》和《爱情的故事》，以及戴望舒和徐志摩的诗，都是些相当不错的作品，而我最喜欢的还是《边城》。它的故事穿越时空，宛若浮现在眼前，生动、鲜活，同时兼有生活和梦的质感。它离我很近，但又非常遥远。作为湘人，我想我对沈从文的那种一往情深的叙述有着更为亲切的体会。它深入了我的骨髓，并引发我的无尽的遐想。我想得最多的一个问题就是：为什么过去了这么多年，这部《边城》仍然具有如此强烈的魅力呢？任何人，只要读到它，都会受到深深的感染，并且唏嘘不已。那种文学之美，人性之美，还有人的至情至性之美，在沈从文的娓娓的叙述中始终如流水一般地淙淙淌过读者的心灵。有一种永恒的美在字里行间闪烁，让人朦朦胧胧地明白了文学能够抵达的方向。

读《边城》时我在一所中学教书，一个月之后，迎来了暑假，我立即邀了两位朋友去沈从文笔下的边城，寻找那个渡口，寻找那个白塔，寻找并不存在但又真实逼人的翠翠。黄昏的时候，我们站在水边，看着人们仍然用溜索摆船过渡，看着像二佬一样的年轻后生消失在夕照的余晖中，听着翠翠一样的声音在炊烟起处锐声叫唤。我似乎感觉到，那其实是沈先生的一个白日梦。他爱他的桑梓之地，爱那里古朴的民风民俗，爱那里的山水才能产生的男情女爱，所以他才如此深情地描述此地的一切。那是他内心深处的一团幻觉，一个记忆，和一种寄托。同时，也是他对人生的一种最真挚的向往。我想，一个人只有从内心出发，才能抵达文学之美，抵达真正的意境。为文的道理，我是从《边城》里读到的、感受的、领悟的。

许多年以后，我再到湘西，来到沈先生的故乡，我看到黄永玉为沈先生立的一块墓，黄永玉的碑文是一句耐人寻味的话：一个士兵不是战死在战场，就是回到家乡。

黄永玉是理解他的从文表叔的。家乡不只是沈先生的桑梓之地，也是他的梦的起点和归宿。没有梦，就没有《边城》。

直到今天，我对文学的最深的理解，都是来自《边城》。

赐闲湖

赐闲湖有湖么？

我是在长沙东区（就是现在的芙蓉区）长大的，赐闲湖在北区（现在的开福区）。东区的细伢崽喜在本区的地盘上玩，要玩也只会到南区（现在的天心区）玩，北区尤其西区（现在的岳麓区）是不大去的，也不晓得是为什么。现在想来从前长沙的东区是市中心，亦是行政中心，南区呢是商业中心，所以这两个区人气旺，热闹，好玩。北区相对穷一些，而西区由于没有修大桥，过河要坐轮渡，不便，远，费力劳神。

所以赐闲湖有不有湖，不晓得。按地名看，应当有。但是湖呢？

闲倒是真的。而且相当地闲。

六十年代我念小学，喜吹竹笛，参加长沙市红领巾歌舞团，当了小乐手，每到周日，便在青少年宫排练节目，排《社员都是向阳花》，排《二小放牛》《全世界无产者联合起来》……笛声像鸽子一样飞，天又总是瓦蓝瓦蓝。从青少年宫出来，转六堆子，再转赐闲湖，麻石的街面，一片古井般凉沁沁的静谧，闻到头上梧桐叶上有蝉唱，锯子一样的蝉声，秋天就要锯断了，一个季节遂将轰然倒下去，溅起的却是一片静谧。

这地方是静，而且闲。好多公馆样的房子，黑漆斑驳的大门，铁环不被人扣响。两三人影懒懒地走动，一闪即不见了，剩日光斑斓在高高的墙头，墙头上有狗尾巴草。人声没有，狗吠更没有。日影移动的便是岁月。

八十年代初文友小残（残雪）居在赐闲湖。那房子亦是旧式的公馆，平房，木地板，窗外小小院子为青苔染绿。小残父亲每日端坐在房间里练一种莫名其妙的气功。后来小残亦是跟着练。我们几个文友常来玩，一回一进门见小残父亲背对着我们坐着，我正要上前招呼，小残揪我一把，说哎，莫喊来，他在练功来，你一喊就会出事的来！说得严重，吓我一跳。小残在这里住了好多年，做裁缝、写小说，皆悄然无声。这地方做什么皆是静，而且闲。麻雀在窗台上起起落落，凋啾着日子一如往常，无事但不生非。

只一回四川来了三位诗人，肖开愚、廖亦武、李亚伟。诗人精神富有，手头却窘，到长沙住不起宾馆，就借住在有大房子的小残家。三个人皆是酒徒，晚上喝酒，谈诗，争吵，到半夜里都是闹。小残愤怒地冲进他们的房间，说你们吵得一条街都困不得觉咧！——这可能是赐闲湖唯一的噪声，诗歌革命的胎动的声音。这几个家伙，创立了“非非诗派”，在八十年代的诗坛上搅起了旋风。

后来，小残搬到京城里去住了。后来，城市化，一切皆变了。赐闲湖仍是麻石街，但远没有长沙市井生活哦嗬喧天的热闹之外的一片难得的僻静了。静不存，闲亦不存。这条街跟其他长沙的任何一条街可以混为一谈了。

赐闲湖里许多老公馆不见了，代之而起的是从八十年代到九十年代建的毫无个性的砖混房。其中巷子入口处不远的一栋宿舍，二楼里有一对夫妻，男的姓马。长沙人旧时称人，姓氏后头皆加上“家里”，如姓李就叫李家里，姓刘就叫刘家里，有如今称李先生刘女士的意思。于是这家男人我们就叫他马家里。马家里两口子皆是下岗工人，也才五十岁不到，闲也闲不住的年龄，就在家里开了麻将室，包饭，饭菜做得极爽口。我一位朋友住在左近，常邀我们去马家里搓麻将。我们亦喜欢去，原因主要是马家里堂客做得一手老长沙口味的家常饭菜。比方自己晒的茄子皮炒辣椒，比方自己做的扑豆角蒸五花肉，又比方豆豉水煮冬苋菜，肉汤豆腐脑，只吃得人摇头咂舌。而且亦讲卫生，菜也好，碗筷也好，洗得索索利利，叫人放心。我们打牌，他两口子就坐在客厅里看电视，看着看着起身跟我们兑茶，有时亦递上槟榔跟烟，客客气气之后复又坐下来看电视，日子也是过出了滋味。

前一阵有天我们在马家里打牌，打着打着忽然停了电。伏天里，热，一下子汗就冒了出来。我们在房间里叫：马家里，何事搞的？！马家里堂客跑进来，一脸严重的对不起，说电业局来换电表，把老表换成智能表。“莫急，他们讲只要一二十分钟就搞得好。”她冲出去又冲进来，手里拿了几把蒲扇：“先拿它对付一下啰，心静自然凉啰。”

赐闲湖早已是新桃换旧符，如今是连电表亦都要换了。将来这地方还有什么东西要换的呢？换来换去，赐闲湖，谁来赐一个“闲”字呢？

图书在版编目（CIP）数据
白色鸟 / 何立伟著 . —北京：新星出版社，
2017.10
ISBN 978-7-5133-2792-3
Ⅰ . ①白… Ⅱ . ①何… Ⅲ . ①短篇小说－小说集－中国－当代 ②中篇小说－小说集－中国－当代 ③散文集－中国－当代 Ⅳ . ① I217.2
中国版本图书馆 CIP 数据核字 (2017) 第181928号

白色鸟

何立伟　著

责任编辑：汪　欣
特约编辑：李书雅　李志卿
责任印制：李珊珊
装帧设计：乔　东　阿　龙　苗庆东

出版发行：新星出版社
出 版 人：谢　刚
社　　址：北京市西城区车公庄大街丙3号楼　100044
网　　址：www.newstarpress.com
电　　话：010-88310888
传　　真：010-65270449
法律顾问：北京市大成律师事务所

读者服务：010-88310811　service@newstarpress.com
邮购地址：北京市西城区车公庄大街丙3号楼　100044

印　　刷：山东临沂新华印刷物流集团有限责任公司
开　　本：889mm × 1194mm　1/32
印　　张：16
字　　数：359千字
版　　次：2017年10月第一版　2017年10月第一次印刷
书　　号：ISBN 978-7-5133-2792-3
定　　价：58.00元